国家出版基金项目
NATIONAL PUBLICATION FOUNDATION

"船舶智能制造关键共性技术"丛书

船舶车间智能制造感知技术

陈晓波　郑　宇　牛延丹　黄有年　主　编

哈尔滨工程大学出版社
Harbin Engineering University Press

内 容 简 介

智能制造的核心是建立互联互通的网络化工业生态,智能制造车间作为智能制造的重要载体,是实现网络化生态体系的重要组成部分。船舶智能车间信息感知是一个复杂的系统工程。目前,由于相关企业对船舶智能制造车间的认知和发展程度不同,信息感知技术尚未普及应用。本书围绕船舶分段制造车间定位技术、船舶制造中间产品几何信息感知技术、车间资源状态信息采集技术、船舶焊接与涂装车间环境感知应用技术等展开介绍,系统、全面地展示各项技术细节、实施技术方案及相应应用情况。

本书适用于船舶行业智能制造相关从业者学习和使用,为智能制造车间的建设提供参考与借鉴。

图书在版编目(CIP)数据

船舶车间智能制造感知技术 / 陈晓波等主编. —哈
尔滨:哈尔滨工程大学出版社,2023.11
ISBN 978 - 7 - 5661 - 4031 - 9

Ⅰ. ①船… Ⅱ. ①陈… Ⅲ. ①造船 - 智能制造系统
Ⅳ. ①U671 - 39

中国国家版本馆 CIP 数据核字(2023)第 129235 号

船舶车间智能制造感知技术
CHUANBO CHEJIAN ZHINENG ZHIZAO GANZHI JISHU

选题策划　史大伟　雷　霞　汪　璇　周长江
责任编辑　马佳佳　宗盼盼
封面设计　李海波

出版发行　哈尔滨工程大学出版社
社　　址　哈尔滨市南岗区南通大街 145 号
邮政编码　150001
发行电话　0451 - 82519328
传　　真　0451 - 82519699
经　　销　新华书店
印　　刷　哈尔滨午阳印刷有限公司
开　　本　787 mm×1 092 mm　1/16
印　　张　17.25
字　　数　409 千字
版　　次　2023 年 11 月第 1 版
印　　次　2023 年 11 月第 1 次印刷
书　　号　ISBN 978 - 7 - 5661 - 4031 - 9
定　　价　92.00 元

http://www.hrbeupress.com
E-mail:heupress@ hrbeu. edu. cn

《船舶车间智能制造感知技术》
编　委　会

主　编

陈晓波　郑　宇　牛延丹　黄有年

副主编

王建勋　甄希金　孙静涛　陆　豆　张致宁

编写人员

李　季	张炳均	李新杰	段海涛	王智新	续爱民
韦乃琨	储云泽	于　航	郗金波	姜　军	周文鑫
汪　璇	王　旭	马秋杰	周荣富	黄敏健	饶　靖
陈好楠	张　然	沈文轩	吴　韩	周同明	苏华德
马彦军	顾继安	潘冬伟	高　杰	习　猛	瞿雪刚
罗　金	万　莉	钱振华	伍英杰	宋建伟	张亚运
王素清	沈　伟	刘玉峰	唐诗渊	唐永生	李　迎
张　俭					

前　言

随着全球新一轮科技革命和产业变革深入发展,新一代信息技术与先进制造技术加速融合,为制造业高端化、智能化、绿色化发展提供了历史机遇,世界造船强国纷纷规划建设智能船厂,以智能制造为抓手,力图抢占全球制造业新一轮竞争制高点。船舶制造是典型的离散型生产,具有船厂空间尺度大、船舶建造周期相对较长、工艺流程复杂、单件小批量生产、中间产品种类繁多、物理尺寸差异大、作业环境相对恶劣等行业特点,对智能制造技术提出了特殊要求。

近年来,在国家的关心指导、行业的不断努力下,我国船舶工业实现了跨越式发展,产业规模迅速扩大,国际市场份额大幅跃升,造船三大指标位居世界前列,船舶工业核心设施和技术能力大幅提升,形成了长三角、珠三角和环渤海湾三大造船基地;造船核心设施能力达到国际领先水平,骨干船厂建立起以中间产品组织生产为特征的现代总装造船模式,并不同程度地开展了智能化转型探索工作,取得了一定成效。但是我国船舶工业大而不强的问题依然存在,造船质量、效率与世界先进造船国家相比还存在一定差距,我国船舶制造业处于数字化制造起步阶段,各造船企业发展水平参差不齐,三维数字化工艺设计能力不足,关键工艺环节装备自动化水平不高,基础数据缺乏积累,互联互通能力薄弱,集成化水平低等问题亟待解决。未来的10~20年是我国由造船大国向造船强国迈进的关键时期,也是我国造船企业通过技术创新实现转型升级、由大到强的重要发展机遇期,风险更大,挑战更为激烈。

为贯彻落实海洋强国、造船强国国家战略,国家相关部委先后发布了《推进船舶总装建造智能化转型行动计划(2019—2021年)》(工信部联装〔2018〕287号)、《船舶总装建造智能化标准体系建设指南(2020版)》(工信厅科〔2020〕36号)等规划文件,旨在加快新一代信息通信技术与先进造船技术的深度融合,提高我国造船效率和质量,推进船舶总装建造数字化、智能化转型。2016年12月20日,工业和信息化部、财政部批复"船舶智能制造关键共性技术专项"项目立项,专项以船舶智能车间为对象,研究突破船舶智能制造关键共性技术,形成船舶智能制造核心技术和系统集成能力,使我国船舶企业建造技术水平跃上一个新台阶,缩短与国际先进造船国家的差距。通过"船舶智能制造关键共性技术专项"四年的研究,形成了一批船舶智能制造关键技术研究成果。为更好地推广科研成果,实现行业共享,项目组将专项的主要研究成果编辑成一套"船舶智能制造关键共性技术"丛书,该丛书以船舶智能车间为对象,通过对面向智能制造的船舶设计技术、船舶智能制造集成技术应用以及互联互通的船舶智能制造车间基础平台开发的相关研究总结,形成船舶智能制造关键共性技术的知识文库,为我国造船企业推进智能制造提供方向指引和知识支撑,助推提升企业造船效率和质量水平,为进一步构建智能船厂,实现我国由造船大国向造船强国的转变打下坚实基础。

本丛书共十一分册,各分册主要内容如下:

第一分册《船舶智能制造数字化设计技术》主要介绍船舶智能制造的数据源头数字化设计技术,包括基于统一三维模型的详细设计及审图、设计与生产集成、三维工艺可视化作业指导以及面向智能制造的产品数据管理系统开发与应用等内容。

第二分册《船舶智能制造工艺设计》主要介绍船体构件加工成形、船体焊接、管子加工、船体结构件装配、分段舾装、涂装等关键工艺环节的工艺模型设计、工艺特征描述、工艺路线设计、工艺知识库构建。

第三分册《船舶智能制造模式》主要介绍造船企业智能化转型的目标图像,分析国内骨干造船企业智能制造技术总体水平与差异,构建以信息物理系统为核心的船舶智能制造系统架构,研究船舶智能制造的设计、管控生产模式,并给出实施路径与评估评价方法。

第四分册《船舶智能制造车间解决方案》主要介绍船舶智能车间通用模型、面向智能制造的船舶中间产品工艺路线制定,提出船体分段、管子加工与分段涂装智能车间解决方案。

第五分册《船舶中间产品智能生产线设计技术》主要介绍国内骨干船厂中间产品生产线的发展现状以及对自动化、智能化程度的需求,研究型材切割、条材切割、船体小组立、平面分段、管子加工等典型中间产品生产线的设计方案,设计开发智能控制系统并验证,支持各类中间产品智能生产线的应用。

第六分册《船舶智能制造的统一数据库集成平台》主要介绍数据库顶层设计、数据库设计规范、数据库标准接口和数据库集成开发技术。

第七分册《船厂大数据技术应用》主要介绍船厂大数据应用的顶层设计、大数据质量保证、大数据分析和应用使能工具等技术,并对基于大数据的派工管控协同优化、分段物流分析与智能优化、船厂能源管控优化进行应用研究。

第八分册《船舶车间智能制造感知技术》主要介绍船舶分段制造车间定位技术、船舶制造中间产品几何信息感知技术、车间资源状态信息采集技术、船舶焊接与涂装车间环境感知应用技术。

第九分册《船舶制造车间组网技术》主要介绍船舶制造车间复杂作业环境下的网络构建和覆盖、制造过程物联,构建基于物联网的可控、可管、可扩展和可信的船舶分段制造车间网络空间架构。

第十分册《船舶智能制造海量数据传输与融合技术》主要介绍基于三维模型的海量数据传输技术及海量异构数据融合、管理技术。

第十一分册《船舶分段车间数字化多工位协同制造技术》主要介绍船舶分段制造车间切割、焊接等多工位协同作业、协同机制分析技术与船舶制造现场多数据源协同集成技术。

本丛书是项目团队花费大量时间和精力研究、编写的成果,希望能够得到广大读者的认可和支持。同时,我们也期待着读者的宝贵意见和建议,以便我们不断改进和完善本丛书的内容,为读者提供更加优质的服务和产品。

最后,我们要感谢所有参与本丛书编写和出版的人员及单位,他们的付出和支持是本丛书能够顺利出版的重要保障;还要感谢所有关注和支持智能制造技术发展的人,让我们共同推动智能制造技术在船舶行业的广泛应用和发展,为实现船舶工业数字化、智能化转型而不懈努力!

编 者

2023 年 5 月

目　　录

第1章　船舶分段制造车间定位技术 ··· 1

　1.1　概述 ··· 1

　1.2　船舶分段制造现场分类定位需求 ··· 3

　1.3　船舶分段制造现场定位技术适应性 ··· 8

　1.4　船舶分段制造现场分类定位技术初步方案 ····································· 19

　1.5　船舶分段制造现场动态接入定位技术 ··· 40

　1.6　船舶分段制造现场定位接口技术 ··· 52

　1.7　本章小结 ··· 54

第2章　船舶制造中间产品几何信息感知技术 ··· 55

　2.1　概述 ··· 55

　2.2　船舶制造过程视觉传感方案设计及现场适用性 ······························· 58

　2.3　船舶制造过程现场视觉传感精度标定与数据表征 ···························· 67

　2.4　船舶制造过程视觉传感优化布局与全息匹配技术 ···························· 79

　2.5　船舶制造过程 iGPS 大尺寸精密定位技术 ······································ 92

　2.6　船舶制造中间产品几何与质量信息感知模块研制 ···························· 96

　2.7　船舶制造中间产品几何信息感知应用验证 ···································· 107

　2.8　本章小结 ·· 161

第3章　车间资源状态信息采集技术 ·· 163

　3.1　概述 ·· 163

　3.2　车间资源状态数据分析 ·· 164

　3.3　车间资源对象数据采集共性技术 ··· 166

　3.4　场地状态信息采集技术 ·· 174

　3.5　设备状态信息采集技术 ·· 180

　3.6　工装状态信息采集技术 ·· 200

　3.7　本章小结 ·· 204

第4章　船舶焊接与涂装车间环境感知应用技术 ·················· 206

4.1　概述 ························· 206

4.2　船舶焊接与切割车间环境感知技术 ············· 208

4.3　船舶涂装车间环境感知技术 ············· 228

4.4　本章小结 ····················· 263

参考文献 ························· 264

第1章 船舶分段制造车间定位技术

1.1 概　　述

1.1.1 主要内容

船舶分段制造过程中人员、物料、中间产品、车辆位置分散，移动范围大，对其进行全面监控、精确跟踪比较困难。本章主要阐述船舶分段制造现场分类定位需求、船舶分段制造现场定位技术适应性、船舶分段制造现场动态接入定位技术和船舶分段制造现场定位接口技术等内容。本章还介绍适用于船舶分段壳舾涂一体化制造环境的定位技术方案，该方案可实现人员、物料、中间产品与车辆的全域、精确、无死角、标准接口的定位服务。

1.1.1.1　船舶分段制造现场分类定位需求

本书通过对国内某骨干船厂船舶分段加工车间、分段堆场等的实地考察，对船舶分段制造过程中的预处理、切割、小组立、中组立、分段涂装和分段预舾装等工艺环节的生产要素进行定位需求分析，包括管理人员、作业人员、运输车辆、钢板、零件、部件、托盘、油漆、舾装件等，对精益生产的各个维度进行定位需求分析，为后续的定位技术选择奠定基础。

1.1.1.2　船舶分段制造现场定位技术适应性

本书根据现场分类定位需求，结合对国内某骨干船厂船舶分段加工车间、分段堆场等的实地考察和实地测试，考虑现场存在的信号遮挡、屏蔽、干扰等问题，从准确性、便携性、覆盖性、经济性、可靠性等维度开展不同无线定位技术的适应性分析和验证，推导出适合壳舾涂一体化船舶分段中间产品制造过程特定环节的无线定位技术。

所需进行分析和验证的无线定位信号体制包括卫星定位[北斗卫星导航系统(简称"北斗")/全球定位系统(GPS)]、移动蜂窝基站定位(4G 等)、Wi-Fi 定位、ZigBee(紫峰)定位等目前成熟的无线定位信号体制。

1.1.1.3　船舶分段制造现场动态接入定位技术

单一定位技术存在环境适应性、仅适合特定环节的问题，本书以国内某骨干船厂船舶分段加工车间、分段堆场等为对象，针对移动物体(人、车、物)在船舶分段制造过程中的内场、外场及跨区域移动等移动状态接入的定位场景，开展多源定位信息(卫星定位、蜂窝基站定位、ZigBee 定位等)融合的定位技术分析，包括融合定位技术对移动物体在内场、外场和跨区域移动时的全域定位能力。

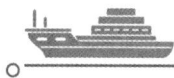

1.1.1.4　船舶分段制造现场定位接口技术

在前述技术基础上,采用中间件技术,构建融合多种定位技术的船舶分段制造现场统一定位接口,屏蔽定位技术的复杂性,在不改变应用及服务接口的情况下向其中动态扩展新的定位技术,为船舶分段制造过程中的各种应用提供基于标准接口的定位服务。

1.1.2　技术路线

船舶分段制造车间定位技术路线如图 1 - 1 所示。

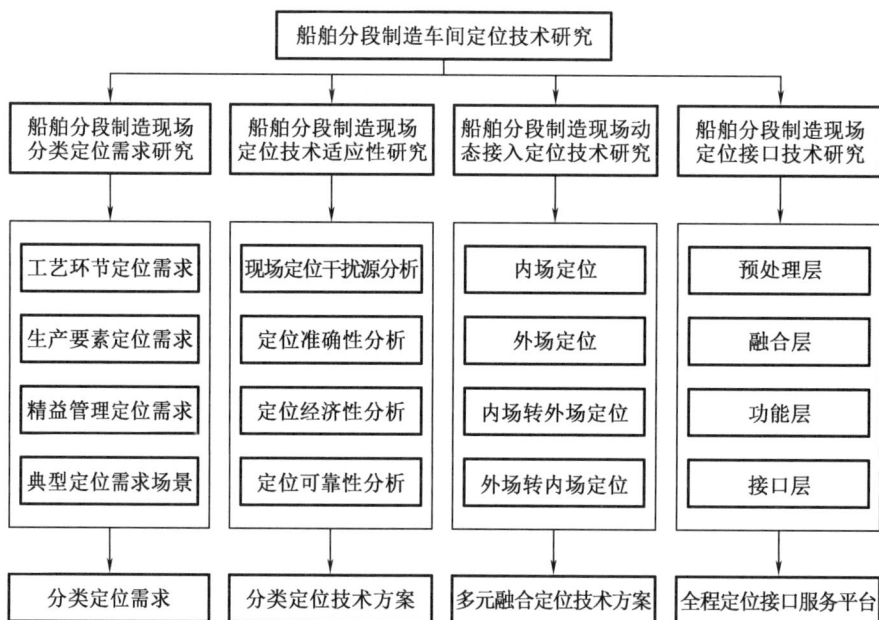

图 1 - 1　船舶分段制造车间定位技术路线

1.1.3　船舶分段制造车间定位技术关键

本章的关键是多元位置感知与信息融合技术。

壳舾涂一体化的船舶分段制造过程存在区域广、移动性强、干扰多等问题,单一定位技术很难保证移动物体在内场、外场、跨区域等环境下的全程不间断定位跟踪,因此需要突破多元位置感知数据的融合技术,采用综合性的手段实现全程泛在定位服务。

该技术需要结合感知技术、组网技术的相关技术基础,梳理在内场、外场等场景中分别适用的定位技术,对其定位精度、感知距离、适用场景、干扰源等进行分析、评价。然后按照车辆、人员、分段、托盘等的全程定位要求,设计全程定位技术组合方案,不仅发挥不同定位方法的共性融合,更充分挖掘定位方法及各自特点的协同作用。最终对方案中提供的多元异构定位信息进行记录、处理、融合,实现多层次的定位资源与位置信息共享。

融合后的综合定位信息通过前述"船舶分段制造现场定位接口技术"中所开发的定位中间件对外提供服务,在国内某骨干船厂进行运输车辆定位跟踪验证,包括内场、外场、内场转外场、外场转内场等场景,通过定位的准确性及信息全程不中断、不丢失来验证本技术的有效性。

1.2　船舶分段制造现场分类定位需求

船舶分段制造现场分类定位需求主要是先现场深入了解船舶分段制造的工艺环节,在此基础上综合生产要素、精益管理、典型定位需求场景等方面开展工作。

1.2.1　定位需求分析

1.2.1.1　船舶分段制造主要工艺环节

船舶分段制造的主要工艺环节分为钢材预处理、下料加工、零件制造、部件制造、分段制造以及响应环节的涂装和预舾装等,如图1-2所示。

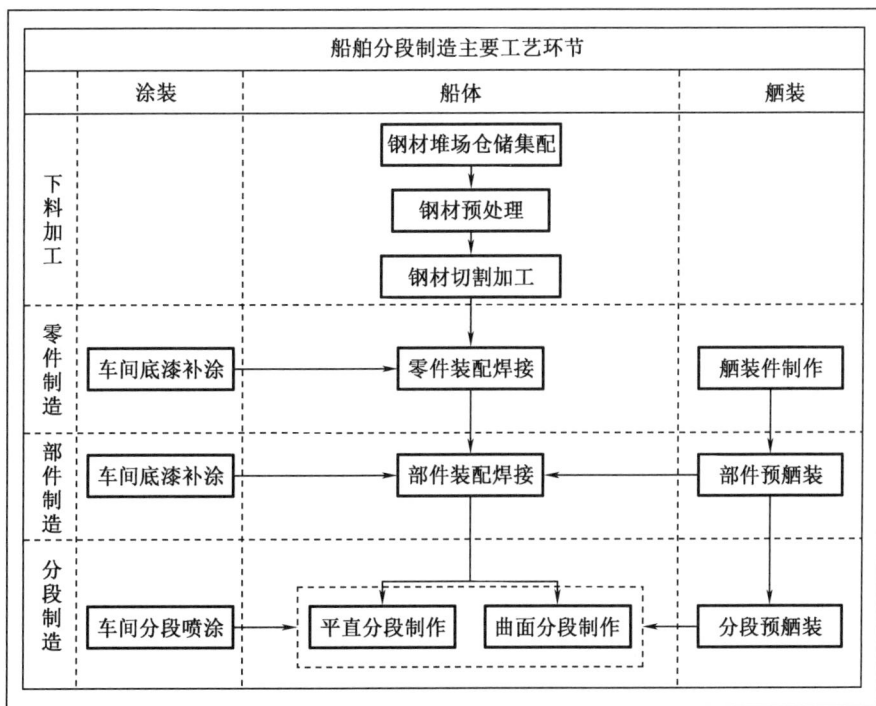

船舶分段制造主要工艺环节		
涂装	船体	舾装
下料加工	钢材堆场仓储集配 → 钢材预处理 → 钢材切割加工	
零件制造 车间底漆补涂 →	零件装配焊接	← 舾装件制作
部件制造 车间底漆补涂 →	部件装配焊接	← 部件预舾装
分段制造 车间分段喷涂 →	平直分段制作　曲面分段制作	← 分段预舾装

图1-2　船舶分段制造主要工艺环节

在船舶分段制造的每个工艺环节都涉及人(人员)、机(设备)、法(流程)、料(物料)、环(环境)五大生产要素。例如,钢材预处理阶段的人员包含管理人员、除锈工、油漆工等;设备包含车辆、吊车等;流程包含将钢材通过吊车运至预处理线的输送辊道上,通过辊道送入封闭式预处理线进行抛丸除锈,除锈后通过辊道送入封闭式喷漆室喷防锈漆;物料包含油漆、钢板等;环境包含机械、大体积钢板,以及预处理后产生的废钢丸、废油漆桶、废漆渣、抛丸废气和喷涂废气等。

在了解船舶分段制造的工艺环节基础上,从人员、设备、流程、物料、环境的角度以及结合生产管理、安全管理、动态追溯等精益生产的各个维度对船舶分段制造进行定位需求分析。

1.2.1.2　人员定位需求

整个船舶分段制造车间,其人员主要分为两类:管理人员和作业人员。

管理人员有定位需求,因其工作性质,只需知道是否在其办公区域即可,对定位精度的要求比较低。

作业人员是管理的重点对象,因其作业环境十分复杂,密闭空间作业点多、面广,且存在多方位立体交叉作业,人员流动性大,仅靠安全员巡检、肉眼观察,做不到全面、及时发现问题;另外,当发生安全事故需要救援时,不能快速定位事故发生位置,不能迅速制定救援措施和组织人员救援;还有当发生安全事故后,缺乏可靠的、快速的调查取证工具,追责问责费时费力,故作业人员需要高精度定位系统,具体需求如下。

(1)作业人员实时监控

管理人员随时可查看作业人员实时位置分布情况、人员数量、具体哪些人员及动态,便于及时掌握相关信息,如有意外可以准确进行决策。

(2)作业人员轨迹回放

管理人员可查看不同工种、不同类型建造人员的历史活动轨迹,直接输入人员姓名可查看其过去某一时段的工作移动路线,便于监督管理,提高工作效率。

(3)险情紧急求助

船舶分段制造人员如果在工作过程中遭遇险情,可通过定位卡片进行紧急呼救,上报险情发生位置;管理人员依据位置信息,可以进行快速救援,防止事态恶化。

(4)电子围栏防护

对于危险禁区或重要区域,可通过电子围栏功能,如有人员靠近该区域或非指定人员进入,系统发出实时预警,提醒管理人员提高警惕,保障人身安全或区域安全。

(5)动态点名,智能考勤

可对船舶建造中每天的工作人员进行动态点名,通过对人员位置信息和历史轨迹的记录,查看所有工作人员的到岗/离岗时间、在指定时间内的数据信息,方便管理人员进行统计,实现人员智能考勤。

(6)视频联动

定位系统与视频监控系统对接,一旦有预警信息时,可立即调取异常区域监控设备,实时查看区域内现场情况,实现直观、有效监管,防止人员遇到危险,同时保障区域安全。

(7)数据分析

基于位置信息对被定位人员进行全面数据统计,图表化直观呈现。可以查看各个船

舱、区域累计人数、当前实时人员数量等信息,避免人员管理中的疏漏。

1.2.1.3 设备定位需求

船舶分段制造车间,其主要设备是生产运输车辆、加工设备、焊接设备、装焊平台、起重机等,设备定位需求主要针对运输车辆、起重机等可移动设备。

因船体建造以分段为单位,作为中间产品的船舶分段趋向于大型化和巨型化,分段在各个生产车间和分段堆场间的运输依赖于重型动力平板运输车、大型叉车等生产运输车辆,或使用起重机等进行配合吊运。因此,相关生产运输车辆、起重机俨然成为船舶建造企业的重要生产资源。由于船舶分段体积和质量十分庞大,船厂生产运输车辆对船舶分段进行转运过程中行驶的安全性要求极高,行驶非常缓慢,同时其他车辆和行人都需要让路通过,以免发生碰撞危险事故;而使用起重机械进行吊运时,无论内外场都需要专人进行指挥、调度,同时需要避免所在区域的交叉作业以及与其他起重机械的相互干扰,以免发生碰撞等起重伤害事故。通常情况下,船厂的道路资源和分段堆场空间资源非常紧缺,分段转运需要耗费不少时间和成本,通过高精度定位(定位精度 1 m 以内)服务可以实现车辆、起重机的高效调度,从而提高相关资源的利用率。其典型定位需求如下。

(1)实时定位显示

管理人员可通过定位系统,获得生产运输车辆、起重机实时位置、行驶速度、方向和状态数据,从而得知车辆、起重机动态。

(2)轨迹回放

管理人员可查看某生产运输车辆的历史活动轨迹,便于监督管理。

(3)超速报警

对运输车辆设置限制速度,一旦超过限制速度,车辆会向监管中心自动报警。

(4)越界/偏离路线报警

车辆在运输前,根据需要,在平台上设置其行驶区域或指定行驶路线。当车辆行驶中偏离区域或路线时,监控软件会发出警报,管理人员就会及时通知车辆及时纠正。

(5)防碰撞报警

在同轨运动的起重机可能存在各自执行不同吊运任务的情况,当两台设备靠近达到警戒距离时,监控设备会发出报警并刹停设备,避免碰撞;室外作业,运动中的门座式起重机悬臂及其吊物,可能与门式起重机钢、柔腿相对位置达到警戒值时,监控软件会发出报警,管理人员、驾驶员会及时做出反应以避免碰撞发生。

1.2.1.4 物料定位需求

船舶分段制造车间的主要物料是钢材、铝合金、增强塑料、舾装材料、托盘和配件以及机电设备、仪器、仪表,等等。

一个船舶分段的建成需要数量众多的零部件。这些零部件的设计、生产、吊运和管理对分段生产建造工时有着重大的影响。对分段建造过程中的零部件等物料进行有效管理是提高生产效率、缩短建造周期和降低成本的重要方式。

在船舶分段建造过程中零部件、组立的流通及其信息的记录等步骤易发生以下问题。

（1）物料信息记录易出错

分段建造过程中,每个生产出来的零部件都需要根据其所属的船舶、分段、组立、位置等信息进行编号。而编号一般采用人工对照生产表进行记录的方式进行,如图1-3所示。这种记录方式存在以下三个方面的缺点。

①容易因工人操作失误而导致零件信息记录错误,对后续零件的使用造成影响。

②零件加工生产之后随地堆放,记录在零件上的信息容易被其他零件遮挡,不易识别。

③船厂环境较为恶劣,记录在零件上的信息容易在零件搬运过程中磨损,导致信息丢失,也会对后续的使用造成影响。

图1-3　零件信息记录

（2）堆场物料查找麻烦

零部件在采购或者制造完成之后一般会堆放在堆场内,如图1-4所示。在分段装焊需要使用零部件时,再由工人根据清单领取。但是堆场范围广阔、零部件种类众多,不同零部件堆叠在一起,记录于其上的信息不易被工人识别。查找零部件往往需要花费大量的时间和人力,也存在因为零部件上信息模糊而选错的情况,领料效率低下。

（3）不同分段零部件混合使用

船厂分段制造车间往往同时建造不同船舶的数个分段。而分段所需零部件众多,不同分段可能需要相同或相似的零部件,这使得分段制造车间环境极为复杂。若零部件使用不规范,则容易出现工人在对某个分段施工时错用其他分段的零部件的情况。这会造成零部件库存信息不准确,影响后续零部件的领取。

（4）物料信息记录自动化程度低

整个分段制造过程中所有零部件流动产生的信息变更都需要工人在现场进行实时记录,经清点核实之后再由工人手工将信息录入电脑的物料管理系统。这样就造成了物料的流动和信息的流动不同步,管理系统中的零部件信息滞后于现场的实际情况。这会对管理者制订零部件生产计划以及现场管理产生一定的不利影响。

图 1-4　零件堆场

基于物料管理中存在的问题,可知对物料定位的需求,具体如下。

(1)快速可靠的物料信息记录

在零部件生产完成之后,对其进行快速、准确的信息标识。规范所有零部件信息记录格式,分段所有零部件采用统一格式进行信息记录。

(2)高效的堆场物料查找

工人能够根据清单快速准确地在堆场中找到需要的零部件,这就要求对堆场中的零部件进行快速定位(亚米级定位)。当工人领料时,可以在系统中选定相应的领料清单,系统就会对清单中的物料自动定位,工人根据定位结果就可以快速地在堆场中找到相应的零部件,减少了工人领料时间。

(3)物料的可追踪

在船舶分段生产制造过程中对所有零部件进行实时追踪,时刻掌握每个零部件的状态,如零件所处工位及该工位责任人、上一工位及责任人、下一工位及责任人、零部件在堆场中的位置等信息。实现了零部件的实时追踪就可以及时地为分段制造管理者提供准确的物流信息和整个分段的建造进度信息,可以根据分段制造进度实时调整生产计划,避免出现物流和生产脱节的情况。

(4)物料管理的信息化建设

目前分段制造管理的信息化程度低,众多零部件信息不能及时准确地在管理系统中呈现。虽然有生产进度查询系统,但是缺乏对每个零部件生产、使用情况的进度查询。如果将零部件生产、流通信息及时准确地记录在管理系统中,不但能够实现对零部件的快速智能查询,也能结合生产进度查询系统及时发现延期完工项目所需零部件库存以及生产情况,有利于管理者及时调整生产计划,改善分段制造物料管理现状,提高信息化水平。

1.2.1.5　环境定位需求

船舶造、修船生产现场的作业环境非常复杂。无论是地面平台,还是船舶船坞码头,由于生产工种多、生产工艺复杂,生产现场总是呈现多方位的立体交叉工作状态。施工中危

险点多,密闭空间作业多,人员管理难,安全隐患大。因而应提高作业人员的作业素质,使其具有安全生产意识,坚决按照规定作业,还需要通过科学技术保障作业人员的人身安全。一套基于高精度定位的安全管理系统是船舶分段制造车间所必需的。

1.2.2 船舶分段制造车间现场分类定位需求

船舶分段制造车间现场分类定位需求汇总如表1-1所示。

表1-1 船舶分段制造车间现场分类定位需求汇总

生产要素	分类	是否需要定位	定位精度要求	工艺环节	备注
人员	管理人员	是	低	钢材预处理、下料、加工、理料、小组立、中组立以及分段涂装和分段预舾装	工作时间,只需知道其在办公区域
	作业人员	是	高		重点管理对象
设备	生产运输车辆	是	高		室外
	起重机	是	高		固定轨道移动或固定范围转动,有碰撞风险
物料	物料	是	较高		物料追踪,让物资使用形成数据化报表
环境	环境	是	高		安全生产

1.3 船舶分段制造现场定位技术适应性

进行船舶分段制造现场定位技术适应性研究,可以从三个方面入手:一是调研现有的定位技术,从其抗干扰性、定位精度、成本、可靠性等方面进行调研;二是结合分类定位需求情况和定位技术调研结果对筛选出的定位技术进行适应性分析;三是结合船舶分段制造现场环境具体情况,确定定位需求,在其基础上确定定位技术方案。

1.3.1 定位技术现状

1.3.1.1 卫星(BDS/GPS)定位

卫星(BDS/GPS)定位系统是利用卫星基本三角定位原理,通过接收装置测量无线电信号的传输时间来测量距离。由每颗卫星的所在位置,测量每颗卫星至接收器间距离,即可计算出接收器所在位置之三维空间坐标值。使用者只要利用接收装置接收到3个卫星信号,就可以定位使用者所在位置。一般的BDS/GPS都是利用接收装置接收到4个以上卫星信号来定位使用者所在位置及高度。

（1）技术特点

①实现实时定位。

②北斗区域覆盖,GPS 全球覆盖(高达 98%)。

③定点、定速、定时、高精度。

④快速、省时、高效率。

⑤应用广泛,多功能。

⑥可移动定位。

（2）定位模式

支持被动监控定位和主动导航。

（3）定位系统性能

①定位精度:0.4～10 m。

②定位终端刷新频率:一般为 1 Hz,可调。

（4）优点

定位精度高,覆盖范围广,成本低,只需研制定位终端即可。

（5）缺点

系统确定位置受气候、电离层、对流层、空气、电磁波等因素的影响,会存在误差;卫星定位更适用于室外,室内因建筑物遮挡,定位终端无法接收到信号,不能定位。

（6）适用场景

BDS/GPS 适用于室外导航和室外人员、车辆、物资定位。

1.3.1.2　移动蜂窝基站定位

移动蜂窝基站定位技术是通过电信移动运营商的网络(如 GSM 网络)获取移动终端用户的位置信息(经纬度坐标),在电子地图平台的支持下,为用户提供相应服务的一种增值业务。

GSM 网络的基础结构是由一系列的蜂窝基站构成的,这些蜂窝基站把整个通信区域划分成如图 1-5 所示的一个个蜂窝区,小则几十米,大则几千米。

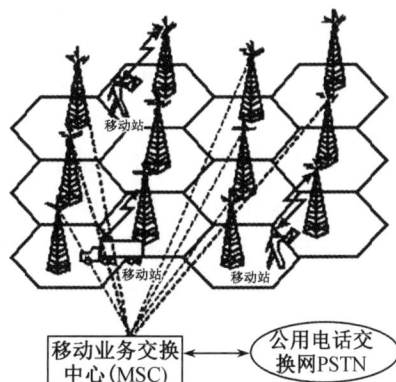

图 1-5　GSM 网络基础结构

移动设备在 GSM 网络中通信,实际上是通过某一个蜂窝基站接入 GSM 网络,然后通过 GSM 网络进行数据(语音数据、文本数据、多媒体数据等)传输的。也就是说,我们在 GSM 中通信时,总是需要和某一个蜂窝基站连接,或者说是处于某一个蜂窝小区中,GSM 定位就是借助这些蜂窝基站进行定位的。每个小区都有自己的编号,通过手机所在小区的识别号就可以知道手机所在区域。根据该测量结果并结合基站的坐标,一般采用三基站定位方法,就能够计算出移动设备的位置。

(1)技术特点

①定位精度与附近基站密度有关。

②传输距离为几百米至几千米。

(2)定位模式

定位精度低,一般是定位到具体城市、具体小区,主要是作为辅助定位。

(3)定位系统性能

定位精度:几十米至几百米。

(4)优点

定位速度快,成本低(不需要在移动终端上添加额外的硬件),耗电少,室内可用。

(5)缺点

定位精度低。

(6)适用场景

基站定位一般应用于手机用户;其作为一种轻量级应用,一般辅助卫星定位,从而缩短卫星首次定位时间。

1.3.1.3　ZigBee 定位

ZigBee(基于 IEEE 802.15.4 标准的低功耗局域网协议)室内定位技术通过若干待测节点和参考节点与网关之间形成组网,网络中的待测节点发出广播信息,并从各相邻的参考节点采集数据,选择信号最强的参考节点的 (X,Y) 坐标。然后,计算与参考节点相关的其他节点的坐标。最后,对定位引擎中的数据进行处理,并考虑距离最近参考节点的偏移值,从而获得待测节点在大型网络中的实际位置。

(1)技术特点

①低功耗: 由于 ZigBee 的传输速率低,发射功率仅为 1 mW,而且采用了休眠模式,功耗低,因此 ZigBee 设备非常省电。

②时延短: 通信时延和从休眠状态激活的时延都非常短,典型的搜索设备时延为 30 ms,休眠激活的时延为 15 ms, 活动设备信道接入的时延为 15 ms。

③网络容量大: 一个星形结构的 ZigBee 网络最多可以容纳 254 个从设备和一个主设备,一个区域内可以同时存在最多 100 个 ZigBee 网络,而且网络组成灵活。

(2)定位模式

被动定位模式。

（3）定位性能

①定位精度：2～10 m。

②功耗：1 mW。

（4）优点

ZigBee 技术的优点是功耗低、成本低、工作效率高。

（5）缺点

其传输受多径效应的影响较大，定位精度不稳定。

（6）适用场景

ZigBee 室内定位已经被很多大型的工厂和车间作为人员在岗管理系统所采用。

1.3.1.4　RFID 定位

射频识别（Radio Frequency IDentification，RFID）室内定位技术利用射频方式，固定天线把无线电信号调成电磁场，附着于物品的标签进入磁场后生成感应电流把数据传送出去，通过多对双向通信交换数据以达到识别和三角定位的目的。

RFID 是一种无线通信技术，可以通过无线电信号识别特定目标并读写相关数据，而无须识别系统与特定目标之间建立机械或者光学接触。

无线电信号是通过调成无线电频率的电磁场，把数据从附着在物品上的标签上传送出去，以自动辨识与追踪该物品。某些标签在识别时从识别器发出的电磁场中就可以得到能量，并不需要电池；也有标签本身拥有电源，并可以主动发出无线电波（调成无线电频率的电磁场）。标签包含了电子储存的信息，数米之内都可以识别。与条形码不同的是，射频标签不需要处在识别器视线之内，也可以嵌入被追踪物体。图 1－6 为 RFID 工作基本原理。

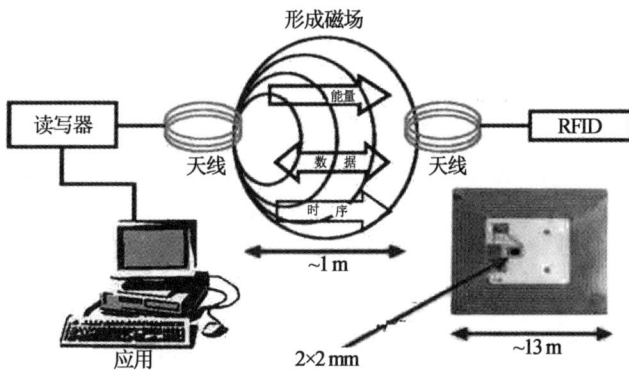

图 1－6　RFID 工作基本原理

（1）技术特点

①非接触式，中远距离工作。

②大批量，由读写器快速自动读取。

③信息量大，可以细分单品。

④芯片存储,可多次读取。

(2)定位模式

被动定位模式。

(3)定位性能

可以在几毫秒内得到厘米级定位精度(5 cm 左右)的信息。

(4)优点

射频识别室内定位技术作用距离很近,但它可以在几毫秒内得到厘米级定位精度的信息;标签的体积比较小,造价比较低。

(5)缺点

不具有通信能力,抗干扰能力较差,不便于整合到其他系统之中。

(6)适用场景

射频识别室内定位已经被仓库、工厂、商场广泛应用于货物、商品流转定位上。

1.3.1.5　UWB 定位

UWB(Ultra – Wide – Band)超宽带技术是一种不用载波,而利用纳秒至微秒级的非正弦波窄脉冲传输数据的无线通信技术。现使用频段为 3.1 ~ 10.6 GHz 和低于 41 dB 的发射功率。

(1)技术特点

①近距离(10 m 以内)传输。

②传输速率为几十 Mbit/s 到几百 Mbit/s。

(2)定位原理

UWB 室内定位系统采用到达时间差(TDOA)和到达角度(AOA)混合定位方法进行高精度定位。一个 UWB 室内定位系统包括三部分:活动标签,该标签由电池供电工作,且带有数据存储器,能够发射带识别码的 UWB 信号进行定位;传感器,作为位置固定的信标节点接收并计算从标签发射出来的信号;软件平台,能够获取、分析所有位置信息并传输信息给用户。图 1 – 7 为 UWB 室内定位系统原理。

(3)定位模式

被动定位模式,主要专用场地监控定位。

(4)定位性能

①定位精度:10 ~ 30 cm。

②定位标签刷新速率:0.01 ~ 10 Hz,可调。

③单小区标签容量:2 000 + 个。

④作用距离:单基站作用距离为 35 ~ 150 m。

⑤基站功率:5 W 左右(数据来源于联睿电子产品说明书)。

⑥定位标签功率:0.4 W 左右(数据来源于联睿电子产品说明书)。

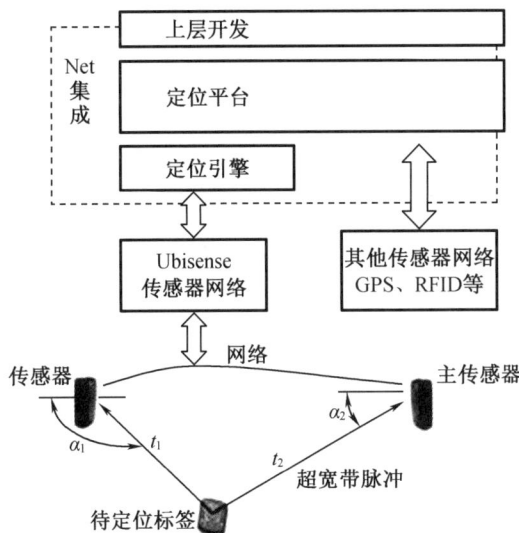

图 1 – 7　UWB 室内定位系统原理

（5）优点

由于 UWB 的脉冲宽度极窄,时间分辨率极高,用于定位具有伪距测量精度高、抗多径干扰能力强的优势。

（6）缺点

UWB 的精度和抗干扰性都良好,不足之处在于技术门槛偏高,需要专网建设,成本极高,一台基站售价 4 000 ~ 10 000 元,1 个定位标签售价 500 元(参考联睿电子的价格)。

（7）适用场景

UWB 定位系统因其高成本限制了其应用范围,比较适合于跟踪和管理高价值资产、设备和人员,以及需高精度定位场景。

1.3.1.6　Wi-Fi 定位

无线局域网(WLAN)技术是一种在 20 世纪末发展起来的高速无线通信技术,现应用最广泛的技术标准是 IEEE 802.11b 和 IEEE 802.11g。

（1）技术特点

①覆盖领域多;

②Wi-Fi 普及率高;

③传输距离 100 m 左右。

（2）定位原理

基于 WLAN 的室内定位系统主要包括三部分:终端无线网卡、位置固定的 WLAN 热点和定位平台。系统采用基于信号强度的指纹定位技术,通过 IEEE 802.11 标准无线网络对空间进行定位。在系统实施上又分为离线建库和实时定位两个阶段。

①离线建库阶段

主要工作是在 WLAN 信号覆盖范围区域按一定距离确定采样点,形成分布较为均匀的采样点网格,并在每个采样点用终端无线网卡主动扫描区域内各 WLAN 信道上的热点信号,通过接收信号 IEEE 802.11 协议数据帧中的 MAC 地址来辨识不同热点,并记录其信号强度值。每个采样点处测得的全部可见热点的信号强度值、局域网地址(MAC 地址)及采样点坐标等信息作为一条记录保存到数据库中,这些采样点所对应的数据库信息被称为位置指纹。建立位置指纹数据库的方法又分为确定性方法和概率分布法。确定性方法是在每条位置指纹记录中保存该信号强度的平均值;概率分布法则是一定时间内信号强度的概率分布特征。相对而言,概率分布法的准确度更高。Wi-Fi 定位系统离线建库阶段原理如图 1-8 所示。

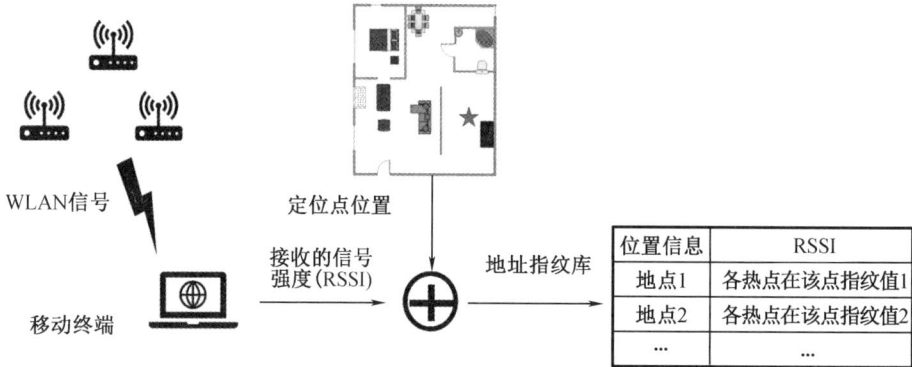

图 1-8　Wi-Fi 定位系统离线建库阶段原理

②实时定位阶段

通过终端无线网卡实时测量可见 WLAN 热点的信号强度信息,与位置指纹数据库中的记录数据进行比较,取信号相似度最大的采样点位置作为定位结果。从机器学习的角度来说,位置指纹法也可以看作先训练计算机学习信号强度与位置间的规律,然后再进行推理判断的过程。Wi-Fi 定位系统实时定位阶段原理如图 1-9 所示。

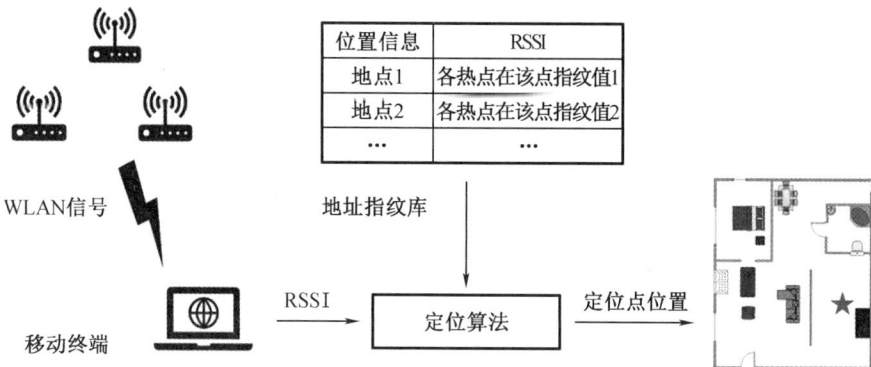

图 1-9　Wi-Fi 定位系统实时定位阶段原理

(3)定位模式

支持主动和被动定位模式。主动的方式可以用手机获取 Wi-Fi 信号直接计算。这种主动的方式有一个问题,即苹果手机不支持,苹果底层的信号强度接口没有开放,主动的方式只适合安卓系统。另外一种方式是被动的。简单的 Wi-Fi 无线接入点(AP)不需要提供联网的功能,可以探测到手机发出来的信号。

(4)定位系统性能

①定位精度:2~10 m。

②系统容量:1 个 AP 支持 200 多个终端同时定位,分布式定位服务器支持数万人同时定位。

(5)方案优势

其独特优势在于 Wi-Fi 芯片已经在各类用户智能终端(智能手机、平板电脑等)中广泛普及,并且随着"无线城市"的发展,国内各大城市电信运营商、公司与家庭均已安装了大量的 Wi-Fi 热点与网关,通过利用现有的这些 Wi-Fi 设施,能够显著降低建设与长期运营成本,快速实现项目预定目标。这些都是开展 Wi-Fi 技术为主的无缝定位技术和推动基于位置服务(LBS)应用的最佳基础条件与保证。

(6)缺点

①容易受到其他信号干扰而影响精度。

②定位器的能耗也较高。

③采集数据工作量大,而且为了达到较高的精度,固定点 AP 的位置测算设置比较烦琐。

(7)应用场景

Wi-Fi 定位适用于对人或者车的定位导航,可应用于医疗机构、主题公园、工厂、商场等各种需要定位导航的场合。

1.3.1.7 惯导定位

(1)定位原理

惯导的基本工作原理是以牛顿力学定律为基础,通过测量载体在惯性参考系的加速度,将它对时间进行积分,且把它变换到导航坐标系中,以得到在导航坐标系中的速度、偏航角和位置等信息。

(2)定位模式

主动定位模式。

(3)定位系统性能

定位精度和具体的算法有关,非常好的定位精度达到了 0.3%,即走 1 km 误差不到 3 m;差一些的定位精度为 2%~5%,即走 100 m 误差累积到 2~5 m。

(4)方案优势

①由于它是不依赖于任何外部信息,也不向外部辐射能量的自主式系统,故隐蔽性好,也不受外界电磁干扰的影响。

②可全天候、全时间地工作于空中、地球表面乃至水下。

③能提供位置、速度、航向和姿态角数据,所产生的导航信息连续性好而且噪声低。

④数据更新率高,短期精度和稳定性好。

(5)缺点

①输出为相对轨迹,需要将多个人员的轨迹统一到一个坐标系中。

②适用于小场景,不适用于大场景。在大场景长距离情况下,由于惯导固有的漂移率,会有较大的累积误差(需要外部的信息进行校准)。

(6)应用领域

纯惯导定位主要面向于消防救援、反恐处突、抢险救灾等应急任务中的应用。"惯导+"模式可应用于通信场所的室内定位。

1.3.1.8　蓝牙定位

(1)技术特点

①距离近(10 m以内)。

②功耗低。

③普及范围广。

(2)定位原理

蓝牙室内定位技术是利用在室内安装的若干个蓝牙局域网接入点,把网络维持成基于多用户的基础网络连接模式,并保证蓝牙局域网接入点始终是这个微网(piconet)的主设备,然后通过测量信号强度对新加入的盲节点进行三角定位。

(3)定位模式

支持主动和被动定位模式。

(4)定位系统性能

①定位精度:1～2 m。

②被定位节点容量:>100 000个(理论上无限)。

③响应时间:小于1 s。

(5)方案优势

①不需要配对:苹果在之前对蓝牙设备的控制比较严格,所以只有通过MFI认证过的蓝牙设备才能与iDevice连接,而蓝牙4.0就没有这些限制了。

②精度与距离:普通的蓝牙(蓝牙4.0之前)一般的传输距离为0.1～10 m;iBeacons信号可以精确到毫米级别,并且最大可支持到50 m的范围。

③功耗更低:蓝牙4.0又叫低功耗蓝牙,一个普通的纽扣电池可供一个Beacon基站硬件使用两年。

④部署方便:主动定位模式中蓝牙基站贴装式部署。

⑤成本低:主动定位模式只需安装蓝牙基站即可,单价小于100元;被动模式中蓝牙网关单价也在500元以内,定位标签单价100元以内。

⑥设备体积小,易于集成,方便携带。

(6)缺点

在复杂的空间环境中,蓝牙受噪声信号干扰大,稳定性稍欠佳。

(7)适用场景

蓝牙定位主要应用于商场、停车场、交通枢纽、工厂、监狱、矿井、养老院、医院等场所。

1.3.2 定位技术优劣对比

卫星(BDS/GPS)、移动蜂窝基站、ZigBee、RFID、UWB、Wi-Fi、惯导以及蓝牙等定位技术优劣总结如表1-2所示。

表1-2 定位技术对比

定位技术	定位精度	工作原理	相对成本	优点	缺点	适用场景
卫星(BDS/GPS)	0.4～10 m	三角定位原理	低	无须部署基站、网关	室内无法定位	室外导航和室外人员、车辆、物资定位
移动蜂窝基站	几百米至几千米	三基站定位方法	非常低	定位速度快	定位精度低	一般应用于手机用户;作为一种轻量级应用,一般辅助卫星定位,从而缩短卫星首次定位时间
ZigBee	2～10 m	通过若干待测节点和参考节点与网关之间形成组网,网络中的待测节点发出广播信息,并从各相邻的参考节点采集数据,选择信号最强的参考节点的(X,Y)坐标。然后,计算与参考节点相关的其他节点的坐标,从而获得待测节点在大型网络中的实际位置	低	功耗低,成本低,工作效率高	其传输受多径效应的影响较大,定位精度也不稳定	大型的工厂和车间作为人员在岗管理系统
RFID	5 cm左右	利用射频方式,固定天线把无线电信号调成电磁场,附着于物品的标签进入磁场后生成感应电流把数据传送出去,通过多对双向通信交换数据以达到识别和三角定位的目的	较低	作用距离很近,但它可以在几毫秒内得到厘米级定位精度的信息;标签的体积比较小,造价比较低	不具有通信能力,抗干扰能力较差,不便于整合到其他系统之中	已广泛应用于货物、商品流转定位上

表 1 – 2（续）

定位技术	定位精度	工作原理	相对成本	优点	缺点	适用场景
UWB	10 ~ 30 cm	TDOA 和 AOA 混合定位方法	非常高	精度高、抗多径干扰能力强	成本高	比较适合于跟踪和管理高价值资产、设备和人员
Wi-Fi	2 ~ 10 m	基于 RSSI 信号的指纹算法	低	网络广泛部署，成本低，通信能力强	容易受到其他信号干扰而影响精度。定位器的能耗也较高。采集数据工作量大，而且为了达到较高的精度，固定点 AP 的位置测算设置比较烦琐	适用于对人或者车的定位导航，可以于医疗机构、主题公园、工厂、商场等各种需要定位导航的场合
惯导	0.3% ~ 5%	以牛顿力学定律为基础，通过测量载体在惯性参考系的加速度，将它对时间进行积分，且把它变换到导航坐标系中，以得到在导航坐标系中的速度、偏航角和位置等信息	低	隐蔽性好，也不受外界电磁干扰的影响	较大的累积误差	主要面向于消防救援、反恐处突、抢险救灾等应急任务中的应用。"惯导＋"模式可应用于通信场所的室内定位
蓝牙	1 ~ 2 m	基于 RSSI 原理，通过测量信号强度进行定位	低	设备体积小，易于集成在 PDA、PC 及手机上	对于复杂的空间环境蓝牙系统的稳定性略差	主要应用于商场、停车场、交通枢纽、工厂、监狱、矿井、养老院、医院等场所

1.4 船舶分段制造现场分类定位技术初步方案

结合分类定位需求汇总结果和定位技术调研结果,可以得到定位精度能满足船舶分段制造车间分类定位需求的定位技术,如表1-3所示。

表1-3 满足船舶分段制造车间分类定位需求的定位技术

生产要素	分类	是否需要定位	定位精度要求	能满足的定位技术	备注
人员	管理人员	是	低	ZigBee、UWB、Wi-Fi、蓝牙、融合定位	主要是室内场景,只需定位到其办公区域即可
	作业人员	是	高	室内:UWB、蓝牙、融合定位 室外:卫星(BDS/GPS)	室内外场景,主要是分段制造车间
设备	生产运输车辆	是	高	卫星(BDS/GPS)、UWB、蓝牙、融合定位	室外场景
	起重机	是	高	RFID、GPS等融合定位;相对位置定位:激光、红外线等	室内外场景,防碰撞
物料	物料	是	高	RFID、UWB、蓝牙、融合定位	零件堆放区域、型材堆放区域、板材堆放区域、托盘堆放区域,快速定位以及出入库核验
环境	环境	是	高	RFID、蓝牙、融合定位	安全生产

对于室外定位方案,考虑到ZigBee、UWB、Wi-Fi、蓝牙、RFID属于区域定位,需要在场景内按照一定间隔部署设备,涉及施工、成本等问题,因此不采用。室外定位可选的方案是:卫星(BDS/GPS)或者卫星(BDS/GPS)+移动蜂窝基站。基于船厂作业人员有室内外场景,因而其需要集成室内定位技术,考虑到定位标签的功耗,以及产品尺寸,室外定位方案初步确定采用卫星(BDS/GPS)方案。

对于室内定位方案,考虑到ZigBee、UWB、Wi-Fi、蓝牙、RFID的准确性、经济性、便携性、可靠性以及结合目前普遍应用场景等,人员室内定位方案以及加工、焊接、装焊平台等设备初步确定采用蓝牙+惯导融合定位技术。

综合以上分析,进一步细化后,确定船舶分段制造车间使用的初步定位技术方案,如表1-4所示。

表1-4 船舶分段制造车间使用的初步定位技术方案

生产要素	分类	是否需要定位	定位精度要求	能满足的定位技术	备注
人员	管理人员	是	低	蓝牙+惯导	主要是室内场景,只需定位到其办公区域即可
	作业人员	是	高	蓝牙+惯导+卫星(BDS/GPS)	室内外场景,主要是分段制造车间
设备	生产运输车辆	是	高	卫星(BDS/GPS)	室外场景
	起重机	是	高	RFID、GPS等融合定位;相对位置定位:激光、红外线等	室内外场景
物料	物料	是	高	RFID+UWB	零件堆放区域、型材堆放区域、板材堆放区域、托盘堆放区域,快速定位以及出入库核验

1.4.1 现场干扰源以及定位准确性分析

船舶分段制造现场作业线多,环境复杂,船舶分段中间件体积大,且多为金属材料,分段制造的舱室为全金属覆盖的电磁特殊环境,以上各因素导致现场存在信号遮挡、屏蔽、干扰等问题(图1-10)。

图1-10 船舶制造现场照片

结合表1-4,本部分主要对卫星(BDS/GPS)、RFID、UWB、蓝牙这些定位技术进行现场干扰源以及准确性分析。惯导定位的工作原理以牛顿力学定律为基础,因此基本不受环境干扰。

1.4.2 卫星(BDS/GPS)现场干扰源分析

1.4.2.1 干扰源分析

对于卫星(BDS/GPS)室外定位,影响其主要定位精度的是多径信号和建筑物的遮挡。多径信号是指信号经过障碍物的反射和散射之后对原信号进行的复制。而反射信号由于要经物体的反射所经过的路程总是比直达信号要长,所以多径信号经过的路程所花的时间要比直达信号的长,即对直达信号有时间延迟,如图 1-11 所示。时间延迟使接收到的合成信号与接收机本地产生的参考信号之间的相关函数变得不规则,同时会引起接收信号和相位的变化,在伪距和载波相位测量上引入误差,从而造成位置、速度和时间解算的误差,最终造成接收机精度的降低。

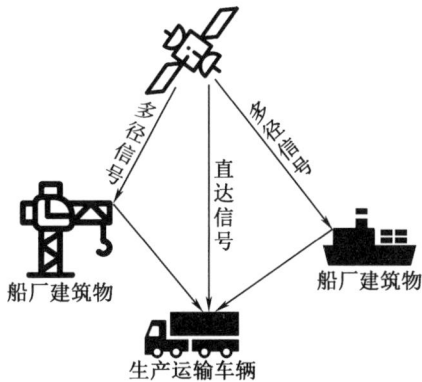

图 1-11 室外卫星定位多径信号

遮挡是指直达信号到达接收机穿过障碍物(例如现场大型船体)时,有一定的额外衰减,使接收机接收的信号功率减弱。如果多径信号没有经过障碍物的遮挡,那么接收到的多径信号功率可能会比受遮挡的直达信号要强。这种现象也会发生如图 1-10 所描述的船厂环境中。如此一来,直达信号路径的遮挡和多径对直达信号与多径信号的相对幅度将会产生组合影响。在某种条件下,直达路径信号的遮挡有可能很严重,会造成接收机只能跟踪多径信号,引起误差。

1.4.2.2 多径信号的特性和数学模型

多径信号的一种简单形式是一组分离的反射信号,它们与直达信号相比,在时间延迟、幅度和载波相位上存在不同。

没有多径干扰的直达信号以解析的形式表示为

$$s(t) = \alpha_0 x(t - \tau_0) e^{-j\varphi_0} e^{j2\pi f_c(t-\tau_0)} \tag{1-1}$$

其中,$x(\cdot)$ 是所发送信号的复包络;α_0 是直达信号的幅度;τ_0 是信号从卫星到接收机直达的时间;φ_0 是载波相位;f_c 是载波频率。

由式(1-1)可以看出,直达信号同时受到幅度、时间延迟、载波相位的影响,当其中一个参数变化时,直达信号也会随之改变;当其中的三个参数都变化时,直达信号就会变成多径信号。因此,受到多径信号干扰的接收机接收的信号(忽略噪声和干扰)经过变频后其复包络的数学模型为

$$s(t) = \alpha_0 e^{-j\varphi_0} x(t - \tau_0) e^{-j2\pi f_c(t-\tau_0)} + \sum_{n=1}^{N} \alpha_n e^{-j\varphi_n} x(t - \tau_n) e^{j2\pi f_n t} \qquad (1-2)$$

其中,N 是信号的多径数目;α_0 是接收到的直达信号幅度;α_n 是接收到的多径信号幅度;τ_0 是直达信号的传播延迟;τ_n 是多径反射的传播延迟;φ_0 是接收到的直达信号的载波相位;φ_n 是接收到的反射多径载波相位;f_n 是相对于载波频率而言接收到的多径反射频率。

由式(1-2)可以看出,接收机接收的信号是直达信号与一系列的多径信号组成的和信号。

大多数情况下,因为卫星和接收机是随时运动的,而且也会有产生多径信号的物体在运动,式(1-2)中的每个参数都是随时间变化的,所以,可以使用一个参数把多径与直达路径联系起来,将式(1-2)改写为如下形式:

$$s(t) = \alpha_0 e^{-j\tilde{\varphi}_0} \left[x(t - \tau_0) + \sum_{n=1}^{N} \tilde{\alpha}_n e^{-j\tilde{\varphi}_n} x(t - \tau_0 - \tilde{\tau}_n) \right] \qquad (1-3)$$

其中,$\tilde{\alpha}_n = \alpha_n / \alpha_0$ 是多径-直达信号的幅度比(MDR);$\tilde{\tau}_n = \tau_n - \tau_0$ 是多径反射的额外延迟;$\tilde{\varphi}_n$ 是接收到的不同信号分量的载波相位。

从式(1-3)可以看出,它的一种特殊情况是直达路径与地球表面近似相切(例如卫星位于地平线附近)的传播几何,这样可能会由地平线附近的一个大物体反射形成一个支配性的多径信号,其额外延迟的量级小于信号带宽的倒数,仅仅是载波周期的小部分。如果反射系数足够大,没有其他多径,则

$$x(t - \tau_0 - \tilde{\tau}_1) \approx x(t - \tau_0)$$

所以式(1-3)可近似表示为

$$s(t) \approx \alpha_0 e^{-j\tilde{\varphi}_0} (1 - \alpha_1 e^{-j\tilde{\varphi}_1}) x(t - \tau_0) \qquad (1-4)$$

其中,$\tilde{\varphi}_1 = 2\pi f_c \tilde{\tau}_1$ 是非常小的,当反射信号足够强,α_1 的值接近于 1 时,$1 - \alpha_1 e^{-j\tilde{\varphi}_1}$ 的值将远远小于 1。多径信号的延迟非常小,造成的伪距误差是可以忽略的,但是因为其几乎消除了直达信号,从而相对于自由空间传播的情形,会造成接收信号功率的下降。

1.4.3 卫星(BDS/GPS)现场定位准确性分析

1.4.3.1 定位数学原理

BDS/GPS 定位的基本原理是根据高速运动的卫星瞬间位置作为已知的起算数据,采用空间距离后方交会的方法,确定待测点的位置(图1-12)。

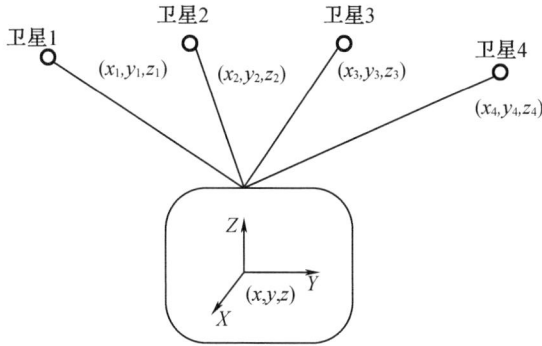

图 1 – 12　卫星定位原理示意图

如图 1 – 12 所示，假设 t 时刻在地面待测点上安置 BDS/GPS 接收机，可以测定 BDS/GPS 信号到达接收机的时间为 Δt，再加上接收机所接收到的卫星星历等其他数据可以确定以下四个方程式：

$$[(x_1 - x)^2 + (y_1 - y)^2 + (z_1 - z)^2]^{1/2} + c(Vt_1 - Vt_0) = d_1$$
$$[(x_2 - x)^2 + (y_2 - y)^2 + (z_2 - z)^2]^{1/2} + c(Vt_2 - Vt_0) = d_2$$
$$[(x_3 - x)^2 + (y_3 - y)^2 + (z_3 - z)^2]^{1/2} + c(Vt_3 - Vt_0) = d_3$$
$$[(x_4 - x)^2 + (y_4 - y)^2 + (z_4 - z)^2]^{1/2} + c(Vt_4 - Vt_0) = d_4$$

上述四个方程中待测点的空间直角坐标 x、y、z 和 Vt_0 为未知参数，其中 $d_i = c\Delta t_i (i = 1,2,3,4)$。$d_i (i = 1,2,3,4)$ 分别为卫星 1、卫星 2、卫星 3、卫星 4 到接收机的距离。$\Delta t_i (i = 1,2,3,4)$ 分别为卫星 1、卫星 2、卫星 3、卫星 4 的信号到达接收机所经历的时间。c 为 GPS 信号的传播速度（即光速）。

四个方程中各个参数意义如下：

x、y、z 为待测点的空间直角坐标。

x_i、y_i、$z_i (i = 1,2,3,4)$ 分别为卫星 1、卫星 2、卫星 3、卫星 4 在 t 时刻的空间直角坐标，可由卫星导航电文求得。

$Vt_i (i = 1,2,3,4)$ 分别为卫星 1、卫星 2、卫星 3、卫星 4 的卫星钟的钟差，由卫星星历提供。

Vt_0 为接收机的钟差。

由以上四个方程即可解算出待测点的空间直角坐标 x、y、z 和接收机的钟差 Vt_0。

而在实际应用当中大气层对卫星信号的延迟和折射以及其他各种干扰都不能忽略，需要在每个方程中把误差项补充进来。

1.4.3.2　多径抑制算法

多径抑制算法目前有多种，如倒谱分析、TK 算法、MEDLL 算法等。本书中主要分析了 MEDLL 算法。

多径估计延迟锁定环（MEDLL）技术通过采用多个相关器与接收信号进行相关，从而得

到完整的相关函数包络,如图1-13所示。利用最大似然估计准则,估计接收信号中的直接路径信号。

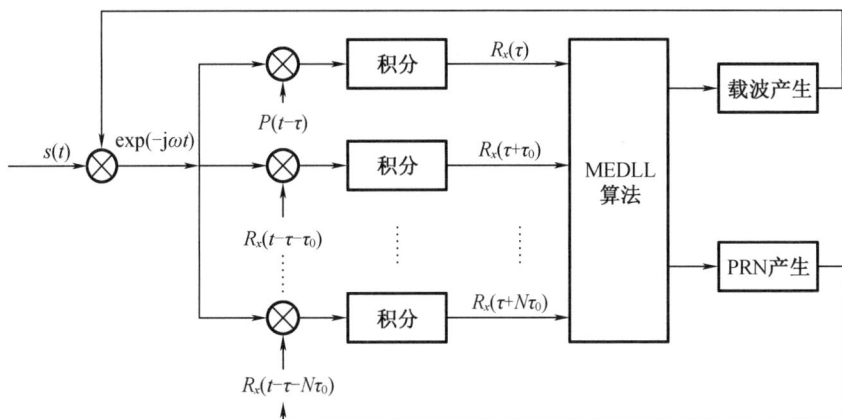

图1-13　MEDLL 实现原理图

使估计的均方误差

$$L(\hat{\alpha}, \hat{\tau}, \hat{\theta}) = \int_{t-T}^{t} \left[r(t) - s(t) \right]^2 \mathrm{d}t \tag{1-5}$$

为最小值,得到接收信号的估计:

$$s(t) = \sum_{n=0}^{M} \hat{\alpha}_n c(t - \hat{\tau}_n) \cos(\omega t + \hat{\theta}_n) + n_t \tag{1-6}$$

其中,$\hat{\alpha}_n$、$\hat{\tau}_n$、$\hat{\theta}_n$ 分别是第 n 条信号的幅度、延迟、相位的估计值;n_t 是噪声。

$R_x(\tau)$ 为接收信号和本地码的相关函数,可表示为 $R_x(\tau) = R'(\tau) + n_t$。

MEDLL 算法中,假定多径信号的数目,首先将信号 $R_x(\tau)$ 的顶点作为直达信号的顶点估计得出直达信号;从信号 $R_x(\tau)$ 中减去估计的直达信号得出残余信号 res_1,将残余信号 res_1 的顶点作为第一条多径信号的顶点估计得出第一条多径信号,然后从 $R_x(\tau)$ 中减去第一条多径信号更新得出直达信号;从 $R_x(\tau)$ 中减去第一条多径信号和更新后的直达信号,得出残余信号 res_2,将 res_2 的顶点作为第二条多径信号的顶点估计得出第二条多径信号,然后从 $R_x(\tau)$ 中减去两条多径信号后更新得出新的直达信号;以此类推,估计得出的直达信号使式(1-5)的值最小。这个过程当中,多径信号数目不清楚,同时需要进行迭代计算,因此它的过程复杂,运算量大。

其中,信号参数估计见式(1-7)。

$$\hat{\tau}_n = \max_{\tau}\left(\mathrm{Re}\left\{ \left[R_x(\tau) - \sum_{\substack{m=0\\m\neq n}}^{M} \hat{\alpha}_m R(\tau - \hat{\tau}_m) \exp(\mathrm{j}\hat{\theta}_m) \right] \exp(-\mathrm{j}\hat{\theta}_n) \right\} \right)$$

$$\hat{\alpha}_n = \mathrm{Re}\left\{ \left[R_x(\tau) - \sum_{\substack{m=0\\m\neq n}}^{M} \hat{\alpha}_m R(\tau - \hat{\tau}_m) \exp(\mathrm{j}\hat{\theta}_m) \right] \exp(-\mathrm{j}\hat{\theta}_n) \right\}$$

$$\hat{\theta}_n = \arg\left[R_x(\hat{\tau}_n) - \sum_{\substack{m=0\\m\neq n}}^{M} \hat{\alpha}_m R(\hat{\tau}_n - \hat{\tau}_m) \exp(\mathrm{j}\hat{\theta}_m) \right] \tag{1-7}$$

MEDLL 算法的好处就是能够估计出信号的幅度、相位和时间延迟等参数,大体上复原直达信号,而且误差能够在可接受的范围之内。图 1 – 14 举例说明 MEDLL 算法估计直达信号,并且在 MATLAB 的 GUI 中显示出来。其中,多径信号为一条,幅度衰减 $\alpha_1 = 0.5$,多径延迟 $\tau_1 = 488.76$ ns,多径相位为 $\theta_1 = 0°$。

由图 1 – 14 可以看出,MEDLL 算法能够估计出直达信号中幅度、相位、延迟 3 个参数,并且误差也比较小,能够有效地抑制多径信号干扰。

1.4.3.3　准确性验证

利用 MATLAB 实现 BDS/GPS 定位算法。仿真采用的源数据是在国内某骨干船厂现场采集的实际数据。测试结果以圆概率误差的形式表现,在开阔地方,卫星定位的平均精度为 0.45 m,最大定位误差为 0.47 m,如图 1 – 15 所示,在船厂甲板上,卫星定位的平均精度为 0.56 m,如图 1 – 16 所示。

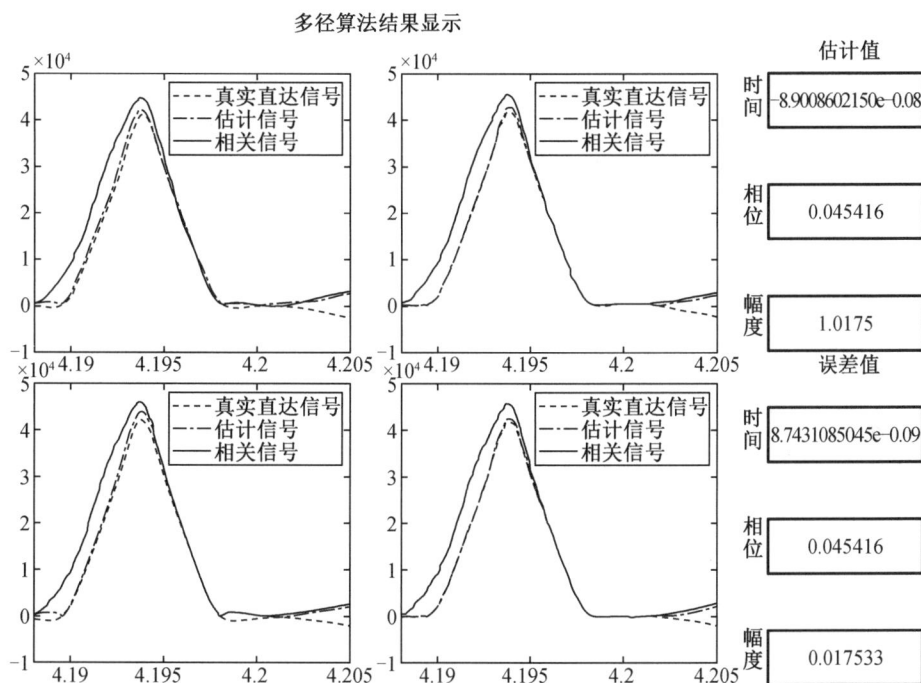

图 1 – 14　MEDLL 算法估计

(源路径:PMD = 0.4608 m,RCEP = 0.4500 m;回放路径:PMD – 0.4254 m,RCEP = 0.4700 m;重叠率:98.56%)

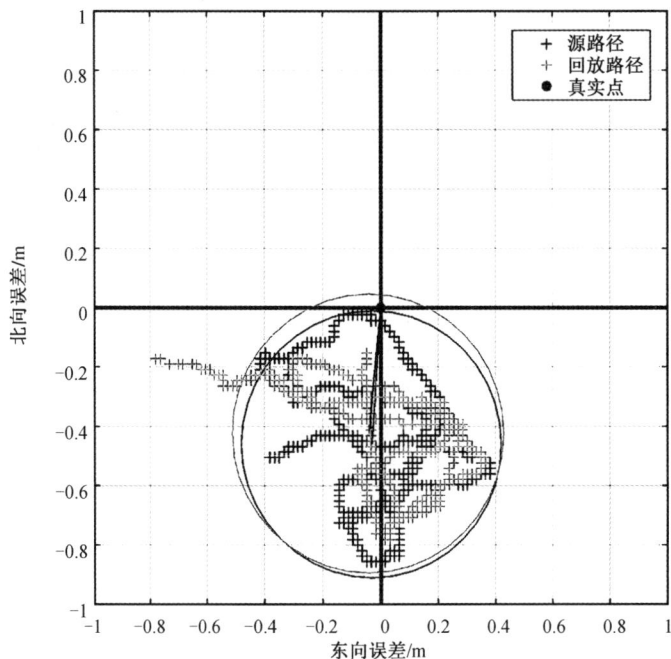

图 1 – 15　开阔地方测试结果

（源路径：PMD = 0.4608 m，RCEP = 0.4500 m；回放路径：PMD – 0.4254 m，RCEP = 0.4700 m；重叠率：98.56%）

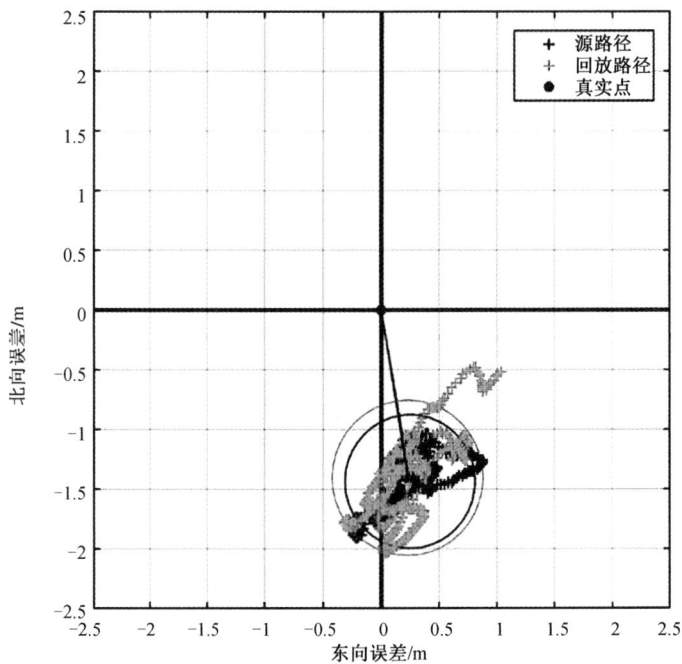

图 1 – 16　卫星甲板测试结果

（源路径：PMD = 0.4608 m，RCEP = 0.4500 m；回放路径：PMD – 0.4254 m，RCEP = 0.4700 m；重叠率：98.56%）

从仿真的结果以及船舶分段制造车间的生产运输车辆可知,该定位精度满足需求。

1.4.4 RFID/UWB/蓝牙无线射频定位技术现场干扰源分析

1.4.4.1 干扰源分析

基于前面的分析知,在船舶分段制造车间现场,RFID 和 UWB 主要用于零件堆放场、型材堆放区域、板材堆放区域、托盘区域,其主要遮挡是物料堆放而形成对发射端和接收端(未知点)的遮挡和多径信号。对于蓝牙定位技术,基于前面的分析知,其主要用于作业人员定位,其干扰主要是来源于生产线设备、周围钢板等的遮挡和多径信号。

在船舶分段制造车间,基于无线射频的定位技术(RFID、UWB、蓝牙)发送端(参考点)和接收端(未知点)间信号传播有六种可能情况,如图 1-17 所示。其中图 1-17(a)和图 1-17(b)反映的是视距传播情况,图 1-17(a)中的发送端与接收端之间只有一条直达路径,图 1-17(b)中因为多出了一条反射路径从而存在多径干扰的问题,图 1-17(c)至图 1-17(d)反映的是非视距情况,图 1-17(e)和图 1-17(f)为存在直达路径的情况,其中图 1-17(e)还存在多径干扰的情况。

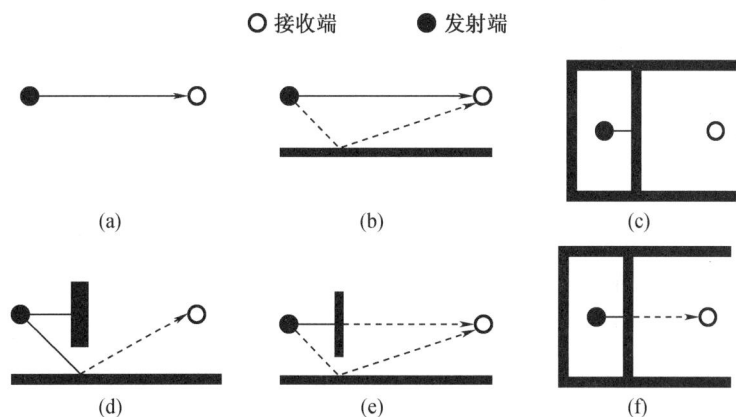

图 1-17 两节点之间信号传播可能的情况

(1)多径效应

船舶制造车间现场环境复杂,由于遮挡物较多,存在比较严重的多径效应,使得信号往往通过多个路径到达接收端,如图 1-17(e)所示。而最先到达接收端的信号分量往往不是最强的,最大径往往会后于直达路径分量到达接收机端,从而使得以最大径检测信号传播时延变得非常困难,即造成了定位误差。

(2)直达路径(DP)被阻挡

当有较大障碍物出现在参考点与未知点之间时,如图 1-17(c)和图 1-17(d)所示,通过直达路径到达接收端的信号分量会有非常大的衰减,最坏的情况是直达路径分量完全淹没在噪声中。这类非视距传播环境造成接收机端只能收到经过反射或者衍射的信号分量,使得测距值比真实值大很多,即测量值中存在一个较大的正值误差。

(3)DP 穿越延时

在非视距(NLOS)环境情况下,直达路径信号分量穿越障碍物时会增加其传播时延,这是因为障碍物的介电常数恒大于1,RFID、UWB、蓝牙虽然有很强的穿透能力,但是其在障碍物中的传播速度小于在空气中的传播速度,于是定位估计值中存在一个正值误差。

1.4.4.2 路径损耗模型

自由空间中传播的无线信号的功率是随着距离的 α 次幂降低的,发送信号功率为 P_t 时,经过 d 的传输距离后,接收信号功率 P_r 与 dP_t 成正比,在理想状态下,无线电波在自由空间中传播时,信号功率的衰减与收发机距离的平方成正比。假设参考天线为各向同性源,即在所有方向均匀辐射的天线,辐射功率均匀地通过一个表面积为 $4\pi d^2$ 的球体,则接收信号功率可表示为如下形式:

$$P_r = P_t G_t G_r \left(\frac{\lambda}{4\pi d} \right) \tag{1-8}$$

其中,G_t 和 G_r 分别为发射天线与接收天线的功率增益;d 是收发机之间的距离,m;λ 为载波波长,其与无线载波频率 f 呈倒数关系,$\lambda = c/f$,c 为光速(约为 3×10^8 m/s)。如果取参考距离 d_0(通常为 1 m),那么 d_0 处的接收信号强度为

$$P_0 = P_t G_t G_r \left(\frac{\lambda}{4\pi d_0} \right) \tag{1-9}$$

可以推导路径损耗模型:

$$PL(d) = PL(d_0) + 10n\log\left(\frac{d}{d_0} \right) \tag{1-10}$$

式中 $PL(d)$——传播路径损耗;

$PL(d_0)$——传播距离为 d_0 时,信号在自由空间中的路径损耗;

n——路径损耗指数,与所处环境相关。

例如,RFID:一般当 $d_0 = 1$ m 时,$PL(d_0) = 47$ dB。n:一般自由空间取 2,室内视距传播取 1.7,存在障碍物取大于 2。

由障碍物阻挡造成的阴影效应,接收信号强度下降,但该场强中值随地理改变缓慢变化。由于场强中值随地理环境改变的变化较慢,又称为慢衰弱。慢衰弱是以较大的空间尺度来度量的,其衰弱速率主要取决于传播环境,是由信号的频率以及障碍物的状况决定的。通过对实测数据进行统计分析,结果表明接收信号的场强中值近似服从对数正态分布。阴影衰弱与传播距离以及阴影损耗的关系可表示为

$$PL(d) = PL(d_0) + 10n\log\left(\frac{d}{d_0} \right) + X_\sigma \tag{1-11}$$

式中 X_σ——阴影衰落(遮蔽因子),它是均值为 0、方差为 σ 的高斯随机变量。

1.4.5　RFID 现场定位准确性分析

1.4.5.1　定位数学原理

目前基于 RFID 的室内定位技术主要是依据 LionelMN 提出的 LANDMARC 定位系统（图 1－18），或在其上进行改进的系统。基本原理就是在需要定位的区域有规律地铺设参考标签，利用"最近邻居"思想，找出与待定位标签相邻的若干个参考标签（一般为 4 个），利用这些参考标签的坐标，通过加权运算对待定位标签进行定位。

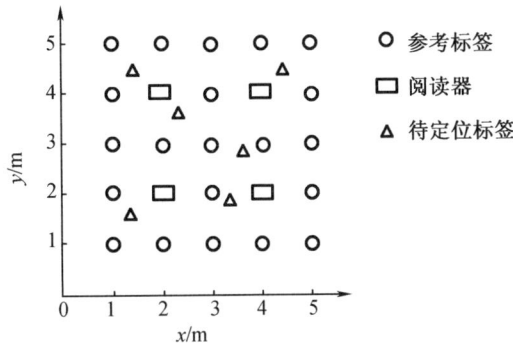

图 1－18　LANDMARC 定位系统

现假设有 m 个阅读器，n 个参考标签，p 个待定位标签，每个阅读器在其读取范围内对于每个电子标签都有一个 RSSI 值。将某个待定位标签 P_i 在各个阅读器上的 RSSI 值记成如下矢量：$\boldsymbol{P}_i = (P_iM_1, P_iM_2, \cdots, P_iM_s, \cdots, P_iM_m)$，其中 P_iM_s 表示待定位标签 P_i 在第 s 个阅读器上的 RSSI 值，$i \in (1, p)$，$s \in (1, m)$。将某个参考标签 R_j 在各个阅读器上的 RSSI 值记成如下矢量：$\boldsymbol{R}_j = (R_jM_1, R_jM_2, \cdots, R_jM_s, \cdots, R_jM_m)$，其中 R_jM_s 表示参考标签 R_j 在第 s 个阅读器上的 RSSI 值，$j \in (1, n)$，$s \in (1, m)$。因为需要选出与待定位标签 P_i 邻近的若干个参考标签，所以需要计算 n 个参考标签与 P_i 之间 RSSI 值矢量的欧氏距离。待定位标签 P_i 与参考标签 R_j 之间 RSSI 值矢量的欧氏距离如式（1－12）所示。

$$D_{i,j} = \sqrt{\sum_{s=1}^{m} (P_iM_s - R_jM_s)^2}, \quad i \in (1, p), j \in (1, n) \tag{1-12}$$

将待定位标签 P_i 与 n 个参考标签之间 RSSI 值矢量的欧氏距离用集合 D_i 表示，$D_i = (D_{i,1}, D_{i,2}, \cdots, D_{i,j}, \cdots, D_{i,n})$，$D_{i,j}$ 的大小表示参考标签与待定位标签距离的远近，$D_{i,j}$ 越小表示参考标签与待定位标签越近，反之则越远。比较 $D_{i,j}$ 的大小，选出最小的 k 个值对应的参考标签作为待定位标签 P_i 的"最近邻居"参考标签。通过式（1－12）可以计算得到待定位标签 P_i 的坐标：

$$(x, y) = \sum_{j=1}^{k} w_j(x_j, y_j) \tag{1-13}$$

式中　(x_j, y_j)——参考标签坐标；

w_j——第 j 个参考标签的权重,可通过式(1-14)计算得到。

$$w_j = \frac{\dfrac{1}{D_{i,j}^2}}{\sum\limits_{j=1}^{k} \dfrac{1}{D_{i,j}^2}} \qquad (1-14)$$

定位误差可以利用式(1-14)计算得出:

$$\varepsilon = \sqrt{(x-x_0)^2 + (y-y_0)^2} \qquad (1-15)$$

式中　(x,y)——计算坐标;

(x_0,y_0)——真实坐标。

1.4.5.2　准确性验证

利用 C++语言实现 RFID 定位算法,其流程如图 1-19 所示。

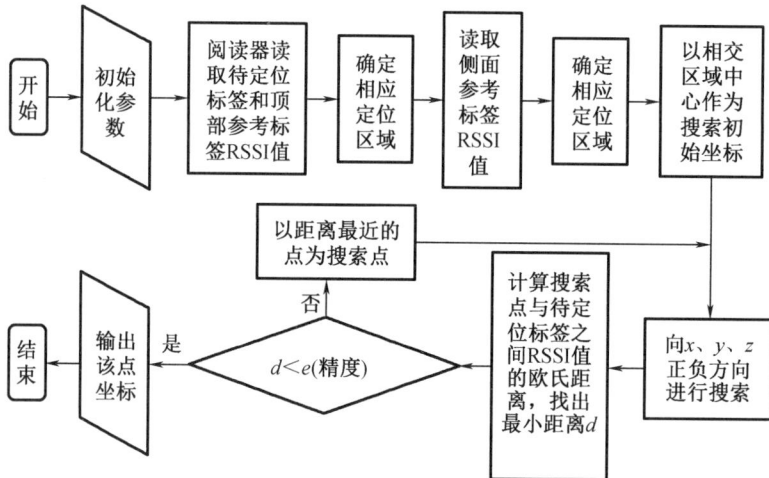

图 1-19　RFID 定位流程

在船厂零件堆放区域进行现场测试,测试结果如图 1-20 所示,定位误差如图 1-21 所示。

从定位的结果看,定位点基本在待定位标签附近很小的范围内。定位误差最大值为 0.24 m,最小值为 0.02 m,平均误差为 0.13 m,标准差为 0.06。从船舶分段制造车间物料定位需求看,定位精度能够满足物料的定位要求。此外,该算法的标准差为 0.06,所以算法定位的稳定性较好,满足定位的要求。

1.4.5.3　识别率验证

船厂的环境十分复杂,车间中存在大量的金属构件,而金属对射频信号有一定的屏蔽作用。所以 RFID 系统能否成功地在船厂中应用需要对 RFID 电子标签在船厂中的识别情况进行测试。在现场对 RFID 电子标签在船厂实际施工环境中的识别率进行测试。进行测试采用的是 2.4G RFID 电子标签,分别在船厂四种典型的构件堆放环境下进行,即零件堆放区域、型材堆放区域、板材堆放区域、托盘堆放区域。

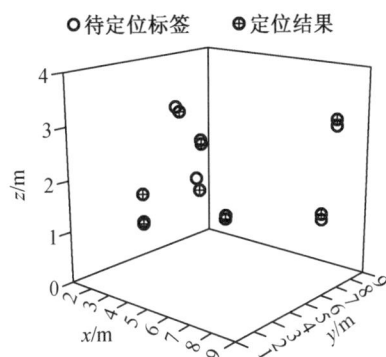

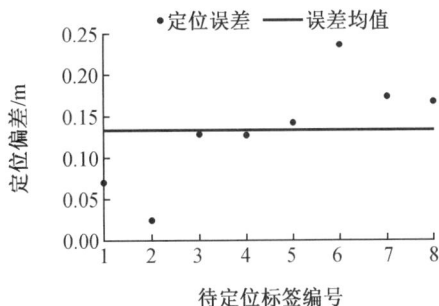

图 1-20   RFID 标签定位结果　　　　　　图 1-21   RFID 定位误差

(1)零件堆放区域

测试电子标签 18 张,随机放置在零件堆放区域,如图 1-22 所示,并在图中用白色椭圆标出电子标签位置。测试 4 组,对标签在运动状态下的识别率进行两组测试;对标签在静止状态下的识别率进行两组测试。由于移动零件不方便,所以通过移动阅读器来模拟零件移动情况。

(a)　　　　　　　　　　　　　　　　(b)

图 1-22   零件堆放区域测试

(2)型材堆放区域

测试电子标签 18 张,随机放置在型材堆放区域,如图 1-23 所示,并在图中用白色椭圆标出电子标签位置。测试 4 组,两组标签在运动状态下的测试,两组标签在静止状态下的测试。由于移动型材不方便,所以通过移动阅读器来模拟型材移动情况。

(3)板材堆放区域

测试电子标签 18 张,随机放置在板材堆放区域,如图 1-24 所示,并在图中用白色椭圆标出电子标签位置。测试 4 组,两组标签在运动状态下的测试,两组标签在静止状态下的测试。由于移动板材不方便,所以通过移动阅读器来模拟板材移动情况。

图1-23 型材堆放区域测试

(a)

(b)

图1-24 板材堆放区域测试

(4)托盘堆放区域

测试电子标签18张,随机放置在托盘的构件缝隙中,如图1-25所示,并在图中用白色椭圆标出电子标签位置。测试4组,两组标签在运动状态下的测试,两组标签在静止状态下的测试。由于移动托盘不方便,所以通过移动阅读器来模拟托盘移动情况。

(a)

(b)

图1-25 托盘堆放区域测试

四种环境下的测试结果如表 1 – 5 所示。

表 1 – 5　RFID 识别率测试结果

测试环境	动态组识别			静态组识别		
	1 组个数	2 组个数	识别率	1 组个数	2 组个数	识别率
零件堆放区域	18	18	100%	18	18	100%
型材堆放区域	18	18	100%	18	18	100%
板材堆放区域	18	18	100%	18	18	100%
托盘堆放区域	18	18	100%	18	18	100%

本实验测试说明了 2.4G RFID 电子标签信号可以通过衍射被阅读器识读,能够在船厂这种金属构件密集的环境下良好使用。

1.4.6　UWB 定位准确性分析

1.4.6.1　定位数学原理

UWB 目前最常用的是基于 TDOA 的定位方法。TDOA 定位的基本思想是,所有参考点之间时钟同步,未知点发出一个定位信号,不同参考点在不同时刻接收到定位信号,选取某参考点接收到信号的时刻作为基准,其他参考点收到信号的时刻减去该基准得到定位信号到达时间差,即 TDOA 值。根据未知点到两个参考点之间的距离差值可以建立一条唯一的双曲线,对于二维平面上的未知点,至少需要三个参考点建立一组双曲线方程求解得到未知点的位置估计。具有三个参考点的 TDOA 定位的原理如图 1 – 26 所示。

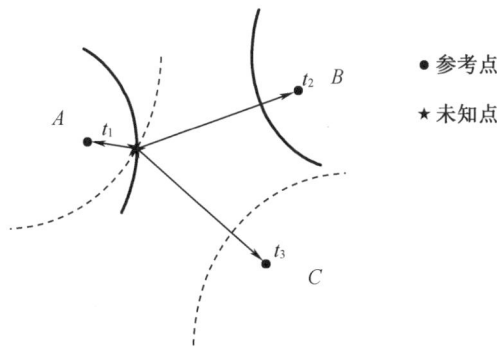

图 1 – 26　TDOA 定位原理图

如图 1 – 26 所示,A、B、C 为参考点,设 A 为基准参考点,c 为光速信号,到达 A、B、C 的时刻分别为 t_1、t_2、t_3,以 $r_i(i=1,2,3)$ 表示未知点到参考点的距离,$r_{i,1}(i=2,3)$ 表示未知点到第 i 个参考点的距离与未知点到基准参考点的距离之差,则有

$$r_{i,1} = c(t_i - t_1) \tag{1-16}$$

由式(1-16)可得双曲线方程组:

$$\begin{cases} r_{2,1} = r_2 - r_1 = \sqrt{(x_2-x)^2 + (y_2-y)^2} - \sqrt{(x_1-x)^2 + (y_1-y)^2} \\ r_{3,1} = r_3 - r_1 = \sqrt{(x_3-x)^2 + (y_3-y)^2} - \sqrt{(x_1-x)^2 + (y_1-y)^2} \end{cases} \tag{1-17}$$

其中,(x_i, y_i)为参考点坐标;(x, y)为未知点坐标。由于参考点与未知点之间的时钟不同步,所以是未知的,但是可以通过不同参考点之间接收定位信号的时间差值求得$r_{i,1}$,两条双曲线的交点坐标即为未知点的位置估计。在实际运用中,往往使用3个以上的参考点获得冗余的 TDOA 值来进行定位,以提高定位精度,降低误差。

1.4.6.2 非视距误差抑制

基于 TDOA 测距技术的定位算法,一般通过 Chan 算法、Fang 算法、最小二乘法、高斯-牛顿算法、泰勒级数展开法等对 NLOS 误差进行改善或者抑制,从而提高定位精度。本书中主要分析了高斯-牛顿算法。

采用 TDOA 双曲线定位模型时,设未知点位置向量为$\boldsymbol{p}$,当未知点到各个参考点距离差的误差平方最小时得到最优的位置估计,如下所示:

$$\boldsymbol{p} = \arg\min \sum_{i=2}^{M} (r_{i,1} - \|\boldsymbol{p} - \boldsymbol{p}_i\| + \|\boldsymbol{p} - \boldsymbol{p}_i\|)^2 \tag{1-18}$$

其中,M是参考点的总数;$r_{i,1}$是未知点到参考点i与参考点1的距离差,$\boldsymbol{p}_i$是参考点i的位置向量。使用高斯-牛顿算法迭代求解式(1-18)中的最小二乘估计问题。

设未知点坐标为(x, y),参考点i的坐标为(x_i, y_i),最小二乘估计问题表示如下:

$$\begin{aligned} f(x, y) &= \sum_{i=2}^{M} g_i(x, y)^2 \\ &= \sum_{i=2}^{M} \left[r_{i,1} - \sqrt{(x-x_i)^2 + (y-y_i)^2} + \sqrt{(x-x_i)^2 + (y-y_i)^2} \right]^2 \end{aligned} \tag{1-19}$$

算法描述如下:

(1)首先使用 Chan 算法求得初始位置估计。

(2)求$g_i(x, y)$及其梯度$\nabla g_i(x, y)$,$i = 2, 3, \cdots, M$。

(3)使用上一次的(x, y)估计值计算:

$$\boldsymbol{g} = \begin{bmatrix} g_2(x, y) \\ g_3(x, y) \\ \vdots \\ g_M(x, y) \end{bmatrix}, \quad \boldsymbol{A} = \begin{bmatrix} \nabla g_2(x, y)^{\mathrm{T}} \\ \nabla g_3(x, y)^{\mathrm{T}} \\ \vdots \\ \nabla g_M(x, y)^{\mathrm{T}} \end{bmatrix}, \quad \boldsymbol{b} = \boldsymbol{A}\begin{bmatrix} x \\ y \end{bmatrix} - \boldsymbol{g} \tag{1-20}$$

(4)如果$\|2\boldsymbol{A}^{\mathrm{T}}r\| < \varepsilon$,算法终止,此时$(x, y)$的值即为最优解;如果$\|2\boldsymbol{A}^{\mathrm{T}}r\| > \varepsilon$,进行第(5)步。

(5)更新未知点坐标估计$\begin{bmatrix} x \\ y \end{bmatrix} = (\boldsymbol{A}^{\mathrm{T}}\boldsymbol{A})^{-1}\boldsymbol{A}^{\mathrm{T}}\boldsymbol{b}$。

1.4.6.3 准确性验证

对船厂零件堆场区域进行实测。

为测试 UWB 定位技术在船舶分段制造车间环境中受船厂电磁环境影响以及钢板对定位性能的影响,选择在板材堆放部分区域布置 UWB 传感器设备。整个区域面积约为 13 000 m²,共布置 12 个 UWB 传感器。传感器布置及接线图如图 1-27 所示。

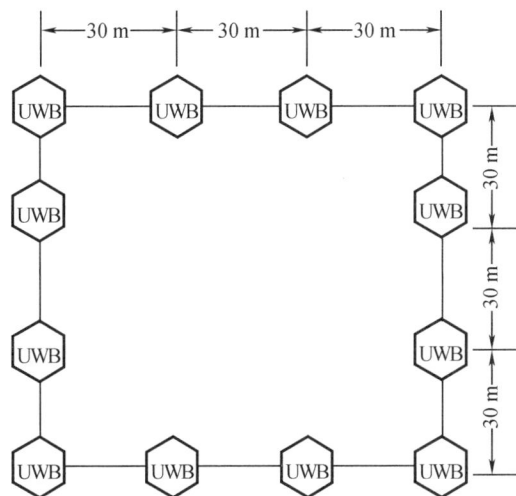

图 1-27 UWB 现场布置示意图

针对船厂物料堆放区域的特点,分别在遮挡区域、电磁干扰区域进行测试,测试主要在无遮挡无干扰区域、遮挡区域、干扰区域进行,共测试了三组数据,测试结果如图 1-28 至图 1-30 所示。

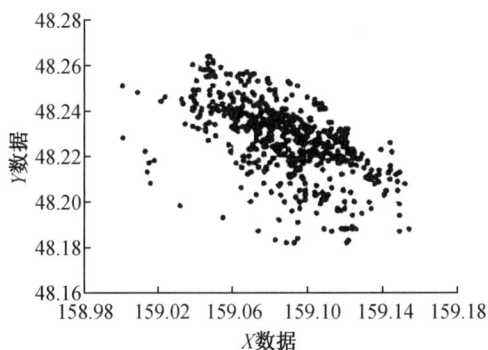

图 1-28 无遮挡无干扰区域数据

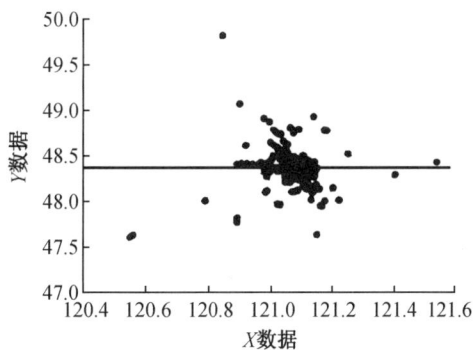

图 1-29 遮挡区域数据

从三组测试数据可以看出,在无遮挡无干扰区域,定位误差较小,XY 轴误差 3 cm 以下;在遮挡严重区域,Y 轴误差为 23 cm;在强电磁场干扰区域,XY 轴误差较大,分别为 20 cm 和 36 cm。考虑到现场是物料堆放,不现场对材料作业,则不产生电磁干扰,误差较大也不影响对物料位置的实时监控。

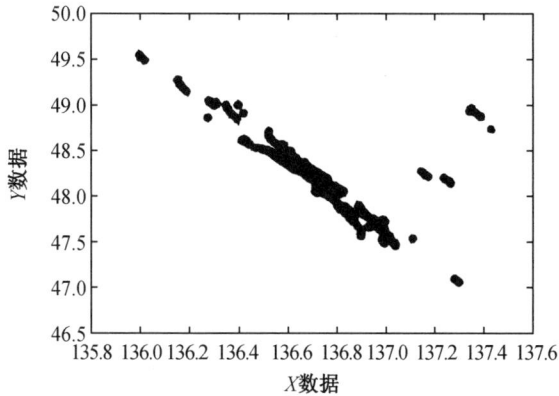

图1-30 干扰区域数据

1.4.7 蓝牙定位准确性分析

1.4.7.1 定位数学原理

蓝牙定位是基于 RSSI 值，通过三边定位原理进行定位。其定位原理是假设平面上有三个不共线的节点 A、B、C 以及一个未知节点 D，并已测出三个节点到未知节点 D 的距离分别为 R_1、R_2、R_3，则以三个已知节点坐标为圆心，三个节点到未知节点距离为半径可以画出三个相交的圆，如图 1-31 所示，未知节点坐标即为三圆相交点。

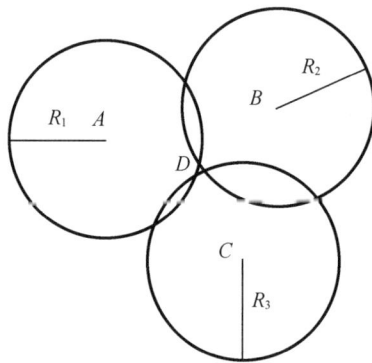

图1-31 三边定位原理

假设三节点的坐标分别为 $A(x_1,y_1)$，$B(x_2,y_2)$，$C(x_3,y_3)$，未知节点坐标为 $D(x,y)$，则由图 1-31 可得

$$\begin{cases} \sqrt{(x-x_1)^2+(y-y_1)^2}=R_1 \\ \sqrt{(x-x_2)^2+(y-y_2)^2}=R_2 \\ \sqrt{(x-x_3)^2+(y-y_3)^2}=R_3 \end{cases} \qquad (1-21)$$

解该方程组可得

$$\begin{pmatrix} x \\ y \end{pmatrix}=\begin{pmatrix} 2(x_1-x_3) \\ 2(x_2-x_3) \end{pmatrix}^{-1}\begin{pmatrix} x_1^2-x_3^2+y_1^2-y_3^2+R_3^2-R_1^2 \\ x_2^2-x_3^2+y_2^2-y_3^2+R_3^2-R_2^2 \end{pmatrix} \qquad (1-22)$$

该解即为未知节点 D 的坐标位置。然而,在实际测量中,往往由于测量的误差,使三个圆并不交于一点,而相交于一块区域,在此种情况下,便需用其他复杂算法进行求解。

1.4.7.2 抗干扰抑制

由于船厂不是理想的室内环境,蓝牙信号会受到各方面的影响,主要有:一是多径效应的影响;二是室内环境(生产线设备)的影响;三是其他电子产品的干扰。

为了解决蓝牙信号受到的干扰问题,本书以 1 m 的 RSSI 值为例,对卡尔曼滤波子进行仿真和分析。

卡尔曼滤波算法的核心是动态调整权值。它的本质就是通过预测结合测量来估计当前系统的状态。它的基本思想就是测试和更新。通过前一时刻估计值和当前时刻的观测值更新状态变化的估计,来求出当前时刻的估计值。算法根据建立的系统方程和观测方程对需要处理的信号做出满足最小均方误差的估计,然后依次计算出下一时刻的估计值等状态变量,再实现迭代,完成整个滤波过程。卡尔曼滤波能有效地降低蓝牙的干扰信号,蓝牙信号通过卡尔曼滤波处理后能够更加稳定。卡尔曼滤波算法的五个核心的方程如式(1-23)至式(1-27)所示。

$$\hat{x}_k^-=A\hat{x}_{k-1}+Bu_{k-1} \qquad (1-23)$$

其中,x 为系统状态;^代表估计;－代表先验。$\hat{x}_k^-$ 代表系统在 k 时刻的先验估计状态。A 和 B 代表系统控制参数。如果是多模型系统,A 和 B 是矩阵。式(1-23)表明系统在 u_{k-1} 输入的条件下,将 $k-1$ 时刻的状态映射到 k 时刻上。此时 k 时刻状态是预测的,还需要后面的公式进行优化。根据系统方程和观测方程,对接收到的信号计算最小均方误差,通过迭代估算来处理滤波问题。

$$P_k^-=AP_{k-1}A^{\mathrm{T}}+Q \qquad (1-24)$$

其中,P 表示过程噪声;P_k^- 代表先验估计误差协方差;Q 代表测量噪声。式(1-24)的含义是以 $k-1$ 时刻估计的协方差估计 k 时刻的先验协方差。改正后的结果用于修正卡尔曼增益 k_k。

$$k_k=P_k^-H^{\mathrm{T}}(HP_k^-H^{\mathrm{T}}+R)^{-1} \qquad (1-25)$$

增益的大小影响预估值和测量值的权重与比例。式(1-25)中 R 表示过程噪声。

$$x_k=\hat{x}_k^-+k_k(z_k-H\hat{x}_k^-) \qquad (1-26)$$

其中,z_k 表示测量值。利用测量值与先验值之差的修正结果来推测 k 时刻的后验估计值。

$$P_k=(1-k_kH)P_k^- \qquad (1-27)$$

式(1-27)通过对先验 P_k^- 的修正得到后验 P_k。用于下一轮的迭代。卡尔曼滤波是一

种最优估计算法,通过不断预测和修正最终得到理想状态的过程。采用递推的方法通过前一阶段的估计参数和最新的测量值来估计计算得到的信号特征参数,而利用状态方程和观测方法不断迭代递推,估计得出估计值。还使用在距离信标节点 1 m 处采集的蓝牙信号值作为试验数据。假设滤波前一时刻与后一时刻的 RSSI 是趋于稳定的。可知 $A=1,H=1,u_{k-1}=0$。经过卡尔曼滤波处理后的结果如图 1 - 32 所示。在仿真过程中,系统给出的初始值为 -50 dBm,此值可以任意设置。由图 1 - 32 可以看出,波形在开始阶段抖动也比较大,随后渐渐趋于平稳。卡尔曼滤波是根据前一时刻的数据估计出下一时刻的趋势,可有效降低测量值中出现的峰值,降低噪声对采集数据的影响。滤波后得到的 RSSI 值波动范围较小,处理后的室内定位效果更加接近真实位置坐标。

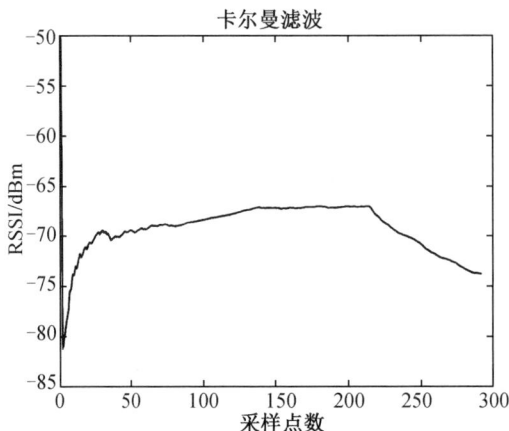

图 1 - 32　蓝牙信号卡尔曼滤波处理结果

1.4.7.3　准确性验证

对船厂某船舶分段制造车间进行实测:整个区域面积约为 5 000 m²,共布置 72 个蓝牙信标(每 8 m 部署一个),1 个 LoRa 蓝牙网关,其示意图如图 1 - 33 所示。

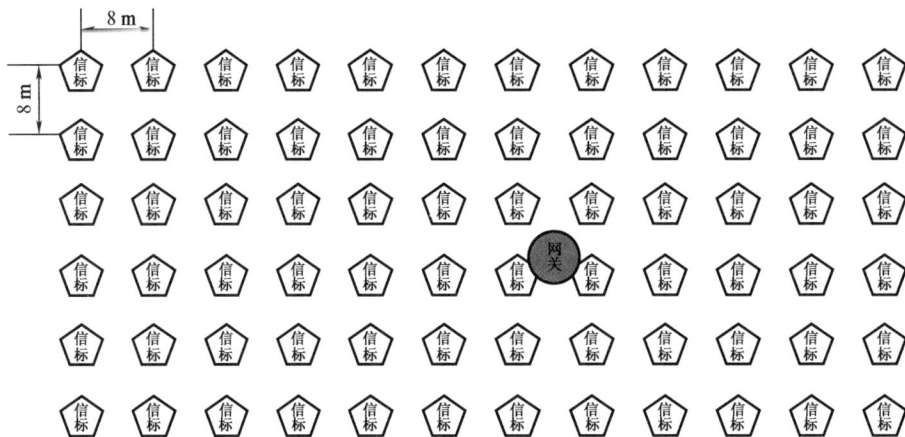

图 1 - 33　蓝牙现场布置示意图

针对船厂作业人员的特点,让测试者按照平时速度走动,经过无遮挡无干扰区域、遮挡区域、干扰区域,测试结果如图 1－34 所示,平均定位误差为 1.769 m,基本上能满足船厂作业人员的定位精度要求,在实际应用中,融合惯导定位,从而进一步提高定位精度。

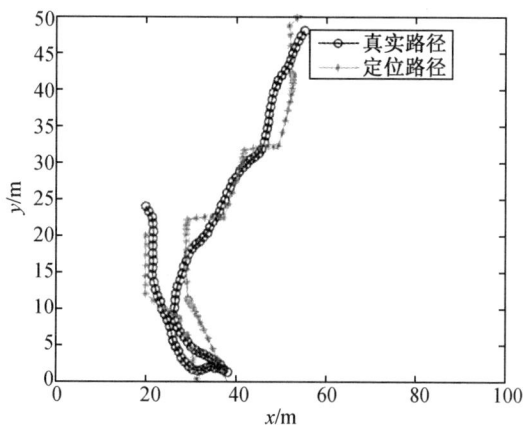

图 1－34　蓝牙定位准确性验证结果

1.4.8　分类定位技术方案确定

基于上述内容,可以确定船舶分段制造现场分类定位技术方案,如表 1－6 所示。

表 1－6　分类定位技术方案

生产要素	分类	是否需要定位	定位精度要求	能满足的定位技术	备注
人员	管理人员	是	低	蓝牙 + 惯导	主要是室内场景,只需定位到其办公区域即可
	作业人员	是	高	蓝牙 + 惯导 + 卫星(BDS/GPS)	室内外场景
设备	生产运输车辆	是	高	卫星(BDS/GPS)	室外场景
	起重机	是	高	RFID、卫星(BDS/GPS)	室内外场景
物料	物料	是	高	RFID + UWB	零件堆放区域、型材堆放区域、板材堆放区域、托盘堆放区域,快速定位以及出入库核验

1.5　船舶分段制造现场动态接入定位技术

分段制造车间按流水线布置主要分成四个工作区域:钢材堆场区域、钢材切割(零件加工)区域、组立装焊区域和分段装焊区域,如图 1－35 所示。其中组立装焊区域包含零部件堆场,分段装焊区域包含配套场地。

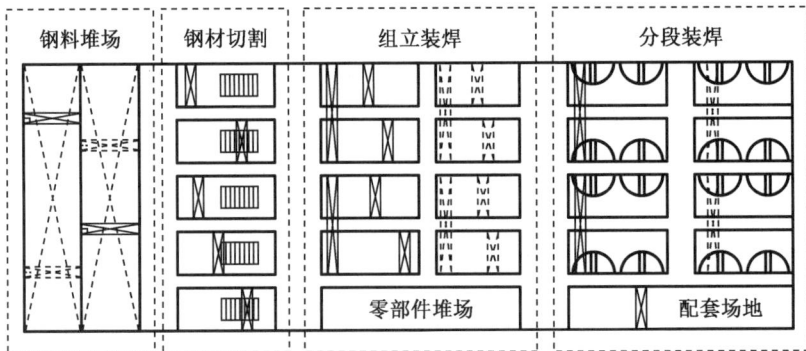

钢料堆场　钢材切割　组立装焊　分段装焊

零部件堆场　　　配套场地

图 1－35　分段制造车间

基于船舶制造现场分类定位技术方案,可知内场定位主要是人员/设备/物流定位;外场定位主要是车辆运输和作业人员;内场转外场定位主要是作业人员因物料装运等要在室外作业;外场转内场定位主要是作业人员因业务需要从室外转到室内。结合船舶分段制造车间,其内外场定位总体框图如图 1－36 所示。

1.5.1　内场定位

1.5.1.1　人员定位

船厂分段制造车间布置如图 1－35 所示。在钢材切割区域、组立装焊区域、分段装焊区域部署蓝牙信标和定位网关,人员携带定位标签,即可在船舶分段制造车间管理平台上实现人员位置管理。其中蓝牙信标每 8 m 部署 1 个,定位网关每 1 000 m 部署 1 个。其系统架构如图 1－37 所示。

其中蓝牙信标广播蓝牙信号,定位标签用于录入相关人员信息,其作为唯一标识,接收蓝牙信标广播的蓝牙信号以及其检测到的步数航向等信号并转发给定位网关。定位网关接收到蓝牙数据后转发至定位引擎服务器。定位引擎服务器用于收集定位网关上报相关数据并进行分析处理,计算出定位标签的实时坐标。客户端基于定位引擎服务器和地图引擎服务器提供人员实时位置的三维显示(图 1－38)、轨迹回放(图 1－39)、电子围栏、考勤管理、警报信息(图 1－40)、视频联动(图 1－41)以及相关区域数据统计(图 1－42)。

```
                              ┌─────────────┐
                              │   钢材到厂   │
                              └─────────────┘
                                    │
              外场定位：BDS/GPS定位  │
                                    │
                  车辆运输          │
                              ┌─────────────┐
                              │   钢材入库   │ ──→ 内场定位：
                              └─────────────┘      RFID出入库管理
                                    │              UWB精准定位
              外场定位：BDS/GPS定位  │
                                    │
                  车辆运输          │ ←── 领料清单
   出，内场转外场
   进，外场转内场  内场定位：蓝牙+惯导
   外场定位：BDS/GPS定位→工作人员 ┌─────────────┐
                   作业设备 ──────│  零件加工    │
                                  │(预处理、切割、│  零        内场定位：
                    内场定位：蓝牙 │ 加工、理料)  │  部    ──→ RFID出入库管理
                                  └─────────────┘  件        UWB精准定位
                                    │              堆
              外场定位：BDS/GPS定位  │              场 ←── 领料清单
   出，内场转外场                    │
   进，外场转内场  内场定位：蓝牙+惯导 │ 车辆运输
   外场定位：BDS/GPS定位→工作人员 ┌─────────────┐
                   作业设备 ──────│  组立装焊(小 │  组
                                  │ 组立、中组立) │  立        内场定位：
                    内场定位：蓝牙 └─────────────┘  堆    ──→ RFID出入库管理
                                    │              场        UWB精准定位
              外场定位：BDS/GPS定位  │                  ←── 领料清单
   出，内场转外场                    │ 车辆运输
   进，外场转内场  内场定位：蓝牙+惯导 │
   外场定位：BSD/GPS定位→工作人员 ┌─────────────┐
                   作业设备 ──────│   分段装焊   │
                                  │ (涂装、预舾装)│
                    内场定位：蓝牙 └─────────────┘
                                    │
                              ┌─────────────┐
                              │   完工检验   │
                              └─────────────┘
```

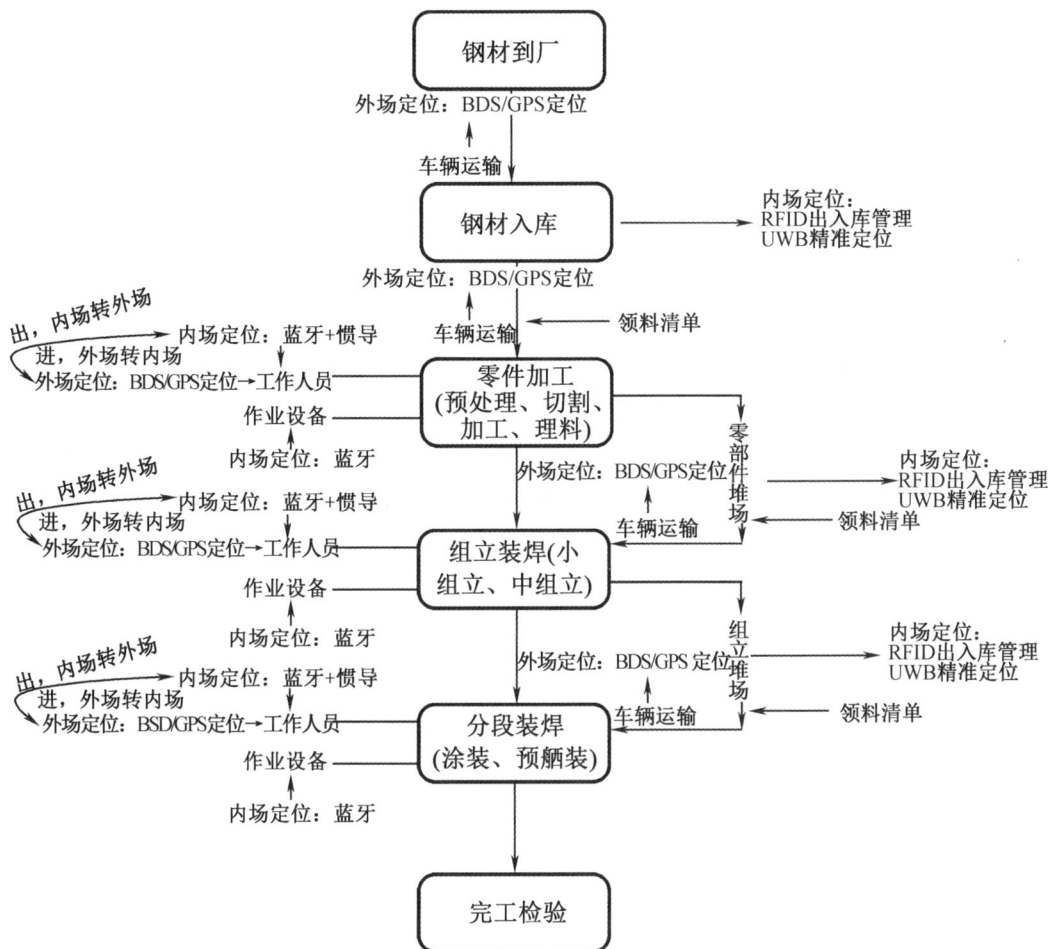

图 1 – 36 船舶制造车间内外场定位总体框图

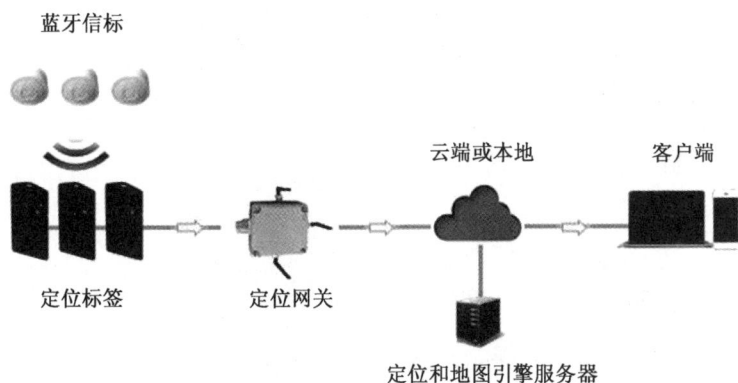

图 1 – 37 蓝牙/惯导定位系统架构

图1-38　实时定位

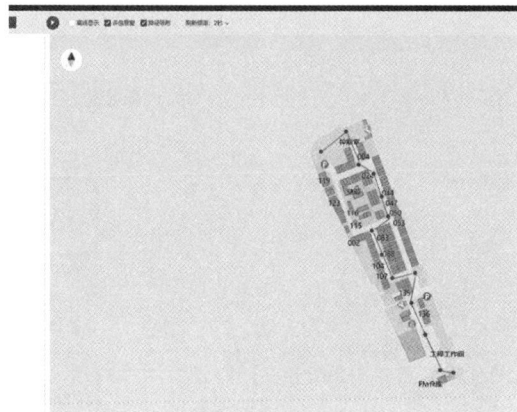

图1-39　轨迹回放

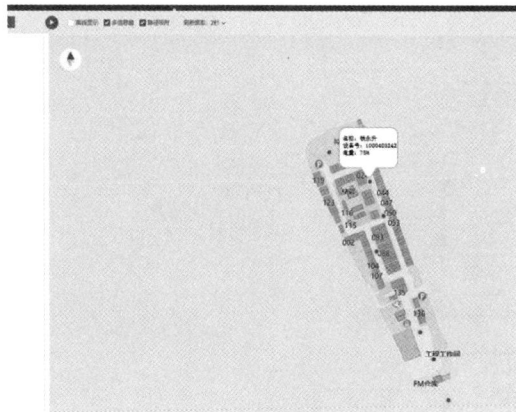

图1-40　警报信息列表

图1-41　视频联动

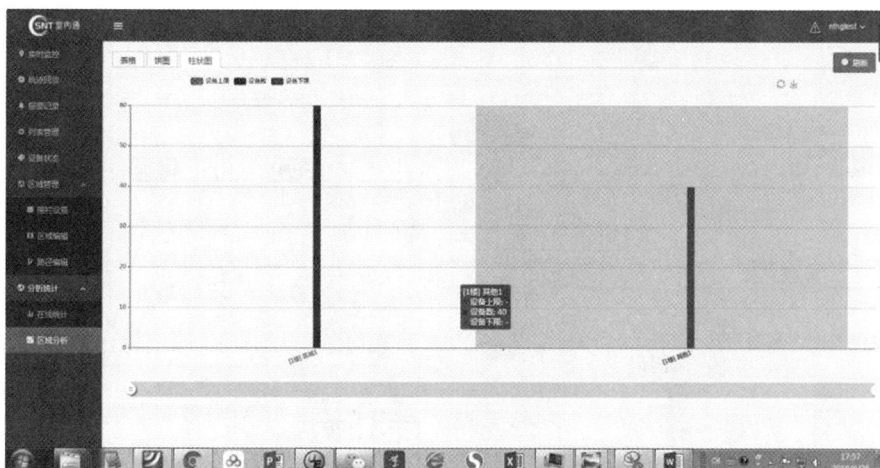

图1-42 区域数据统计

1.5.1.2 起重机防碰撞

两台起重机(行车)之间的防碰撞,通常采用红外线、激光等传感器信号,一旦两者之间距离过近,超过预先设定的安全值,起重机机身上的信号接收装置即发出指令,控制大车的运行,实现慢速、停止等功能。多台位置检测主要是通过GPS信号,无线传输汇总实现。

各种防撞技术的基本原理相似,只是使用的信号不同。发射接收器和反射板安装于两台行车的同一直线上,由发射接收器发出信号到反射板,经反射板将信号反馈回发射接收器,通过反馈信号来确定反射板的距离。再由发射接收器给行车的PLC一个输入信号,经控制程序驱动执行机构使行车减速或停止运行。

船厂可根据使用环境和精度要求的具体情况选择行车防撞技术,技术选择标准建议如下。

(1)微波

建议应用在室外,或重度粉尘、烟雾环境的车间等复杂环境;对行车安全距离检测精度要求较高,或经常使用行车进行联吊作业等复杂工况。

(2)激光

建议应用在对行车安全距离检测精度要求较高,且中度粉尘、烟雾环境的车间。

(3)超声波

建议应用在对行车安全距离检测精度要求较高,行车运行速度慢,且中度粉尘、烟雾环境的车间。

(4)红外线

建议应用在对行车安全距离检测精度要求不高,且轻度粉尘、烟雾环境的车间。

1.5.1.3 物料管理

(1)物料定位

基于物料快速的可靠信息记录以及高效的堆场物料查找等需求,本书采用了RFID和

UWB 定位技术(图 1 - 43)。

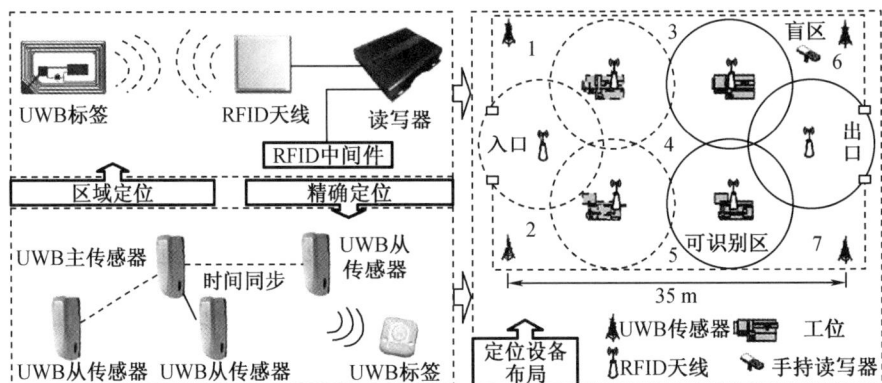

图 1 - 43　物料定位系统架构

该套方案通过在船舶制造车间钢料堆场、零部件堆场、组立堆场的特定位置布置 RFID 读写器、RFID 天线和 UWB 传感器形成定位识别区域,通过 RIFD 标签、UWB 标签实现物料的唯一标识,借助手持采集终端进行辅助识别,最终实现物料的实时定位。针对船舶制造车间物料定位需求,复合定位方案主要包括:基于 RFID 的区域定位和基于 UWB 的精确定位。根据物料的定位需求,将物料(在制品)附着 RFID 定位标签进行标识,通过 RFID 设备对其进行区域定位,并获取物料(在制品)的生产状态信息。配送时需要精准查找物料时,采用 UWB 设备对其精确定位,通过精确的位置坐标信息对物料进行查找。离散制造车间生产物料众多、环境复杂,物料通过 UWB 设备精确定位可实现其快速查找,有效减少生产准备时间,同时还可有效防止该类物料遗失。

(2)物料出入库管理

①RFID 阅读器的布置

a. 钢料堆场

钢板的 RFID 电子标签由钢材厂在生产完成时粘贴。钢板进入分段装焊车间时,会通过安装在车间大门两侧的阅读器读取钢板的数量、型号等信息与数据库中的入库清单进行对比,数据无误则顺利吊入车间。如有缺少,可以根据入库清单确定缺少钢板的型号,提醒钢材厂补充发货;如有多发,工人可以使用手持阅读器找出多发的钢板对错误进行处理。

车间内钢板堆场阅读器布置如图 1 - 44 所示,图中 A、B、C、D、E、F 为六个阅读器的布置位置。其中,A、B、C、D 四个位置的阅读器可以对堆场中每一块钢板进行位置定位。在钢板的后续吊运过程中工人可以在管理系统中输入需要吊运的钢板型号即可迅速找出钢板的位置。如果同一位置存在多种钢板堆叠,工人可以使用手持阅读器对需要型号的钢板快速选取,缩短了寻找时间。E、F 两个位置的阅读器用于对被吊钢板信息进行读取,在钢板出堆场时判断其是否符合出堆场清单上的钢板信息。

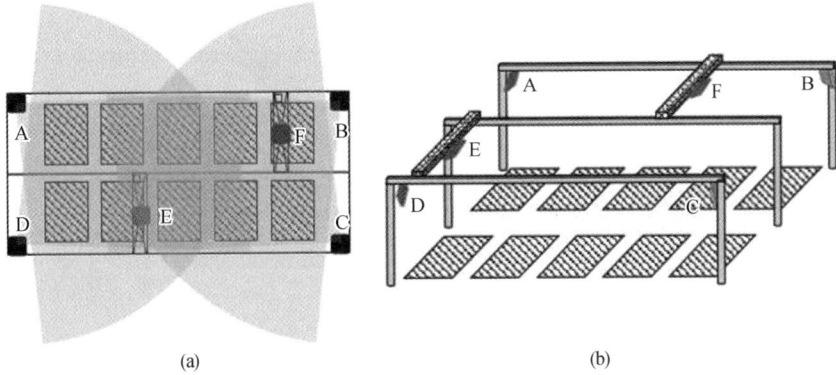

图1-44　钢料堆场阅读器布置

b. 零部件堆场

零部件堆场阅读器布置如图1-45所示。图中A、B、C、D为四个阅读器的布置位置。当零部件进入堆场区域时,阅读器读取零部件上RFID电子标签的信息并记录在系统中,免去了人工记录信息的烦琐,也增加了信息录入的准确性。当工人根据清单选取零部件时,可以将需要寻找的零部件信息输入定位系统,系统会自动根据UWB精准定位该零部件的位置并以可视化的形式反馈给工人。工人可以快速找到所需组件,如有需要可以在确定零部件位置的情况下使用手持式阅读器挑选需要的零部件。当零部件离开堆场时,阅读器同样会读取零部件信息,更新管理系统中数据,同样免去了人工操作。

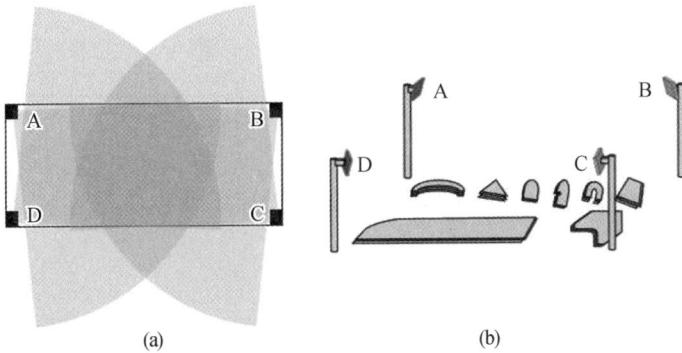

图1-45　零部件堆场阅读器布置

c. 组立堆场

组立堆场阅读器布置如图1-46所示。图中A、B、C、D为四个阅读器的布置位置。当组件进入堆场区域时,由阅读器读取其RFID电子标签的信息并记录在系统中,免去了人工记录信息的烦琐,也增加了信息录入的准确性。当工人根据清单选取组件时,可以将需要寻找的组件信息输入定位系统,系统会自动根据UWB精准定位该组件的位置并以可视化的形式反馈给工人。工人可以快速找到所需组件,如有需要可以在确定组件位置的情况下使用手持式阅读器挑选需要的组件。当组件离开堆场时,阅读器同样会读取组件信息,更新管理系统中数据,同样免去了人工操作。

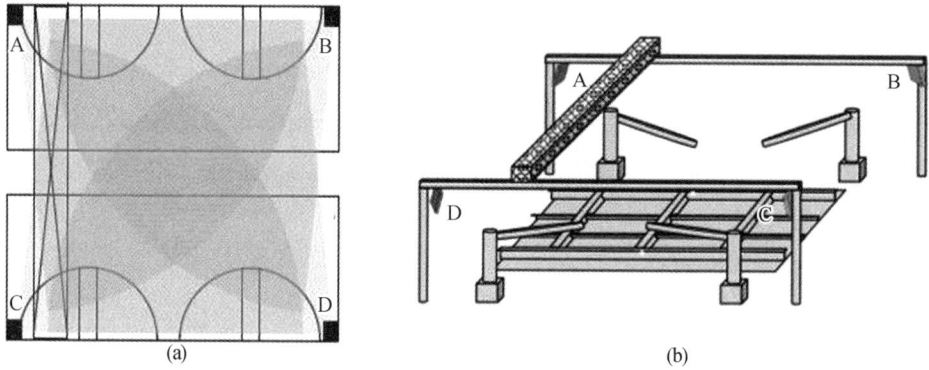

图1-46 组立堆场阅读器布置

②堆场参考标签的布置

钢料堆场、零部件堆场以及组立堆场参考标签的布置示意图如图1-47所示。

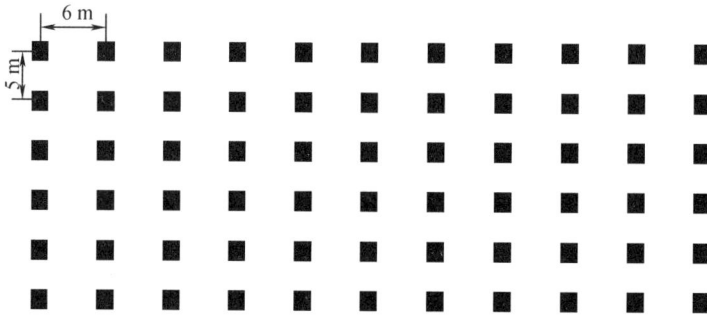

图1-47 堆场参考标签的布置示意图

在长度方向上布置参考标签,每列参考标签之间的距离为6 m,在宽度方向上布置参考标签,每行参考标签之间的距离为5 m。

③RFID阅读器选型

a.固定式阅读器

固定式阅读器需要用在钢料堆场、零部件堆场以及组立堆场。其金属结构物较多,所以工作频率选择抗金属能力较强的2.4 GHz。为了能够使阅读器的读取范围覆盖全部工作区域,要求阅读器的读写距离至少为100 m,车间阅读器要求读取距离为1 000 m,通信协议选用最常见的ISO/IEC 18000-6C。

b.手持式阅读器

手持式阅读器主要用于堆场中零部件的查找,属于近距离读取,要求读写距离为2.5 m即可满足要求。

c.发卡器

发卡器是用来给RFID电子标签写入和修改信息。其主要布置在零件生产区以及组立装焊区域,用以给生产制造完成的零件和组立写入相应的信息。

1.5.2 外场定位

1.5.2.1 运输车辆

运输车辆使用 BDS/GPS 定位,以实现基于位置的快速调度、轨迹回放、超速报警以及越界/偏离路线报警等功能,提高运输车辆的管理效率。其技术原理图如图 1–48 所示。

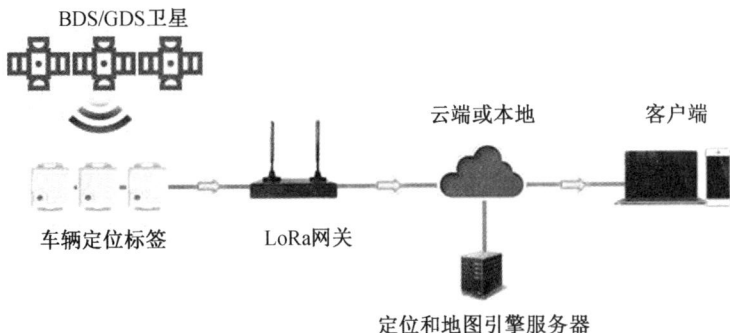

图 1–48 BDS/GPS 定位技术原理图

1.5.2.2 起重机定位

对于大跨度门式起重机,由于两侧行走驱动电机存在负载差异,运行过程中会产生偏斜,当偏斜超过机械结构允许范围时,会影响正常使用甚至产生不良后果。因此,通过对运行状态的位置检测,将偏差值手动或自动控制在允许范围内,对于起重机的安全运行起着至关重要的作用。造船用起重机单台位置检测,采用编码器、传感器、机械限位等方式。在轨道两侧检测轮上安装绝对值编码器,大车行走时产生光电脉冲信号,送至可编辑逻辑控制器(PLC)进行运算计数,从而判断出行走距离及 2 条轨道之间的偏差值。轨道两端机械限位的布置,保证了行走到达极限位置时的减速、停止的功能。

对于精度要求更高的起重机械定位可采取基于无线射频技术的起重机位置测量定位系统,其是通过无线电信号自动识别目标物体的非接触式系统,不受物体运动速度的限制,由无源 RFID 信号发射器磁钉、信号读写器及发射接收天线 3 部分组成。由于是非接触式识别,不需要建立机械或光学联结,完全不受周边环境的影响,可以穿透户外雨雪雾霾天气、造船作业场所的粉尘颗粒等恶劣环境,减少运行故障。

磁钉预先埋设在轨道两旁地面下,内部存储绝对位置信息编码。磁钉的间隔可根据测量精度要求选择。天线装置运行时至少需要有 1 个磁钉在其下方,以校正检测轮打滑带来的误差。天线为信号读写装置,安装在刚柔腿贴近轨道处,随大车行走一起移动,天线给磁钉充电后,读取磁钉返回的绝对位置编码,计算出磁钉在天线下的确切位置,从而测量出天线中心即大车的绝对位置,反馈给起重机控制系统(PLC)。编码器作为位置计算的辅助装置,与天线装置连接,根据 2 个相邻磁钉之间的读数,更新位置数据。磁钉充电及天线读取

周期为 50 ms,大车位置信息更新周期为 50 ms。配备编码器后,向 PLC 反馈位置信息周期为 2 ms,确保了最佳精度。同时,如果由于故障等原因,没有读取到某连续磁钉数值时,也能做到及时补充位置数据。

1.5.2.3　人员定位

人员室外定位使用 BDS/GPS,使得人员在室外时仍然可以查看其实时位置,查询轨迹、安全报警以及一键报警等功能,从而实现人员室内外全方位的安全管理。

1.5.3　内外场定位相互转换

内外场定位转换主要涉及人员定位,当其从船舶分段车间转到室外作业时,则涉及由室内蓝牙/惯导融合定位转到 BDS/GPS 定位;当其从室外转到船舶分段车间作业时,则涉及由 BDS/GPS 定位转到室内蓝牙/惯导融合定位。

1.5.3.1　环境判别

本书中,惯导定位不论是在室内环境还是在室外环境,都可以定位,主要区别在于:在室外定位,地图上标注的是绝对位置;在室内定位,地图上标注的是相对位置。对于是室内还是室外场景,主要判定条件是:接收到的蓝牙信号能定位则为室内环境,否则按照室外环境处理(若室内环境没有部署蓝牙信标,惯导定位按室外环境处理)。

BDS/GPS 和蓝牙的融合定位具体分为 5 种情况:①仅有北斗信号;②有蓝牙信号和BDS/GPS 信号,但 BDS/GPS 信号不能满足定位要求;③同时有蓝牙信号和 BDS/GPS 信号且均可单独定位;④有蓝牙信号无 BDS/GPS 信号;⑤BDS/GPS 信号和蓝牙信号的定位效果都不理想或无法定位。定位过程中,根据接收的信号情况对定位环境进行判断,结合预设的切换策略进行定位方案的转换。具体采用机器学习的方法,实现室内外环境的识别与自动切换,算法流程图如图 1-49 所示。

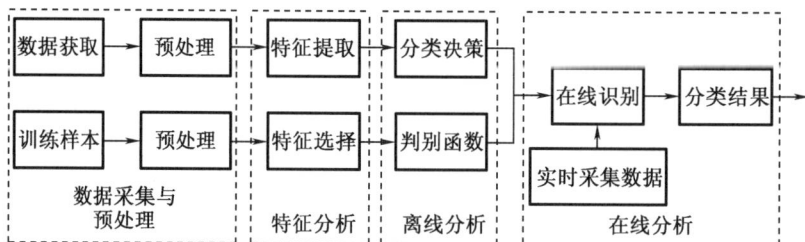

图 1-49　室内外场景切换算法流程图

蓝牙和 BDS/GPS 联合反映室内、室外环境情况,综合考虑蓝牙信号中包括蓝牙的信标数量、RSSI 等信号,以及 BDS/GPS 中包括卫星定位的几何精度因子(GDOP)、可见卫星数(SVs)、信噪比(SNR)等信号。经过对采集样本的数据分析,对原始采集样本数据的预处理,选定以下 6 个特征来映射一次扫描观测的模式特征:

①一次扫描蓝牙的信标个数,记为 x_1;

②一次扫描所有蓝牙的 RSSI 数值均值,记为 x_2,单位为 dBm(实际是真实值的相反数);

③一次扫描所有蓝牙的 RSSI 数值标准差,记为 x_3,单位为 dBm;

④一次扫描的可见卫星数,记为 x_4;

⑤一次扫描的使用中卫星数,记为 x_5;

⑥一次扫描的所有卫星 SNR 的均值,记为 x_6,单位为 dB。

利用上述特征定义,将室内、室外的不同模式通过对采集样本的预处理后映射为一个特征向量 $\boldsymbol{X} = (x_1, x_2, x_3, x_4, x_5, x_6)$,该特征向量可以理解为六维特征空间的一个点,在特征空间中,属于某类的点集,总是在某种程度上与属于另一个点集相分离,因此如果能找到一个判别函数(线性或者非线性函数),就可以不依赖条件概率密度的知识,把不同类的点集分开。

Fisher 判别函数本质上是利用 Fisher 准则构造的一个线性判别函数。Fisher 准则是根据两类样品一般是在类内密集,类之间分离的特点,寻找线性分类器最佳的法线向量,使两类样品在该最佳方向上的投影可以满足类内是尽量密集的,类之间是尽量分离的原则,如图 1-50 所示。

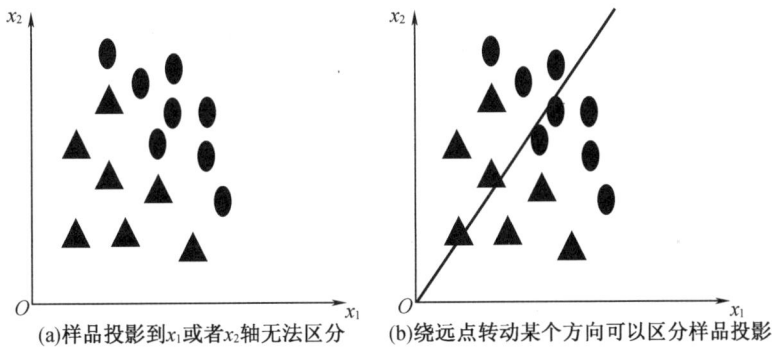

(a)样品投影到x_1或者x_2轴无法区分   (b)绕远点转动某个方向可以区分样品投影

图 1-50 Fisher 线性判别原理示意图

本书中利用 Fisher 判别函数对采集的蓝牙和北斗信号特征进行分类,具体而言,在六维空间中,找到一个最佳方向投影的变换,该变换对应一个解向量 $\boldsymbol{W} = (w_1, w_2, w_3, w_4, w_5, w_6)$,即判别界面为一超平面,判别函数为

$$Y = w_i x_j, \quad i, j = 1, 2, \cdots, 6 \tag{1-28}$$

将所有样本投影到一维空间 Y,计算出判别阈值 Y_0,之后就可以对待测样本进行在一维空间 Y 中的投影,并判断投影点与阈值 Y_0 之间的关系,从而根据分类决策将其归类。

具体而言,整个识别过程步骤如下。

(1)交叉检验,分包后,按顺序取出一包 60 个数据作为测试集,剩下的数据作为训练集,按类别标签计算出两类训练集特征的均值向量 $\boldsymbol{m}_1$ 和 $\boldsymbol{m}_2$,即

$$\boldsymbol{m}_i = \frac{1}{270} \sum_{\boldsymbol{X} \in w_i} \boldsymbol{X}, \quad i = 1, 2 \tag{1-29}$$

（2）按标签计算样品类内离散度矩阵 S_i 以及总类内离散度矩阵 S。

$$S_i = \sum_{X \in w_i} (X - m_i)(X - m_i)^{\mathrm{T}}, \quad i = 1, 2 \tag{1-30}$$

$$S = S_1 + S_2 \tag{1-31}$$

（3）求最佳解向量 W。

$$W = S^{-1}(m_1 - m_2) \tag{1-32}$$

（4）对于训练集内两类已知样品，利用式（1-32）求出它们在 W 上的投影点 Y_i。

（5）求两类样本 Y 值的均值。

$$\overline{m_i} = \frac{1}{270} \sum_{Y \in w_i} Y, \quad i = 1, 2 \tag{1-33}$$

（6）计算阈值 Y_0，这里因为室内和室外的样本个数是等量的，取

$$Y_0 = \frac{\overline{m_1} + \overline{m_2}}{2} \tag{1-34}$$

（7）循环计算测试集内数据在 W 上的投影点 Y，分类决策

$$\begin{cases} Y > Y_0, & 室外 \\ Y < Y_0, & 室内 \end{cases} \tag{1-35}$$

按分包序号重复步骤（1）至（7），取 W 向量 10 次值的均值向量，以及 Y_0 的 10 次值的算术平均值，构造总体判断函数，进行无缝检验，从而实现室内-室外场景切换的自动识别。

1.5.3.2　坐标转换

基于船舶分段车间的 2D/3D 地图，船舶分段车间适用的定位坐标是直角坐标系，即 xyz。而 BDS/GPS 定位的结果采用地球大地坐标系，即经度 L、纬度 B、大地高 H；这就需将地球大地坐标系转换为直角坐标系。

针对上述坐标系转换问题，本书中设计了一种以 Web 墨卡托坐标系为媒介的室内外无缝定位坐标集成方法，流程如图 1-51 所示。

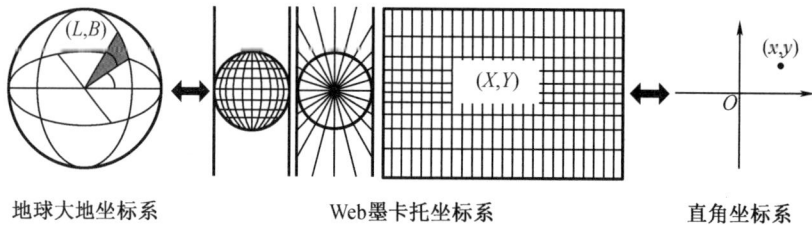

图 1-51　坐标转换流程

首先设某点 A 在室内自定义坐标系（直角坐标系）中的坐标为 (x, y)，其对应的地球大地坐标系（极坐标系）的坐标为 (L, B)，则室内外坐标系集成的关键就是建立 (x, y) 与 (L, B) 之间的对应转换关系。该方法以 Web 墨卡托坐标系为媒介实现室内外无缝坐标转换，其中，Web 墨卡托坐标系又叫伪墨卡托投影坐标系，由 Google Map 发明使用，与传统的墨卡托

投影坐标系不同,该坐标系在将大地坐标投影到平面坐标的过程中,将地球参考椭球体近似地作为正球体处理,即正球体半径 R 等于 WGS84 椭球体半长轴 a。

其中,从地球大地坐标 (L,B) 到室内坐标 (x,y),首先,将 (L,B) 转换为 Web 墨卡托坐标 (X,Y),即

$$\begin{cases} X = \dfrac{180L}{20\ 037\ 508.34} \\ Y = \log\left(\tan\left(\dfrac{(90+L)\pi}{360}\right)\right) \times \dfrac{20\ 037\ 508.34}{\pi} \end{cases} \tag{1-36}$$

其次,将 (x,y) 写作齐次坐标 $(x,y,1)$,Web 墨卡托坐标 (X,Y) 写作齐次坐标 $(X,Y,1)$,将 $(X,Y,1)$ 转换为 $(x,y,1)$,即

$$\begin{bmatrix} x \\ y \\ 1 \end{bmatrix} = \begin{bmatrix} b_{11} & b_{12} & b_{13} \\ b_{21} & b_{22} & b_{23} \\ b_{31} & b_{32} & b_{33} \end{bmatrix} \begin{bmatrix} X \\ Y \\ 1 \end{bmatrix} = \boldsymbol{T} \begin{bmatrix} X \\ Y \\ 1 \end{bmatrix} \tag{1-37}$$

1.5.4 多源融合定位技术方案确定

基于内场定位、外场定位以及内外场定位相互转换的分析,可以确定如下多源融合定位技术方案(图 1-52)。

(1)人员是基于 LoRa 传输的 BDS/GPS + 蓝牙 + 惯导融合定位。

(2)设备定位是基于 LoRa 传输的蓝牙定位。

(3)运输车辆定位是基于 LoRa 传输的 BDS/GPS 融合定位。

(4)物料定位是基于 UWB/RFID 融合定位。

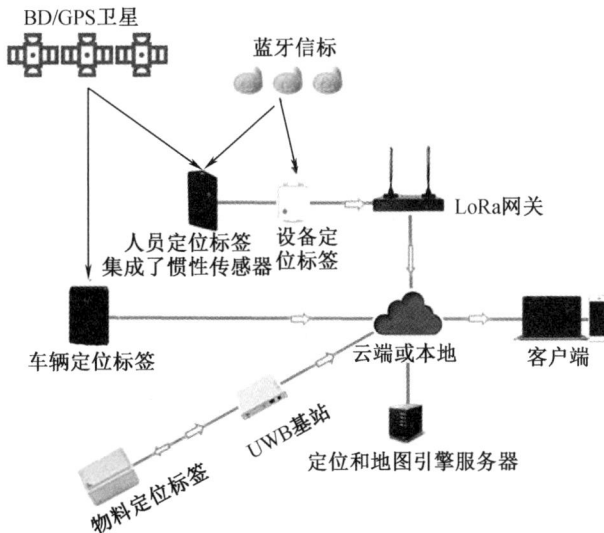

图 1-52　多源融合定位技术方案

1.6　船舶分段制造现场定位接口技术

船舶分段制造现场定位接口技术研究,是在船舶制造多源融合技术方案确定的基础上进行的。基于多源融合定位技术方案,船舶分段制造现场定位的全程定位接口服务平台架构如图 1-53 所示。

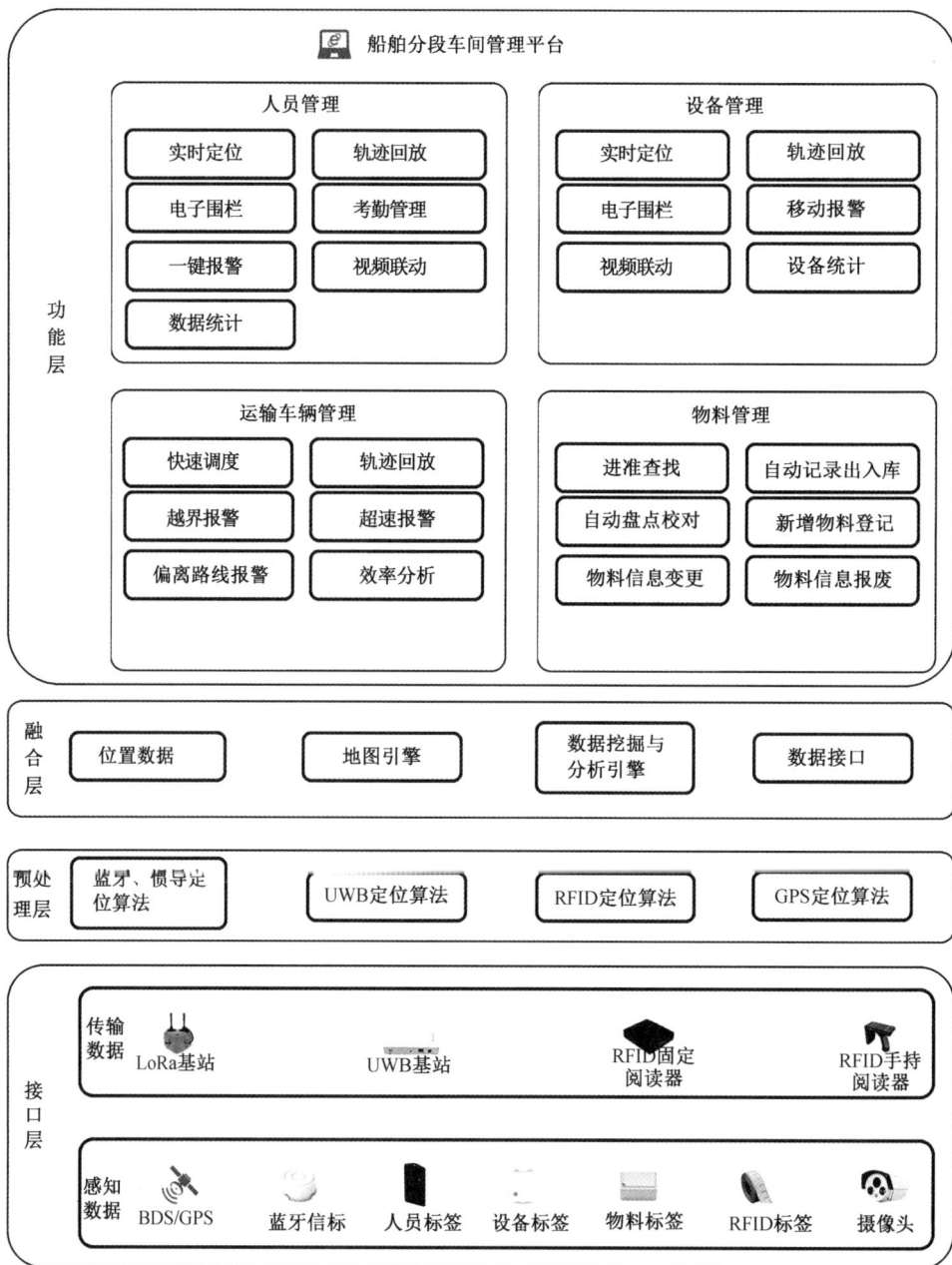

图 1-53　船舶分段制造现场地位的全程定位接口服务平台架构

下面将详细介绍接口层、预处理层、融合层、功能层。

1.6.1　接口层

接口层主要包括感知数据部分和传输数据部分。其中,感知数据部分主要包括 BDS/GPS、蓝牙信标、人员/设备/物料/RFID 标签以及摄像头;传输数据包含 LoRa 基站、UWB 基站、RFID 固定阅读器以及 RFID 手持阅读器。

1.6.2　预处理层

预处理层主要是对采集的数据进行算法分析,实现位置解析,主要是对采集的蓝牙、惯导、UWB、RFID、GPS 信号进行处理和位置解算。

(1)蓝牙位置解算主要是基于 RSSI 值,通过三边定位原理进行定位。

(2)惯导位置解算主要是基于陀螺和加速度计等敏感器件的导航参数解算系统,实现位置解析。

(3)UWB 位置解算是基于 TDOA 的定位方法实现位置解析的。

(4)RFID 位置解算是基于 LANDMARC 定位原理实现位置解析的。

(5)BDS/GPS 位置解算主要是基于三角定位原理实现位置解析的。

1.6.3　融合层

按照数据抽象的不同层次,信息融合可分为数据层融合、特征层融合、决策层融合这三个融合模型。

1.6.3.1　数据层融合

数据层融合通过对多个传感器的原始数据直接进行分析与融合。其优点是保留了原始数据的完整性,融合精度较高。但由于需要处理大量的传感器数据,所以系统处理的实时性较差,属于低层次的融合策略。

1.6.3.2　特征层融合

特征层融合通过对来自传感器的信息做特征提取,再将各传感器的特征信息进行综合分析与处理。特征层融合的主要优点是大大压缩了需要处理的数据量,对通信带宽的要求较低,有利于系统进行实时处理;缺点是有信息损失,导致融合性能有所下降。

1.6.3.3　决策层融合

决策层融合模型先初步分析每个传感器的信息,并对观测目标分别做出决策,然后融合数据完成联合属性判决。决策层融合属于最高层次的融合,由于每个传感器均生成了初步判决结果,融合系统的可靠性得到了提高。

基于船舶分段制造车间,需要区分不同的对象进行定位,对于不同对象的定位,其采取

的融合模型也不同,具体如下:

(1)BDS/GPS 融合是基于数据层融合;

(2)BDS/GPS、蓝牙、惯导之间的融合是基于决策层融合;

(3)UWB 与 RFID 融合定位是基于决策层融合。

1.6.4　功能层

功能层主要是将位置数据予以利用,满足船舶分段制造车间人员、设备、运输车辆、物料管理的需要。

1.7　本 章 小 结

本章根据船舶分段制造过程中存在人员、物料、中间产品、车辆位置等分散、移动范围大、全面监控、精确跟踪比较困难等问题,分析船舶分段制造现场分类定位需求、船舶分段制造现场定位技术的适应性,阐述船舶分段制造现场动态接入定位技术和船舶分段制造现场定位接口技术,并介绍适用于船舶分段壳舾涂一体化制造环境的定位技术方案,实现人员、物料、中间产品与车辆的全域、精确、无死角、标准接口的定位服务。

根据单一定位技术存在环境适应性、仅适合特定环节的问题,以国内某骨干船厂船舶分段加工车间、分段堆场等为对象,针对移动物体(人、车、物)在船舶分段制造过程中的内场、外场及跨区移动等移动状态接入的定位场景,介绍多源定位信息融合的定位技术,包括融合定位技术对移动物体在内场、外场和跨区域时的全域定位。

采用中间件技术,构建融合多种定位技术的船舶分段制造现场统一定位接口,屏蔽定位技术的复杂性,在不改变应用及服务接口的情况下向其中动态扩展新的定位技术,为船舶分段制造过程中的各种应用提供基于标准接口的定位服务。最终技术将转化成定位接口服务平台软件,在国内某骨干船厂对运输车辆进行全程实时跟踪并现场验证。

第 2 章 船舶制造中间产品
几何信息感知技术

2.1 概 述

2.1.1 背景

船舶制造经历套料、切割、加工、装配、焊接等多道工序,容易产生累积误差,前期阶段的制造误差对后续分段组装、合拢等制造过程产生关键影响。为了提高造船精度,需以船舶设计模型为依据,对整船设定精度指标,并检测各工序实际关键几何参数与设计值的符合程度,据此进行船舶制造精度检测。其中,针对分段制造、总段组装、船舶合拢等造船工艺过程,如何对船舶制造中间产品尺寸、形状、位置、姿态等实际几何参数进行现场、高效率、高精度感知,是船舶制造精度评价和制造质量管控的前提与关键。

目前,船舶制造过程广泛采用钢卷尺、角尺和吊线锤等工具的几何信息现场感知方法,多数为二维层面接触式测量,精度偏低,难以满足现代高精造船工艺需求。随着船舶制造工业迅速发展,技术人员对制造过程提出了非接触式、高效率、高精度现场三维测量需求,出现了激光跟踪仪、全站仪、视觉测量系统等新的三维测量技术。世界造船强国对空间尺寸视觉感知技术也逐渐从理论扩展至实际应用。国内对造船过程大尺寸三维测量原理、误差分析涉猎较多,但对现场环境下视觉感知技术与数据分析方法涉及较少。因此,有必要针对船舶制造过程几何信息现场感知需求,深入研究适合船舶制造现场的视觉感知方法,形成满足国内造船需求的船舶制造几何信息视觉传感方案与模块,为后续船舶制造精度管控提供感知方法与数据支撑。

2.1.2 主要内容

本书根据船舶制造复杂现场环境和多样化测量的需求,基于视觉、iGPS 等多类传感,涉及感知适配方案设计、传感精度标定与补偿、图像匹配与三维重建、数据预处理与特征提取等关键要素,形成船舶制造过程几何尺寸、三维面形、空间位姿等信息的精密高效几何信息传感方案。面向弯板成形、焊缝跟踪、组立装配等典型制造过程,基于视觉、iGPS 等多类传感,可研制基础感知模块与试验验证平台,为船舶制造精度管控提供几何信息感知软硬件支撑。

2.1.2.1 船舶制造过程视觉传感方案设计及现场适用性

船舶制造过程视觉传感方案设计及现场适用性,即根据复杂现场环境下船舶制造工艺过程对尺寸、面形、位姿等几何信息的多样化测试需求,阐述立体视觉、线激光、结构光、近景摄影、影像测量等视觉传感应用技术。根据工艺过程、测量环境、关键控制参数等不同因素和需求,分析各类视觉传感方式可行性及现场适用性,为现场精度管控测试集成方案设计提供传感方式选型及优化依据。

2.1.2.2 船舶制造过程现场视觉传感精度标定与数据表征

船舶制造过程现场视觉传感精度标定与数据表征,即根据船舶制造复杂车间环境下存在不利因素对视觉传感系统的精度标定影响及数据噪声、数据缺失等问题,介绍便于现场操作、保管和维护的基于小型标定靶的激光、结构光、立体视觉等视觉传感在位标定以及数据表征方法,保障船舶制造过程视觉传感的高精度及高可靠性。技术基于海量原始视觉传感数据的关键特征分析识别以及特征尺寸计算提取方法,实现视觉传感数据精简及有效输出。

2.1.2.3 船舶制造过程视觉传感优化布局与全息匹配技术

船舶制造过程视觉传感优化布局与全息匹配技术,即根据船舶制造过程由于场景遮挡、工作空间限制等原因导致的视觉传感信息获取不完备的问题,介绍面向全貌几何信息获取的多视觉传感集成与空间优化布局方法。该技术基于多视觉传感数据空间匹配与全局拼合算法,可实现船舶制造过程现场完备几何信息的精确获取与精准融合,为后续数据处理及特征信息提取提供完整传感数据。

2.1.2.4 船舶制造过程 iGPS 大尺寸精密定位技术

船舶制造过程 iGPS 大尺寸精密定位技术,即根据船舶车间在自动装配过程对工件的位姿和大尺寸的几何信息等信息的精度和实时性需求,介绍对工件测量点布置,iGPS 自动装配定位子网网络部署,测量点三维坐标信息提取和补偿,综合信息和三维位姿解算及重构等应用技术。根据实际工艺过程、测量环境和控制参数要求等需求,介绍实际现场应用技术,对其进行优化并提出整改方法,为组立装配的实现提供数据支持。

2.1.2.5 船舶制造中间产品几何与质量信息感知模块研制

船舶制造中间产品几何与质量信息感知模块研制,即基于以上理论技术,介绍适合船舶制造过程现场几何信息获取的多类几何信息感知模块,实现尺寸、面形、位姿的精确测量。面向板材弯板板形测量、船板焊接焊缝跟踪、管子管形与位姿测量、组立焊装空间姿态跟踪等典型船舶制造过程测试需求,搭建几何信息感知模块测量系统,验证理论成果及感知模块研制的实效性。

2.1.3 技术路线

2.1.3.1 需求分析

综合国内外智能制造车间中的几何信息感知技术现状,对船舶制造过程中各个制造环节的几何信息进行需求分析,根据工艺需求和测量环境等因素对具体的组成方式进行选取,对于类似水火弯板、焊接过程等制造过程,考虑其工艺条件和现场工作环境对光学测量的影响,构建具体视觉测量方案,对于大尺寸的组立装配等构建具体的 iGPS 系统,并进行系统的适应性分析。

2.1.3.2 现场标定方法

船舶制造现场工作环境较为恶劣,在实验室条件下容易实现的标定板精度、光照条件、振动要求等,在现场环境下难以继续保持。故需要根据实际测量环境,设计相应的标定参考物和标定流程。如工作现场的温差变化和振动噪声会对相机的内外参数产生影响,为保证测量精度,需要以较高的频率对测量系统进行标定。为此,需要选用高精度的标定参考物,如金属基低变形率标定板或者使用高精度打印机打印标定图案。考虑设计相应的温、湿恒定环境存放标定参考物,以保证其自身的精度。同时,针对现场对标定快速性和简易性的要求,通过引入机器人等多自由度、自动定位机构以及改进标定原理,设计自动化和小型化的标定系统,以方便现场标定的进行。

2.1.3.3 测量网络的优化布局

测量网络的优化布局,保证测量系统测量数据的准确性和完备性。针对船舶制造车间大型空间内测量传感器部署问题,基于固定传感器的几何信息可信度空间分布特性,建立三维传感器信息可信度空间分布模型,定义不同空间粒度下的测量信息可信度空间分布测度,传感器、路段、路网信息可信度函数,并进行实证分析;基于该测度,考虑到测量信息完备性和有效性需求,建立单个及多个测量场景最小投资模型;通过引入传感器附加值因子,建立针对场景的最大效益模型。

2.1.3.4 分析船舶制造产品的几何信息

分析船舶制造产品的几何信息,构建产品特征数据库。对获得的产品测量数据进行数据精简、降噪及点云缺失填补等数据优化处理。对处理后的数据进行模型重建,构建产品三维几何模型。设计一种基于 RANSAC 算法的高效率、高鲁棒性的特征提取算法。基于产品特征数据库,提取产品数据模型的几何特征,对提取的制造产品几何信息特征进行分析。基于加工产品几何特征,设计一种特征约束的 ICP 配准优化算法。基于该配准算法,将加工产品几何特征模型与设计目标对应特征模型进行配准比对。实现实时在位感知产品的制造过程的偏差值。

船舶制造中间产品几何信息感知技术路线如图 2 - 1 所示。

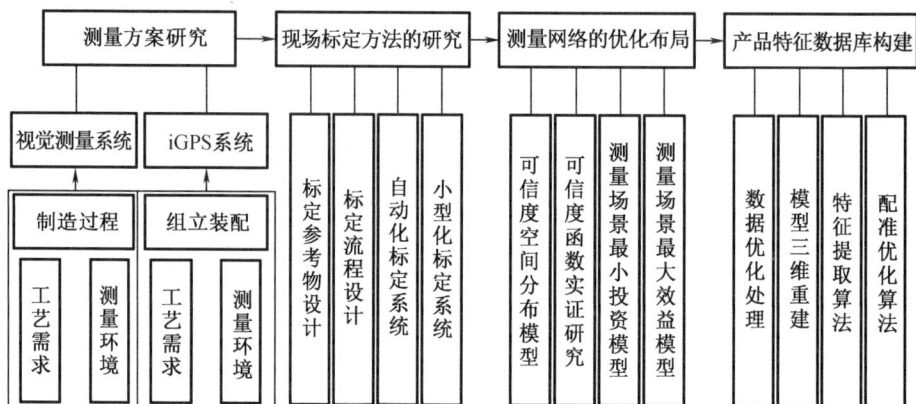

图 2 - 1　船舶制造中间产品几何信息感知技术路线

2.2　船舶制造过程视觉传感方案设计及现场适用性

2.2.1　船舶制造过程几何信息测试需求

切割、加工、焊装是船舶制造中的主要工艺,对中间部件加工的精度控制和对各部件装配过程进行整体在线监控是保证最终船舶制造质量可靠的前提。现阶段船厂多采用尺子、样板样箱、水准仪等测量仪器对关键中间部件进行一、二维测量。这些方法并不能给出待测物体详细的数字化参数与三维模型,也就无法很好地将数据反馈给设计制造部门来指导修正相关工序提升生产精度。传统测量工具如尺、吊锤、水准仪等的测量由于大量依赖人工精度难以保证,仅能测量二维信息,无法与三维设计图纸有效统一,更无法将测量结果在各部门间有效实时共享,不能满足数字化制造要求。

2.2.1.1　船舶制造曲板成形面形信息测试需求

船体建造是整个船舶生产的重要组成部分,占整船总生产工作量的 30% ~ 40%。由于船体外板线型复杂,船舶曲板成形加工一直是困扰着造船行业的难题,其最具代表性的弯板作业量占船体钢料加工工作量的 10% ~ 18%。船舶曲板成形加工通常有机械冷弯法和水火弯板法。虽然当前已出现了采用液压机或者数控弯板机冷弯加工船体双曲度外板的制造工艺,但是国内外绝大多数船厂仍然主要使用水火弯板工艺加工复杂船舶曲板。水火弯板是一种线加热成形工艺,其成形过程具有复杂热弹塑性变形特征,影响板材局部变形的因素较多,通常难以制定精确的加工工艺规程。目前水火弯板工艺主要依靠经验丰富的工人通过反复多次加工使板材成形达到要求。因此,受制于当前水火弯板成形工艺的不足,复杂船舶曲板的成形难以一次加工到位,一般需要多次成形,是一个多步渐进的过程。在船舶曲板成形过程中,为准确判断成形是否达到加工要求,同时也为修正下一步的加热线和其他加工参数,曲板的成形状态检测显得尤为重要。

目前国内大部分船厂仍主要采用样板样箱对成形曲板进行检测,如图 2 - 2 所示。虽然样板样箱检测方法对复杂生产现场的适应能力较强,但其本身也存在着如下一些明显的不足。

(1)检测精度低、曲板成形精度难以保证

采用样板样箱检测时,工人直接通过肉眼观测曲板的成形状态,致使检测误差较大。此外对于木质样板样箱而言,其易受环境温度和湿度的影响而产生变形,自身精度不高。

(2)工作强度大、检测效率低

检测过程中需要将样板样箱卡放在成形曲板上,较大的样箱需要多人协同搬放。而且在曲板成形过程中往往需要多次反复测量。因此,手工样板样箱检测不仅工作强度大,而且检测效率低。

(3)无法形成定量的检测结果

样板样箱检测过程主要是通过工人经验进行判断,不能得到定量的成形误差数据,也无法提供准确的检测数据和评价标准,缺少检测规范。

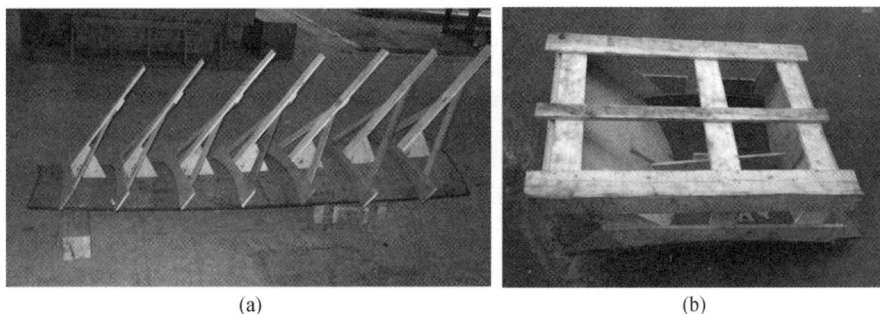

(a)   (b)

图2-2 成形曲板的样板样箱检测

当前基于样板样箱的手工对样检测方法已经成为影响造船速度和质量,以及成形工艺实施机械化流水线作业的一个"瓶颈"。而如何实现检测工艺的自动化和数字化以代替手工对样检测,已成为船舶曲板成形工艺急需破解的难题。因此,开发船舶曲板成形数字化检测技术已成为我国造船业的当务之急。目前以双目立体视觉测量技术为代表的数字化检测方法具有非接触、速度快、精度高和成本低等突出优点,在工业检测中得到了广泛的应用。为此,利用双目立体视觉测量技术对船舶曲板成形进行在位检测,可以代替样板样箱,实现船舶曲板成形过程的精密、高效、低成本、数字化在位检测。从而可以缩短船舶曲板的成形加工周期,提高成形质量,改善加工条件和降低生产成本,有利于解决长久以来困扰着我国船舶曲板成形加工的"瓶颈"问题。

2.2.1.2 船舶制造过程产品几何尺寸测试需求

船舶制造过程经历套料、切割、焊接、组装和装配等多道工序,涉及各种尺寸部件、组件、分段、总段乃至整船,各个制造环节对于尺寸精度的控制是精密造船的关键。目前,船舶制造过程广泛采用卷尺、角尺和吊线锤等工具,多数为二维层面接触式测量,需工人手工测量、记录,导致测量精度偏低且无法有效实现测量数据数字化管理。

以平直流水线门切工位为例,用于切割板材的主要尺寸为最长可达 20 m 左右,宽 3 m 左右,厚度为 12～40 mm 的矩形钢板,切割后,须对板材长度、宽度、对角线、坡口等尺寸信息进行测量。现场主要采用卷尺测量并记录在纸质表格中或直接记录在板材表面,无论是测量精度还是数据存储都存在较大的人为误差。由于卷尺是有弹性的,所以在测量对角线以及长宽时不同的工人测量的结果也存在差异,同时卷尺测量只能实现两点直接距离测量,而不能对轮廓尺寸进行评判。

例如,小组立机器人焊接工位是将筋板焊接到底板上,便于后续中组立工位的拼接。小组立工位的焊接质量直接影响到后续的作业流程。现在多采用人工对底板尺寸、筋板尺寸、位置,以及筋板板厚进行测量,现有测量方式为使用卷尺测量,测量结果受人为操作误差和卷尺精度的影响较大,数据准确性难以得到保证,难以达到需求精度,这就迫切需要寻求几何尺寸信息自动化测量方法及装置。

2.2.1.3 船舶管段合拢过程位姿测量需求

在管段合拢时,由于管舾装精度控制水平不高造成的管子制造精度不良以及多端管路装配后的误差累积,大量管子无法按图纸顺利完成对接,因此无法实现无余量连接,如图 2-3 所示。对于装配偏差较小的待连接管路,可以通过管路中设计的调整管补偿此装配偏差,或者直接采取"硬装配",即通过外力强行调整管路以完成法兰连接;对于装配偏差较大的待连接管路,则只能撤换管子,更改设计并另行制造管路来完成连接。这两种情况下的管路连接均存在诸多不足,其中,通过"硬装配"完成连接的管路,局部内应力大、塑性变形严重,管路质量差,存在安全隐患;而撤换管子则会增加不少管舾装的工作量,费时费力,极大影响工作进度。为避免上述情况的产生,在设计初期,设计人员就在管路连接处预留一段空间,管路合拢时再根据两端法兰的相对位姿,另行设计一段管路完成连接。这段用于管路合拢的管子,通常称为合拢管(在早期文献中也有嵌补管、现校管等称呼)。在货油舱等对管路精度要求很高的区域中,几乎所有的分段管路均设计为合拢管连接。据统计,合拢管的数量在全船管路部件中占 6%～21%,而一般情况下一艘 5 000 吨级船舶产品,其内部管路部件总数在万级,因此合拢管在船舶管路系统中广泛存在,合拢管的加工制作工程量相当大。

对于合拢管的研究,业内主要从两个方向展开,一方面是通过整体的船舶管舾装精度控制,减少对合拢管连接的需求,从而减少此部分带来的工程量。但目前我国主要船企的船舶精度控制水平还与国外技术水平较高的船厂有很大差距,所以减少甚至是取消合拢管的使用,还有相当长的路要走,现阶段大量使用合拢管的情况仍无法避免。另一方面则是对合拢管的加工装配采取精度控制,通过提高合拢管制作的技术水平来提高生产效率,包含合拢管法兰相对位姿测量、合拢管管路模型生成、合拢管模型与生产结合的工艺设计。其中,最重要的便是合拢管法兰相对位姿测量,相对位姿测量的精度从源头上决定了最终加工出的合拢管是否能完成管路连接。

图 2 - 3　管路连接的装配偏差

　　传统的合拢管法兰相对位姿测量方法为现场取型法。如图 2 - 4 所示,现场取型法需要操作工人携带角铁法兰以及焊条等工具至船装现场,首先将法兰固定在待测法兰上,再通过角铁焊接固定安装的两端法兰相对位姿,接着拆除固定螺栓,将模具带回管子加工车间(内场),最后通过工人手工测量法兰相对位姿。现场取型法存在以下问题。

图 2 - 4　现场取型法去除固定角铁

　　(1)材料浪费严重,制作周期长,现场取型法需要使用较多辅助材料,如角铁、焊条砂轮等,这些材料均无法重复利用,如焊条砂轮是消耗品,角铁在制作好管路后需通过电焊拆除,难以再利用,并且上述材料的堆放需要占用大量现场空间,浪费空间资源。

　　(2)对操作工人的技术水平有较高要求,如在不损伤法兰外表的情况下去除固定的角铁,手工测量法兰相对位姿等操作均需要经过一定的培训。

　　(3)固定角铁时需要在现场使用明火,且需要携带大量材料以及焊接设备至船装现场,存在一定安全隐患。

（4）测量加工过程中没有正规加工图纸，加工水平取决于工人的经验水平，存在不少随机因素，制造过程无法溯源，可重复性差。

（5）制造出的合拢管精度不佳，需上船安装测试后返回内场校正再安装。

因此，船舶管段合拢过程位姿柔性测量方法对满足实际测量需求意义重大。

2.2.2 典型视觉传感技术原理

2.2.2.1 立体视觉三维测量技术

如图2-5所示，双目立体视觉技术首先使用两台摄像机从不同方向拍摄同一被测物，获得两幅二维图像；其次通过图像处理算法识别和提取两幅图像中被测物表面特征点，并对这些特征点在两幅图像中的对应位置进行匹配；最后根据摄像机参数以及摄像机间的空间位姿关系对这些特征点进行三维重建，以此来描述被测物表面形状的三维几何信息。其中，图像中特征点的识别和提取以及这些特征点在两幅图像中的对应位置匹配是双目立体视觉技术中最为关键也是最困难的步骤，直接影响测量系统三维重建的精度。

图像特征点的识别和提取的一些典型方法有基于灰度沿边界轮廓梯度方向局部最大变化量的角点检测、基于 Plessey 算法的角点检测、基于 Harris 算子的角点检测、基于像素最小化周围区域统计特性的 SUSAN 角点检测算子。提取的特征点通常出现在物体表面拐角处或不满足平滑约束条件的表面不连续处。但这些方法通常对干扰噪声以及环境光照条件的适应性较差。

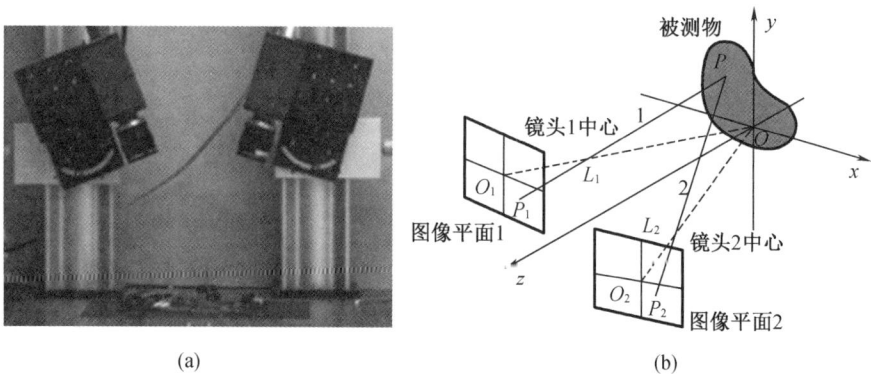

(a)   (b)

图2-5 立体视觉测量原理图

由于光照条件、噪声干扰、物体几何形状和表面物理特性以及摄像机特性等因素都会对图像采集产生影响，而且不同视角下拍摄的被测物图像也存在着一定的差异，因此，仅仅依靠分析图像灰度相似性来实现特征点匹配是非常困难的，出错率较高，计算效率极低。为了减少特征点的错误匹配，这时需要结合一些额外的约束，比如外极线约束、一致性约束、唯一性约束、连续性约束等来减少错误匹配。此外，也可以采用基于奇异值分解利用相关性求取基础矩阵的匹配方法和基于单应矩阵（Homography）局部约束匹配等方法进行图像特征点匹配。

2.2.2.2　线激光三维测量技术

（1）激光单目视觉三维测量原理

激光单目视觉三维测量的测量头由线激光扫描仪、单目摄像机构成，其中，单目摄像机由电荷耦合器件（CCD）工业相机和镜头组成（图2-6）。检测时，由测量头中的线激光投射器投射线激光至待测装配特征表面形成光刀，光刀对待测物进行扫描，扫描过程中，CCD工业相机拍摄一组光刀图像，储存于计算机内存中。运用光刀点云提取算法对光刀图像进行处理，提取特征图像点云数据。结合测量头的参数标定结果，将图像点云转换为测量头坐标系下的三维点云，并拟合计算得到测量头坐标系下特征米制单位的测量结果。

（2）激光单目视觉系统标定技术

本书所提的线激光单目视觉测量系统的综合标定包括单目摄像机内外参数的标定、光平面的标定和测量系统与加工设备的在机标定。本书采用二维平面靶标进行单目摄像机的标定。线激光光平面的标定基于交比不变性原理，提取多个具有高精度的靶标特征点，利用这些特征点求得线激光光平面的方程，从而获得光平面上任意一点与其对应的三维空间点之间的转换关系。测量系统测得的数据是在摄像机坐标系下，而在线检测与跟踪需要将测得的数据变换到机床末端坐标系下，从而将数据反馈给数控系统，进行后续的加工引导，即借助激光跟踪仪获得测量系统与加工设备的相对位姿关系。

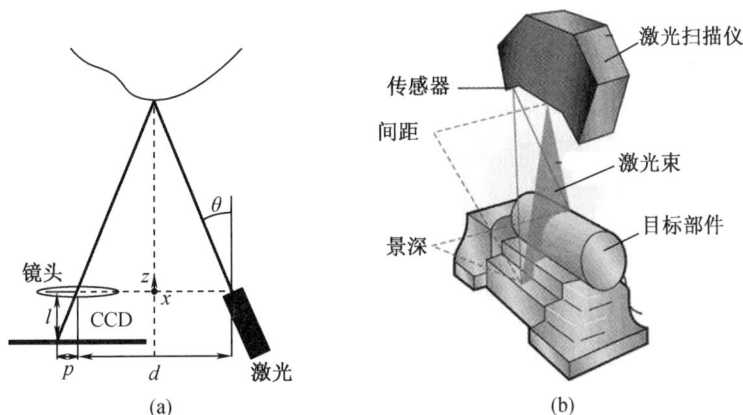

图2-6　激光扫描测量

（3）激光单目视觉测量光刀点云提取方法

线激光投射器投射线激光至待测装配特征表面，经装配特征表面形貌调制后形成包含该装配特征几何信息的、具有一定宽度的光刀曲线。线激光光刀点云提取就是要从该光刀曲线中提取最能够表达其所含信息的一组光刀点集。由于光刀曲线截面方向的一维灰度分布近似高斯分布，并具有几何对称性，因此所提取的光刀点集往往位于光刀曲线中心线位置。线激光光刀点云提取方法按照提取的目标精度有像素级提取和亚像素级提取方法。

像素级提取方法采用极值法、边界法及形态学法进行光刀点云提取,以一个像素作为图像处理的最小单元,提取的目标精度为单个像素。亚像素级提取方法进行光刀点云提取时,通过对图像中的像素灰度值及像素位置进行数学加权平均、插值及曲线拟合等计算,最终得到误差小于1个像素的光刀中心点集。

(4)激光单目视觉测量点云处理算法

在线激光点云的采集过程中,由于三维测量传感器采用光学测量原理,测量结果容易受到测量环境中的光照条件、被测物体的反光特性及噪声等影响,使得所得点云带有一定程度的噪声。采用均值滤波、高斯滤波、最小二乘法滤波、孤立点排异法滤波及K近邻滤波等算法对有序点云进行滤波处理。在获得不包含离群点和杂散点的激光三维测量点云后,采用映射法和直接法对待测对象曲面进行重建,生成曲面网格。

2.2.2.3 结构光三维测量技术

(1)面阵结构光三维测量原理(图2-7)

结构光三维测量系统通常由图像采集系统、编码图案投射系统及相应的软件系统构成。根据三角测量原理,图像采集系统和编码图案投射系统轴向呈一定夹角,以便更好地对视野范围内被测物进行测量。根据视场及工作距离需求,确定图像采集系统和编码图案投射系统参数及相互摆放位姿,以投射场景恰覆盖拍摄场景为佳。结构光测量系统工作时,由编码图案投射系统投射所需编码结构光图案至被测物表面,图像采集系统对每幅图案进行图像采集,图像数据传给计算机后由软件系统进行图像解码,实现特征匹配和被测物表面三维重建。

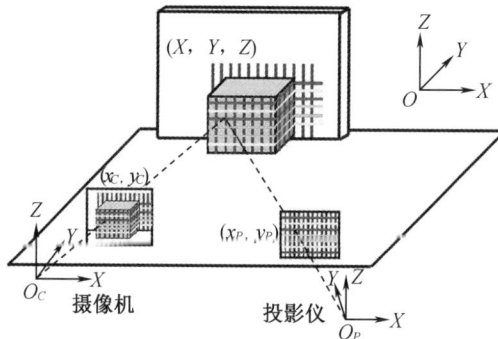

图2-7 结构光三维测量原理

(2)多频相移解耦光编码解码方法

多频相移只采用相移进行编码,通过多组不同频率相移之间关系实现解码。从编码精度比较而言,多频相移每个频率的相位都参与了解码运算,对最终相位产生影响,因此多频相移具有更高的解码精度。在满足编码精度条件下,当测量场景增大时多频相移编码以较少投影图案获得较高相位解码精度。此外对环境及被测表面要求低,适合金属测量,解码误码率低,解码鲁棒性好。多频相移的测量方法首先在被测物表面投影多个频率的光栅条纹,对于每一个频率都可以解得一组带包裹的相位值,在相位解包时,利用多组包裹相位之间的数学关系将包裹相位在整个测量场景中展开,得到绝对相位。

(3)圆斑投影结构光技术原理。

在工业现场存在振动的作用下,当投射多幅结构光进行测量时,传感器所采集的图像会产生波动,造成结构光的编码失准。此外当投射幅数较多时,系统的测量时间增加,效率降低。为减少在位测量过程中现场加工振动的干扰,同时也为提高在位测量效率,提出一种基于圆斑阵列的单幅结构光立体匹配技术。该技术仅需要投射一个圆斑阵列图案便可建立左右摄像机中对应圆斑的立体匹配,从而简化测量过程,提高测量效率,有效降低现场振动对测量过程的影响。此外该技术所投影的圆斑阵列图案可由计算机直接控制生成,因此圆斑的投影密度可由用户根据被测表面的具体形貌来确定,从而具有较高的应用灵活性。

(4)结构光测量系统数学建模方法

成像设备数学模型通过建立世界坐标与二维图像坐标相互转换关系,从数学上描述摄像机光学成像过程。当三维测量精度要求较高时,常用的理想化线性针孔模型就不能准确描述实际成像几何关系。采用考虑四阶径向和切向失真的镜头非线性畸变模型,可以提高测量系统数学建模精度。双目立体视觉模型中包含两台摄像机,因此除了上面讨论的单个摄像机成像模型之外,还包括两台摄像机在全局的世界坐标系下的相对几何关系。采用本征矩阵和基础矩阵将左摄像机的像平面上的点在图像坐标系上的坐标和右摄像机的像平面的点关联起来,形成结构光测量数学模型。

(5)结构光三维测量参数同步精确标定方法

结构光三维测量系统中的机械结构部件以及光学部件由于制造、装配的精度限制与其设计名义参数值存在一定的差异,所以需要在建立高精度测量系统数学模型的基础上进行测量系统参数标定,以获得较高的三维重建精度。传统的测量系统标定法是利用尺寸已知的标定参照物,通过建立标定参照物上三维坐标已知的点与其图像点之间的对应,利用一定的算法便可获得摄像机模型的内外部参数。本书提出的标定方法包括以下两步:

①基于平面模板两步法对左右摄像机分别进行标定,确定各自的摄像机内外部参数;

②立体标定,确定两台摄像机之间空间几何关系,也就是旋转矩阵和平移向量。

(6)基于空间栅格点阵的结构光测量综合误差补偿方法

精确标定后的结构光三维测量系统的测量值与真实值之间不可避免地仍然存在着较小差异。该差异由测量系统模型精度、标定精度等多方面因素耦合作用而成,因此称为结构光三维测量系统的综合误差,属于系统误差范畴。研究综合误差的成因并在此基础上研究综合误差补偿的技术,对于进一步提升结构光三维测量系统测量精度,扩展结构光三维测量系统应用领域具有非常重要的意义。

本书在分析结构光三维测量系统综合误差的成因以及介绍现有综合误差补偿技术现状的基础上,得出了基于三维栅格点阵的结构光三维测量系统综合误差补偿方法。该方法使用三坐标测量机在对测量系统标定的同时测得系统综合误差的空间分布。测量系统综合误差分布可用来对测量数据进行坐标补偿,从而获得更高的系统测量精度。

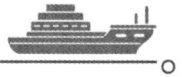

（7）大尺度结构光三维测量系统全局标定技术

本书提出了利用已知基准靶标球球心在加工装备坐标系下的位置实现大尺度结构光三维精密测量系统的标定技术，从而实现各位姿处测量局部点云的拼合。通过利用 D-H 模型建立大尺度结构光三维精密测量系统全局模型，借助激光跟踪仪测量基准靶标球球心在加工装备坐标系下的坐标值获取标定所需的数据，最后通过 Levenberg－Marquard 算法完成参数辨识；提出标定方法避免了分步标定手眼关系和五轴铣本体造成的误差累积，且该标定方法无须借助外部测量设备，从而可以显著提高系统标定的精度和标定的效率。

2.2.3　视觉传感技术适用性分析

双目立体视觉测量技术中图像特征点的识别、提取和匹配，对被测物形状、表面特性、光照条件、成像几何等因素十分敏感，在被测物表面缺乏足够纹理细节，成像失真较大的场合测量存在一定困难，而且算法稳定性较差、匹配计算量大、效率低、精度不高、错误匹配概率较高。当被测物为自由曲面物体时，由于此类物体表面通常比较光滑，特征不明显，导致图像中灰度特征区别不明显，从而特征点的提取和匹配变得极其困难；而且图像中自由曲面物体表面特征点的稀疏性决定了测量后只能得到稀疏的测量数据，不足以准确描述自由曲面被测物表面形状。

结构光三维测量技术首先将双目立体视觉测量中的一个摄像机换成投影仪，通过投影仪主动投射预先设定的含有特定编码特征的图案至被测物表面，并在其表面产生便于检测和辨识的特征；然后通过图像解码来识别和提取拍摄图像中的被测物表面特征，实现摄像机和投影仪对应特征的匹配；最后结合测量系统光路几何参数，实现被测物表面形状的三维重建。相对于双目立体视觉利用被测物表面固有图案或纹理进行特征点识别、提取和匹配的方法，其结构光三维测量技术所投射的编码图案是预先定义好的，能在物体表面产生具有先验知识的特征点。在图像中，这些特征点比双目立体视觉的无规则自然特征点更容易识别和提取。而且由于已知这些特征点的编码方式，所以可使用相应的特定图像解码算法来简化匹配步骤，提高匹配效率、精确度和准确率。

而激光扫描测量根据光学三角测量原理，通过将点、线或区域结构模式的激光投射至被测物表面，同时使用摄像机从另外角度拍摄经过物体表面形状调制的激光图像，结合测量系统结构参数可计算获得物体深度信息。激光扫描测量具有测量速度较快、测量精度高等优点，是目前发展比较成熟的一种测量方法。但激光扫描测量精度易受被测物材料及表面特性影响。比如光泽的镜面、暗而无光的表面、透明或半透明的材料都难以进行测量。同时，由于激光扫描测量依靠可控的旋转或平移精密机械运动辅助装置，因此测量速度受到一定限制，同时也难以避免机械运动误差。此外，激光扫描系统的价格昂贵，非一般用户所能承受。

综上所述，对于船舶制造工艺过程中各类几何信息测试需求，需针对特定现场情况进行视觉传感方式方法选择。比如，对于曲板成形过程面型测量，结构光三维测量以及线激光三维测量较为适用；对于制造过程大型产品几何尺寸测量，则线激光结合精密位移机构较为适用；对于管段合拢过程位姿测量，则立体视觉结合预设特征点较为适用。

2.3 船舶制造过程现场视觉传感精度标定与数据表征

2.3.1 船舶制造现场小型标定靶在位标定方法

双目立体视觉系统在测量应用前通常需要对其系统参数进行标定,即对两摄像机的内参数和摄像机间的结构参数进行标定。因此,标定精度对立体视觉的测量精度有着直接影响。由经典的张氏二维平面标定方法可知,为了获得较高的标定精度,常采用以下方式:

第一,完善双目立体视觉系统的标定模型,如考虑各种噪声和畸变模型并加以补偿;

第二,提供高精度的标定控制点,如制作精确的标定靶;

第三,控制点尽可能均匀地覆盖标定空间,如标定靶需与摄像机视场相匹配、标定过程多次摆放等。

因此,大视场双目立体视觉需要高精度的大尺寸标定靶对其进行标定。然而大尺寸和高精度是相互矛盾的,尺寸越大精度越难保证。

当现场工况较复杂时,如船舶曲板成形车间,存在诸如加工振动、温差等不利因素。在这些不利因素的长期作用下,双目立体视觉的结构参数会出现波动,造成标定结果失效、测量精度降低等问题。因此,对于复杂工况下的双目立体视觉系统,常需要周期性地在位校正其结构参数。而在复杂工况下,大尺寸高精度标定靶通常不便操作,同时也不易保管和维护,造成其难以胜任复杂工况下的在位快速标定。

针对上述问题,本节通过分析双目立体视觉系统参数的标定原理,结合系统内参数和结构参数的特点,将系统内参数和结构参数进行分离标定,提出一种基于小型二维靶的大视场双目立体视觉结构参数在位快速标定方法。

首先,在离线条件下,采用精确大尺寸靶对左右摄像机的内参数进行初次标定。

其次,在测量工位上,搭建和组装大视场双目立体视觉系统。然后采用小型二维靶对大视场双目立体视觉的结构参数进行在位周期性标定。该方法一方面可标定出较为精确的系统内参数,另一方面通过在位周期性标定可有效地解决因振动和温差引起的系统结构参数失效的问题。此外小型标定靶的操作灵活、方便且易于保管。

最后,通过实际应用测试和与传统标定方法进行对比,以验证方法的应用效果。

2.3.1.1 双目立体视觉标定模型

双目立体视觉的标定参数主要由两部分构成:两台摄像机的内参数和两台摄像机间的位姿参数(即双目立体视觉的结构参数)。下面分别对两种参数的标定模型进行详细分析。

(1)摄像机内参数标定模型

针孔摄像机模型是一种理想的非畸变线性模型,也是最为简单和常用的摄像机模型,如图 2-8 所示。$O_C - X_C Y_C Z_C$ 和 $O_W - X_W Y_W Z_W$ 分别为摄像机坐标系和世界坐标系,由世界坐标系到摄像机坐标系的刚体转换分别由旋转矩阵 $\boldsymbol{R}_C^W$ 和平移向量 $\boldsymbol{T}_C^2$ 表示。$O_I - uv$ 为屏幕坐标系(如成像传感器)。$O - xy$ 为成像平面坐标系,O 为 Z_C 轴与图像平面的交点,称为

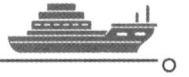

摄像机的主点,其在屏幕坐标系 $O_I - uv$ 下的坐标为 (u_0, v_0)。

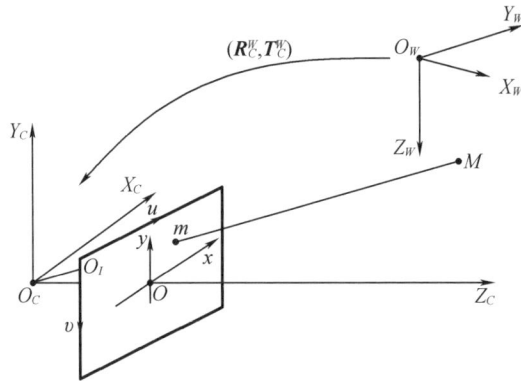

图 2 - 8   摄像机成像模型

齐次坐标系下,$M(X_W, Y_W, Z_W, 1)$ 为世界坐标系 $O_W - X_W Y_W Z_W$ 下的三维空间点。点 M 在屏幕坐标系 $O_I - uv$ 下的投影点为 $m(u, v, 1)$,在成像平面坐标系 $O - xy$ 下的坐标为 $m'(x, y, 1)$,可得如下透视变换关系:

$$s \begin{bmatrix} x \\ y \\ 1 \end{bmatrix} = \begin{bmatrix} f & 0 & 0 \\ 0 & f & 0 \\ 0 & 0 & 1 \end{bmatrix} \boldsymbol{R}_C^W \begin{bmatrix} X_W \\ Y_W \\ Z_W \\ 1 \end{bmatrix} \qquad (2-1)$$

其中,s 是比例因子。设沿成像平面坐标系的 x 轴和 y 轴方向上的单位距离像素数分别为 m_x 和 m_y,则可建立如下的成像平面坐标系到屏幕坐标系的转换关系:

$$\begin{bmatrix} u \\ v \\ 1 \end{bmatrix} = \begin{bmatrix} m_x & 0 & u_0 \\ 0 & m_y & v_0 \\ 0 & 0 & 1 \end{bmatrix} \begin{bmatrix} x \\ y \\ 1 \end{bmatrix} \qquad (2-2)$$

根据式(2-1)和式(2-2),可进一步求得

$$s \begin{bmatrix} u \\ v \\ 1 \end{bmatrix} = \begin{bmatrix} f_x & 0 & u_0 \\ 0 & f_y & v_0 \\ 0 & 0 & 1 \end{bmatrix} \boldsymbol{R}_C^W \begin{bmatrix} X_W \\ Y_W \\ Z_W \\ 1 \end{bmatrix} = \boldsymbol{A} \, \boldsymbol{R}_C^W \begin{bmatrix} X_W \\ Y_W \\ Z_W \\ 1 \end{bmatrix} \qquad (2-3)$$

其中,$f_x = f m_x$ 和 $f_y = f m_y$ 分别表示在像素度量下摄像机焦距沿成像平面坐标系 x 轴和 y 轴的尺度因子;$\boldsymbol{A}$ 为摄像机内参数矩阵。

在实际应用中,由于不存在完美的无畸变镜头,为提高测量精度,常需要对镜头进行畸变矫正以消除其引入的成像误差。设 $m_p(u_p, v_p)$ 和 $m_d(u_d, v_d)$ 分别为无畸变理想点和对应畸变点的归一化图像坐标,若仅考虑两阶径向畸变和切向畸变系数,则可得如下关系:

$$\begin{bmatrix} u_p \\ v_p \end{bmatrix} = (1 + k_1 r^2 + k_2 r^4) \begin{bmatrix} u_d \\ v_d \end{bmatrix} + \begin{bmatrix} 2 p_1 u_d v_d + p_2 (r^2 + 2 u_d^2) \\ p_1 (r^2 + 2 v_d^2) + 2 p_2 u_d v_d \end{bmatrix} \qquad (2-4)$$

其中，$r^2 = u_d^2 + v_d^2$；k_1 和 k_2 分别为一阶和二阶径向畸变系数；p_1 和 p_2 分别为一阶和二阶切向畸变系数。

若有足够多的世界坐标精确已知的可视控制点及其对应的图像坐标精确已知的成像点，则上述公式可以标定出摄像机的内部参数 A、k_1、k_2、p_1、p_2 和外部参数 $\boldsymbol{R}_C^W$、$\boldsymbol{T}_C^W$。

（2）结构参数标定模型

给定成像面上的投影点，单个摄像机无法确定其对应的空间三维点，而两台摄像机根据三角几何原理，可准确计算空间三维点的坐标。相对单个摄像机而言，双目立体视觉还需要标定两台摄像机间的结构参数，如图 2 − 9 所示。图 2 − 9 中的标识符除用字母 l 和 r 表示左右摄像机外，其余均与图 2 − 8 相同。$O_w^i - X_w^i Y_w^i Z_w^i$ 为标定靶在 i 次摆放位置下的坐标系。标定靶在此摆放位置下，与之相对应的左右摄像机坐标系间的刚体变换可分别由旋转矩阵 $\boldsymbol{R}_i$ 和平移向量 $\boldsymbol{T}_i$ 表示。此时从标定靶坐标系到左摄像机坐标系的刚体变换可由 $\boldsymbol{R}_{l,i}$、$\boldsymbol{T}_{l,i}$ 表示，到右摄像机坐标系的刚体变换可由 $\boldsymbol{R}_{r,i}$、$\boldsymbol{T}_{r,i}$ 表示。

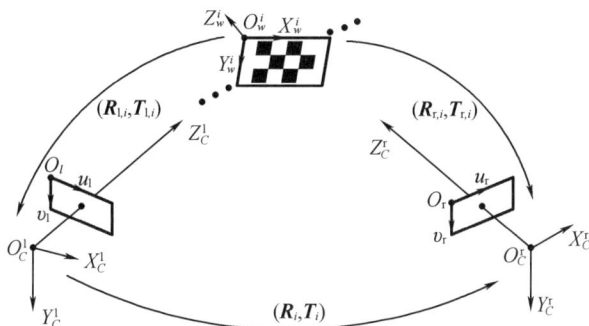

图 2 − 9　双目立体视觉结构参数标定模型

在标定靶坐标系下，点 M_O^i 为标定物上任意三维点。点 M_O^i 在左右摄像机坐标系下的对应点分别表示为 M_l^i 和 M_r^i。则由摄像机标定模型可得如下关系：

$$M_O^i = \boldsymbol{R}_{l,i}^T (M_l^i - \boldsymbol{R}_{l,i}^T) \tag{2-5}$$

$$M_O^i = \boldsymbol{R}_{r,i}^T (M_r^i - \boldsymbol{R}_{r,i}^T) \tag{2-6}$$

$$M_r^i = \boldsymbol{R}_i M_l^i + \boldsymbol{T}_i \tag{2-7}$$

根据式（2 − 5）、式（2 − 6）和式（2 − 7）可得

$$\boldsymbol{R}_i = \boldsymbol{R}_{r,i} \boldsymbol{R}_{l,i}^T \tag{2-8}$$

$$\boldsymbol{T}_i = \boldsymbol{T}_{r,i} - \boldsymbol{R}_i \boldsymbol{T}_{l,i}^T \tag{2-9}$$

当给定左右摄像机的外部参数 $\boldsymbol{R}_{l,i}$、$\boldsymbol{T}_{l,i}$、$\boldsymbol{R}_{r,i}$、$\boldsymbol{T}_{r,i}$ 时，根据式（2 − 8）和式（2 − 9）便可计算双目立体视觉系统的结构参数 $\boldsymbol{R}_i$、$\boldsymbol{T}_i$。实际上，对于内参数已标定的摄像机，若给定标定靶的任意三个非共线控制点及其对应的成像点，则根据式（2 − 3）可计算出标定靶坐标系到该摄像机坐标系的刚体变换，即摄像机的外部参数。因此对于双目立体视觉而言，标定靶在空间中每摆放一次便可求得一组左右摄像机的外部参数。从而依据式（2 − 8）式（2 − 9）可计算出双目立体视觉的结构参数。

由以上分析可知，理论上将标定靶在空间中摆放一次便可完全求出双目立体视觉的结

构参数。然而由于受到噪声的影响,标定靶在空间不同摆放位置所标定出的双目立体视觉结构参数会有一定的差别。为降低标定误差,对多组标定结构参数进行中值滤波以减小噪声的影响,并将此解作为结构参数的标定初始值,然后采用迭代优化算法进一步提高结构参数的标定精度。

为使结构参数标定得更加精确和稳定,采用迭代优化方法对上述初步标定结果做进一步优化。为此将待优化的结构参数设为 $\boldsymbol{R}$ 和 $\boldsymbol{T}$,并根据双目立体视觉三维重建原理建立结构参数标定的优化目标函数。

①根据所有特征点的重投影误差平方和可得

$$e_1 = \sum_i \left[\sum_j \| m_{1,i,j} - \hat{m}_{1,i,j}(\boldsymbol{R}_{1,i},\boldsymbol{T}_{l,i}) \|^2 + \sum_j \| m_{r,i,j} - \hat{m}_{r,i,j}(\boldsymbol{R}_{r,i},\boldsymbol{T}_{r,i}) \|^2 \right] \quad (2-10)$$

其中,$m_{1,i,j}$ 和 $m_{r,i,j}$ 分别为左右摄像机所采集的第 i 幅图像中第 j 个控制点的实际投影图像坐标;$\hat{m}_{1,i,j}(\boldsymbol{R}_{1,i},\boldsymbol{T}_{1,i})$ 和 $\hat{m}_{r,i,j}(\boldsymbol{R}_{r,i},\boldsymbol{T}_{r,i})$ 分别表示对应于 $m_{1,i,j}$ 和 $m_{r,i,j}$ 的计算投影图像坐标。进一步根据式(2-8)和式(2-9)可得

$$\boldsymbol{R}_{r,i} = \boldsymbol{R}\boldsymbol{R}_{1,i} \quad (2-11)$$

$$\boldsymbol{T}_{r,i} = \boldsymbol{T} + \boldsymbol{R}\boldsymbol{T}_{1,i} \quad (2-12)$$

由式(2-8)式(2-9)可推知公式(2-10)等价于:

$$e_1 = \sum_i \sum_j \left[\| m_{1,i,j} - \hat{m}_{1,i,j}(\boldsymbol{R}_{1,i},\boldsymbol{T}_{1,i}) \|^2 + \| m_{r,i,j} - \hat{m}_{r,i,j}(\boldsymbol{R}_{1,i},\boldsymbol{T}_{1,i},\boldsymbol{R},\boldsymbol{T}) \|^2 \right]$$

$$(2-13)$$

②根据极限几何约束又可得

$$e_2 = \sum_i \sum_j \| \overline{m}_{1,i,j}^{\mathrm{T}} \boldsymbol{F} \overline{m}_{r,i,j} \|^2 = \sum_i \sum_j \| \overline{m}_{1,i,j}^{\mathrm{T}} \boldsymbol{A}_r^{-\mathrm{T}} \boldsymbol{R} \boldsymbol{S} \boldsymbol{A}_1^{-1} \overline{m}_{r,i,j} \|^2 \quad (2-14)$$

其中,$\overline{m}_{1,i,j}$ 和 $\overline{m}_{r,i,j}$ 为无畸变图像的匹配点对。由于在结构参数的标定优化过程中,左右摄像机的内参数不需要进一步优化,因此式(2-14)可化简为

$$e_2 = \sum_i \sum_j \| \widetilde{m}_{1,i,j}^{\mathrm{T}} \boldsymbol{E} \widetilde{m}_{r,i,j} \|^2 = \sum_i \sum_j \| \widetilde{m}_{1,i,j}^{\mathrm{T}} \boldsymbol{R} \boldsymbol{S} \widetilde{m}_{r,i,j} \|^2 \quad (2-15)$$

其中,$\widetilde{m}_{1,i,j}$ 和 $\widetilde{m}_{r,i,j}$ 为两个分别位于左右摄像机归一化成像面上对应匹配点的齐次坐标;$\boldsymbol{E}$ 为本质矩阵。

③根据式(2-13)和式(2-15)所建立的误差模型,可建立如下最优化目标函数:

$$\min \sum_i \sum_j \left[\| m_{1,i,j} - \hat{m}_{1,i,j}(\boldsymbol{R}_{1,i},\boldsymbol{T}_{1,i}) \|^2 + \| m_{r,i,j} - \hat{m}_{r,i,j}(\boldsymbol{R}_{1,i},\boldsymbol{T}_{1,i},\boldsymbol{R},\boldsymbol{T}) \|^2 + k \| \widetilde{m}_{1,i,j}^{\mathrm{T}} \boldsymbol{R} \boldsymbol{S} \widetilde{m}_{r,i,j} \|^2 \right]$$

$$(2-16)$$

其中,k 为权重因子,将其设定为 0.1。然后采用 Levenberg - Marquardt 迭代算法对式(2-16)进行计算以获得结构参数的最优化解。双目立体视觉结构参数的标定流程如图 2-10 所示。

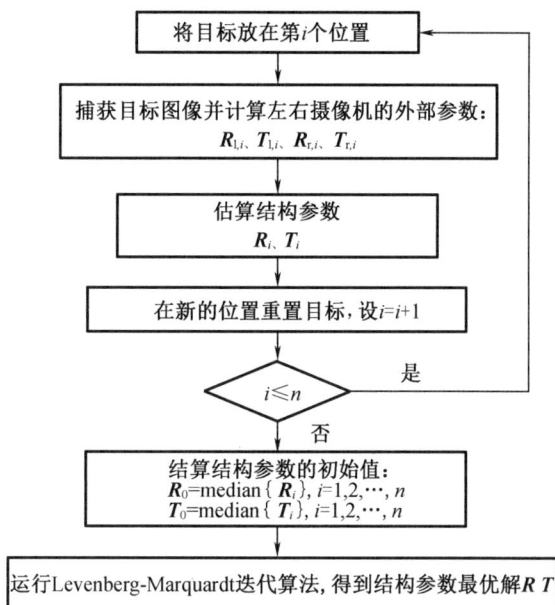

图 2 - 10　双目立体视觉结构参数的标定流程

2.3.1.2　标定实验

验证上述双目立体视觉标定算法的可行性：

首先，在实验室条件下搭建了一套简易的大视场双目立体视觉系统。该套系统所采用的摄像机为 DH - ITS1420GC，其 CCD 分辨率为 1 040 pixel × 1 392 pixel，单个像素物理尺寸为 0.004 65 mm × 0.004 65 mm，所配镜头为 Computar，其焦距为 12 mm。

其次，采用一个 55 英寸(1 英寸 =1 in =2.54 cm)液晶显示器作为摄像机内参数的标定靶，该大尺寸显示器的分辨率为 1 920 pixel × 1 080 pixel，其像素点距为 0.63 mm。依据双目立体视觉结构参数的标定模型可知，标定靶只需满足其上有至少三个不共线的精确控制点即可，而对其尺寸大小并无严格要求。因此可以采用小尺寸二维靶来标定双目立体视觉的结构参数。采用一个 14 英寸的液晶显示器作为双目立体视觉结构参数的标定靶，该小尺寸显示器的分辨率为 1 366 pixel × 768 pixel，其像素点距为 0.227 mm。

最后，在实验室条件下本节对所搭建的系统进行标定测试。

(1)摄像机内参数标定

本节将采用张氏标定法对摄像机的内参数进行单独标定。为获得较大的测量视场，摄像机的额定工作距离设定为 2 700 mm，并在标定模型中同步考虑镜头的二阶径向和切向畸变系数。将 8 行 16 列的棋盘格显示在 55 英寸液晶显示器上，然后采用此液晶显示器对摄像机进行标定，如图 2 - 11 所示。左右两台摄像机内参数的标定结果如表 2 - 1 所示。

图 2 – 11　摄像机内参数的标定

表 2 – 1　左右两台摄像机内参数的标定结果

内部参数		左摄像机/mm	右摄像机/mm
焦距	f_x	2 577.384 62	2 573.030 46
	f_y	2 580.091 72	2 575.664 64
主点	c_x	684.139 68	694.529 18
	c_y	552.234 65	530.849 81
畸变系数	k_1	– 0.060 49	– 0.043 11
	k_1	0.235 00	0.159 02
	p_1	0.000 91	0.000 13
	p_2	– 0.001 23	– 0.002 50
重投影误差	ε_x	0.183 11	0.192 66
	ε_y	0.073 06	0.079 07

根据前文摄像机标定模型,镜头的实际焦距可由下式计算.

$$f = \frac{1}{2}\left(\frac{f_x}{m_x} + \frac{f_y}{m_y}\right) \qquad (2 – 17)$$

由式(2 – 17)可得左右摄像机的镜头焦距分别为 11.991 1 mm 和 11.970 7 mm。与焦距的理论值 12 mm 相比,两摄像机焦距的标定误差分别为 0.07% 和 0.24%。因此内参数标定结果表明采用大尺寸液晶显示器可以满足摄像机内参数的精度标定。

（2）结构参数标定

采用前文所述方法对两个摄像机的内参数标定后,可将其搭建成双目立体视觉系统,如图 2 – 12 所示。该双目立体视觉系统的额定工作距离约为 2 500 mm,其基线距离约为 2 000 mm。若考虑镜头的景深,该套系统的空间测量范围约为 1 500 mm × 1 000 mm × 400 mm。由于 PC 显示器多为常见的 14 英寸液晶屏,本节用其显示内角点为 3 行 4 列的棋盘格,以对双目立体视觉系统的结构参数进行标定。

图 2 – 12　双目立体视觉实验系统

　　将显示棋盘格图案的液晶显示器摆放到双目立体视觉的测量空间中,然后左右摄像机对其进行同时拍摄,两台摄像机采集的标定靶图片如图 2 – 13 所示。由图 2 – 13 可看出,与双目立体视觉的视场相比,标定靶的尺寸较小。若直接对整幅图像进行棋盘格角点提取,则一方面角点的提取效率较低,另一方面角点的提取鲁棒性较差。为克服这一问题,提出了一种面向小型二维靶的感兴趣区角点快速检测方法。该方法的工作流程如图 2 – 14 所示。首先,在整幅采集图像中检测显示器的有效亮度区域(图 2 – 14 中四边形区域)。其次,计算显示器有效亮度区域的外接矩形,如图 2 – 14 中所示的矩形区域,并将该区域作为角点检测的感兴趣区。其次,在上步所提取的感兴趣区中检测角点,这一过程如图 2 – 14 所示的中间部分。最后,将感兴趣区坐标系下所提取的角点坐标转换到整幅图像坐标系下,如图 2 – 14 所示的右半部分。

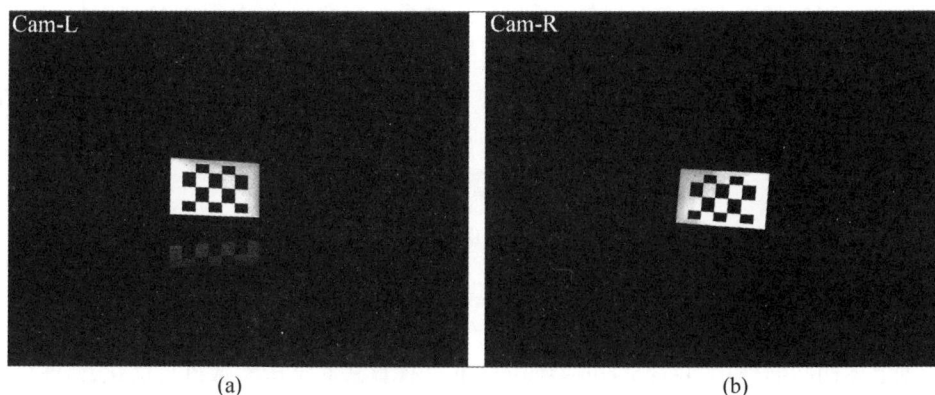

図 2 – 13　左右摄像机小尺寸标定靶图像(Cam – L 和 Cam – R 分别表示左右摄像机)

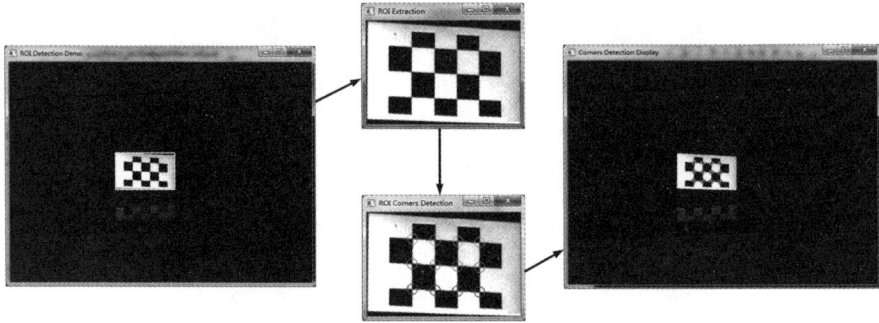

图 2 – 14　基于感兴趣区的角点快速检测流程

在标定空间中通过 4 次摆放显示器,左右摄像机可以采集到另外八幅标定图像。采用上述角点快速检测算法,可分别对此八幅图像中的角点进行提取,如图 2 – 15 所示。

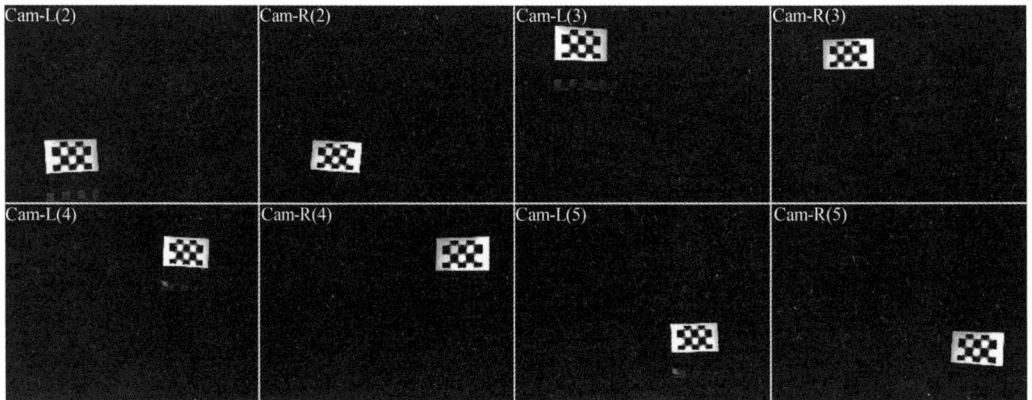

图 2 – 15　不同摆放位置下的棋盘格角点快速检测(Cam – L 和 Cam – R 分别表示左右摄像机)

由于角点在棋盘格上的坐标已知,因此当从摄像机采集图像中提取角点对应的图像坐标后,便可依据结构参数标定模型计算出双目立体视觉的结构参数。依据标定靶在前文中的五次摆放便可计算出五组对应的结构参数,为减少噪声影响,从五组标定结构参数中利用中值滤波筛选出一组参数,并将其作为初始解:

$$\boldsymbol{R}_0 = \begin{bmatrix} 0.727\ 1 & -0.025\ 0 & 0.686\ 1 \\ 0.012\ 2 & 0.999\ 7 & 0.023\ 4 \\ -0.686\ 5 & -0.008\ 6 & 0.727\ 1 \end{bmatrix} \tag{2-18}$$

$$\boldsymbol{T}_0 = \begin{bmatrix} -1\ 822.676\ 83 & -9.127\ 16 & 717.875\ 26 \end{bmatrix} \tag{2-19}$$

依据上述初始解,采用 Levenberg – Marquardt 迭代算法对结构参数进行优化,最终可得

$$\boldsymbol{R} = \begin{bmatrix} 0.727\ 2 & -0.025\ 0 & 0.686\ 0 \\ 0.012\ 8 & 0.999\ 7 & 0.022\ 8 \\ -0.686\ 3 & -0.007\ 8 & 0.727\ 3 \end{bmatrix} \tag{2-20}$$

$$\boldsymbol{T} = \begin{bmatrix} -1\ 821.668\ 3 & -7.909\ 67 & 718.734\ 38 \end{bmatrix} \tag{2-21}$$

此外当获得双目立体视觉的优化结构参数后,可进一步计算出左右摄像机采集图像中每个角点的重投影误差,以此评价标定精度,如图 2 - 16 所示。由图 2 - 16 可看出,大部分角点的重投影误差位于$[-0.1\ \text{pixel}, 0.1\ \text{pixel}]$。因此上述重投影误差表明,所提出的双目立体视觉标定方法可实现较高精度的系统参数标定。特别是针对结构参数的在位标定,本方法具有较快的标定速度和灵活性。

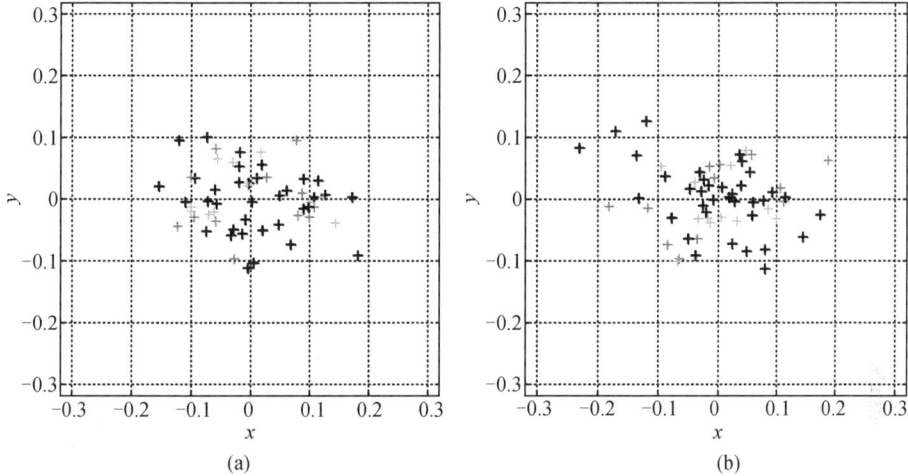

图 2 - 16　左右摄像机的角点重投影误差

2.3.2　基于海量数据的关键特征分析识别与尺寸计算方法

2.3.2.1　物体分割

目前,针对三维点云的分割方法主要有基于特征聚类、基于模型拟合和基于区域生长的三大类方法。

(1)基于特征聚类

基于欧式聚类的物体分割算法是一种典型的基于特征聚类的算法(图 2 - 17)。算法原理如图 2 - 17 所示,对于空间中的某个点,通过 KD - Tree 查找满足要求的最近邻点,然后将其加入当前集合中,重复上述过程,直到所有的点都加入集合中或者到达迭代次数。

此方法的核心思想是利用点与点之间的欧式距离来划归聚类,因此距离阈值的选取是关键,过大的距离阈值会将不同物体划分为同一个聚类,而过小的距离阈值可能导致一个物体被划分为多个聚类。

(2)基于模型拟合

随机采样一致算法是一种典型的基于模型拟合的方法,该方法通过预先设定一个已知形状的模型方程,通过假设估计,随机采样点云样本中的点作为小样本点,并用其估计模型,然后验证择优,通过设定的阈值,将点云中距离模型在阈值范围内的点作为局内点,估计局内点的比例,迭代选取最优假设。从而分割出模型的点云。

```
┌─────────────┐
│  创建KD-Tree │
└──────┬──────┘
       │
┌──────┴──────┐
│  查找各个点   │
│  的最近邻域   │
└──────┬──────┘
       │
┌──────┴──────┐
│  生产随机种子点 │◄────────┐
└──────┬──────┘         │
       │                │
┌──────┴──────┐         │
│ 标记满足聚类要 │         │
│ 求的点,区域生长 │        │
└──────┬──────┘         │
       │                │
    ╱──┴──╲             │
   ╱ 迭代次数 ╲    否      │
  ╱ 大于预设   ╲─────────┘
  ╲ 值或所有点  ╱
   ╲ 已标记   ╱
    ╲──┬──╱
       │是
   ┌───┴───┐
   │  结束  │
   └───────┘
```

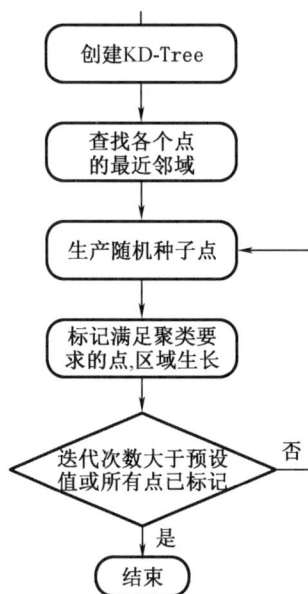

图 2 – 17　基于欧式聚类的物体分割算法

（3）基于区域生长

基于区域生长的分割方法最初用于图像分割,该方法依据同一物体所属区域内的像素相似性实现聚类。对三维点云而言,当目标本身的尺寸及深度信息相对目标位置很小时,无法获取纹理信息,因此图像域内的区域增长不适用于三维点云分割。三维点云中,常用曲率一致性作为区域增长的依据,其基本流程是随机选取种子点,计算种子点邻近点的法线方向,若两者之间的夹角比设定的阈值小则认为是归属于同一个区域,将其添加到同一个集合中,直到所有的点都划分到相应的集合中。

2.3.2.2　边界特征点提取

得到对应物体的点云后,为了求解各个物体的尺寸和物体之间的相对位置,需要对物体的轮廓进行提取。现有的点云特征提取方法可以主要分为四种:基于点云中采样点数据曲率极值的方法、基于主成分分析的方法、基于投影变换的方法、基于张量投票的方法。其中基于曲率极值的方法应用较为广泛,基于主成分分析的方法对稀疏点云中特征的识别有较好的效果,对弱特征的提取能力较弱,基于投影变换的方法与主成分方法类似,也只适合于稀疏点云模型的特征提取,基于张量投票的方法对三维数据进行张量编码化处理,对投票产生的二阶对称张量进行分解得到特征显著度指标,依据显著度大小对采样点云进行特征点分类。

在不知道曲面模型的情况下根据曲率的极值判读边界,从而提取边界点。首先根据最小二乘法求出空间一点邻域的曲率极值,接着将该点作为搜索曲率极值的初始点,并沿着主曲率方向搜索该点邻域其余主方向上的极值点。曲率极值点的搜索方法是边拟合局部曲面边搜索高斯曲率极值点,在搜索曲率极值点时,只需计算高斯曲率极值点附近点的曲率值,避免了传统算法需要求出所有测量点的曲率值,然后进行比较求得曲率极位点而耗时的缺点,从而提高了搜索效率。曲率的极值点一般为被测物体面面过渡的位置,只要确定了足够多的特征点就可以十分方便地计算尺寸。

三维点云处理邻域中的边缘邻域可以通过找到法向量方向发生突变的区域找到边缘的位置。可以使用最小二乘法来求取法线,首先需要为点云数据建立拓扑关系,然后由点云的 k 个邻域点进行局部拟合,得到一个最小二乘平面,利用平面方程进而估计表面法线,最终得到法线信息 Normal,如图 2 - 18 所示是工件 1 的点云原数据及法线估计显示。

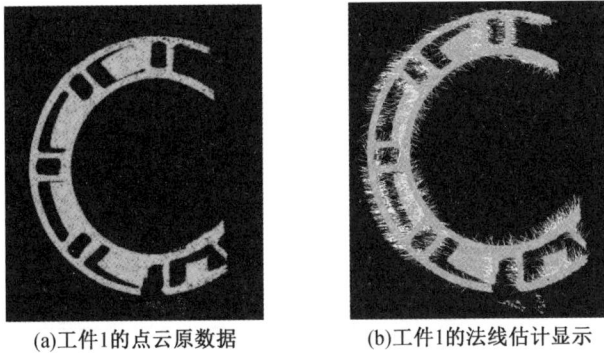

(a)工件1的点云原数据　　　　　(b)工件1的法线估计显示

图 2 - 18　工件 1 的点云原数据及法线估计显示

由图 2 - 18 可以发现,位于工件 1 的边缘位置的点由于其处于两个平面的交界处,其周围法线的方向发生了明显的变化以及法线估计的显示。在图 2 - 18(b)中,可明显看到法向量的变化,而在非边缘区域其法线方向基本不变,因此可根据这一依据来提取边缘点。

除此之外还有一种思想来提取点云数据边缘,其主要根据每一个点其周边邻域点的分布情况找到边缘点,如果某一个点处于边缘位置,其邻域点分布不均匀而偏向一侧;若一个点是处在平滑区域的非边缘点,如一个数据点处于平面上某中间位置,则其周围邻域点分布均匀,无任何偏向趋势。图 2 - 19 是点云某一点的 k 邻域点分布情况。

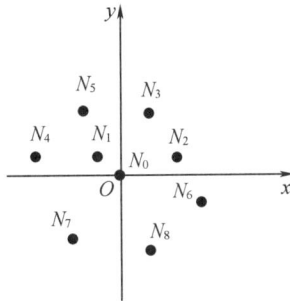

图 2 - 19　基于 k 邻域的点分布

在任意一个点 N_0 附近选取了与之距离最近的 9 个点作为其 k 邻域,将它们按照与该点的距离由近及远进行标号排序。点云中处在边缘处的点 k 邻域点分布不均匀,偏向一侧。使用 k 维树对点云特征区域建立 k 邻域并拟合最小二乘平面,然后把 k 邻域点投影到该平面,计算平面投影点集的夹角,当夹角的标准差大于阈值时,该点为边缘。

利用法线估计结合 k 邻域进行边缘提取算法包括以下三部分。

(1)读入数据并对数据进行预处理,其中预处理主要包括两方面内容:移除点云中的离群点和点云数据进行精简。

(2)建立点云拓扑关系并估计点云表面法线。

(3)基于法线信息和 k 邻域分布的双阈值约束点云边缘提取算法即将法线信息和 k 邻域分布双特征融合的双阈值边缘提取算法。整个算法的流程图如图 2 - 20 所示。

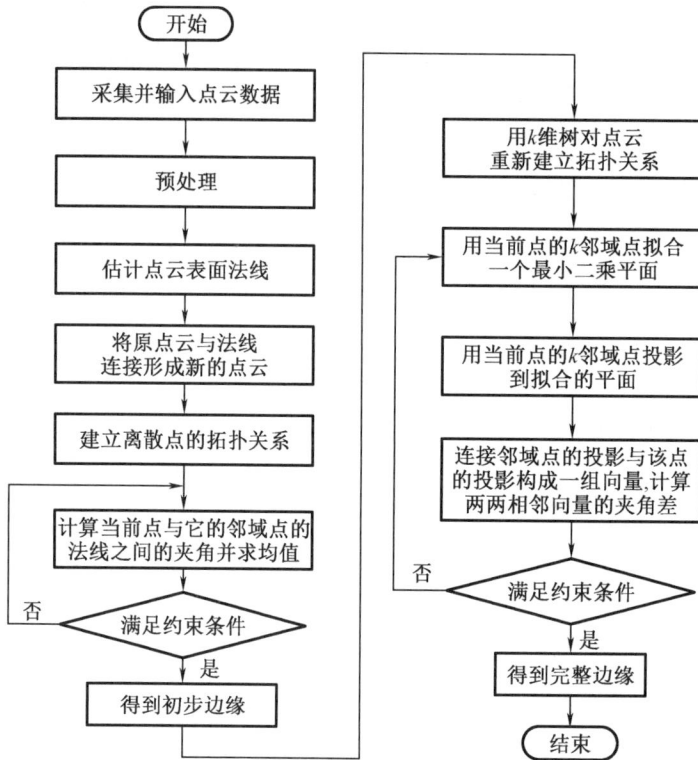

图 2 - 20　边缘提取算法流程图

2.3.2.3　角点检测

对于船板这类外形轮廓分明且多数为矩形的物体而言,角点是决定图像中目标形状的主要因素之一。一般把角点定义为目标轮廓线上曲率超过一定阈值的局部极大值点,它们包含了有关目标形状的重要信息。检测出矩形的 4 个角点对于测量对角线大致的尺寸有更大的作用。通过边界特征提取后,简化了角点检测。

(1)将提取出来的边界数据点进行排序方便后续的计算。

(2)确定支撑区域根据待计算点周围数据的特点,自适应地改变支撑区域。设待计算点的两侧边界点各拟合成一条直线,把拟合点偏离拟合直线的距离的和作为目标,选取满足阈值条件的距离的和所对应的边界点作为支撑区域内的点。

（3）计算曲率并确定候选角点，即当曲率大于一个设点的阈值时认为该点为候选角点。

（4）角点合并，将候选角点中分布比较近的一些点放入一个集合中并排序，任取三点构成三角形并计算每个点 P_i 对应的角度 α（图 2 - 21）。对各候选角点的角度按从小到大排序，保留最小的点。

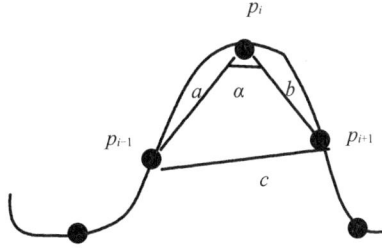

图 2 - 21　角点合并

（5）直线拟合，获得最终角点。参加拟合的边界点对直线拟合的效果有很大的影响，如果两候选角点间的全部边界点都用来拟合直线，拟合出的直线的斜率会受某个误差较大点影响较大，而步骤（2）中支撑区域的确定就是把拟合点偏离拟合直线的距离的和作为目标，因此我们也采用自适应的方法决定参与直线拟合的边界点，即把支撑区域内的点作为用于直线拟合的边界点。

2.3.2.4　几何特征测量

通过边缘特征点提取和交点检测就可以计算出矩形 4 个角点的三维坐标，从而可以计算长宽对角线的尺寸，并且可以利用提取到的多个特征点测量出矩形上任意两点的尺寸，从而实现对矩形板的轮廓尺寸的测量。

在计算任意两点之间的距离时可以采用霍夫变换法。霍夫变换就是通过设置有多少个曲线相交于同一点，且大于一定曲线个数的阈值，认为其是原图像中的一条直线，以实现对直线的检测。使用标准霍夫变换法拟合直线，最终可以得到在极坐标下的直线方程，得到每条直线的直线方程后，就可以计算出两直线之间的距离，从而可以得到任意平行于长边或宽边位置处直线的长度。

2.4　船舶制造过程视觉传感优化布局与全息匹配技术

2.4.1　多视觉传感集成与空间优化布局方法

在使用视觉测量系统对船舶零部件进行测量的过程中，由于船舶零部件尺寸较大且存在场景遮挡、工作空间限制等问题，在目标测点分布较为分散时，采用单个视觉传感器并不能实现船舶零部件的完整测量，需要多个视觉传感器集成进行测量，然后将各个视觉传感器的测量结果融合起来，统一到同一坐标系中进行处理，从而获得完整的船舶零部件测量数据。

针对多视觉传感器测量系统,需要对摄像机的站位和姿态进行有目的的规划,即多视觉传感的集成与空间优化布局。针对多视觉传感的集成与空间优化布局,可提出一种通过优化测量不确定度的多视觉传感空间布局规划方法,由目标点的三维测量不确定度确保多视觉传感空间布局规划策略的可行性。首先根据测量物体建立多视觉传感测量的离散化几何模型,并定义空间布局规划问题的决策变量,然后设定测量不确定度作为空间布局规划的目标函数,结合多视觉传感测量中的约束条件,应用遗传算法对多视觉传感空间布局规划的决策变量进行优化求解,最终得出最优的多视觉传感空间布局规划方案。

2.4.1.1　几何模型和决策变量的确定

为了实现大尺度船舶零部件的视觉测量,需确定多视觉传感系统中各个摄像机的位置信息和姿态信息。在这里首先根据测量物体建立多视觉传感测量的离散化几何模型,并定义空间布局规划问题的决策变量。图 2 - 22 为离散化测量几何模型,节点 i 表示第 i 个摄像机的视点位置,(x_i, y_i, z_i) 表示第 i 个摄像机的位置坐标,由节点的直角坐标可以确定任意两个摄像机间的基线距 B;第 i 个摄像机的站位姿态可由视球坐标 $(\alpha_i, \beta_i, \gamma_i)$ 来表示。图中 γ 为摄像机节点到测量目标点 P 的距离;α 为光轴与基线间的夹角,也称为摄像机的方位角;β 为摄像机的仰俯角,最终确定多视觉传感空间优化布局规划问题中的决策变量为 $I = (x_i, y_i, z_i, \alpha_i, \beta_i, \gamma_i)$。

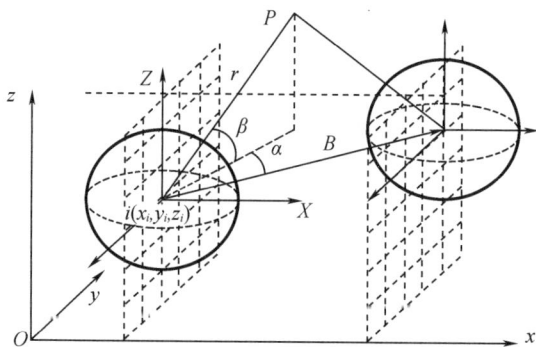

图 2 - 22　离散化测量几何模型

2.4.1.2　约束条件

图 2 - 23 所示为摄像机的覆盖模型。设测量目标点 P 的坐标为 (X, Y, Z),则由几何关系可知,测量目标点与摄像机节点的距离 $d_{iP} = \sqrt{(X - x_i)^2 + (Y - y_i)^2 + (Z - z_i)^2}$,视点方向向量 $v_a = (X - x_i, Y - y_i, Z - z_i)$,光轴方向向量 $v = (\sin \beta, \cos \beta \sin \alpha, \cos \beta \cos \alpha)$。

如果 d_{iP} 在摄像机测量范围之内,且视点方向和光轴方向的夹角 ρ(即入射角)小于最大入射角,则可认为目标点 P 可被摄像机看见。

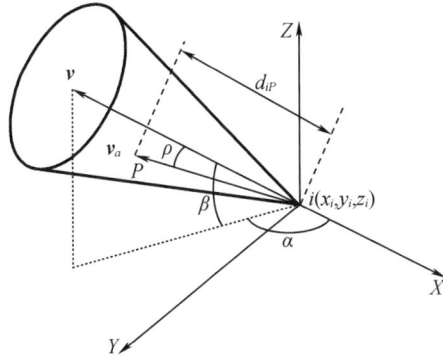

图 2-23　摄像机覆盖模型

由上述分析可得多视觉传感测量系统中的空间布局约束条件如下。

（1）可见性约束

图 2-24（a）给出了可见性约束的示意图，设 n 为测量目标点 P 处的法向量，若 n 与传感器视点的方向向量夹角等于 90°，那么右侧的部分无法被采集到。因此可见性约束条件为 $n \cdot v_a \leqslant 0$。

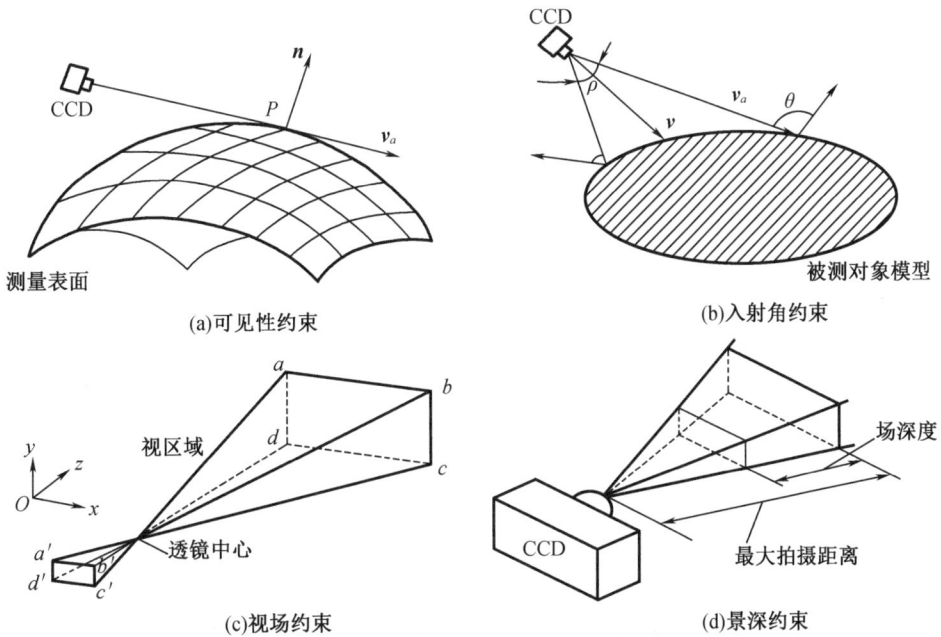

(a)可见性约束

(b)入射角约束

(c)视场约束

(d)景深约束

图 2-24　多视觉传感测量系统中的空间布局约束条件

（2）入射角约束

入射角约束的示意图如图 2-24（b）所示，在实际视觉测量过程中，为了减小二维成像后像点的误差值，不希望一些视点的位置与被测物体表面共面。定义 θ_{max} 为入射角，表示 v_a

与 n 之间的最大角度。则入射角约束条件为 $\pi - \arccos \dfrac{\boldsymbol{nv}_a}{\|\boldsymbol{n}\|\|v_a\|} \leqslant \theta_{\max}$。

(2)视场约束。图 2-24(c)给出了视场约束示意图。a'、b'、c'、d' 共同表示 CCD 尺寸，a、b、c、d 共同表示摄像机的测量距离边界。受镜头焦距和 CCD 尺寸的限制，摄像机只能采集到一定角度内的图像，图像范围称为视场，要求特征表面在摄像机的视野范围之内，即视场约束条件为 $\|v\|\|\boldsymbol{v}_a\|\cos\left(\dfrac{\rho}{2}\right) - vv_a \leqslant 0$。

(3)景深约束

图 2-24(d)为景深约束示意图，摄像机的前后景深将摄像机可视区分为四棱台形状。景深约束条件为

$$\begin{cases} \dfrac{fu}{f + 0.25(u-f)\dfrac{F}{u}} - z \leqslant 0 \\[4mm] z - \dfrac{fu}{f - 0.25(u-f)\dfrac{F}{u}} \leqslant 0 \end{cases} \qquad (2-22)$$

式中，z 为摄像机的拍摄距离；u 为聚焦距离；f 为镜头焦距；F 为摄像机光圈系数。

2.4.1.3　测量不确定度分析

测量精度是表征一次测量优劣的关键指标，而准确地分析测量精度不仅是测量结果可靠性的重要保证，还为改善测量精度提供依据。目前，常用测量不确定度来科学表示测量的精度，它用于表征被测量值的分散性，是表征测量结果可重复性的参数。

视觉传感器测量的是三维坐标的成像点图像坐标，由摄像机针孔模型可知，摄像机成像点图像坐标与目标点三维坐标之间的关系为

$$\begin{cases} u_i = -f\dfrac{m_{11}^i X + m_{12}^i Y + m_{13}^i Z + m_{14}^i}{m_{31}^i X + m_{32}^i Y + m_{33}^i Z + m_{34}^i} \\[4mm] v_i = -f\dfrac{m_{21}^i X + m_{22}^i Y + m_{23}^i Z + m_{24}^i}{m_{31}^i X + m_{32}^i Y + m_{33}^i Z + m_{34}^i} \end{cases} \qquad (2-23)$$

$$\boldsymbol{M}_i = \begin{bmatrix} m_{11}^i & m_{12}^i & m_{13}^i & m_{14}^i \\ m_{21}^i & m_{22}^i & m_{23}^i & m_{24}^i \\ m_{31}^i & m_{32}^i & m_{33}^i & m_{34}^i \end{bmatrix} \qquad (2-24)$$

式中，(u_i, v_i) 为目标点 P 在第 i 幅图像上的像点坐标；$\boldsymbol{M}_i$ 为投影矩阵；m_{jk}^i 为第 i 幅图像上对应投影矩阵中的元素，$j = 1,2,3$，$k = 1,2,3,4$。

将式(2-24)转化为矩阵形式可得

$$\begin{bmatrix} m_{31}^i u_i + fm_{11}^i & m_{32}^i u_i + fm_{12}^i & m_{33}^i u_i + fm_{13}^i \\ m_{31}^i v_i + fm_{21}^i & m_{32}^i v_i + fm_{22}^i & m_{33}^i v_i + fm_{23}^i \end{bmatrix} \begin{bmatrix} X \\ Y \\ Z \end{bmatrix} = \begin{bmatrix} -fm_{14}^i - u_i m_{34}^i \\ -fm_{24}^i - v_i m_{34}^i \end{bmatrix} \qquad (2-25)$$

根据最小二乘法可以将式(2-25)表示为

$$A_i P = b_i, \quad P = (\boldsymbol{A}^{\mathrm{T}} \boldsymbol{A})^{-1} \boldsymbol{A}^{\mathrm{T}} \boldsymbol{b} \qquad (2-26)$$

$$\boldsymbol{A} = \begin{bmatrix} A_1 & A_2 & \cdots & A_i & \cdots & A_n \end{bmatrix}^{\mathrm{T}}, \boldsymbol{b} = \begin{bmatrix} b_1 & b_2 & \cdots & b_i & \cdots & b_n \end{bmatrix}^{\mathrm{T}}$$

从而可知,只要确定每个摄像机成像点图像坐标(u_i, v_i),就可以重构出空间目标点P的三维坐标(X, Y, Z)。设定空间目标点的重构计算函数为$P = f(p)$,由协方差传播律$\boldsymbol{\Lambda P} = \left[\dfrac{\partial f(p)}{\partial p}\right] \boldsymbol{\Lambda p} \left[\dfrac{\partial f(p)}{\partial p}\right]^{\mathrm{T}}$可以得出测量目标点的测量不确定性估计,并且这是一个近似值。其中,$\boldsymbol{\Lambda P}$为空间点P的重构协方差矩阵,$\boldsymbol{\Lambda p}$为像点的协方差矩阵,$\left[\dfrac{\partial f(p)}{\partial p}\right]$为重构函数对像点的雅可比矩阵,可表示为

$$\left[\frac{\partial f(p)}{\partial p}\right] = \begin{bmatrix} \dfrac{\partial f(p)}{\partial p_1} & \dfrac{\partial f(p)}{\partial p_2} & \cdots & \dfrac{\partial f(p)}{\partial p_i} & \cdots & \dfrac{\partial f(p)}{\partial p_n} \end{bmatrix} \qquad (2-27)$$

式中,$\dfrac{\partial f(p)}{\partial p_i}$为重构函数$f(p)$对每个像点的偏导数矩阵,$\dfrac{\partial f(p)}{\partial p_i} = \begin{bmatrix} \dfrac{\partial f(p)}{\partial u_i} & \dfrac{\partial f(p)}{\partial v_i} \end{bmatrix}$,其中$\dfrac{\partial f(p)}{\partial u_i}$和$\dfrac{\partial f(p)}{\partial v_i}$分别为$f(p)$对像点两坐标的偏导数。

定义协方差矩阵$\boldsymbol{\Lambda P}$的对角线元素分别为目标点P在X、Y、Z方向上的重构不确定度,记为$\sigma^2(X)$、$\sigma^2(Y)$、$\sigma^2(Z)$,通过协方差传播率,针对测量空间中的k个目标点,取每个目标点的重构协方差矩阵对角线元素平均值作为这个空间点三维测量不确定度,即

$$\sigma(i) = \frac{\displaystyle\sum_{i=1}^{k} \mathrm{tr}(\boldsymbol{\Lambda P}_i)}{3k} \qquad (2-28)$$

式中,$\mathrm{tr}(\cdot)$表示矩阵的迹。

根据以上分析,视觉测量网络不确定度与摄像机间的变换矩阵、视场条件以及摄像机节点基距等因素有关,当待测物体特征表面在摄像机的视野范围内时,可以根据式(2-28)计算得出视觉测量网络中空间目标点的三维不确定度。

2.4.1.4　基于遗传算法的多视觉传感空间布局优化

给定目标测量点,本算法结合大尺寸测量场的测量不确定度与约束条件提出目标函数,同时限定布设的视觉传感器工作位置数量,使用遗传算法在限定的空间范围内搜索最优的多视觉传感的布设方案。

遗传算法作为一种搜索最优解的方法,需要定义优化的目标函数,并将目标函数值的最小化作为解的优化方向。在船舶零部件在位测量中,视觉传感器工作位置布局的优化程度以目标函数值来量化。本目标函数通过赋予不符合约束条件的解一个异常大的值来淘汰此类解,并赋予符合约束条件的解目标测量点平均测量不确定度值来选择测量精度较高的解。

目标函数确定算法步骤主要分为以下两步。

(1)判断当前布局每个目标测量点是否能与至少一个视觉传感器工作位置满足约束条件,若不满足上述条件,则目标函数值确定为一个异常大的值并返回。

（2）计算当前布局下目标测量点集的平均不确定度值并将其作为目标函数值。

目标函数确定算法流程图如图 2 − 25 所示。

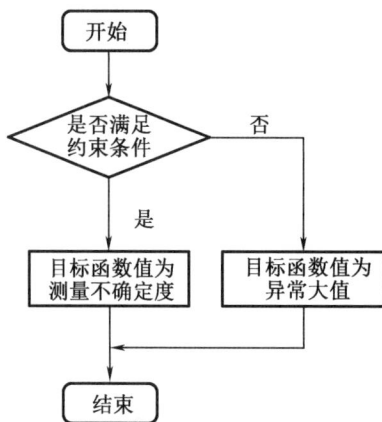

图 2 − 25　目标函数确定算法流程图

多视觉传感工作位置和姿态布局优化算法为首先给定测量目标点、多视觉传感工作位置和姿态布局空间，在未知多视觉传感工作位姿最优布局的条件下，以一定方式初始化一组视觉传感工作位姿布局，优化迭代多视觉传感工作位姿一定次数，最终收敛得到一组视觉传感器位姿的最优布局。

布局优化算法流程图如图 2 − 26 所示。

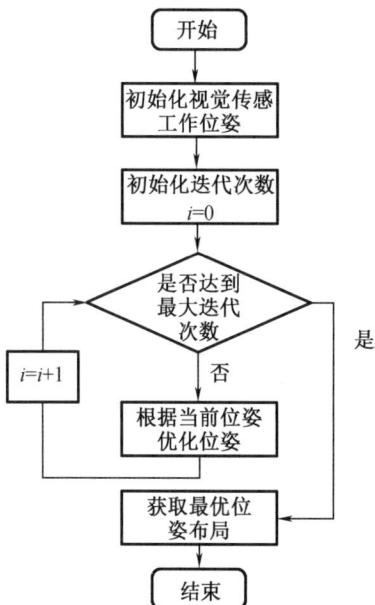

图 2 − 26　布局优化算法流程图

2.4.2　多视觉传感数据空间匹配与全局拼合方法

基于非接触式光学测量的测量系统所得多角度点云数据其位置关系未知,因此需要对其坐标系进行归一化操作,再将不同视角下的点云数据合并为一个完整点云数据。在测量系统中,亦可加入不同类型传感器,例如线激光,以提高整体精度。

2.4.2.1　多视角点云数据初匹配

在整个匹配及拼合过程中,多幅点云数据其初始位置的定量确定是个难题,为解决该问题,将采用一种基于扩展高斯球的对应点确定方法。曲线或曲面的几何特性可以通过高斯图来表示,以二维曲线(图 2 - 27)为例进行说明,首先为曲线 γ 选定一个方向,然后将 γ 上的每一个点 P 的单位法矢量与一个单位圆上的点 Q 相联系,就是相应法矢量的端点落在单位圆上的点,从 γ 到单位圆的映射即为 γ 的高斯图。图 2 - 27 曲线上的 P、P'、P'' 处的法矢量与高斯图上的 Q、Q'、Q'' 所代表的法矢量相对应,由曲线上的法矢量及切矢量可知,P' 点为曲线拐点,当 γ 遍历方向不变时,由 P 经过拐点 P' 到 P'' 时,高斯图上的端点 Q 经过 Q' 到达 Q'',这表明在奇异点附近高斯圆是双重覆盖的,也就是高斯图在这点上发生折叠,由此可以看出曲线的性质在高斯图上得到另外一种解释。

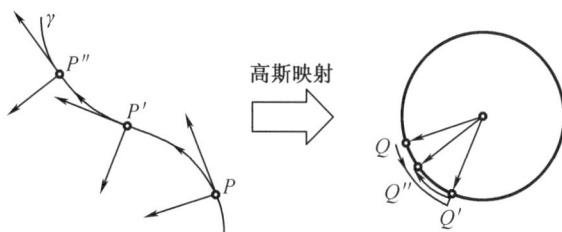

图 2 - 27　平面曲线的高斯图

由于点云数据属于三维空间域,所以基于同样原理建立的点云数据高斯图就变成了高斯球,为了使高斯球的信息能够满足配准的要求,将高斯球的端点附加点云数据的曲率信息,这样高斯球上每个端点既包含点云数据法矢量信息,也包含其曲率信息,所以称为扩展高斯球。图 2 - 28 所示为一个点云数据的扩展高斯球建立过程。

(a)点云数据　　　(b)点云法矢　　　(c)平均曲率　　　(d)扩展高斯球

图 2 - 28　点云数据的扩展高斯球

建立点云数据的高斯球后,通过高斯映像图进行曲面特征匹配,首先将曲面上每一点的主曲率方向矢量(包括最大及最小主曲率方向两个矢量统称为主方向)进行单位化,并将主方向的起点平移到单位球的球心,主方向的矢端落在球面上,从而形成了主方向的高斯映像,其过程与扩展高斯球的建立过程相同,由于端点包括两处矢量信息,所以对于母线为自由曲线的旋转面,其中一个方向的矢量信息分布在一个圆上,而另一个方向的矢量信息则散布在球面上,通过快速聚类分析,可以从一个曲面的高斯映像图中找出包含旋转曲面的信息,从而完成特定曲面的特征匹配。而建立扩展高斯球的目的是找点云数据的对应点,仔细分析可知,由于不同视觉传感器处于不同的坐标空间,所以无法直接找出其空间对应点,而对于扩展高斯球,由于其所有分布都是在一个球坐标系下,所以使寻找对应点成为可能。

图 2 - 29 所示为多幅点云扩展高斯图。

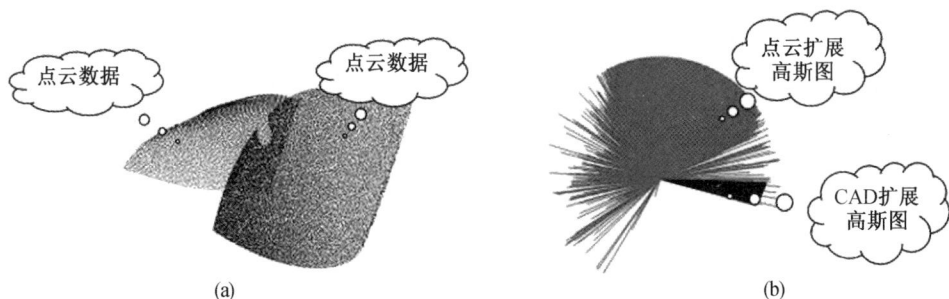

图 2 - 29   多幅点云扩展高斯图

三维点云数据的坐标变换包括平移、旋转,因为在变换过程中要保持点云数据所代表的几何形体不变,所以变换中的比例和错切变换就要避免。因为三个线性无关点可以表示一个完整的坐标系,因此可以用 3 对匹配点进行粗配准。

假设上述匹配后找到的对应点为 p_1、p_2、p_3 和 q_1、q_2、q_3,则在变换时,先将 p_1 变换到 q_1,再将矢量 $p_2 - p_1$ 变换到 $q_2 - q_1$ 上,最后将包含 p_1、p_2、p_3 的平面变换到包含 q_1、q_2、q_3 的平面上。

计算步骤如下:

(1)计算矢量 $p_2 - p_1$、$p_3 - p_1$ 和 $q_2 - q_1$、$q_3 - q_1$。

(2)令 $\boldsymbol{V}_1 = p_2 - p_1$ 和 $\boldsymbol{W}_1 = q_2 - q_1$。

(3)计算 $\boldsymbol{V}_2$、$\boldsymbol{V}_3$ 和 $\boldsymbol{W}_2$、$\boldsymbol{W}_3$,即

$$\begin{cases} \boldsymbol{V}_3 = \boldsymbol{V}_1 \times (p_3 - p_1) \\ \boldsymbol{W}_3 = \boldsymbol{W}_1 \times (q_3 - q_1) \end{cases} \qquad \begin{cases} \boldsymbol{V}_2 = \boldsymbol{V}_3 \times \boldsymbol{V}_1 \\ \boldsymbol{W}_2 = \boldsymbol{W}_3 \times \boldsymbol{W}_1 \end{cases}$$

(4)将 $\boldsymbol{V}_1$、$\boldsymbol{V}_2$、$\boldsymbol{V}_3$ 和 $\boldsymbol{W}_1$、$\boldsymbol{W}_2$、$\boldsymbol{W}_3$ 分别正交单位化为

$$\boldsymbol{v}_1 = \frac{\boldsymbol{V}_1}{|\boldsymbol{V}_1|}, \quad \boldsymbol{v}_2 = \frac{\boldsymbol{V}_2}{|\boldsymbol{V}_2|}, \quad \boldsymbol{v}_3 = \frac{\boldsymbol{V}_3}{|\boldsymbol{V}_3|}, \quad \boldsymbol{w}_1 = \frac{\boldsymbol{W}_1}{|\boldsymbol{W}_1|}, \quad \boldsymbol{w}_2 = \frac{\boldsymbol{W}_2}{|\boldsymbol{W}_2|}, \quad \boldsymbol{w}_3 = \frac{\boldsymbol{W}_3}{|\boldsymbol{W}_3|}$$

（5）旋转矩阵和平移矩阵为：

$$R = \begin{bmatrix} v_1 \\ v_2 \\ v_3 \end{bmatrix}^{-1} \begin{bmatrix} w_1 \\ w_2 \\ w_3 \end{bmatrix} \qquad (2-29)$$

$$T = q_1 - p_1 R \qquad (2-30)$$

（6）将 V 坐标系下的 p_i 变换到 W 坐标系下的 p_i'：

$$p_i' = p_i R + T \qquad (2-31)$$

至此，完成了点云数据的粗配准。

2.4.2.2 多视角点云数据全局拼合

数据的全局拼合，在空间匹配的基础上采用 ICP 算法实现。

ICP 算法的基本思想是寻找引导目标点云 p_i 与实际获得的测量点云数据之间的旋转矩阵 R 和平移矢量 T。使下式达到最优，即

$$F(R, T) = \min \sum \left[R p_i' + T - p_i \right]^2 \qquad (2-32)$$

算法步骤如下。

（1）选择目标点云 p_i。令 $k = 0$，设置旋转矩阵 R 为单位矩阵，平移矩阵为 T 为 0 矩阵。

（2）寻找点云数据与目标点云最近的点集 p_i。

（3）计算两个点集的质心并将两个点集做相对于质心的平移。

$$\mu_p = \frac{1}{N} \sum_{i=1}^{N} p_i \quad \mu_{p'} = \frac{1}{N} \sum_{i=1}^{N} p_i' \quad p_i = p_i - \mu_p \quad p_i' = p_i' - \mu_p$$

（4）计算相关矩阵及构造四维对称矩阵。

$$\Sigma = \frac{1}{N} \sum_{i=1}^{N} P_i \left[P_i' \right]^{\mathrm{T}} = \begin{bmatrix} S_{xx} & S_{xy} & S_{xz} \\ S_{yx} & S_{yy} & S_{yz} \\ S_{zx} & S_{zy} & S_{zz} \end{bmatrix} \qquad (2-33)$$

$$Q_{[4,4]} = \begin{bmatrix} S_{xx} + S_{yy} + S_{zz} & S_{yz} - S_{zy} & S_{zx} - S_{xz} & S_{xy} - S_{yx} \\ S_{yz} - S_{zy} & S_{xx} - S_{yy} - S_{zz} & S_{xy} + S_{yx} & S_{zx} + S_{xz} \\ S_{zx} - S_{xz} & S_{xy} + S_{yx} & -S_{xx} + S_{yy} - S_{zz} & S_{yz} + S_{zy} \\ S_{xt} - S_{yz} & S_{zx} + S_{xz} & S_{yz} + S_{zy} & -S_{xx} - S_{yy} - S_{zz} \end{bmatrix} \qquad (2-34)$$

（5）单位四元数法求 R 和 T。

（6）终止条件判断。满足则退出。$\left| F_k - F_{k-1} \right| < \varepsilon$。

（7）对平移矢量令 $T_0 = T$，对 T_0 进行小范围扰动，采用随机方向法计算 F 的值，如得最小值对应的 T_1 后，则继续进行扰动，否则转步骤（2）。如能得到 T_2，则判断三个平移矢量，如共线，则进行扩张得 T_3。判断 T_3，如能得到最小值，则继续扩张，否则 $k = k + 1$，对整个测量点云数据进行旋转及平移变换，转步骤（2）。

2.4.2.3　线激光数据融合

多视角点云数据初匹配和多视角点云数据全局拼合主要应用于多视角点云数据的空间匹配和全局拼合过程,此外还可以加入线激光数据进行多类型传感器数据融合。本书结合立体视觉测量原理和激光三角测量原理,利用两台 CCD 相机和一个激光发射器构建了一套扫描式三维测量系统,借助网格标志点来完成数据的拼接匹配,并通过数据融合得到了点云信息更为丰富的物体三维模型。该方案基于 HSV 颜色空间的亚像素激光中心提取算法,相比原有的灰度重心法进一步提高了激光中心的提取精度,然后设计了网格标志板,利用网格线交点作为帧间匹配的标志点,并根据标志点的空间位置不变性结合立体视觉原理来完成激光数据的拼接,之后分别运用立体视觉测量原理和激光三角测量原理来获取待测物体的空间三维模型,最后通过设立全局坐标系,并借助标志点求解空间坐标系之间的位姿转换关系,将两种算法所得点云数据进行融合,得到了数据更为丰富的物体表面三维点云模型。在使用立体视觉原理和激光三角原理分别对采集的序列图像进行处理后,得到了每一帧系统坐标系下的激光数据。为了得到完整的三维模型,需要借助立体视觉获得每一帧图像中的标志点,用以计算旋转矩阵 R 和平移向量 T 以完成数据拼接。其算法步骤如下。

(1)提取出第 1 帧,即基准坐标系中的网格标志点,根据立体视觉测量原理计算出其三维坐标。

(2)提取出第 i 帧$(i=1,2,\cdots,n)$图像中的网格标志点,同样计算出其空间三维坐标,并将其与基准坐标系中的网格标志点匹配起来。

(3)根据匹配成功的网格标志点对进行计算,计算出第 i 帧图像与基准坐标系之间的 RT 矩阵。若当前图像为第一帧,则设置选择矩阵 R 为单位矩阵 I,平移矩阵 T 为零向量。

(4)提取出第 i 帧左右图像中的激光中心线,分别根据立体视觉测量原理和激光三角测量原理计算出激光中心线的空间三维坐标,并按照 RT 矩阵将其转换到基准坐标系中。

(5)判断是否是最后一帧,若是,则输出三维点云结果;若不是,返回步骤(2)。在用以上步骤分别对立体视觉和激光三角测量系统所得的激光线进行处理后,即可以得到二者各自的三维点云模型。

之后进行数据融合处理时,在物方以背景网格板建立一个全局的世界坐标系,以网格板左侧顶点为原点,左侧的网格线方向为 X 轴,右侧的网格线方向为 Y 轴,垂直于网格板向上的方向为 Z 轴。由于网格板在设计时相连网格点间距为 20 mm,因此在全局坐标系下各个网格点的数据均可得到。在数据拼接过程中,我们已经将激光数据全部统一到了第一帧图像的系统坐标系之下。因此,要实现三维数据的融合,只需求出两个系统的第一帧到全局坐标系的旋转平移矩阵,即可将对应坐标系下的三维点云数据统一到全局坐标系中。其流程图如图 2 - 30 所示。

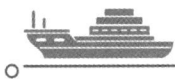

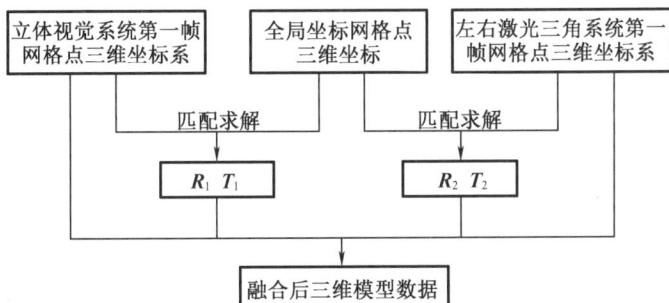

图 2-30　数据融合算法流程图

该方案通过建立全局坐标系的方式将立体视觉系统和激光三角系统数据融合统一,得到了点云数据更为丰富、精度较高的三维模型,并且其测量不易受物体表面纹理特性影响。

2.4.2.4　应用实例

依照 2.4.2.1 节内容,首先需要获取点云信息,并建立扩展高斯球,多视觉传感数据所获取的点云数据的分辨率为 1 mm,需要注意的是,需要保持多组点云数据的分辨率一致,图 2-31 与图 2-32 所示为不同传感器采样后的测量点云数据,为了正确计算点云数据的法矢量,邻域点的选择对于法矢量的计算正确性有影响,根据实验邻域点的选择应在 24 与 32 之间,在此实例中邻域点选择为 26,图 2-31(b) 为测量点云数据的法矢量计算结果,图 2-31(c) 为点云数据的平均曲率色斑图显示,图 2-31(d) 为测量点云数据的扩展高斯球。

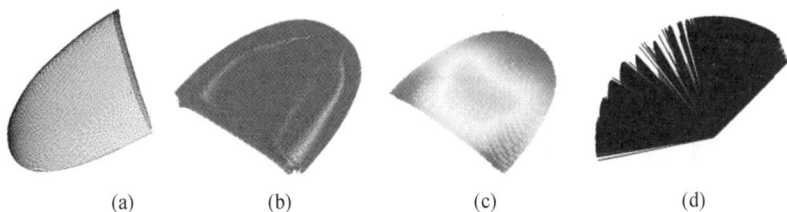

(a)　　　　　(b)　　　　　(c)　　　　　(d)

图 2-31　传感器 a 测量点云数据的扩展高斯球

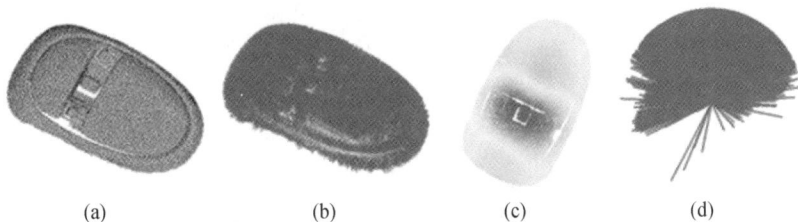

(a)　　　　　(b)　　　　　(c)　　　　　(d)

图 2-32　传感器 b 测量点云数据的扩展高斯球

由传感器 b 所生成的点云最大尺寸为 56.7 mm,在计算过程中设定局部高斯球面序列为 5 进行快速模板匹配,确定出对应的相似点对如表 2-2 所示,采用基于三个基本点的粗匹配算法对其旋转矩阵与平移矩阵进行计算,对点云数据进行刚性空间变换,其结果如图 2-33 所示,其中图 2-33(a) 为两个传感器所测点云位置图,图 2-33(b) 为在扩展高斯球上两者的分布,图 2 – 33(c)为经过粗配准后两组点云的位置关系,图 2 – 33(d)为点云数据经过变换后,两组点云在扩展高斯球上的分布,比较图 2 – 33(b)(d)可以看出在粗配准之前,两者的扩展高斯球的分布不重合,存在差异,经过粗配准之后,传感器 b 点云数据的扩展高斯球分布已经完全重合于传感器 a 点云数据的扩展高斯球分布之内。

表 2 – 2　两组点云数据对应点对

序号	点云数据			曲率半径	CAD 模型数据			曲率半径
	X	Y	Z		X	Y	Z	
1	– 28.961	– 20.586	57.670	123	85.131	130.975	– 56.918	119
2	– 58.994	39.825	30.709	164	62.320	125.469	– 17.400	160
3	10.452	– 24.378	54.118	178	73.774	81.422	– 74.251	167
4	– 63.028	– 84.346	53.051	201	35.550	87.263	5.938	191
5	13.166	18.658	38.973	199	55.515	48.079	– 62.721	188

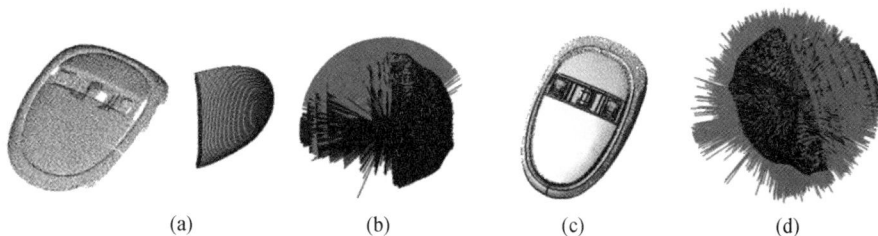

(a)　　　　　　(b)　　　　　　(c)　　　　　　(d)

图 2 – 33　点云数据与 CAD 模型的粗配准

在 ICP 算法中为了加速收敛速度,采用中心点重合技术,最邻近点搜索采用 K – D 树技术。测量点云数目为 198 340,迭代次数为 19 次,平均距离为 0.484 mm,标准偏差为 0.215 mm,结果如图 2 – 34 所示。

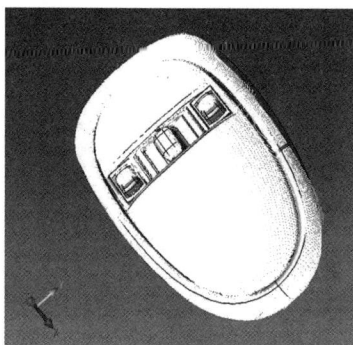

图 2 – 34　点云配准结果

根据 2.4.2.3 节内容,使用两台 CCD 相机和一个激光发射器对某一鼠标进行扫描(图 2 – 35)重建,选取某一帧下两台相机图像,分别借助立体视觉测量原理和激光三角测量原

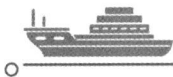

理,即可得到该帧系统坐标系下激光的三维坐标。

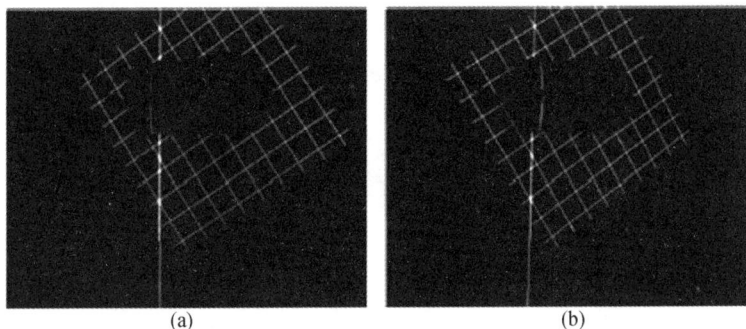

(a)　　　　　　　　　　　　(b)

图 2 – 35　扫描重建时左右相机获取的图像

在得到每一帧系统坐标系下的三维坐标后,利用点云拼接即可得到完整的物体空间三维模型。拼接时为了提取出特征标志点,需要先从原图像中删去激光线周边的点,再来提取网格标志点,目的是避免激光线与网格线相交而导致网格点的错误提取。根据分组后的直线相交求出的网格点如图 2 – 36 所示,之后根据各个网格点的分组来将当前帧与第一帧中提取出的网格点进行一一匹配,求解旋转平移矩阵[$\boldsymbol{R},\boldsymbol{T}$]。再根据求出的矩阵[$\boldsymbol{R},\boldsymbol{T}$]将后续帧中的激光线转换到第一帧的系统坐标系之下,就可以得到物体的空间三维模型。

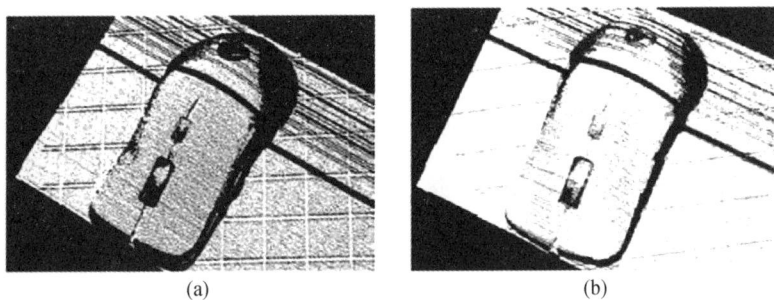

(a)　　　　　　　　　　　　(b)

图 2 – 36　点云拼接结果

在得到立体视觉系统和激光三角系统的点云图之后,只需求出两个测量系统的第一帧系统坐标系到全局坐标系之间的旋转平移矩阵,即可实现系统间的数据融合。所得旋转平移矩阵如下:

$$\boldsymbol{R}_1 = \begin{bmatrix} 0.539\ 004 & 0.814\ 150 & 0.044\ 053 \\ 0.841\ 674 & -0.539\ 886 & 0.010\ 425 \\ 0.032\ 553 & 0.031\ 459 & -0.998\ 975 \end{bmatrix} \tag{2 – 35}$$

$$\boldsymbol{T}_1 = \begin{bmatrix} 141.658 & 139.933 & 558.409 \end{bmatrix}$$

$$\boldsymbol{R}_2 = \begin{bmatrix} -0.542\ 087 & -0.838\ 873 & 0.049\ 345 \\ -0.839\ 641 & 0.543\ 078 & 0.008\ 396 \\ -0.033\ 842 & -0.036\ 881 & -0.998\ 747 \end{bmatrix} \tag{2 – 36}$$

$$T_2 = \begin{bmatrix} 193.891 & 22.378\ 0 & -4.290\ 35 \end{bmatrix} \qquad (2-37)$$

根据这两组旋转平移矩阵,将立体视觉系统和激光三角系统求出的物体空间三维数据转换到全局坐标下,即可实现两种方法的数据融合,得到点云数据更加丰富的物体空间三维模型。实验结果如图 2-37 所示。

图 2-37　点云融合结果

2.5　船舶制造过程 iGPS 大尺寸精密定位技术

2.5.1　基本原理

20 世纪 70 年代,美国研制出了 GPS。在此原理的启发下,美国 Arcsecond 公司率先研发出一种具有高精度、高可靠性和高效率的室内 GPS(indoor GPS,iGPS)系统,主要应用于大尺寸室内空间测量与定位问题(图 2-38)。

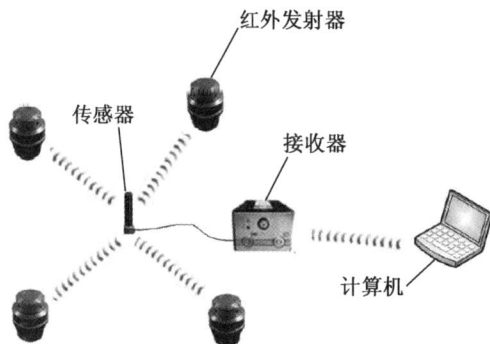

图 2-38　室内 GPS 的组成

该系统的组成部分如图 2-38 所示,主要由红外发射器、传感器、接收器以及计算机四个部分组成。其测量的主要过程如下。

(1)红外发射器向工作空间中发射两片扇面激光,且发射头以每秒约 3 000 转的速度旋转,扇面光束便能扫描整个测量空间,每个发射器的旋转速度各不相同。

(2)传感器接收来自红外发射器的信号,并将信号传送给接收器。

(3)接收器将数字信号转化为角度信息,并通过调制解调器无线网络将数据传送给计算机,由计算机求出三维数据。

室内 GPS 是在 GPS 的基础上研制出来的,因此它们的基本原理是一致的。GPS 的定位原理是空间交会原理,GPS 接收机在某一时刻测出得到 4 颗以上的 GPS 卫星到接收机的距离和已知的卫星位置,通过距离交会的方法求出接收机天线所在点的三维坐标。室内 GPS 定位系统则是利用红外发射器来代替卫星,传感器代替接收机。但室内 GPS 测量方法与 GPS 系统不一样,它是首先测定传感器与各红外发射器的水平角与垂直角,每对水平角和垂直角可以确定一条射线,该射线由红外发射器出发并通过被测点。如图 2 - 39 所示,其中 θ_a 为水平角,θ_e 为垂直角。因此,需要两台红外发射器同时确定两条射线交于一点来确定该坐标值。

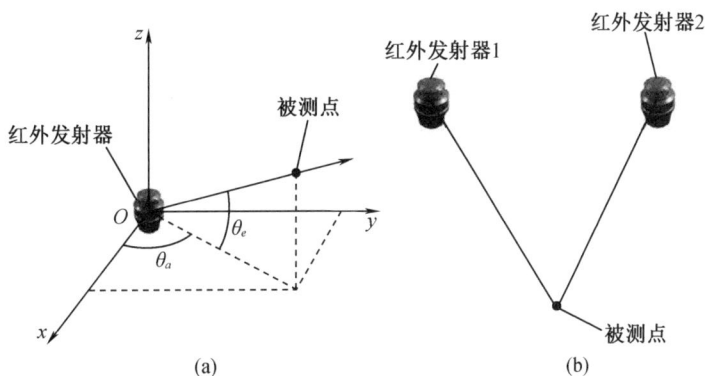

图 2 - 39　室内 GPS 定位原理

这两个角度的计算方法与红外发射器发射的红外扇面结构有关。如图 2 - 40 所示,假设红外发射器处于水平位置,它向测量空间中发射两片旋转的激光扇面 1 和扇面 2,每片扇面并非与垂直方向平行,在设计发射器的过程中扇面 1 和扇面 2 分别与各自位置上的垂直平面成 φ_1 和 φ_2 的倾斜度,并且两个垂直平面的夹角为 φ_{off}。

2.5.1.1　垂直角 θ_e 的测定

测定垂直角需利用两个红外扇面的倾斜角 φ_1 和 φ_2。因为,假设两个扇面没有倾斜角(即均垂直于水平面),则当红外发射器的旋转速度一定时(设为 ω),在不同的垂直角下,两个扇面与传感器相碰的时间差将是恒定的,所以当两个扇面相对垂直面有一定倾角的时候,在不同垂直角的方向上两个扇面扫过的时间间隔是不同的。从图 2 - 40 中可以找到一个"基平面",当被测点位于该基平面上时,测量出两个扇面到传感器的时间差为 $\Delta t = \varphi_{off}/\omega$;那么当测得的时间间隔大于 Δt 时,传感器(被测点)位于"基平面"之上;反之,传感器便位于"基平面"之下。因此在测量过程中,只需测出两个扇面到传感器的时间差,便能通过三角法计算出传感器的垂直角。

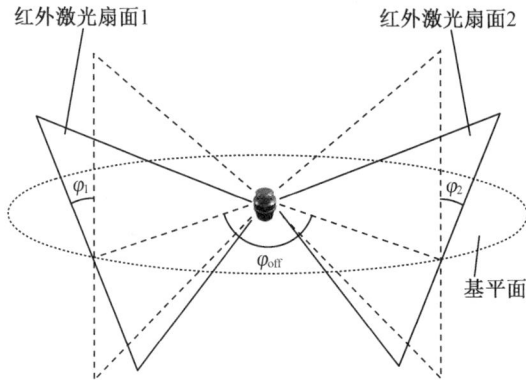

图 2 - 40   红外发射器的扇面结构

2.5.1.2   水平角 θ_a 的测定

测量水平角时,需要一个参考位置,为此红外激光发射器上装有一个基准脉冲发射头,每当红外激光发射器旋转一周时,该发射头便向测量空间中发射红外脉冲信号。这样在测量的过程中,传感器接收到的信号如图 2 - 41 所示,信号中连续两个基准脉冲间的时间 T 即为红外激光发射器的旋转周期时间,两个扇面间的时间间隔为 Δt_1,扇面 2 与后一个基准脉冲的时间间隔为 Δt_2。通过 Δt_1 确定垂直角后,便可通过任意一个扇面信号与基准脉冲信号间的时间差来确定水平角。由于两个红外扇面相对于垂直面都有一定的倾斜角 φ_1 和 φ_2,因此每个扇面碰到传感器时都会有时间延迟(如果传感器在基平面上如图 2 - 41 所示,则没有时间延迟),因此计算水平角时要加上延时时间内旋转的角度。

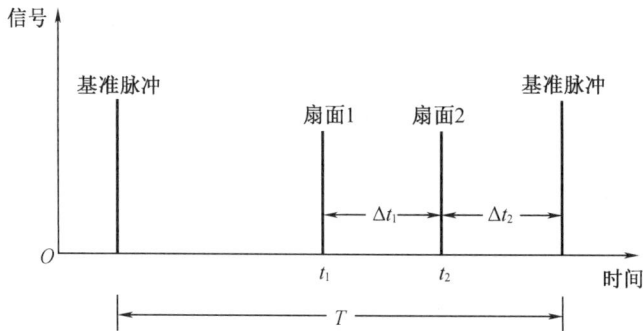

图 2 - 41   感应器接收到的信号图

测得水平角与竖直角后,要想得到坐标值,必须建立统一的坐标系。iGPS 的数学模型如图 2 - 42 所示, $N_{i,j}^{(1\times3)}$ 为第 i 个红外激光发射器的第 j 个红外扇面的法线方向, $P_k^{(3\times1)}$ 为第 k 个被测点的坐标值, $T_i^{(3\times1)}$ 为第 i 个红外发射器上的扇面光束发射原点的坐标值。平面上任意一向量与该平面的法矢点乘为零,则有

$$N_{i,j}^{(1\times3)}\left[P_k^{(3\times1)} - T_i^{(3\times1)}\right] = 0 \tag{2-38}$$

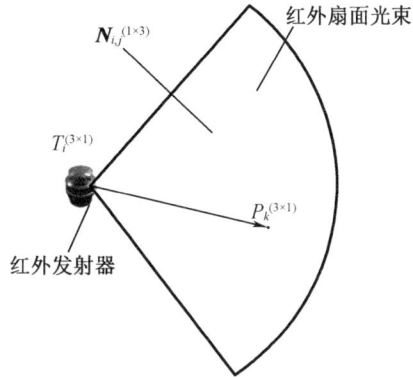

图 2 – 42　红外发射器扇面数学模型

每个发射器有两个红外激光扇面,可以得到两个方程,因此至少需要两个红外发射器才能计算出坐标值。当发射器的数量增加时,可以提高测量的精度。

式(2 – 38)的红外扇面的法矢 $N_{i,j}^{(1×3)}$ 可以由式(2 – 39)求出:

$$N_{i,j}^{(1×3)} = TR_{xyz}(r_x,r_y,r_z)_i^{3×3} \cdot M_z(\theta)_{ij}^{3×3} P_{yz}(\varphi,\alpha,\theta_{off})_{ij}^{3×3} [1,0,0]^T \qquad (2 – 39)$$

其中,$TR_{xyz}(r_x,r_y,r_z)_i^{3×3}$ 为发射器的旋转矩阵,它是在红外发射器组建时确定的参数;r_x、r_y、r_z 对应 x、y、z 三个轴的旋转角度;$M_z(\theta)_{ij}^{3×3}$ 与扇面旋转的角度相关,它是由接收器通过感应器接收扇面光束信号的时间间隔来计算的;$P_{yz}(\varphi,\alpha,\theta_{off})_{ij}^{3×3}$ 为红外发射器扇面光束的结构参数,由于每个扇面光束的结构参数都不一样,测量前需对这些参数进行标定,其中 φ 表示扇形束的倾斜角,α 表示扇形光束的夹角,θ_{off} 表示扇形光束的方位角;$[1,0,0]^T$ 表示 yz 面为参考平面。

通过以上公式,代入计算,通过平差就可以得到待测点位置。

2.5.2　船舶制造过程 iGPS 大尺寸精密定位技术关键

2.5.2.1　系统布局及测量网的优化

iGPS 测量系统中发射器和接收器的数量及相对位置在很大程度上影响着系统测量精度,不同种类接收器的使用也会产生不同的测量精度。例如,3 个发射器相对于 2 个发射器其测量精度可提高 50% ,4 个发射器相对于 3 个发射器其测量精度可提高 30% ,5 个发射器相对于 4 个发射器其测量精度可提高 10% ~ 15% 。此外,测量系统中全局控制网由多个区域测量网构成,究竟由哪些发射器和接收器组成区域测量网应根据实际情况进行分配。例如,在重点关注区域可布置较多的发射器,以进一步增强测量结果的稳定性。因此,只有合理布置系统资源,并进行测量网优化,才能实现被测对象的精准定位。

2.5.2.2　系统标定技术。

iGPS 测量系统中每个发射器都有自己的测量坐标系,所测得的角度值(方位角、俯仰角)也都是相对于各自的坐标系,为了利用不同坐标系下所测得的角度值,就需要在测量初始对发射器之间的相对位置关系和空间姿态进行标定,确定系统参数,使所有发射器测得

的目标点的角度值在同一个坐标系下。iGPS 系统标定实际上就是通过测量空间目标点,然后对其观测值进行平差解算,求得各发射器测量坐标系之间的相对位置和姿态。在利用系统标定后的 iGPS 对空间未知目标点进行测量时,根据测得的观测值及发射器测量坐标系之间的相对位置和姿态关系,便可解算出未知点的三维坐标。因此,系统标定技术是 iGPS 测量系统进行空间点坐标测量的前提和关键。

2.5.2.3 数据处理与分析使用

iGPS 系统进行测量时,接收器接收来自不同发射器发出的激光模拟信号,为了快速获得目标点的坐标,要求接收器对各通路数据进行实时处理,提高数据处理速度,为实现多任务、多目标点的同时测量打下基础。此外,采用 iGPS 进行位姿调整时,需要根据目标点的测量值与理论值差异来确定调整量。因此,为了实时反馈调整信息,必须实现测量数据的快速处理和分析。

2.5.2.4 误差补偿技术

iGPS 测量系统误差主要源于仪器误差、附件误差、环境误差和方法误差等。仪器误差包括发射器和接收器误差,发射器产生误差的因素主要有:轴系偏摆、光脉冲延时同步、电机转速偏移以及光源信号、光平面的倾角及相对位置等。接收器产生误差的因素主要影响体现在计时测量及其匹配判别、接收器光路设计等方面。针对每一个发射器,360°范围内不同角度的测量误差是不同的,可以根据实际测量结果结合插值等方法进行角度修正。系统的定向分为内参数标定和现场定向两部分,影响内参数标定质量的因素主要有激光器自带误差以及转轴标定精度;影响现场定向质量的因素包括测角精度(系统硬件精度)、发射站布局、标定点的选取及现场空间的限制、标定算法以及控制点精度等。iGPS 作为角度交汇测量系统,发射站的布局对测量精度会产生较大的影响,主要影响因素有基线长度、交汇角、约束方向以及发射站的个数等。对于全局测量误差,可以在全局布置几个目标点,并且用高精度测量设备对其定位,当发射器工作一段时间后,重复测量这几个目标点的坐标,根据测得的误差进行全局误差补偿。只有采用正确的误差补偿方法,才能提高 iGPS 测量系统的精度、可靠性和稳定性。

2.6 船舶制造中间产品几何与质量信息感知模块研制

基于 PC 的视觉测量系统体积大、接线多,进行多参数测量时布线容易乱,不适合应用于需要多传感集成测量的环节。且受限于 PC 接口类型,难以和工业生产系统集成,难以实现智能制造领域的物联。此外 PC 的成本占据整套设备的大部分,但是计算性能溢出,不能得到充分利用。而嵌入式视觉测量系统体积小、成本低、接口丰富,易于和生产系统集成。并且随着集成电路的发展,嵌入式处理器的性能大大增强,能够承担起视觉测量的重任。

2.6.1 嵌入式线激光传感器方案设计

嵌入式单目线激光传感器的基本功能是拍摄带有线激光条纹的物体表面,输出物体表

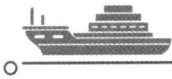

面三维点云数据。可从硬件架构和软件架构两个方面进行方案设计。

2.6.1.1　硬件架构方案设计

嵌入式传感器的测量基本方案如图 2 - 43 所示,传感器的激光器投射线激光并由工业相机拍摄图像,然后处理器对图像进行一系列处理计算,最终输出点云数据。

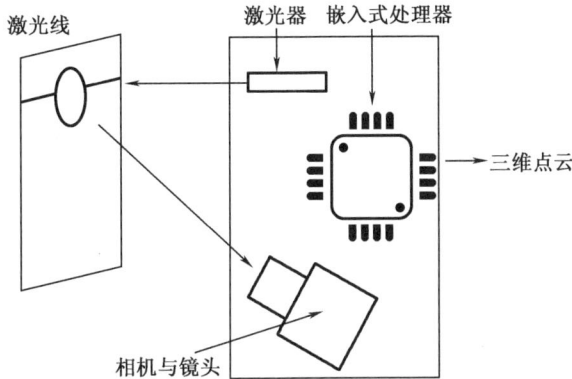

图 2 - 43　传感器测量基本方案

除去基本功能,还应当考虑激光器控制、工业相机控制、数据传输、数据显示与存储这些功能的具体实现。嵌入式处理器是设计传感器的核心,处理器的接口种类数目决定了激光器、工业相机、数据传输方式的选择,处理器的计算能力又影响算法的执行效率。因此,硬件方案设计首先要决定嵌入式处理器的方案,然后再决定电路方案,为后续的硬件选型提供指导。

2.6.1.2　软件架构方案设计

嵌入式软件部分包括了传感器启动运行所需要的启动引导程序、实时操作系统、应用程序,分别对应了嵌入式系统结构中间层、系统软件层、应用软件层,其结构如图 2 - 44 所示。

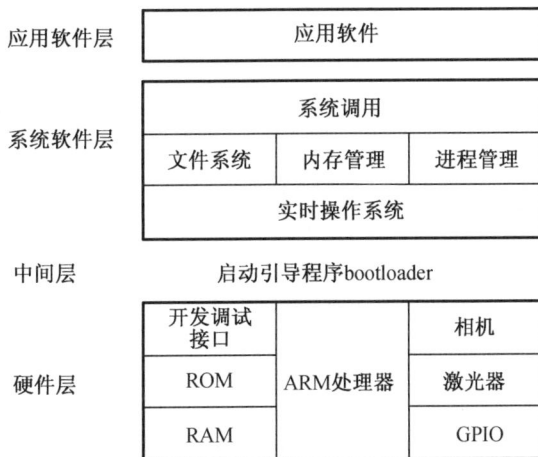

图 2 - 44　嵌入式系统软件架构设计

启动引导程序要对 bootloader 进行选型,生成可以用于移植烧写的文件。bootloader 用于完成硬件上电后的初始化工作,为操作系统内核提供运行环境。操作系统部分则要完成系统选型,选用合适的操作系统进行嵌入式开发,同时要根据硬件功能对系统进行裁剪。应用软件部分应实现相机参数配置、图像采集、数据处理、激光控制、数据传输的功能。同时还要尽可能保证嵌入式环境下数据处理的算法效率不低于 PC 环境。

由于硬件上不采用触摸屏或键盘鼠标显示屏进行输入输出,而是采用三种通信方法实现输入输出。操作时需要依赖上位机,所以应用软件采用客户端 – 服务器的 C/S 架构进行搭建。

2.6.2　嵌入式线激光传感器软件架构设计与实现

嵌入式传感器的软件开发通常采用交叉编译的方式实现,在 PC 上编写软件代码,编译生成可执行程序,在嵌入式环境下运行。由于 PC 上软件开发环境和嵌入式程序运行环境不同,需要使用交叉编译实现跨平台软件开发。本节主要介绍软件交叉编译环境和嵌入式运行环境的生成。

2.6.2.1　线激光投射控制

嵌入式传感器的光源是半导体激光器,电路板供电,由一路 I/O 接口连接 MOS 管作为其供电电路开关。ARM 处理器的大部分引脚存在功能复用,一个引脚在不同的外接硬件条件下行使不同的功能。使用设备树来描述硬件信息,可直观配置引脚功能复用和匹配驱动,用户不必再因使用引脚功能改变而为其单独编写新驱动。Linux 系统内核启动时根据设备树传递的参数得到硬件设备信息,启用对应驱动。使用设备树配置激光器控制引脚功能,将其复用为 PWM 功能。

Linux 中,应用程序运行于用户空间,用户空间对内核空间的访问只能通过系统调用。用户编写程序的时候也可使用一些高层接口,虽然这些接口最终依赖于操作系统提供的系统调用,但是更容易使用。Sysfs 文件系统是系统调用的高层接口之一。通过 Sysfs 文件系统,用户空间可以直观地访问内核的数据结构和属性,PWM 设备的信息也在其中。激光器的控制与 USB、以太网、CAN 接口的使用不同,是直接修改文件数值进行控制。其流程如图 2 – 45 所示。

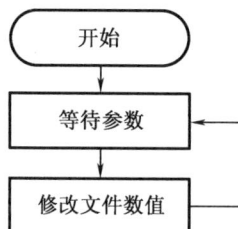

图 2 – 45　激光器控制流程图

激光器使用的 PWM 设备在/sys/class/backlight/backlight 目录下作为文件夹存在,文件夹内包含 brightness、max_brightness 等属性文件。线激光投射控制模块程序启动后始终处于循环等待状态,当其获得了激光亮度参数后,程序访问并修改 brightness 文件,向其写入亮度参数,通过调节 PWM 波占空比实现激光器亮度改变。然后进入下个循环等待参数修改。

2.6.2.2 进程间通信

考虑到图像采集模块存在异常退出的情况,是嵌入式程序的不安定因素,若将各个模块集成为一个应用程序,图像采集模块异常退出会导致整个应用程序崩溃,程序健壮性较差。即使可以使用脚本监听软件运行状态,在其崩溃后重启软件,但是运行过程中,在内存中的结果数据会被重置。为解决此种问题,可将模块作为单独进程,辅以脚本监听,提高运行稳定性。不同模块进程之间通过进程间通信的方式进行数据交互。

各个模块之间存在数据交互关系,如图 2 - 46 所示。

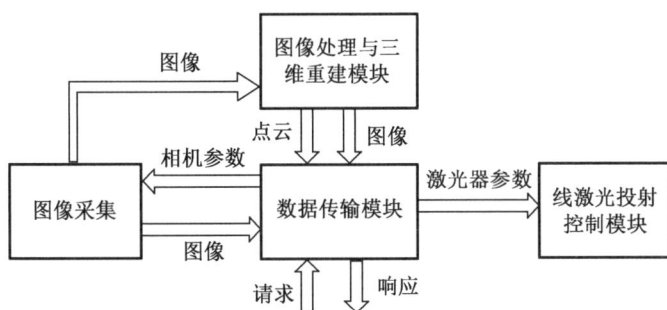

图 2 - 46　模块间数据交互关系

数据传输模块接收上位机的请求报文,根据请求报文中内容为图像采集模块和线激光投射控制模块提供硬件运行参数,图像采集模块获取的原始图像则提供给数据传输模块和图像处理与三维重建模块,图像处理与三维重建模块又将其生成的点云和特征图像传递给数据传输模块,数据传输模块再生成响应报文发送给上位机。

图像采集和图像处理与三维重建构成一个进程,数据传输则是 TCP/IP 通信和 CAN 通信分别构建一个进程,线激光投射控制也作为单独进程。Linux 有管道、消息队列、信号量、套接字、共享内存等多种进程间通信方式。数据传输模块主动传递硬件参数,主动获取运算结果。参数内容占用的内存空间较少,使用套接字进行传递,而点云和图像数据内容占用空间大,采用最快的进程间通信方式共享内存来获取。

综上所述,软件各个模块独立进程化后,以 TCP/IP 通信方式为例,软件的运行流程如图 2 - 47 所示。

嵌入式平台下,TCP/IP 通信进程作为服务器,是嵌入式传感器的控制核心。图像采集、处理、计算和激光器控制作为服务器功能组件,进程间通信则封装成函数,通过调用函数实现各种应用功能。

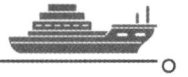

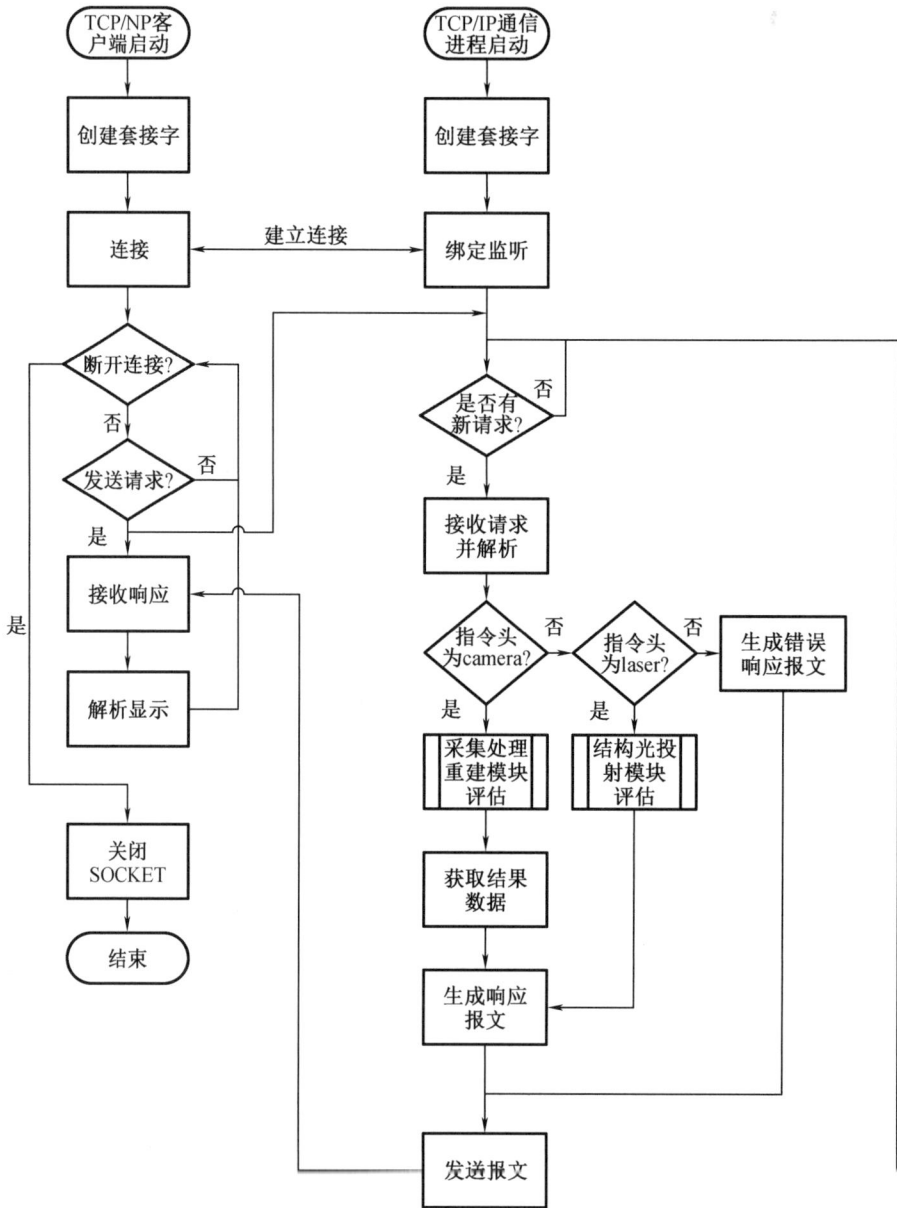

图 2 - 47　软件运行流程

2.6.2.3　ARM 平台下的效率优化

图像处理与三维重建在 PC 平台和嵌入式平台下的运行效率有较明显的区别。嵌入式平台的计算性能不如 PC 平台，其图像处理和三维重建算法在 PC ThinkpadT470p 和 ARM AM5718 环境下耗时对比如图 2 - 48 所示。

(a)计算时间对比

(b)ARM图像处理时间占比

(c)ARM三维重建时间占比

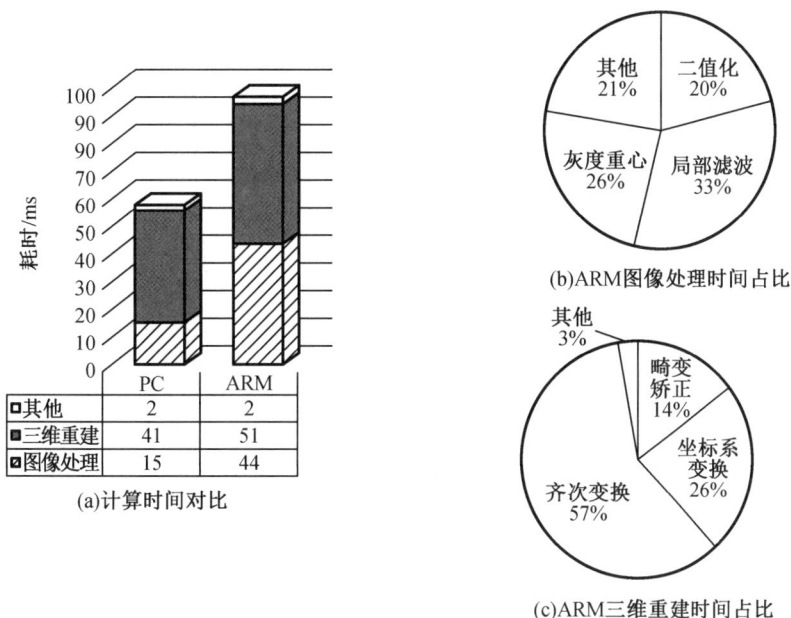

图 2-48　两种平台下算法效率对比

可以发现在图像处理的算法中,PC 平台计算效率远远高于嵌入式平台。而三维重建算法中,两者的效率差异并不显著。

在图像处理部分,主要的耗时算法为阈值化、高斯滤波、轮廓查找、灰度重心法求特征点。除灰度重心法求特征点以外,都是 OPENCV 的图像处理函数。OPENCV 针对 X86 架构 CPU 进行了 IPP、TBB 优化,并且 OPENCV 结合了 OPENCL,可以使用 GPU 加速图像处理。此外,程序的运行效率也取决于数据读写的速度。高速缓存容量越大、数量越多,CPU 与内存之间数据读写速度越快。PC 端平台采用 X86 架构 CPU,Navid 的显卡 GPU,具有三级高速缓存,嵌入式端采用 ARM 架构的 CPU,未使用 GPU,高速缓存也只有二级。在算法优化、辅助计算加速、数据读写三个方面 PC 平台完全领先于嵌入式 ARM 平台。

在三维重建部分,主要的耗时算法为坐标系变换、齐次变换。该部分使用的算法本质上是矩阵运算,采用 OPENCV 的 MAT 类和相关成员函数进行矩阵的乘法、加法运算。MAT 类本身适用于存储图像数据和图像算法运算,在进行矩阵运算时,会存在不必要的透明度通道计算、条件判断、expr 读写。虽然 OPENCV 提供了完善的矩阵运算函数,但是这些函数在 PC 平台和嵌入式 ARM 平台使用时的计算效率都很低。

综上所述,算法在嵌入式 ARM 平台的表现主要与 OPENCV 相关,没有针对 ARM 平台的硬件特性进行优化,矩阵运算方面也差强人意。为了提高算法程序的效率,要在不改变逻辑的前提下优化函数,使其更加适合 ARM 平台。根据 ARM 的流水线、SIMD、缓存技术特点,对算法进行针对性优化,优化方案如图 2-49 所示。

图 2-49　软件优化方案

在图像处理和三维重建算法中,阈值化、高斯滤波、灰度重心求特征点、齐次变换和坐标系变换是较为合适的优化对象,其算法原理简单,易于实现优化。

2.6.3　嵌入式线激光视觉传感器测试与应用验证

电路设计实现后,需要对软硬件功能进行初步测试,测试通信接口能否工作、本地存储是否正常、激光器电源能否顺利控制、数据传输具体效果如何。功能测试不仅在硬件上可以体现线路设计和元器件焊接是否正确,而且在软件上可以反映出系统驱动是否正确识别出连接的设备。在核心板上电测试各个接口前,首先使用万用表测量电源供电是否正常,供电正常则给核心板上电并进行各个接口测量。

2.6.3.1　通信接口测试

通信接口是传感器各个功能正常运作的电路基础,通信接口测试包括 USB3.0 接口测试、RS-232 串口测试、以太网接口测试、CAN 接口测试和通信 I/O 测试。

（1）USB3.0 接口测试

USB3.0 是用于工业相机的高速接口,同时也兼容 USB2.0。测试方法:上电后,对接口的 VBUS 和 GND 输出测试,用力用表检查供电是否正常。通过后,再分别接入和拔出 USB3.0 设备和 USB2.0 设备,观察系统能否正确识别高低速设备。测试通过,效果如图 2-50 所示。

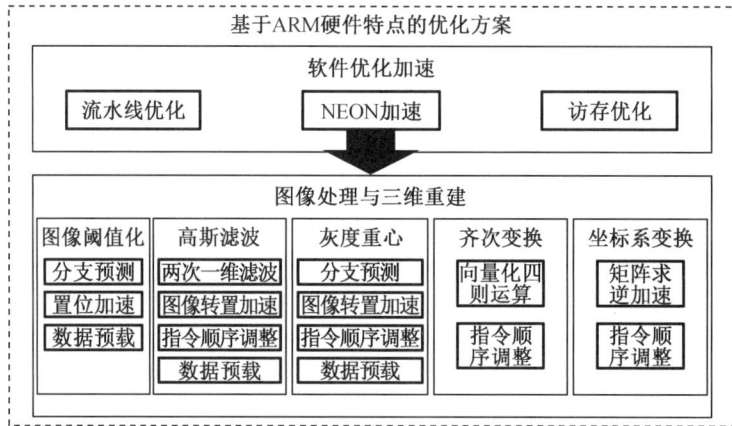

图 2-50　USB3.0 接口测试

（2）RS-232 串口测试

RS-232 串口用于软件开发调试,将嵌入式传感器的运行状态输出到电脑上。电脑使用 USB 转 RS-232 线直接连接嵌入式传感器的 RS-232 接口,采用虚拟终端 Putty 显示运行状态。电脑端通信波特率设置 115 200,这是传感器预设的数值,PC 端和传感器端波特率相同,即可实现通信。若串口正常,传感器上电后,电脑端 Putty 会依次输出启动引导程序、操作系统的运行状态,如图 2-51 所示。

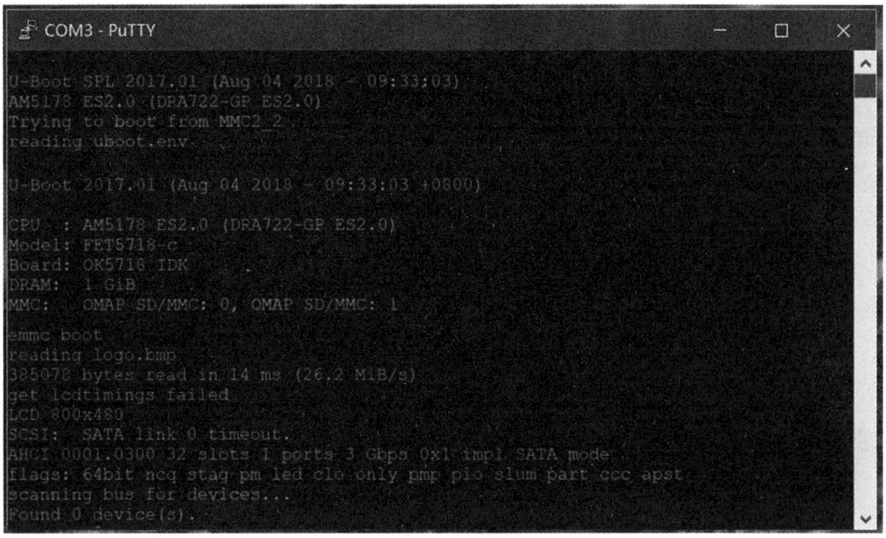

图 2-51　串口测试

(3)以太网接口测试

以太网用于传感器控制、参数设置、点云和图像数据传输与传感器状态反馈。采用航空插座作为嵌入式端的网线物理接口,网线连接 PC 和嵌入式传感器后,若硬件正常,则串口会打印出网络连接状态,如图 2-52 所示。

图 2-52　以太网接口测试

(4)CAN 接口测试

CAN 接口用于传感器控制、参数设置以及接收传感器状态反馈。Linux 本身不对 CAN 设备的接入、断开进行检测。故检测仅限于测试硬件电路是否导通,系统驱动上的正确匹配则通过后续小节数据传输测试来证明。

(5)通信 I/O 测试

通信 I/O 是预留的接口,可用于传感器与执行机构、警报机构等外部设备的通信。首先对通信 I/O 接口的输入保护进行测试,使用 +5 V 和 -5 V 的接入电平,万用表测得经过保护电路后电压为 3.9 V 和 -0.6 V,保护电路正常工作。

I/O 具有输出和输入两种工作模式,输出模式下,可以输出高电平 3.3 V 和低电平 0 V;

输入模式下,高电平输入会被系统驱动识别为1,低电平输入则会被识别为0。使用万用表对输出功能进行测试,输出功能测试通过后,使用高低电平测试I/O的输入功能。

2.6.3.2 存储功能测试

Micro SD 卡用于辅助数据存储和转移,其插入和拔出可以由系统驱动识别。使用 SDHC 和 SDXC 规范的 Micro SD 卡进行测试,均能准确识别,如图 2 – 53 所示。

```
[ 5414.112980] mmc0: new ultra high speed DDR50 SDXC card at address aaaa
[ 5414.124224] mmcblk0: mmc0:aaaa ACLCE 59.5 GiB
[ 5414.137928]  mmcblk0: p1
[ 5785.361145] mmc0: card aaaa removed
```

图 2 – 53 Micro SD 卡测试

但是在 Micro SD 文件读写测试时,SD 卡的格式会影响其读写性能。NTFS、exFAT 格式只能读不可写,FAT32、EXT2 和 EXT3 格式可读可写。NTFS、exFAT 为 Windows 支持格式,EXT2、EXT3 为 Linux 支持格式,FAT32 则对这两种系统都适用。在实际使用时,可根据读取 SD 卡的设备系统设置卡格式。

2.6.3.3 激光器控制功能测试

激光器控制,是通过控制 5 V 电源的开断,实现激光器亮度的控制。接入激光器前,使用示波器观察不同亮度参数时接口的输出波形。若波形幅值、占空比、频率正常,则接入激光器进行亮度调节,效果如图 2 – 54 所示。

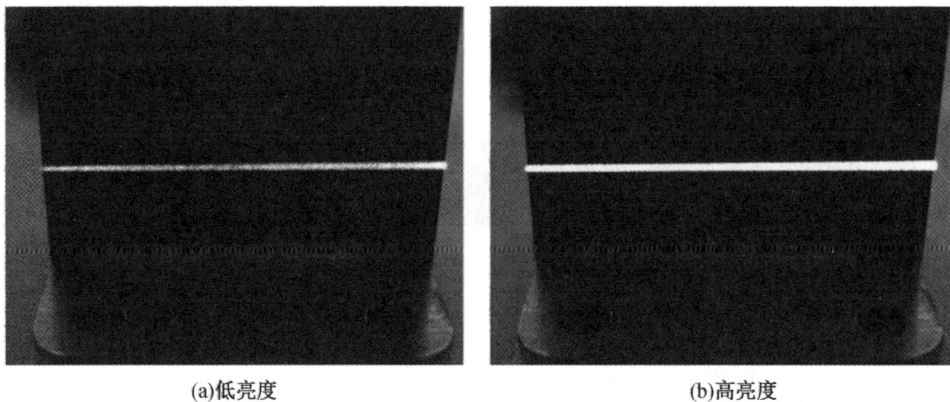

(a)低亮度　　　　　　　　　　　　　　　　(b)高亮度

图 2 – 54 激光器亮度控制测试

2.6.3.4 数据传输测试

数据传输测试主要是上位机和传感器的通信测试,包括以太网通信测试和 CAN 总线通信测试。以太网通信客户端采用 win socket 和 QT 搭建,如图 2 – 55 所示。在以太网通信中,上位机向传感器发送运行参数,传感器根据参数配置工业相机,选择采集模式。再由上位机发送工作信号,传感器采集图像并进行后续的图像处理、三维重建,将图像数据和点云数据返回给上位机,在客户端程序和嵌入式端对应目录下,会保存点云数据 CurrentTime_cloud.txt、原始图像 CurrentTime_image_grab.jpg 和特征提取图像 CurrentTime_image_ext.jpg。

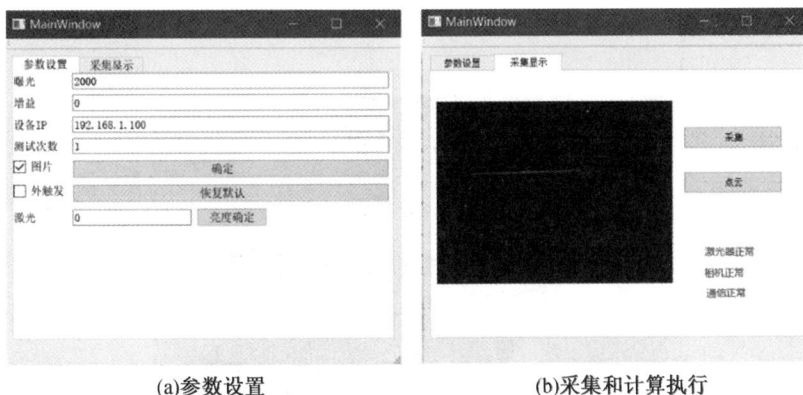

(a)参数设置　　　　　　　　　(b)采集和计算执行

图2-55　以太网客户端

CAN 通信使用第三方工具 USB-CAN Tool 作为上位机的操作界面,如图 2-56 所示。在 CAN 通信中,由于报文携带的数据量少,CAN 只用于配置参数、发送工作信号和反馈运行状态,不用于传输图像和点云数据。传感器执行后会在传感器对应目录下保存原始图像、特征提取图像、点云数据。

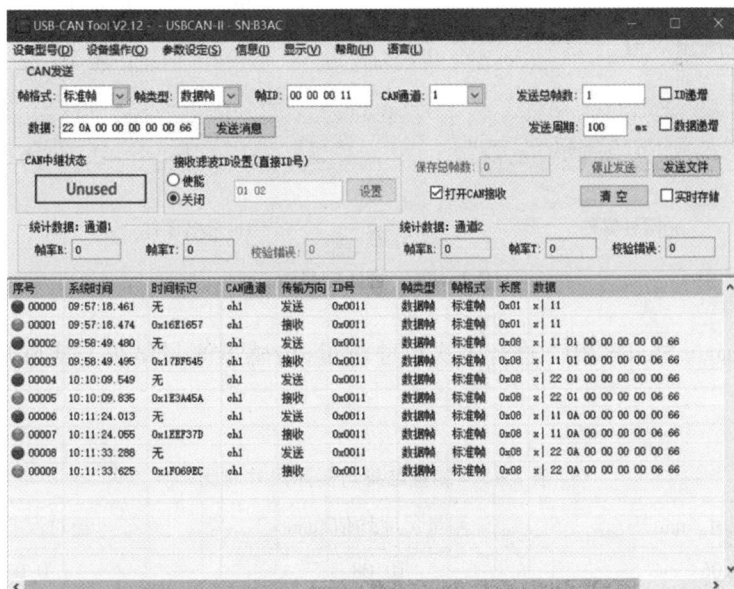

图2-56　通信操作界面

2.6.3.5 传感器测量精度验证

单目线激光传感器可输出线激光投射表面的三维点云,一次测量一条线,其点云可用于计算零件的尺寸。实验环境如图 2 - 57 所示,传感器测量静止的零件,对不同零件调节合适的曝光增益进行采集,处理得到点云数据则导出到点云建模软件 Geomagic Studio 2012 中进行精度分析。

图 2 - 57　实验测量

由于传感器视场和景深的限制,所测量的零件尺寸不大于 56 mm,表面深度变化不大于 10 mm。部分零件的测量点云如图 2 - 58 所示。圆柱形零件激光投射表面是曲面,测出来的点云为弧形点,直径尺寸通过拟合成圆获得;带槽、孔的零件表面是平面,测出来的点云为线段,可直接测量尺寸。

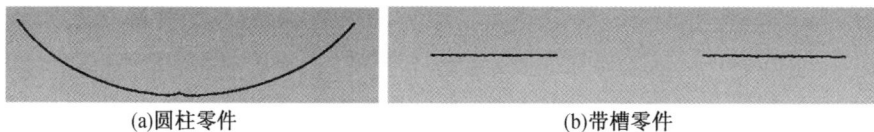

<table>
<tr><td>(a)圆柱零件</td><td>(b)带槽零件</td></tr>
</table>

图 2 - 58　零件测量点云

使用 Geomagic Studio 2012 进行多次尺寸测量,传感器测量结果与实际尺寸对比如表 2 - 3 所示。

表 2 - 3　测量结果与实际尺寸对比

零件尺寸/mm	测量尺寸均值/mm	绝对误差/mm
10.06	10.08	0.02
30.22	30.25	0.03
50.18	50.21	0.03

对同一个零件进行 50 次尺寸测量,结果如图 2 - 59 所示。

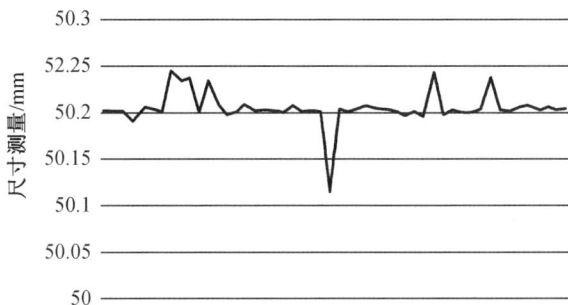

图 2 - 59 零件重复测量

可以看出,虽然整体测量尺寸比实际偏大,少数情况会出现偏差较大的测量结果,但总体符合设计的 0.05 ~ 0.2 mm 精度目标。

2.7 船舶制造中间产品几何信息感知应用验证

2.7.1 平直分段流水线门切工位在机视觉测量

2.7.1.1 在机几何量测试需求

国内某骨干船厂平直分段门切工位主要进行板材的切割和开坡口工作。使用 20 t 电磁吊车进行上板,使用撬棍等工具调整板材的所选长边方向与切割机行进方向一致,使用火焰切割机进行板材的切割,利用四组切割枪同时切割两块板材,使用 30 m 卷尺进行切割后的测量。火焰切割机只在 x 轴方向移动,一个门切机上有两组切割头,每组三个切割头,其中两个不能在 y 轴方向移动用于切割长边和开坡口的工作,另外一个可以在 y 轴方向移动用于切割短边(图 2 - 60)。

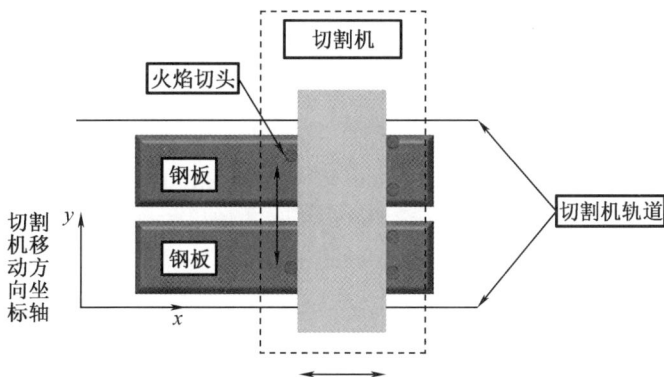

图 2 - 60 火焰切割机示意图

用于切割板材的主要尺寸为最长可达 20 m 左右，宽 3 m 左右，厚度在 12 ~ 40 mm 的矩形钢板（具体的尺寸由当时的生产要求确定）。火焰切割机加工过程可能会产生一些误差，例如板件安放平台的高度不一致导致不能保持水平度造成切割误差，也会因为用肉眼切割基准导致基准边与切割枪移动的方向不平行造成切割不准确，也会因为切割机的移动误差而产生切割误差，以上这些误差对板的成型产生影响，只有精确的测量才能及时发现超差从而检查切割机并重新加工，而目前现场主要采用卷尺进行测量并记录在纸质表格中或直接记录在板材表面，无论是测量精度还是数据存储都存在较大的人为误差（如测量时的读错或记录时的笔误）。由于卷尺是有弹性的（图 2 - 61），所以在测量对角线以及长宽时不同的工人测量的结果差距可能超过允许误差。又因为板材很长，在加工过程中直线度可能不能保证，而用卷尺测量时只能实现对两点直接距离的测量并不能得到轮廓尺寸进行评判，如图 2 - 62 所示，黄色为可能产生误差的测量方式，红色为理论上不产生误差的测量方式。

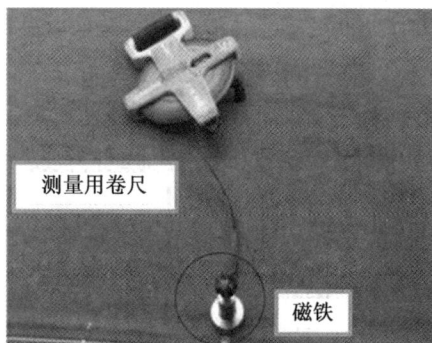

图 2 - 61　测量工具

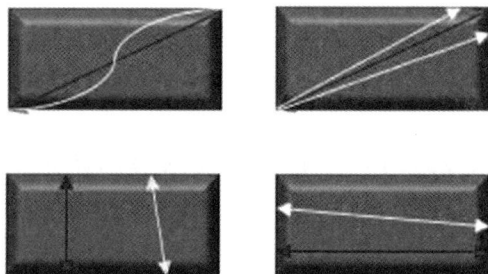

图 2 - 62　用卷尺测量的问题

因此需要利用精度较高的视觉测量方法代替人工测量。对于板材的轮廓尺寸、对角线长度以及平行度和直线度评判为主要测量需求，其中对轮廓尺寸和对角线长度的测量为最主要的测量需求。对于测量结果的允许误差为宽度方向 < ±1 mm，长度方向 < ±2 mm。

2.7.1.2　在机视觉测量方案

针对火焰切割双切割头同时切割的情况，并且有两个切割头可在两个方向进行运动，所以可以将测头布置在切割头的位置处，随着切割头的移动可以完成对长直板四条边的全部测量。鉴于火焰切割机同时切割两块板，因此需要布置 2 组测头，并在合适的位置安放控制箱以及连接线。测头的安装设计位置如图 2 - 63 所示，测头在切割头的安装方式采用夹持固定，如图 2 - 64 所示，支架尺寸为 700 mm × 340 mm × 150 mm，向外伸出一定长度是为了不影响切割，也为了切割枪的管线不影响激光光路和相机的视场。

图2-63　测头安装的设计位置

图2-64　测头安装示意图

（1）总体方案介绍

结构光技术作为非接触测量的关键技术,具有与被测物体非接触的特点,同时拥有较高的测量精度和较好的测量速度,在工程检测中得到越来越高的重视。以人工测量为主的生成条件会降低质量和效率,因此需要改善测量方案。由于加工的船板尺寸大于单个相机的视场,因此需要依靠机床带动相机移动来实现测量,结合测量需求和节约成本的考虑,只需将每个测头布置可在y轴移动的切割头位置随着机床移动获取数据,由于火焰切割机同时加工两块板材因此需要两组测头。又因为船板的两条边为直角,因此激光线不能和任意一条边垂直,否则就无法测量到其中的长边或宽边。在不旋转激光线的条件下,只需安装测头时旋转45°使得激光线与每条边相交角度为45°。

测量系统主要由激光传感器测头和控制箱构成,通过支架将两组测头以合适的安装距离安置在机床上并通过控制箱一方面控制测头工作,另一方面与机床系统交换信息。测头由相机、激光发射器和嵌入式处理器组成,利用视觉测量的方法获取一条点云的信息再结合机床的移动获取多处信息,最终将数据融合处理生成板材的轮廓模型,利用生成的模型可以快速地计算出轮廓尺寸的精确数据,具体方案示意图如图2-65所示。

图2-65　方案示意图

（2）系统组成

①该测量系统主要由五个部分组成（图2-66）。

②运动部件：火焰切割机。

③测量主体：测头。

④控制系统：包含了电源、PLC和视觉控制器的控制箱。

⑤连接部分，测头支架。

⑥被测物体：船板。

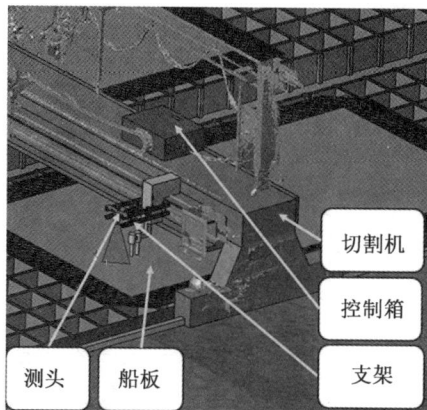

图2-66　系统组成

（3）主要功能模块

实现测量方案由几个主要模块组成，包括控制模块、数据采集模块、数据处理模块、数据传输模块。其中控制模块依靠一个控制箱连接机床系统和测头实现信息的双向传输，例如控制测头工作开始结束信号、测头数据传递回视觉控制器的图像数据。控制箱由视觉控制器（工控PC）、PLC和电源构成，如图2-67所示。

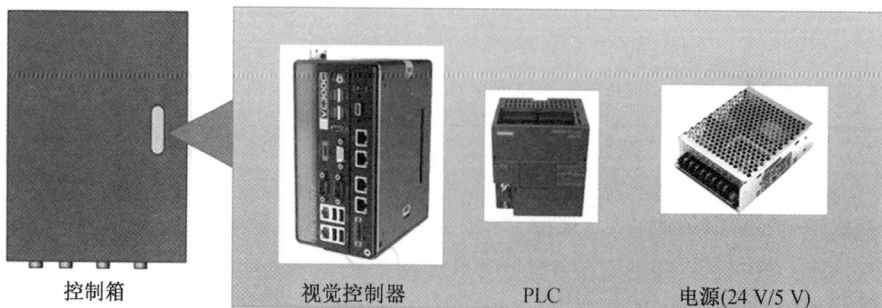

控制箱　　　　视觉控制器　　　　PLC　　　　电源（24 V/5 V）

图2-67　控制系统

另一个重要模块为数据采集模块，主要依靠测头系统实现功能，测头由激光器、相机和嵌入式处理器组成（图2-68），激光器负责发出结构光投射在被测量的船板上。相机负责随着机床的移动以固定的频率进行拍照并保证拍摄到激光线。数据采集模块所要获取的数据就是相机拍摄的大量照片,在拍摄的同时上传到视觉控制器中进行处理得到点云。

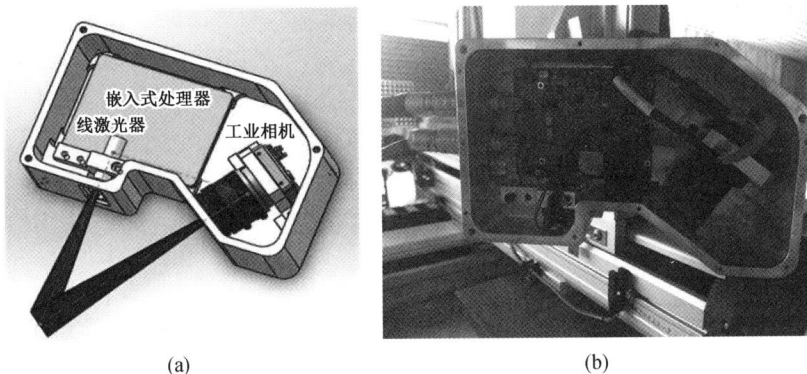

(a)　　　　　　　　　　　　(b)

图 2-68　测头系统设计图和实物图

　　数据处理模块主要由视觉控制器内预设的程序完成,该模块首先接受输入的图像数据,其次通过图像处理程序生成点云数据并计算轮廓尺寸数据,最后当机床停止移动后完成数据计算。

　　数据传输模块将计算的轮廓尺寸数据上传到远端服务器。

　　(4)现场操作流程

　　操作步骤主要分为人工操作和程序自响应。其中人工操作十分简单,只需正常启动机床完成切割后通过按钮或机床系统向控制箱发送开始信号,随后以预设的速度移动机床,当保证激光线能完全获取到船板信息后通过机床发送工作结束信号即可。

　　程序自响应包括激光器发射激光、相机拍摄照片工作,当结束信号发送后停止采集工作,自动转为处理上传工作。测量方案流程图如图 2-69 所示,上位机内部处理流程图如图 2-70 所示。

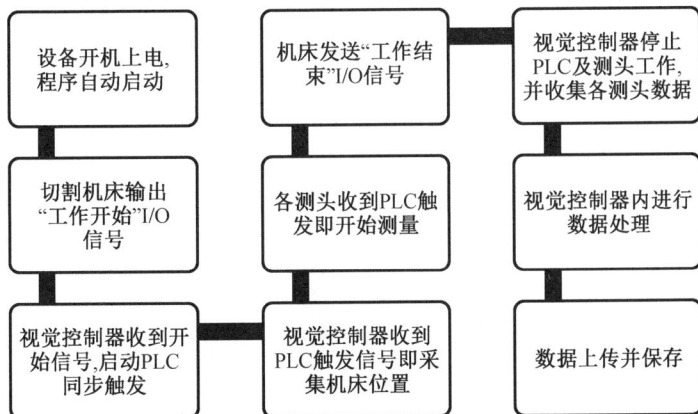

图 2-69　测量方案流程图

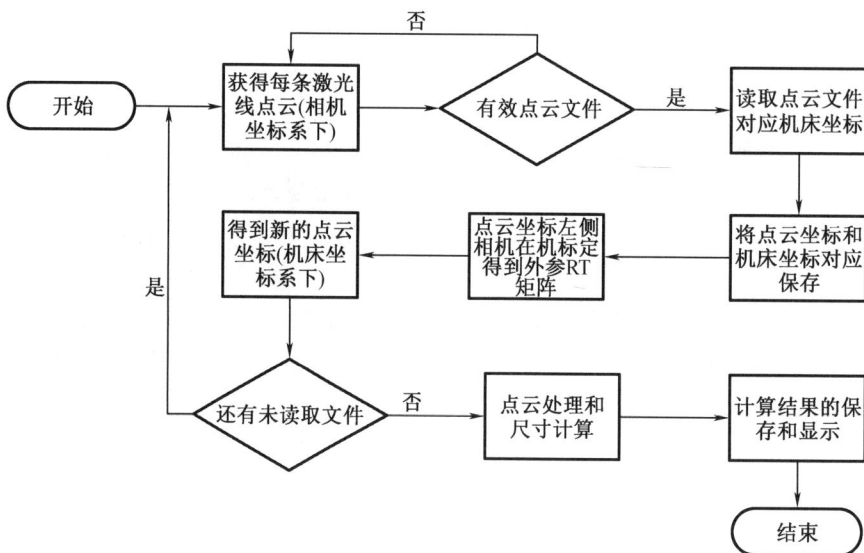

图 2-70 上位机内部处理流程图

2.7.1.3 开发过程

通过对国内某骨干船厂经常加工的板材长宽数据(18K BC 散货船门切板材长宽清单)分析可以得到,2.5~3.5 m 宽的板材在加工的零件中占比约为 81%,如表 2-4 和图 2-71 所示。

表 2-4 经常加工板材宽度尺寸统计表

宽度区间/mm	出现次数/次	所占频率/%
0~2 000	45	10.344 8
2 000~2 500	18	4.137 93
2 500~3 000	179	41.149 4
3 000~3 500	177	40.689 7
3 500~4 000	16	3.678 16

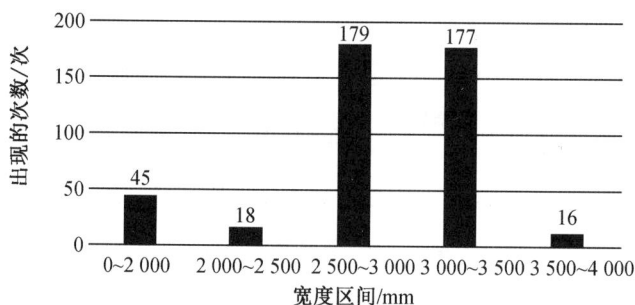

图 2-71 经常加工板材宽度尺寸统计图

（1）测头研制和离线标定

结构光视觉测量系统中,结构光特征点的检测及其在三维空间坐标下的解算是实现高精度测量的基础。该过程主要包括利用图像处理技术获得特征点的像素坐标、利用结构光视觉系统标定结果和空间几何约束关系将特征点的二维像素坐标转换为三维空间坐标。如图2-72所示,在通过相机标定和光平面标定后可以利用公式计算出激光线上任意一点在一个坐标系下(例如相机坐标系)的三维坐标,即可以通过 P' 在图像坐标系下的二维坐标计算出 P 点在相机坐标系下的三维坐标。

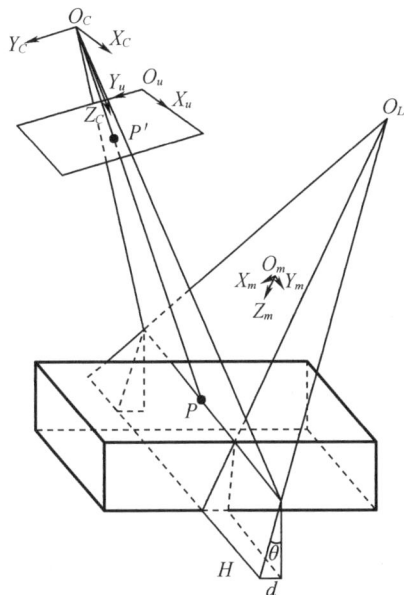

图2-72　线结构光视觉系统测量原理示意图

测头由激光器、连接板和智能相机平台构成,如图2-73所示,激光器和相机利用嵌入式板组成一个测头传感器,其中激光器和相机的光轴不平行放置存在一定角度,在光路设计中设计夹角为12.5°。在光路设计中,如图2-74所示,相机有安装高度为 (620 ± 50) mm,由此得到测头的视场为 300 mm $\times 300$ mm 的区域。测头支架的设计如图2-75所示。

(a)测头前视图　　　　　　　　　(b)测头后视图

图2-73　测头设计示意图

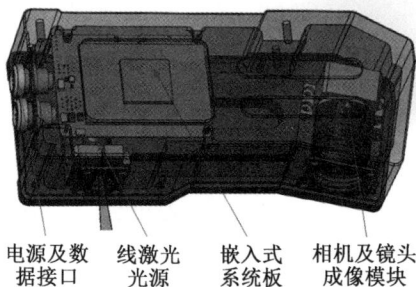

电源及数据接口　线激光光源　嵌入式系统板　相机及镜头成像模块

(c)测头内部示意图

图 2 - 73(续)

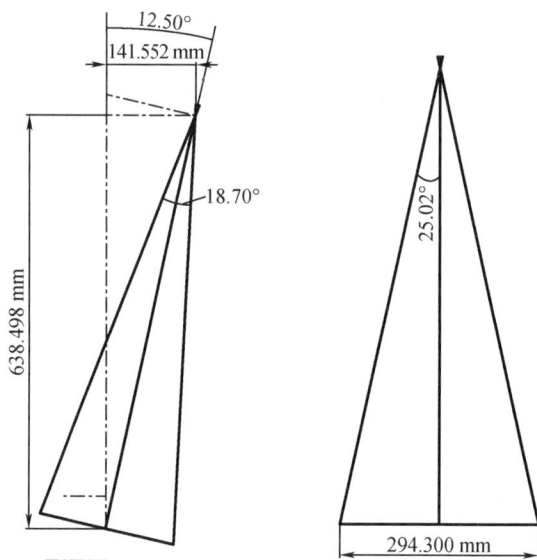

12.50°

141.552 mm

18.70°

638.498 mm

25.02°

294.300 mm

图 2 - 74　光路设计

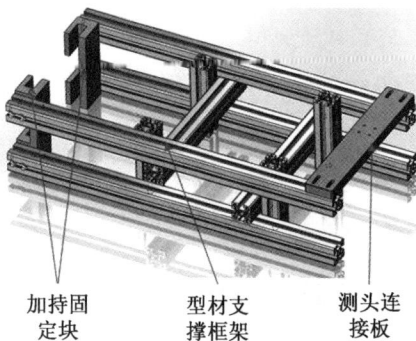

加持固定块　型材支撑框架　测头连接板

图 2 - 75　测头支架设计

表 2 – 5 为测头系统的使用参数。

表 2 – 5　系统应用参数表

相机分辨率	镜头焦距	测头 z 轴精度	测头视场	安装高度
150 W	16 mm	0.5 mm	300 mm×300 mm	620 mm
扫描间距	测量频率	测头 x 轴分辨率	设备电压	安装角度
20 mm	5 Hz	0.2 mm	220 V	45°

对于视觉测量系统而言首先需要进行标定。对于相机的内参和光平面的标定在确定并保证测头系统不再进行修改后可以在实验室内进行标定。在实验室条件下采用专业软件如 Halcon 可以利用圆点二维靶标进行相机内参以及光平面的标定(图 2 – 76)。

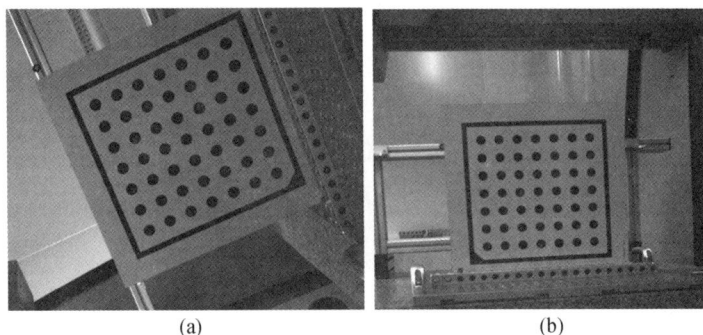

(a)　　　　　　　　　　　　　　　　(b)

图 2 –76　圆点靶标板

相机标定的一般步骤如下。

①准备一个标准靶板,作为标定物。

②通过调整标定物或相机的方向,为标定物拍摄一些不同方向的照片。

③从照片中提取棋盘格角点。

④估算理想无畸变的情况下,五个内参和六个外参。

⑤应用最小二乘法估算实际存在径向畸变下的畸变系数。

⑥极大似然法,优化估计,提升估计精度。

由于相机标定获取的是二维空间与三维空间的映射关系矩阵,不能由图像坐标求解出一一对应的三维空间坐标,必须要在相机成像数学模型中增加一个光平面约束,因此,结构光三维视觉测量系统的标定除了要获取相机的内外部参数外,还要对光平面的结构参数进行标定。

光平面标定流程如下。

①将相机和激光器固定,使其不能产生相对移动。

②使用张正友标定方法进行相机标定。

③光刀图片拍摄:

a. 将标定板放在测量视场中,线激光关闭,相机拍摄没有激光条纹的标定板图像,如图 2 - 77(a)所示。

b. 线激光打开,相机拍摄含有激光条纹的标定板图像,如图 2 - 77(b)所示。

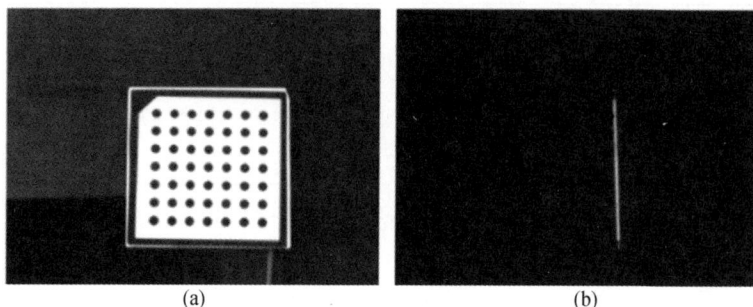

图 2 - 77　光平面标定

c. 改变标定板位姿(主要是旋转和 z 方向上移动,设标定板初始 z 为 0 记录移动的 z 值),继续前面两个过程,拍摄 7 ~ 10 组图像。

d. 对于每组图像中,利用记录的标定板 z 值,使用没有激光条纹的标定板图像计算出标定板平面的方程,使用含有激光条纹的标定板图像计算出每个像素点对应的光线方程,使用线 - 面相交法计算出光刀平面上的三维点坐标。

e. 将上一步中计算出的所有三维点坐标进行最小二乘平面拟合,计算的结果即为光刀平面的方程。(即求解平面方程的 A、B、C 三个参数)。

(2)制定扫描策略

由于火焰切割机同时切割两块板材,所以需要 2 组测头,但可以将测头分为两两一组在设计时首先只考虑两个测头如何获取数据。

根据测量的需求,需要测头沿着板材的四条边走一遍,可以利用切割机切割路径实现边切边测或者切割完成后反向走一遍完成测量。为了保证采集到足够数据,设计扫描间距为 200 m,又因为测量需求中包括了宽边方向的部分轮廓,为了节省测头使用个数和节约成本将激光线呈 45°倾斜测量,即投射在长边的激光线与长边成 45°夹角。如图 2 - 78 所示,$ABCD$ 矩形为船板的示意图,长为 20 m、宽为 3.5 m 激光线为图中虚线,与矩形船板的边夹角为 45°。扫描时控制测头沿 $ABCD$ 移动,保证激光线能够扫描到 4 个角点,并且可以适当地使激光线移动出船板再修改路径返回(如图 2 - 78 所示,路径为 1—2—3—4—5—6—7—8—1)来保证能够扫描到全部的边缘和角点。

根据机床的开放程度,即通过机床是否可以实时给出机床移动的坐标值,可分为两种测量扫描和计算方式。当机床通过通信接口可以实时提供当前的坐标值时,可采用类似机器人手眼标定的方式计算点云位置,从而得到表示船板轮廓的点云信息。该方案要求机床的移动重复性精度要高即机床给出的坐标值准确,此时无须机床速度保持匀速,所以可以采用图 7 - 19(a)所示的路径移动机床进行数据采集。该方案需要外部信号触发实现,因此可以称为外触发方案。

对于机床不能实时给出当前位置的机床坐标值时,测量方法采用机床速度作为已知值进行计算点云的位置,从而得到表示船板轮廓的点云信息,该方案要求激光线在船板上的移动必须是匀速的,因此需要在拐弯处预留出加速减速距离,因此必须按照图7-19(b)所示的路径移动机床来保证机床的匀速运动。该方案仅需要内部信号触发实现,因此可以称为内触发方案。

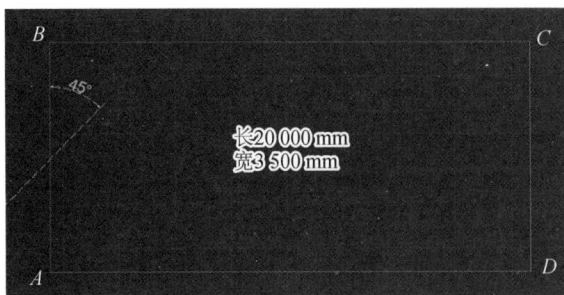

(a)理论移动路径ABCD

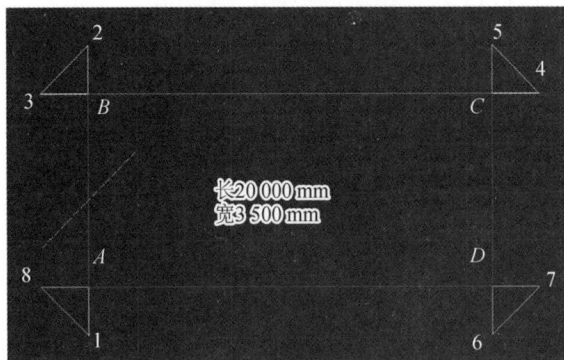

(b)保证全部特征被扫描的移动路径从1到8再到1

图2-78　扫描策略示意图

(3)在机标定

由于激光器和相机以一定的角度固定连接在测头中,所以当激光线投射到一个高度相同的平面上时,通过相机内参变换方程和光平面方程计算出激光线在相机坐标系下的三维坐标。无论测头如何移动激光线的坐标保持不变,每次移动测头就相当于新建立了一个相机坐标系,需要一个转换关系建立起所有相机坐标系的转换关系,从而实现点云的拼接。

在机标定的主要目的是将每个点云所在的相机坐标系统一到一个固定的世界坐标系,从而实现点云的拼接。统一坐标系可以有以下两种思路。

第一种:可以将第一个相机坐标系设为固定不变的世界坐标,只需计算出接下来每一个相机坐标系和第一个相机坐标系之间的关系就可以实现坐标系的统一。由于机床带动测头的移动都为平移移动,所有相机坐标系之间的转换关系都为平移关系,无须旋转。

第二种:借鉴机器人手眼标定,由于相机是固定在机床上的,只需通过手眼标定的方法计算出相机坐标系和末端坐标系的转换矩阵就可以通过计算将所有的相机坐标系统一到固定的机床坐标系下,但该方法需要明确知道机床坐标系以及标定物在机床坐标系下的具体坐标。

针对机床无法实时提供机床坐标的情况只能采用第一种方法进行在机标定,需要借助标定板。该方法的核心在于计算机床移动已知距离时相机坐标系移动的距离,计算出转换关系后将其单位化,在使用时利用机床速度和相机拍照的时间差计算出机床移动距离就可以通过转换关系计算点云移动的距离,从而进行点云的拼接。

操作步骤如下。

①将标定板摆放到相机视场内,保证能够拍摄到全部点。

②控制机床在 x 方向移动 5 mm,可移动多次,但必须保证每次移动后相机能够拍摄到标定板上所有点。

③认为标定板所在平面 $z = 0$,每次拍摄时计算标定板上所有点在相机坐标系下的坐标。

④计算每两次移动前后的坐标差,再除以移动距离就可以计算出机床移动单位距离时两个相机坐标系的平移矩阵。

⑤通过多次实验可以得到多个矩阵进行优化,最终得到一个 x 轴的平移矩阵。

⑥对于 y 轴的平移矩阵计算将步骤②中 x 变成 y,再进行步骤③到步骤⑤,就可以得到 y 轴的平移矩阵。

对于可以提供机床坐标的情况,可以将在机标定看作机器人手眼标定,对于相机在机床上安装的情况认为是手眼标定中的眼在手上情况,手眼标定通过移动两次不同位置就可以列出 $AX = XD$ 的方程,其中 X 为刚体变换矩阵,包含旋转和平移两个部分。A 为两次移动前后标定板坐标系到相机坐标系的转换关系,D 为手臂末端坐标系到机床坐标系的转换关系。求解出 X 矩阵后就得到了相机坐标系与机床末端坐标系的转换关系,相机和机床末端是刚体连接,该矩阵不会随机床移动产生变换,在进行点云拼接时只用左乘该矩阵就可以得到激光线在末端坐标系下的三维坐标,从而计算在机床坐标系下的坐标。

操作步骤如下。

①将标定板放置在机床可移动的范围下保持固定。

②移动机床使得相机能拍摄到标定板上的全部点(图 2 - 79),记录机床当前位姿和相机到标定板的外参矩阵。

③多次进行步骤 2 得到 9 到 10 个位姿和外参矩阵。

④通过多个位姿和外参矩阵计算出 $AX = XD$ 方程中的 X。

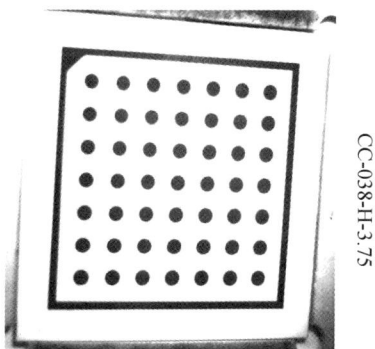

图 2 - 79 相机拍摄的标定板

（4）点云获取及尺寸计算

在计算尺寸前需要通过采集激光线的拍摄图片并通过图像处理形成点云，首先机床移动时拍摄激光线照片，其次通过图像处理计算相机坐标系下点云坐标，再次通过在机标定的结果实现点云的拼接，如图 2-80 所示，最后再通过数据处理将图片上激光线用点云代替表示板材边界，如图 2-81 所示。

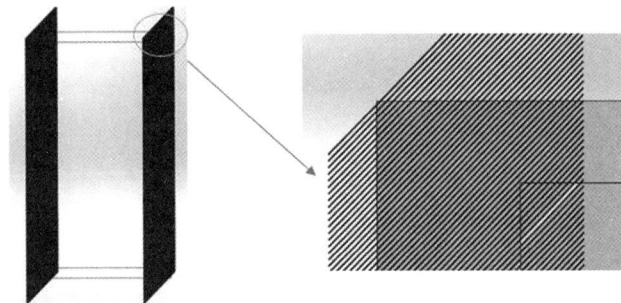

图 2-80　单边多条激光线汇总示意图

图 2-81　单边扫描后的点云示意图

由于点云的数据量巨大，所以需要进行点云的量的缩减，一般采用体素的方法构建新的点云模型。针对该项目需要从点云中寻找到特征点，例如矩形的四个角点和边上的点，但由于激光线拍摄的失败或在角点处没有拍摄图片而造成特征点的消失。此时就需要用一定的方法拟合出这些特征点，可以用平面拟合或直线拟合的方式实现。

（5）在机集成

硬件安装主要安装的是测头和控制箱。控制箱安装在机床的横梁上，通过串口线和 I/O 线传输数据。

系统之间的交互和沟通如图 2-82 所示，其中视觉控制器通过串口线与机床系统连接实现接收机床发来的开始和结束信号、位置信息；视觉控制器通过网线与相机连接实现测头数据的收集并在内部处理；视觉控制器通过串口与 PLC 连接，并且通过 PLC 控制激光器、启动 PLC 的同步脉冲等。PLC 部分通过 I/O 线与相机、激光器连接，当从视觉控制器接收到信号后启动同步触发脉冲输出，分为 3 路同步输出，输出到 2 台相机和 1 台视觉控制器，

来确保多设备在同一时刻采集数据。

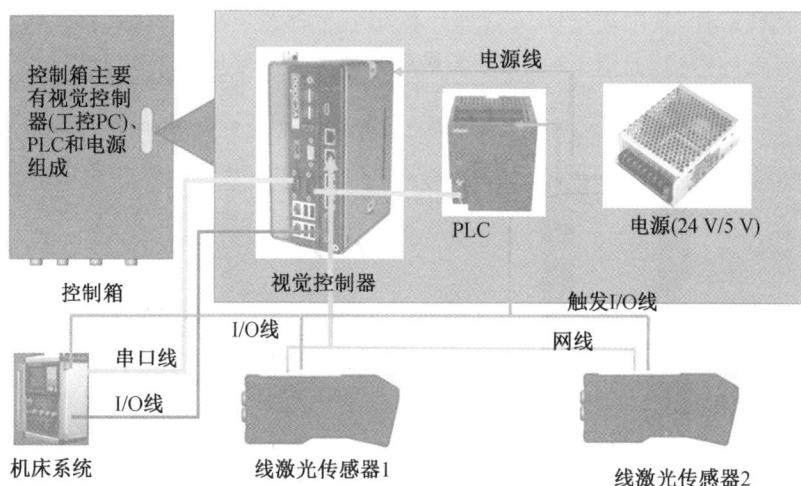

图 2-82　控制箱与其他部分的交互

2.7.1.4　现场应用成果

内触发方式首先需要进行相机的在机标定,利用前文中提到的标定方法,标定板参数如表 2-86、图 2-83 所示。

表 2-6　标定板参数

产品名称	型号	材料	外形尺寸	图幅面积
Halcon 标定板	CC-038-H-3.75	陶瓷	38 mm × 38 mm	30 mm × 30 mm

产品名称	图案尺寸	中心距	精度	阵列
Halcon 标定板	1.875 mm	3.75 mm	0.001 5	7 × 7

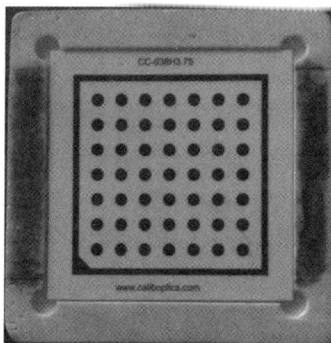

图 2-83　标定板

　　标定板固定在机床范围下,且保证相机移动多次能够完整拍摄到标定板上的所有点,在固定标定板后控制相机在 x 轴正方向移动 5 mm 移动两次,在 y 轴正方向移动 5 mm 移动两次,同样验证反方向再移动,移动轨迹形成一个正方形,总共得到 10 张图片,分别计算 x 轴和 y 轴上相机移动时前后两张照片中相机坐标系下标定板上所有点的位移矩阵。计算出机床移动单位距离相机坐标系下标定点的位移矩阵后,再经过优化处理可以得到如表 2-7 所示的标定结果。

表 2-7　相机在机标定结果

	x/mm	y/mm	z/mm
T_x	0.569 188 086 875 493	−0.698 404 781 911 627	0.433 884 411 291 751
T_y	0.567 356 546 579 928	0.709 069 168 174 715	0.418 721 224 440 458

　　完成标定后进行点云的获取,测量的对象为船厂提供的尺寸为 200 mm × 200 mm 的矩形板(图 2-84),对于内触发的方式需要保证激光线在船板上的移动是匀速(实验室机床移动速度为 20 mm/s)的,所以必须使用图 2-78(b)的移动路径完成测量。同时测头的安装必须要使得激光线与板边夹角为 45°。测头的安装以及激光线的显示如图 2-85 所示。

图 2-84　实验测试图 1

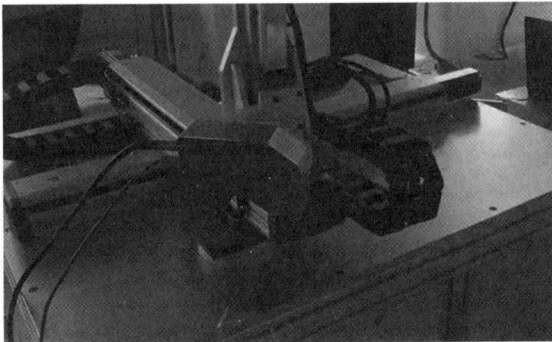

图 2-85　实验测试图 2

　　通过测头扫描一圈后拍照,并同时在测头内部完成图像处理得到每条激光线的点云。当拍照完成后,将所有点云文件传输到上位机中,利用上位机中的点云处理程序和相机在机标定结果,首先将每条边单独处理进行拼接展开得到单边的所有点云,对每条边的点云进行单独处理拟合出一个矩形边的四个角点坐标。把角点作为特征点实现长宽和对角线的计算(计算结果如表 2-8 所示),同样也可以利用特征角点进行四条边的拼接,得到整体点云如图 2-86 所示。

　　得到点云的数量为 221 192 个,数量较多;再经过第二段的程序对整体点云处理,进行降采样、平滑处理和漏洞修复;最后进行三角化构建网格点云的显示,如图 2-87 所示。

表 2 − 8 　船板尺寸计算结果

	第一条边/mm	第二条边/mm	第三条边/mm	第四条边/mm	对角线 1/mm	对角线 2/mm
第一组	199.373	198.789	200.052	199.332	279.965	283.705
第二组	199.223	198.778	200.09	199.159	280.267	283.542
第三组	199.509	198.843	200.095	199.294	280.071	283.729

图 2 − 86 　整体点云图

图 2 − 87 　点云生成的网格图

2.7.2 　小组立机器人焊接工位在机视觉测量

2.7.2.1 　在机几何量测量需求

如图 2 − 88 所示为国内某骨干船厂小组立焊接机器人生产线,其中小组立机器人焊接工位位于分段建造的早期环节,主要工作是将筋板焊接到底板上,便于后续中组立工位的拼接,小组立工位的焊接质量直接影响到后续的作业流程。

平面分段装配的主要流程是划线定位、安装纵向筋板、点焊、机器人焊接,然后安装横向筋板,可以看到其焊接质量精度影响后续安装,中间产品的不稳定性将引起现场作业和制造的困难。

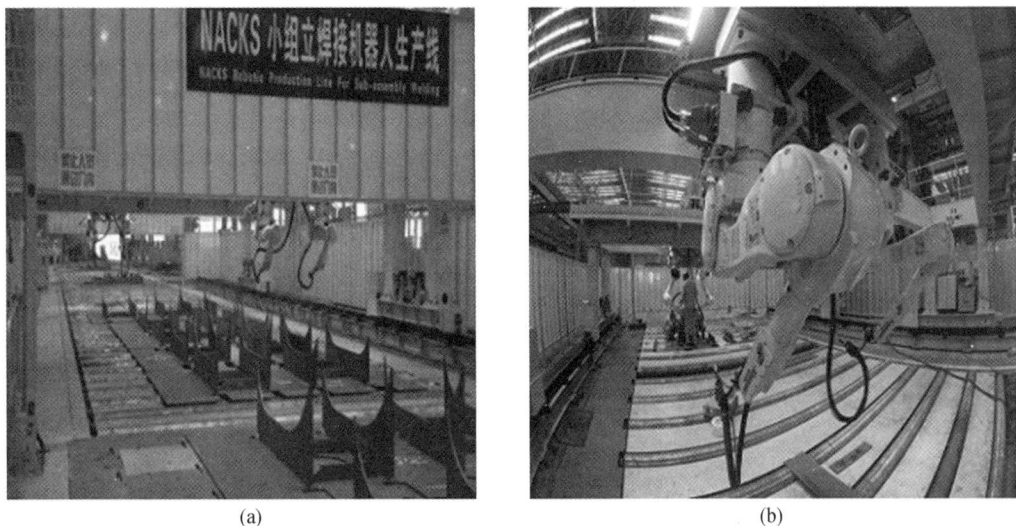

(a)　　　　　　　　　　　　　　　　(b)

图2-88　国内某骨干船厂焊接机器人生产线

焊接前,人工将筋板放置到相应的底板位置上,然后进行点焊。再进行机器人焊接作业,焊接作业过程中,工位上横梁跨度为6 m,龙门架行程大于20 m,焊接机器人位于龙门架上的可横向移动的底座上,通过龙门架和焊接机器人底座的两轴运动,将机器人焊枪对工件进行焊接。通过上述流程,可以看到人工操作的部分占比较大,其中人工放置筋板,点焊以及焊接后,工件的位置均有可能发生变化。且人工检测方法精度低,不稳定,因此需要一种更准确、全面的方法,来得到所需关键尺寸,并判断工件焊接位置是否合格。

国内某骨干船厂小组立机器人焊接工位主要测量需求包括以下三个:①底板的尺寸;②直角边筋板的断差;③点焊后以及焊接后,两次的结果进行对比,观察焊接导致的变化。

底板宽3 m左右,表面不平,因此不需要测量平面度,但需要测量主尺寸,主尺寸的精度要求为±3 mm,现有测量方式为使用卷尺测量,测量结果受到人为操作误差和卷尺的精度的影响较大,数据准确性难以得到保证,难以达到需求精度,并且没有数据备份,难以形成信息互通(图2-89)。

另外还需要测量断差,其中斜边不需要测量断差,直角边的筋板由于后续作业流程还需要和其他筋板进行拼接,因此需要测量断差,其精度要求为±2 mm。断差的意义如图2-90所示,现有测量方法为人工使用直角尺加钢尺进行测量,直角尺未正确放置时测量结果会产生较大的误差,同样由于采用人工测量,一次也只能测量一个筋板的断差,测量过程也较为烦琐,精度也无法得到保证。

最后由于焊接过程中可能导致的形变等因素,还需要对焊接后的工件进行一次检验,与点焊后的结果进行对比,从而方便地观察焊接带来的影响,并及时发现不符合要求的工件。

图 2 - 89 底板

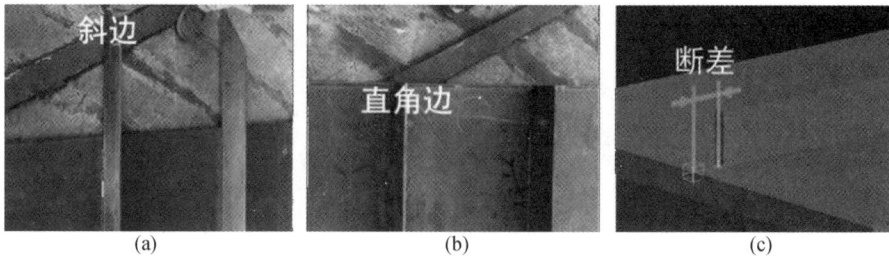

(a) (b) (c)

图 2 - 90 断差示意

因此急需一种精度更高且更稳定的方法替代人工测量,并将数据进行保存和记录,形成中间产品相关的尺寸、位置数据,提高各个工位之间的协作程度,支撑车间数据的互通互联。

2.7.2.2 在机视觉测量方案

线激光测量方式是一种精度高、非接触式、测量范围较大且对计算机算力要求相对较低的方法,适合于在嵌入式环境中集成。船舶工件尺寸较大,线激光测量效率也较高,并且设备上仅需激光线发射器和相机便可构成测量系统,体积小,对周围设备干扰较小,适合于在复杂的作业现场集成。因此测量方法选用线激光相机的测量方法。

经过现场环境调研,最终整机测量方案如图 2 - 91 所示,采用线激光扫描的方式对工件进行测量。线激光测量设备固连在龙门架上的机器人底座,可以沿 y 轴运动,同时龙门架可以沿 x 轴方向位移,从而形成二维运动,通过多次扫描,覆盖所有测量范围。

通过非接触的测量方法,可以实现更高精度的测量,加快测量速度,提高测量效率,并形成中间产品相关的尺寸、位置数据,提高各个工位之间的协作程度,协助小组立工件生产走向规模化、高效化、批量化的智能制造模式。

小组立机器人焊接工作落地验证的测量原理如图 2 - 92 所示,相机固连在移动底座上,可以随着移动底座和龙门架进行两轴运动。首先通过标定相机的内参以及光平面可以得到图像坐标到相机坐标下三维点云的转换关系,再通过相机坐标系和机床坐标系之间的外参,可以得到点云在机床坐标系中的位置,从而可以构成船板的整体点云,最后再通过大尺度点云的目标分离和特征提取算法,以及通过可视化界面,将结果计算并呈现。

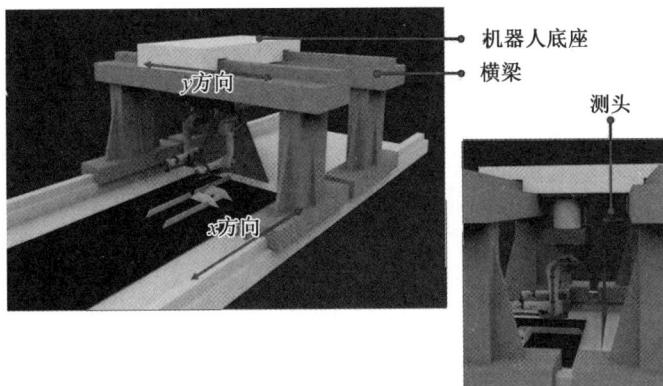

图 2 – 91　整机测量方案示意图

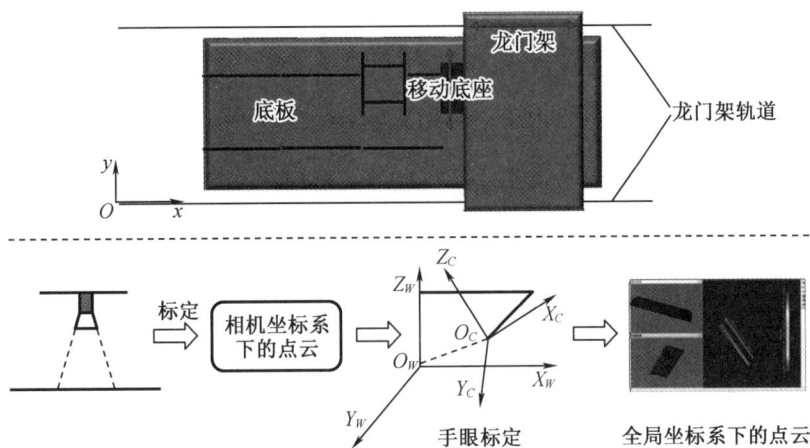

图 2 – 92　测量原理

测量系统主要由以下部分组成:测头(包括相机和激光发射器)、控制系统(包括电源、PLC、视觉控制器的控制箱和交互软件)、连接部分(测头的支架等)。

主要功能模块如图 2 – 93 所示,测头设备在相应的触发点采集图像;视觉控制器负责测头数据的收集和处理,并接收机床发来的开始和结束信号、位置信息;通过 PLC 控制激光器、启动 PLC 的同步脉冲等。PLC 从视觉控制器接收信号,启动同步触发脉冲输出,分为 2 路同步输出,输出到相机和视觉控制器,来确保机床的位置信息和对应的相机数据在同一时刻。

另外视觉控制器中集成相应的数据处理软件,对信号触发进行控制,并与机床进行串口通信,获取机床位置信息,结合相机拍摄的图像重建三维点云,并在扫描了点云后通过编写好的点云处理算法对点云进行处理,从而计算得到相应的尺寸并通过交互界面显示。

系统的工作流程如图 2 – 94 所示,机床开始工作后通过 I/O 线触发"工作开始"信号,视觉控制器接收到信号后启动 PLC 开始同步触发,每次 PLC 同步触发后,视觉控制器收集此时的机床数据,并且采集对应的测头图像,图像处理算法持续运行,将图像数据转换为三维点云树,并根据机床的位置坐标将测头的数据统一到同一个坐标系中,机床结束后发送

"工作结束"信号,视觉控制器中内置的点云处理算法对测得数据进行计算和数据处理,得到相应的参数并将结果可视化呈现。

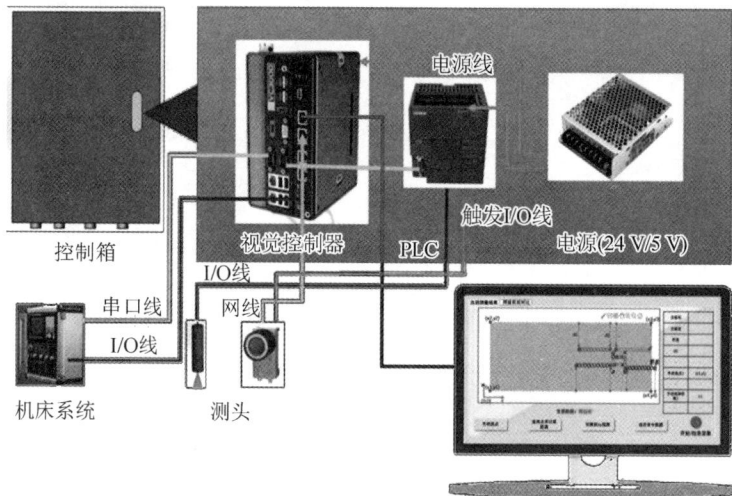

图 2-93 主要功能模块

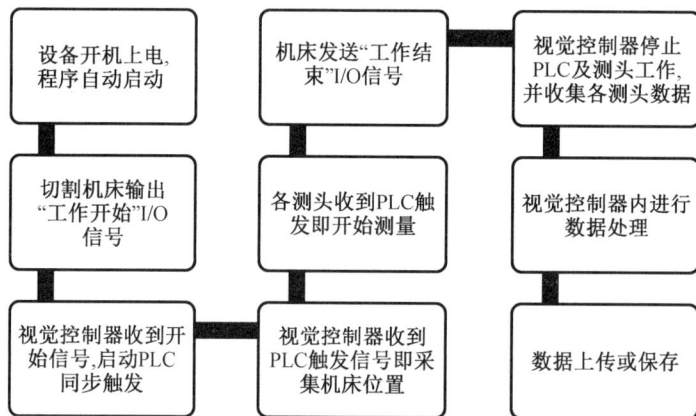

图 2-94 测量流程

人工操作方面仅需启动机床,让机床沿着固定的路线运动,保证激光线可以扫略到船板的所有位置(路线根据板材的不同宽度范围可以制定多个,每次仅需根据相应的板材宽带选择路线即可),最后让机床停止运动,即可得到所需数据。

点焊前后的对比仅需重复相应的操作,在交互软件中选择不同的测量编号和测量阶段,便可将结果进行对比。

2.7.2.3 开发过程

主要涉及的工作和技术路线为:测头研制、测头标定、相机坐系和机床坐标系的在位标定、二轴机床的误差补偿、大尺度点云的轮廓提取和特征提取算法、控制系统集成、可视化界面编写等。结构光视觉测量系统原理参见 2.7.1.3。

测头由激光器、连接板和智能相机平台构成,如图 2 - 95 所示,激光器和相机利用连接板组成一个测头传感器,其中激光器和相机的光轴不平行放置存在一定角度,在光路设计中设计夹角为 13°。在光路设计中,如图 2 - 96 所示,相机有接近 2 m 的拍摄距离,拍摄范围为图中红色 1 106 mm × 1 106 mm 的区域,激光线在其中的长度大概为 1 153 mm。测头支架的设计如图 2 - 97 所示。

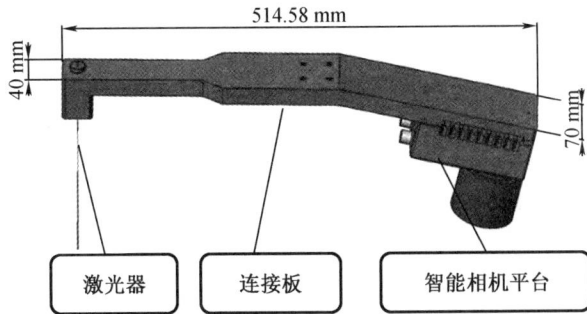

图 2 - 95　测头组成

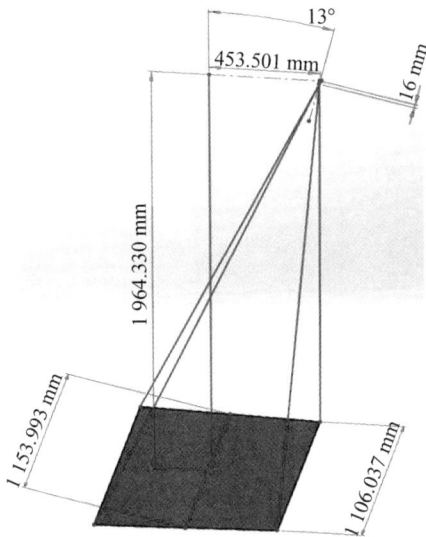

图 2 - 96　测头光路设计

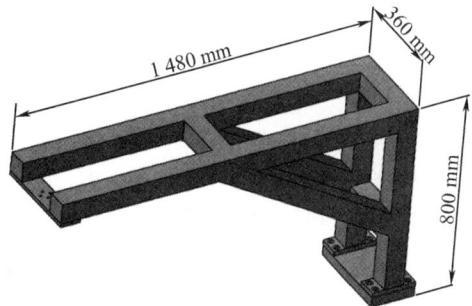

图 2 - 97　测头支架

线激光相机的标定主要分为相机的内参标定和线激光光平面的标定,以及线激光相机和机床坐标系之间的手眼标定。

线激光相机的内参采用张正友标定法进行标定,从而可以求解相机的内参:

$$s\,\widetilde{m} = A\left[\boldsymbol{R}\ \boldsymbol{T}\right]\widetilde{M}, A = \begin{bmatrix} \alpha & \gamma & u_0 \\ 0 & \beta & v_0 \\ 0 & 0 & 1 \end{bmatrix} \quad (2-40)$$

利用求解出来的相机内参可以得到世界坐标系向相机坐标系的映射。

$$\begin{bmatrix} u \\ v \\ 1 \end{bmatrix} = \begin{bmatrix} r_1' & r_2' & r_3' & t_1' \\ r_4' & r_5' & r_6' & t_2' \\ r_7' & r_8' & r_9' & t_3' \end{bmatrix} \begin{bmatrix} x_W \\ y_W \\ z_W \\ 1 \end{bmatrix} \tag{2-41}$$

如图 2 - 98 所示,由内参可以对像素点进行投射,但其深度信息需要借助线激光光平面进行约束,因此需要求解光平面参数。

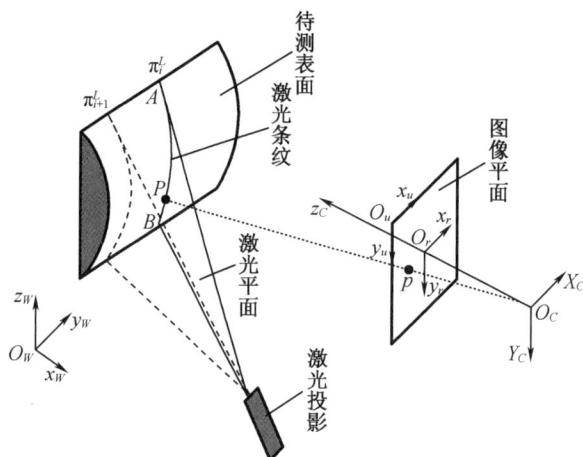

图 2 - 98　线激光测量原理

平面参数可以由四个参数确定,将相机坐标系作为世界坐标系,则平面方程为

$$\begin{pmatrix} a & b & c & d \end{pmatrix} \begin{bmatrix} x_W \\ y_W \\ z_W \\ 1 \end{bmatrix} = 0 \tag{2-42}$$

因此为了求取平面方程,需要求解线激光光平面上点在相机坐标系下的坐标,根据交比不变性原理,可以求得光平面点的世界坐标,结合相机外参将其转化到相机坐标系下,利用不同位置得到多个不共线的三维点坐标,利用最小二乘法,可以得到光平面的相应参数。

$$\begin{cases} f(a_L, b_L, c_L) = \sum_{i=1}^{k} D_i^2 \to 0 \\ D_i = \dfrac{|a_L x_{Ci} + b_L y_{Ci} + c_L z_{Ci} + 1|}{\sqrt{a_L^2 + b_L^2 + c_L^2}} \end{cases} \tag{2-43}$$

联立光平面方程后,系数矩阵可逆,因此只要知道相机的内部参数和激光平面在世界坐标系中的方程就可以根据图像上激光线的像素坐标重建出图像上激光点的三维坐标。

通过上述标定,可以得到线激光上点在相机坐标系下的坐标,由于相机处在二轴位移平台上,为了得到点的全局坐标,还需要对相机相对于机床的位置关系进行标定。同时为了后续可能将测量对象的位置反馈给机床,方便及时纠正位置和与预期位置进行对比,因此需要将点云的坐标变换到机床坐标系下。因此总的来说,需要对相机坐标系相对于机床坐标系的旋转关系和位移关系进行标定。

相机坐标系和机床坐标系之间的位置关系如图 2 – 99 所示，W 为机床全局坐标系，E 为机床龙门架上移动底座的坐标系，E 在 W 上做二轴运动，其移动变换关系可以通过机床参数得到，C 为相机坐标系，可以看出，相机坐标系相对于移动底座的坐标变换关系固定，因此手眼标定主要是求解相机坐标系相对于移动底座之间的变换关系。

图 2 – 99　坐标系之间的关系

相机坐标系下点的位置到机床全局坐标系下的变换关系为

$$P^W = R_C^E P^C + T_C^E + T_E^W$$

因此对于在机床坐标下固定一点，如图 2 – 100 所示。

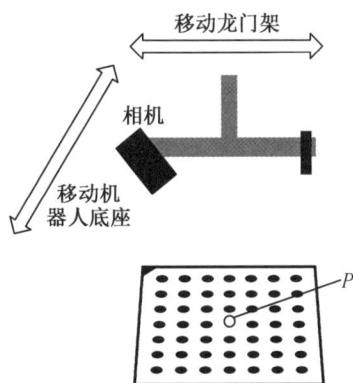

图 2 – 100　移动小组立机器人平台

控制机床龙门架和移动底座移动，可以得到

$$\begin{cases} P^W = R_C^E P_1^C + T_C^E + T_{1E}^W \\ P^W = R_C^E P_2^C + T_C^E + T_{2E}^W \end{cases} \tag{2 – 45}$$

其中变化的为两次固定点 P 在相机坐标系下的位置 P^C，以及机器人底座相对于机床全局坐标系下的移动关系 T_E^W，因此可以利用两次的关系式相减得到

$$R_C^E(P_2^C - P_1^C) = T_{1E}^W - T_{2E}^W \tag{2 – 46}$$

展开可以得到

$$\begin{bmatrix} r_{11} & r_{12} & r_{13} \\ r_{21} & r_{22} & r_{23} \\ r_{31} & r_{32} & r_{33} \end{bmatrix} \begin{bmatrix} \Delta P_x \\ \Delta P_y \\ \Delta P_z \end{bmatrix} = \begin{bmatrix} \Delta T_x \\ \Delta T_y \\ \Delta T_z \end{bmatrix} \qquad (2-47)$$

因此可以得到三个方程组,为了求解旋转矩阵的九个参数,需要至少三次同样的流程,为了更加精确地得到旋转矩阵参数,可以增加冗余方程组,求解超定方程,避免单次随机误差带来的影响,因此可以制定整体实验流程,如图 2-101 所示。

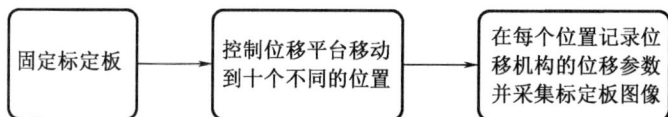

图 2-101　手眼标定实验流程

通过上述流程根据相应关系式可以得到相机坐标系相对于机床末端底座之间的旋转参数。由此可以将相机坐标系中的点云坐标变换到全局坐标系下,但其相对于全局坐标系下的移动变换关系还未定,其坐标参数不能被机床直接利用,因此还需求解移动变换关系 T_C^E。

由上述标定流程后,仅需求解 P 点在机床世界坐标系下的世界坐标,便可得到相机坐标系相对于末端坐标系之间的移动变换矩阵。P 点的世界坐标可以通过移动焊枪喷嘴,使其移动到 P 点,通过读取机床坐标参数得到,至此可以求解得到手眼标定的所有参数。

通过上述标定过程,可以将线激光上的目标对象转移到机床的三维全局坐标中,因此拟通过以下方法对其效果进行验证。

如图 2-102 所示,将标准块置于测量位置,移动工作台扫描标准块,然后通过标定参数模型将其坐标转换为全局坐标,通过人工选点的方式计算标准块的长宽尺寸,与更高精度的仪器的测量值进行比对,多次进行实验,得到标定模型的误差评价结果。

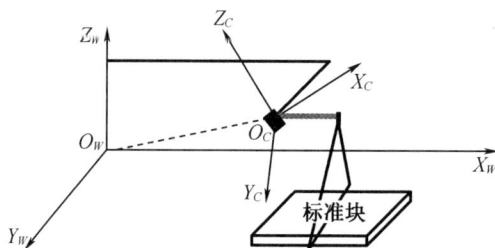

图 2-102　标定结果实验验证方案

为了保证测量的精度,需要在每一个环节控制误差。由于作业环境较为封闭,且机床自身产生热源较小,造成机床误差的主要是静态误差中的几何误差,且由于二轴平台上影响线激光精度的主要是二轴几何误差,因此主要对机床的几何误差补偿进行研究。

对于大型龙门架的误差补偿研究较少,其运动范围大,许多常见的误差补偿方法无法使用,由于涉及相机测量坐标系的变换,因此对龙门架的误差要求较高,且不仅是 x、y 方向的位移误差,还涉及倾角以及垂直度等参数。因此对于龙门架的误差补偿,需要首先建立龙门架的几何误差模型,在此基础上采用合适的测量方案,求解误差模型数据,建立误差模型后对误差进行补偿并对误差补偿的效果进行验证。

对于机床的几何误差,采用多体模型进行建模,使用激光跟踪仪测量误差参数,求解多体模型参数,然后采用最小二乘法等方法对误差进行补偿。

采用多体模型对机床几何误差进行建模,在一个方向移动,会产生六项几何误差,如图 2-103 所示,分别是 x 方向的定位误差 Δx_{01}、y 方向直线度误差 Δy_{01}、z 方向的直线度误差 Δz_{01} 和三项转角误差:$\Delta\alpha_{01}$、$\Delta\beta_{01}$、$\Delta\gamma_{01}$。

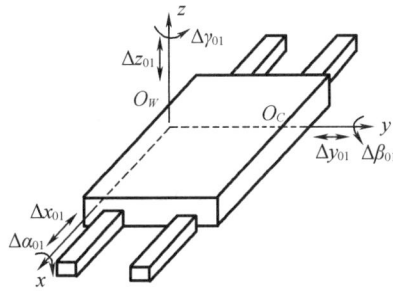

图 2-103　单轴几何误差

因此在一个轴上运动时,有

$$
\begin{bmatrix} \Delta x \\ \Delta y \\ \Delta z \\ 1 \end{bmatrix} = T_{01} \Delta T_{01} \begin{bmatrix} T_x \\ T_y \\ T_z \\ 1 \end{bmatrix} - T_{01} \begin{bmatrix} T_x \\ T_y \\ T_z \\ 1 \end{bmatrix} \tag{2-48}
$$

其中,Δx、Δy、Δz 分别代表在 x、y、z 方向产生的误差,因此可以得到

$$
\begin{cases} \Delta x = \Delta x_{01} - \Delta\gamma_{01} T_y + \Delta\beta_{01} T_z \\ \Delta y = \Delta y_{01} + \Delta\gamma_{01} T_x - \Delta\alpha_{01} T_z \\ \Delta z = \Delta z_{01} + \Delta\alpha_{01} T_y - \Delta\beta_{01} T_x \end{cases} \tag{2-49}
$$

两轴位移平台的组成如图 2-104 所示,其中 0 代表固定的机床,1 代表 x 方向滑座,即龙门架,2 代表 y 方向滑座,即龙门架上的移动底座,在 x、y 方向分别产生六项几何误差,且 x、y 轴之间存在垂直度误差,因此总的误差组成有 13 项。

因此结合两轴之间的垂直度误差,可以得到两轴位移平台的误差模型为

$$
\begin{bmatrix} \Delta x \\ \Delta y \\ \Delta z \\ 1 \end{bmatrix} = T_{01} \Delta T_{01} \begin{bmatrix} 1 & -s_{xy} & 0 & 0 \\ s_{xy} & 1 & 0 & 0 \\ 0 & 0 & 1 & 0 \\ 0 & 0 & 0 & 1 \end{bmatrix} T_{12} \Delta T_{12} \begin{bmatrix} T_x \\ T_y \\ T_z \\ 1 \end{bmatrix} - T_{01} T_{12} \begin{bmatrix} T_x \\ T_y \\ T_z \\ 1 \end{bmatrix} \tag{2-50}
$$

求解 13 个误差参数便可以得到两轴位移平台的误差模型。

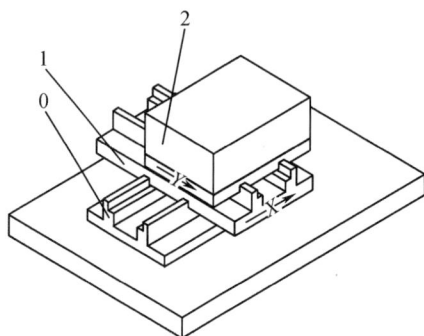

图 2 - 104　两轴位移平台

为了求解误差模型参数,需要借助相应精度更高的工具对机床误差进行校准,常用的有激光干涉仪和激光跟踪仪等,激光干涉仪布置使用非常麻烦,且容易影响现场作业环境,因此选用激光跟踪仪对误差进行测量,从而求解机床误差模型。

数控机床中常用九线法来求解数控机床的误差参数,其求解方法清晰可靠,因此将九线法应用到二轴模型的误差参数求解。

如图 2 - 105 所示,沿 x 轴上四条线分别运动时,可以得到:

$$
\begin{bmatrix}
\Delta x_1 \\
\Delta y_1 \\
\Delta z_1 \\
\vdots \\
\Delta x_4 \\
\Delta y_4 \\
\Delta z_4
\end{bmatrix}
=
\begin{bmatrix}
1 & 0 & 0 & 0 & z_1 & -y_1 \\
0 & 1 & 0 & -z_1 & 0 & x_1 \\
0 & 0 & 1 & y_1 & -x_1 & 0 \\
\vdots & \vdots & \vdots & \vdots & \vdots & \vdots \\
1 & 0 & 0 & 0 & z_4 & -y_4 \\
0 & 1 & 0 & -z_4 & 0 & x_4 \\
0 & 0 & 1 & y_4 & -x_4 & 0
\end{bmatrix}
\begin{bmatrix}
\Delta x_{01} \\
\Delta y_{01} \\
\Delta z_{01} \\
\Delta \alpha_{01} \\
\Delta \beta_{01} \\
\Delta \gamma_{01}
\end{bmatrix}
\tag{2-51}
$$

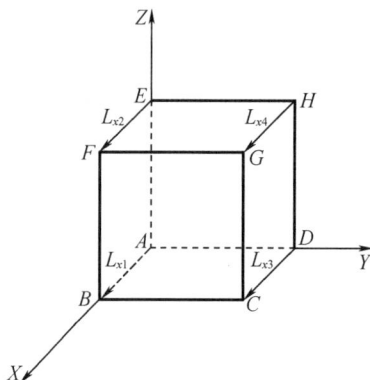

图 2 - 105　沿同轴向四条线运动

因此通过同轴向的三条线即可求解出 6 项误差参数，四条线可通过超定方程求解其参数，因此制订方案如图 2 - 106 所示，在 x 和 y 方向分别进行进给，从而分别求解两轴误差参数。

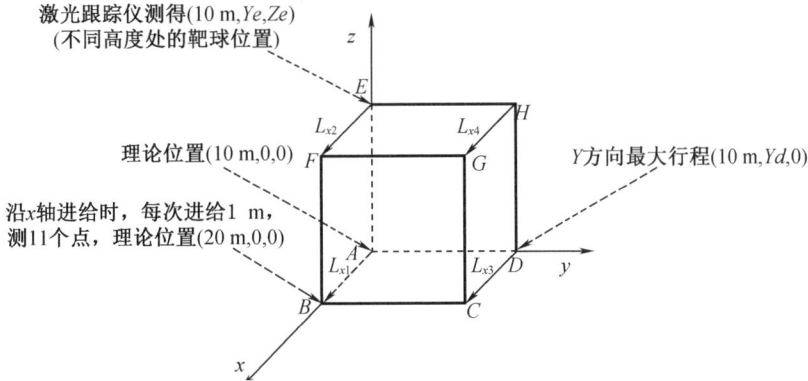

图 2 - 106　试验方案

通过线激光扫描获取目标对象的点云后，需要对其进行轮廓提取和尺寸计算。由于目标对象尺寸较大，且其上面的筋板相对于船板尺寸较小，因此测量时测量频率较高，导致最终会产生大量的点云，首先需要通过滤波算法剔除干扰点。且由于测量结果的实时性要求也较高，因此需要在保留点云特征的同时对点云进行精简处理，以及采用高效、复杂度低的点云处理算法对点云特征进行提取和计算。目前常见的点云处理算法多针对散乱点云，对于处理线条状点云的算法较少，因此需要针对线条点云的精简算法和特征提取算法分析。

小组立工位的位置和尺寸参数较多，且会随着筋板的数量和位置发生变化，其参数并无约定的名称，因此计算出所有的数据后无法通过简单的保存来呈现给用户，因此还涉及点云和数据的可视化问题，大规模显示点云同样对电脑性能要求较高，不适宜现场作业环境，因此如何精简图像并达到需要的显示效果，且和操作者之间产生交互也是需要考虑的问题。

经过线激光扫描得到后坐标系变换拼接得到的全局点云尺度大，数量多，对于算法复杂度要求高，为了提高测量的实时性，需要首先对点云进行稀疏处理以及杂质点去除。点云的特征提取主要包括点云预处理和特征提取两部分。

首先是点云的预处理，多种常见的点云处理算法都涉及最近邻搜索，时间复杂度为 $O(n^2)$，当点云数量高达几十万上百万时，点云算法的处理时间会非常长，因此需要进行点云预处理方便降低后续相应算法对最近邻进行查找的复杂度。

kd 树是一种常见的对数据进行预处理的方法，其通过对空间进行划分，可以将最近邻查找的复杂度降低到 $O(n \times \log n)$，可以大大加速相应的点云处理算法。

另外可以根据测量范围，对测量范围外的点云进行截断，降低点云数据量。点云截断的范围可以通过手眼标定后得到点云在机床坐标系下的全局坐标，结合机床的工作范围进行截断，从而排除一部分干扰数据。

线激光相机采集得到的点云属于部分有序点云,其分布较为均匀,呈线条状,线条点云之间的距离较远。目前针对无序点云的预处理算法较多,包括点云滤波算法和点云精简算法。

滤波算法有在二维图像中进行滤波以及在三维点云中滤波两种,二维图像滤波算法容易将特征位置的点云当作离群点剔除,因此考虑在三维点云中进行滤波算法。针对无序点云的点云滤波算法有基于离群点的点云滤波算法和基于点云平滑的滤波算法两种。

基于密度的离群点滤波算法用于去除点云中的离群点,其原理是假设正常点云周围总是存在距离较近的数据点,此假设背景适用于线激光点云,可用于去除相应的离群点。总的流程是寻找对应点的在一定范围内的最近邻个数,设定阈值,剔除最近邻个数小于相应阈值的点。阈值的设定可以根据线激光线条方向的点云密度进行设定。

三维点云的平滑滤波算法由二维图像双边滤波算法变换得到,其影响因子为距离和向量夹角,对边缘可以进行较好的保留,其可以通过双边滤波调整点的位置,对点云表面起到平滑作用,从而有效去除点云表面的小幅度噪声。

扫描得到的点云数据量非常庞大,存储计算和显示都会占据非常多的计算机资源,影响系统实时性,对计算机处理系统要求高,且对于特征和尺寸提取有相当多的冗余点。因此对点云进行精简十分重要,且点云精简不应影响到尺寸提取和特征提取。点云精简算法大致可以分为基于体素栅格的点云精简和基于特征的点云精简。

基于体素栅格的点云精简方法原理是,将点云数据用一个个小的立方体进行分割,在每个立方体内提取所有点云的重心,用重心位置代替所有体素栅格内的点,实现对点云数据的精简,此方法得到的数据分布均匀,但此方法强依赖于体素栅格的选取大小,选择过大会导致点云过分精简,使得特征丢失,体素栅格小的话,精简后的点云依然较多。

基于特征的点云精简,基于空间曲面得到空间曲率,通常曲率变化较大的地方一般为边界位置,可以通过曲率大小对点云进行精简。

线激光点云有其自身的特点,后续可以考虑利用方向和线激光间隔来对点云进行精简。

经过全面扫描得到的点云其特征为主平面上带有部分筋板的点云,其中主平面占比大,且不能保证底板完全和机床坐标系平行,因此主平面的方向不确定。

为了提取特征和尺寸计算,需要先将各个目标对象分离,首先对扫描到的承载底板的机床平面进行分离。对于主平面提取,可以采用 RANSAC 随机采样一致算法。随机采样一致算法的工作原理是选取随机采样点作为小样本点,并用其估计平面,求得估计的平面参数后,进行验证择优,设定阈值,将点云中距离平面在阈值范围内的点作为局内点,估计局内点比例。迭代选取最优假设。由于主平面点的数量远大于其他点数量,因此经过多次迭代,极大似然估计可以得到主平面的参数方程。得到主平面参数方程后,也得到了其平面法向量,根据其法向量求解其与水平面的角度差值,对所有点云进行相应的坐标系变换,得到平行于 xy 平面的点云。再基于主平面的 z 方向坐标,对主平面、机床工作台、筋板上表面进行分割,得到主平面的点和筋板的点,方便后续独立进行处理和尺寸计算。

针对多个筋板的点云,可以进行基于欧式聚类的物体分割算法。其基本流程是,首先查找各个点的最近邻域,生成随机种子点,标记满足聚类要求的点,进行区域生长,当迭代次数大于预设值或者所有的点都已经被标记后,结束流程,否则重新生成随机种子点,重复上述过程。通过欧式聚类分割算法可以分割多个筋板,至此可以得到所需的各个部分的所有点云。

再通过边界提取算法确认边界,通过最小二乘拟合直线得到边界参数,求解边界相交的点即角点,然后计算相应的尺寸参数。

软件主界面如图 2 – 107 所示,测量和计算完成后软件自动提供 xy 视图,并可以进行旋转或者放大缩小等操作,方便使用者观察整体情况。

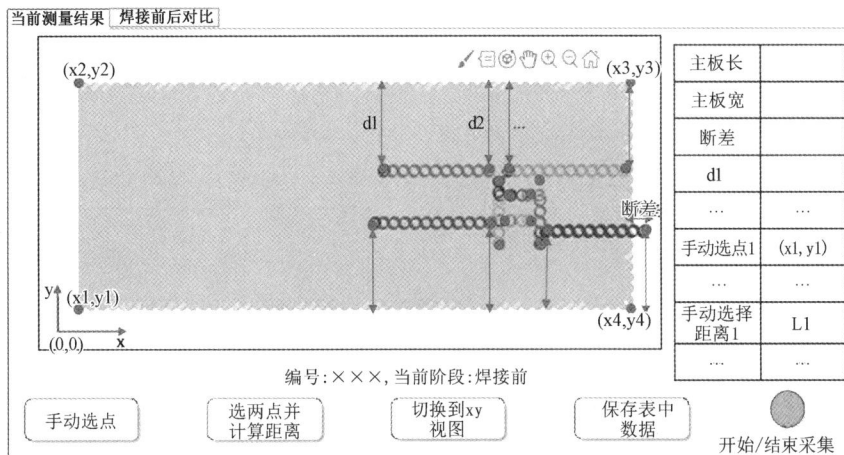

图 2 – 107　测量主界面

当前测量结果界面显示主板角点的位置,并计算主尺寸和筋板到主板的距离,识别断差并计算断差,同时提供手动选点的功能,用于提供其他测量选项,计算后的距离保存到右侧表格中,且可以将表格中的点保存到本机。使用者需要对本次测量结果进行编号和命名,方便后续焊接前后的数据进行对比和数据存储。开始/结束按钮用于控制设备采集数据的开始和结束,在机床运动到需要采集的位置时用户需要点击开始,采集流程结束后用户点击结束终止本次任务并触发尺寸计算和特征提取算法,从而显示测量结果。

测量结果对比界面如图 2 – 108 所示,两次测量的结果并列显示,提供阈值设定选项,用户分别选择两次结果和设定阈值后,界面自动对特征点变化超过阈值的点进行标识,并显示其位置,方便及时发现超差的对象。

2.7.2.4　现场应用成果

实验现场如图 2 – 109 所示,通过使用激光跟踪仪,并且提供两个固定的靶球位置,空间机床在两个 y 坐标沿 x 轴步进运动,分别形成四条线。

模型和方法在单轴机器上进行了验证,如图 2 – 110 所示为激光跟踪仪测量数据,图中显示了机床产生的四条线的数据。

由此前采集的 x、y 轴上的坐标点根据最小二乘拟合可以建立机床的坐标系,从而可以根据机床读数得到机床理论位置和实际位置的差值,得到参数方程中的已知量,实际值和理论值对比得到的误差如表 2-9 所示。

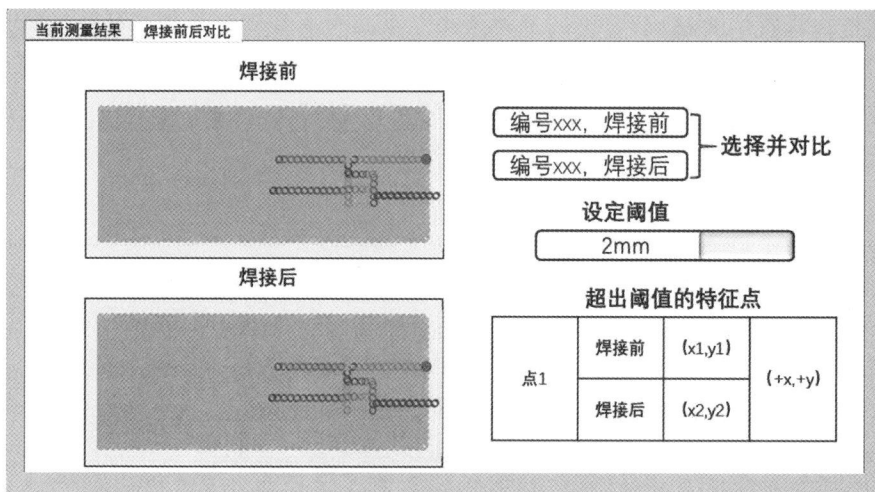

图 2-108　测量结果对比界面

图 2-109　单轴误差补偿实验现场

图 2-110　激光跟踪仪测量数据

表2-9　运动误差　　　　　　　　　　　　　　　　　　　　　　　　　　　单位:mm

$\Delta x1$	$\Delta y1$	$\Delta z1$	$\Delta x2$	$\Delta y2$	$\Delta z2$	$\Delta x3$	$\Delta y3$	$\Delta z3$	$\Delta x4$	$\Delta y4$	$\Delta z4$
0.16	-0.06	0.23	0.08	-0.12	0.09	0	-0.02	0.11	0.18	-0.01	0.14
0.29	0.12	0.29	0.24	0.05	0.1	0.2	0.17	0.08	0.26	0.17	0.13
0.32	0.10	0.15	0.23	0.07	-0.08	0.2	0.18	-0.07	0.29	0.17	-0.02
0.32	0.06	0.08	0.21	0.09	-0.24	0.22	0.19	-0.24	0.34	0.21	-0.19
0.26	0.24	0.07	0.25	0.26	-0.28	0.23	0.35	-0.27	0.24	0.35	-0.26
0.04	0.15	-0.03	0.03	0.21	-0.46	-0.03	0.31	-0.37	-0.05	0.29	-0.3
0.39	0.21	0.25	0.33	0.31	-0.3	0.32	0.43	-0.24	0.34	0.42	-0.14
0.75	0.11	0.54	0.69	0.25	-0.02	0.62	0.35	-0.09	0.76	0.33	0.04
0.89	0.18	0.52	0.85	0.33	-0.09	0.81	0.45	-0.15	0.89	0.4	-0.07
1.04	0.14	0.44	0.97	0.38	-0.27	0.95	0.48	-0.3	0.99	0.44	-0.26

　　求解超定方程,从而得到机床各个区间的六项误差,并采用三次多项式对六项误差进行拟合,从而得到机床的误差模型,拟合效果如图2-111所示。

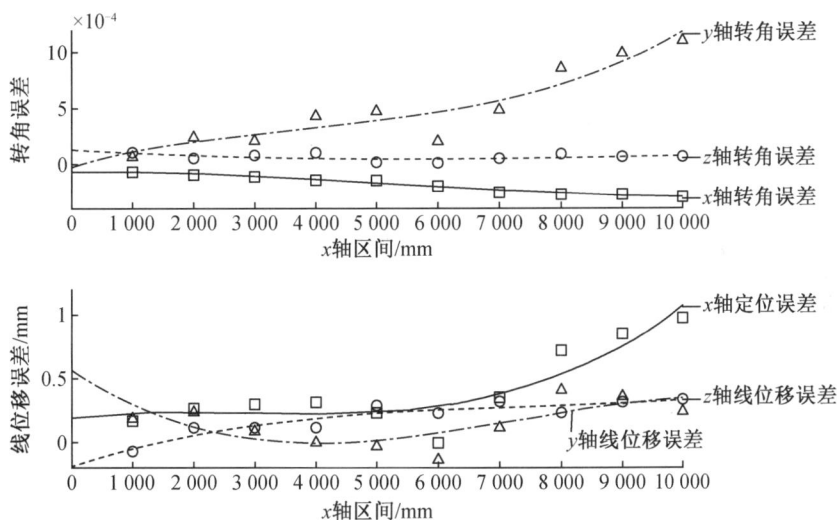

图2-111　三次多项式拟合

　　利用得到的误差模型和模型参数,对误差进行补偿,采用另外采集的数据对补偿效果(图2-112)进行验证,将补偿前后的误差进行对比,可以看到补偿后 Δx、Δy、Δz 都显著减小。

　　以实际坐标点位置和理论点坐标位置之间的距离作为误差判定标准,补偿前后效果对比,基本所有点的误差都得到了较好的补偿,补偿后误差平均值由0.55 mm降低至0.19 mm,达到了较为理想的补偿效果(图2-113)。

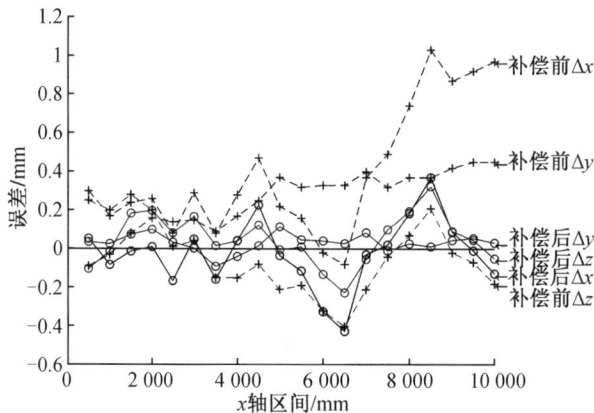

图 2－112　补偿效果

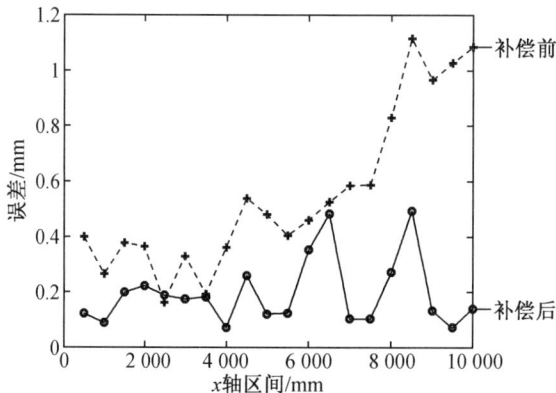

图 2－113　补偿效果评价

2.7.3　船舶合拢管激光测量

2.7.3.1　测量需求

近几年我国造船企业经多年持续发展，一些大型船企正在不断推进精度控制技术及数字化智能建造技术的应用，但在船体分段/总段合拢时的合拢管，或最终连接设备的管子，由于积累误差及建造精度的影响，存在大量合拢管的实际形状与原设计管子无法匹配及精准安装，一般的船企目前大多采用在现场应用辅助材料制作管子模板，或对预制的合拢管现场进行修割的传统制作方法。

前一种方法因为采用现场制作模板的方式制作合拢管，每年船厂的材料耗材投入就约50 万元，还要浪费大量的动力能源和人力资源；后一种方法采用对预制合拢管现场修割的方式制作合拢管，由于预制管是按原先设计图加工的管子，管子形状虽然大致相同，但管子的相对坐标与现场空间的相对坐标完全不同，有的可以通过现场预制管修割，完成管子与法兰的校准后再下船完成焊接工作，有的预制管可能存在无法修割而需要重新制作，同样造成大量的返工及人力、材料的损耗,并且均需在现场配置动力能源。

目前也有少数几家大型的船企正在应用新的合拢管制作工艺,即采用拉线传感技术现场测量合拢管空间坐标,此方法比传统的现场制作模板或现场修割的方法要前进了一大步,但由于拉线传感测量技术存在一定的局限性,目前只能适用于法兰连接的合拢管测量,无法满足套管和对接连接形式的合拢管测量;并且如果在拉线中间存在障碍物或测量区域管子密集,则不能安装装置从而无法测量,所以应用拉线传感技术仅能完成约60%的法兰连接合拢管测量工作,余下的40%还是只能依靠传统的现场制作模板或现场修割的方法。开发应用激光3D扫描测量技术的合拢管测量系统,能满足法兰、套管及对接等各种连接形式的合拢管测量要求,在船舶合拢管制作过程中实现全面提高精度和效率、节约材料、减少工时、降低能耗等目的。下面介绍两种新型船舶合拢管激光测量方法。

2.7.3.2　船舶合拢管激光3D测量方法

(1)测量方案设计

①总体思路

随着3D激光扫描技术的不断发展及日趋成熟,其已在逆向工程、工业测量、文物保护等众多领域得到广泛应用。针对船舶管子密集舱室里的合拢管和套管连接形式的合拢管难以测量的问题,应用激光三角法测量原理,使激光器发出的光与被测面的法线成一定角度入射到被测面上,同时利用光电探测器件接收激光在被测面上的散射光或反射光,根据其在光电探测器敏感面上移动距离,即可得到物体表面被测点的三维坐标。因此应用激光3D扫描技术解决合拢管的测量问题成为可能,本文主要讨论应用激光3D扫描技术研发合拢管激光3D扫描测量系统,激光3D扫描系统组成如图2-114所示。

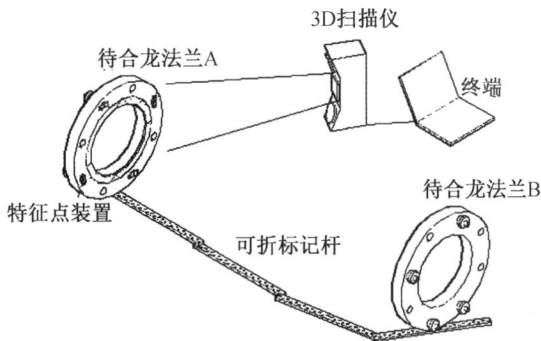

图2-114　3D扫描系统组成

目前国内3D扫描设备众多,国内产品与国外产品相比除扫描速度有差异外,在扫描精度、稳定性等性能上均相差不多,所以国产3D扫描设备主要硬件能满足合拢管测量要求。在本书中,我们采用了国产手持式激光3D扫描设备。

通常,激光3D扫描设备对某一成品进行扫描,获取成品的三维数据,基于三维数据直接进行建模设计。而船舶合拢管激光测量与常规的3D扫描测量零部件的技术及需求均不

同,待合拢的中间是一个空白空间或存在其他的障碍物,我们需要测量的是两端待合拢法兰或套管等的空间位置信息,从而通过空间位置信息计算合拢管的模型及所需特征点坐标,经合拢管专用软件进行特征点的全面分析及逆向计算,生成合拢管三维模型及合拢管加工图。总体设计思路如图 2 – 115 所示。

激光3D测量系统 → 现场获得特征点数据 → 终端分析 → 计算合拢管子信息 → 输出加工图及校管信息

图 2 – 115

②设计原理

a. 合拢管测量的关键信息

常规激光 3D 扫描测量过程是首先在扫描件上粘贴标记点,并且要求标记点的粘贴间距在 200~250 mm,扫描后经自带软件进行点云计算,从而得到扫描件的模型及尺寸,在这整个过程中大部分的时间都花费在标记点粘贴及清除上,扫描后最终结果就是零件三维模型的输出。应用激光 3D 扫描测量仪进行合拢管的测量,有特殊的信息要求,测量的关键信息如下:

·法兰或套管中心点的空间坐标,在实际环境中,法兰或套管中心点是虚拟的,无法直接测量,需要通过获取所测点的信息分析得出。

·两法兰或套管中心点的相对坐标,即所测合拢管 x、y、z 三个空间坐标值,由于采用的是移动式的激光 3D 扫描测量,需将当前视下局部坐标系下扫描的点云转换到世界坐标系下,所以被扫描物需依靠一组连续的标记点构建两法兰中心点相对坐标的数学模型。

·法兰面或套管端面的矢量,即法兰或套管中心点确定后,需要得到法兰面或套管端面的空间定向,才能确定此法兰在空间的定位,保证后续安装时合拢管的法兰与现场待合拢的法兰平面相吻合。

·如是法兰连接的合拢管,还需要测得法兰螺孔的空间坐标,合拢管安装时,不仅要求两连接法兰面的吻合,还需要所有的法兰螺孔对齐,才能保证安装且符合工艺要求。

b. 激光 3D 扫描测量的特征点

特征点即是合拢管计算所需要的关键点信息,需要从一堆毫无规律的点云数据中找出特征点。我们的设计思路是将每一个特征点设计成一组有一定规律分布的标记点,并将每一组的特征点设计成一个能够装配在螺孔上的装置,通过一个法兰上安装三个以上的特征点装置,形成三点或多点空间共圆的状态,从而求得螺孔特征点所对应的圆心,即法兰的中心点位置坐标,获得合拢管的三维数据。

(2)系统组成及软件实现

①系统组成

船舶合拢管激光 3D 扫描测量出图系统由测量硬件、计算软件二部分组成,如图 2 – 116 所示。系统硬件由激光 3D 测量仪、标记特征点装置、专用标记杆、终端机组成;系统软件由合拢管分析软件、合拢管工艺数据库及出图软件组成。

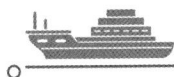

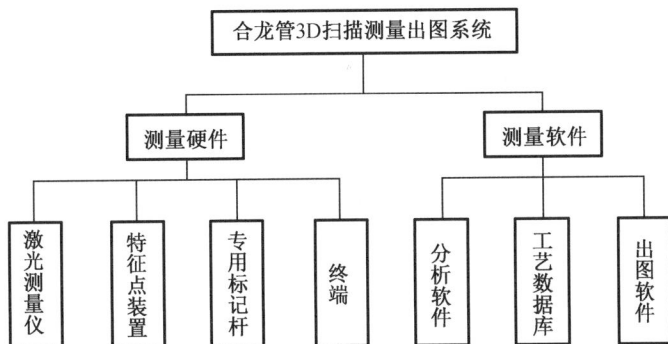

图 2-116 系统组成

a. 硬件

· 激光 3D 测量仪,采用国产 X5 激光 3D 扫描。

· 特征点装置,研发设计有规律分布的特征点标记,根据合拢管法兰规格大小,可以自由设置 3 个或多个特征点装置,便于软件在分析点云数据中识别特征点的中心坐标值。

· 折叠标记杆,常用的 3D 拍照或 3D 扫描均需要在被摄区域粘贴大量的标记点,在有些复杂的测量环境中存在着无法粘贴标记点的问题。采用折叠标记杆可以取消现场标记点的粘贴,并可大量减少扫描的点云数据,提高了现场的操作效率和计算效率。

b. 软件

· 分析软件包括特征点分析软件及合拢管计算软件,从激光 3D 扫描测量仪获得的点云数据中,分析点云数据中特征点的分布状况,找出特征点的相互空间坐标数据信息;合拢管计算软件,依据特征点的坐标信息,结合系统中的管子工艺数据库,自动绘制管子走向及管子三维模型;

· 工艺数据库为合拢管制作的标准工艺数据库,包括船厂管子弯管及制作的工艺要求及管附件的标准信息。

· 出图软件,依据管子走向模型数据及管子工艺数据库,自动生成合拢管的管子加工图及加工工艺信息。

②系统计算原理

本系统采用的激光 3D 扫描设备由上下两个相机同时进行特征点扫描,考虑到扫描仪进行多次扫描时各图像参数不在一个坐标系下,本文提出一种图像分组的外参数求解方法,对各扫描点的公共点进行图像参数绝对定向,其原理是当扫描两个以上视角时,利用两个视角下三维点之间的转换矩阵推导出各个视相机在世界坐标系下的投影矩阵,即实现绝对定向。

a. 设计图像分组方法,假定扫描结束后,存在 m 幅图像,n 个参考点,构建公共点测量矩阵,A_{ij} 表示第 i 幅图像和第 j 幅图像的公共点个数。

b. 确定第 1 组基准图像,计算矩阵 A 每行的个数,得到向量 B,$B(i)$ 表示能与第 i 幅图像构成双视图像的数量,k_1 为 B 中最大值对应的序号。

c. 确定第 2 幅基准图像,k_2 为向量 B 中第 2 大的值序号,则第 k_2 幅图像为基准图像。

d. 完成图像分组及图像参数求解后,将图像 1 参数所在的坐标系统映射到全局坐标系中,假定第 1 视下三维点所在的坐标系为 $O_1X_1Y_1Z_1$,左右相机投影矩阵为 $\boldsymbol{M}_1$ 和 $\boldsymbol{M}_2$,有

$$\begin{cases} \begin{bmatrix} u_1 & v_1 & 1 \end{bmatrix}^T = \boldsymbol{M}_1 \cdot \begin{bmatrix} x_1 & y_1 & z_1 & 1 \end{bmatrix}^T \\ \begin{bmatrix} u_2 & v_2 & 1 \end{bmatrix}^T = \boldsymbol{M}_2 \cdot \begin{bmatrix} x_2 & y_2 & z_2 & 1 \end{bmatrix}^T \end{cases} \quad (2-52)$$

相应的像点为 (u_i, v_i),$i = 1, 2$,$\boldsymbol{M}_1$、$\boldsymbol{M}_2$ 表示两投影矩阵,投影后两坐标关系为

$$\begin{bmatrix} x_2 & y_2 & z_2 & 1 \end{bmatrix}^T = \boldsymbol{P}_{21} \cdot \begin{bmatrix} x_1 & y_1 & z_1 & 1 \end{bmatrix}^T \quad (2-53)$$

其中,$\boldsymbol{P}_{21}$ 为两个坐标系之间的转换矩阵。

假定第 2 视下三维点所在的坐标系为 $O_2X_2Y_2Z_2$,左右相机投影矩阵为 $\boldsymbol{M}_3$ 和 $\boldsymbol{M}_4$,

$$\begin{cases} \begin{bmatrix} u_3 & v_3 & 1 \end{bmatrix}^T = \boldsymbol{M}_3 \cdot \begin{bmatrix} x_2 & y_2 & z_2 & 1 \end{bmatrix} \\ \begin{bmatrix} u_4 & v_4 & 1 \end{bmatrix}^T = \boldsymbol{M}_4 \cdot \begin{bmatrix} x_3 & y_3 & z_3 & 1 \end{bmatrix} \end{cases} \quad (2-54)$$

相应的像点为 (u_i, v_i),$i = 3, 4$,$\boldsymbol{M}_3$、$\boldsymbol{M}_4$ 表示两投影矩阵,投影后两坐标关系为

$$\begin{bmatrix} x_3 & y_3 & z_3 & 1 \end{bmatrix}^T = \boldsymbol{P}_{43} \cdot \begin{bmatrix} x_4 & y_4 & z_4 & 1 \end{bmatrix}^T \quad (2-55)$$

代入可得:

$$\begin{cases} \begin{bmatrix} u_3 & v_3 & 1 \end{bmatrix}^T = \boldsymbol{M}_3 \cdot \boldsymbol{P}_{21} \begin{bmatrix} x_1 & y_1 & z_1 & 1 \end{bmatrix}^T \\ \begin{bmatrix} u_4 & v_4 & 1 \end{bmatrix} = \boldsymbol{M}_4 \cdot \boldsymbol{P}_{43} \begin{bmatrix} x_1 & y_1 & z_1 & 1 \end{bmatrix}^T \end{cases} \quad (2-56)$$

由式(2-56)可计算得到第二次扫描二个图像在坐标系 $O_1X_1Y_1Z_1$ 下的投影矩阵 $\boldsymbol{M}_3'$ 和 $\boldsymbol{M}_4'$:

$$\begin{cases} \boldsymbol{M}_3' = \boldsymbol{M}_3\boldsymbol{P}_{21} \\ \boldsymbol{M}_4' = \boldsymbol{M}_4\boldsymbol{P}_{43} \end{cases} \quad (2-57)$$

从而实现 2 次扫描 4 幅图像外参数的绝对定向。

在上面的推导过程中,投影矩阵可以通过标定相机计算得到,根据拼接方式不同,2 个视相机之间的转换矩阵的计算方法不同。

(3)系统验证

为进行验证,以车间模型架试验为载体,分别制作了不同规格、不同形状的现校管模型架,如图 2-117 所示,管子规格分别为 DN80、DN100,选取的法兰为常用的标准法兰,参见《船用搭焊钢法》(GB/T 2506—2005)。

图 2-117　扫描测量合拢管模型

将特征点装置分别安装在两端模型架上,两端模型架用折叠标记杆挂靠连接,激光 3D 扫描仪获得的点云数据及扫描模型图如图 2 – 118 所示。

软件分析得到特征点坐标,经软件计算后生成合拢管模型及管子工艺数据,如图 2 – 119 所示,并生成现校管的管子加工图,如图 2 – 120 所示。

图 2 – 118　扫描测量点云图

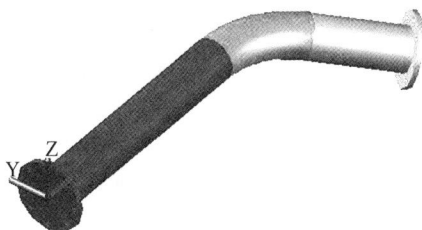

图 2 – 119　软件生成的合拢管模型

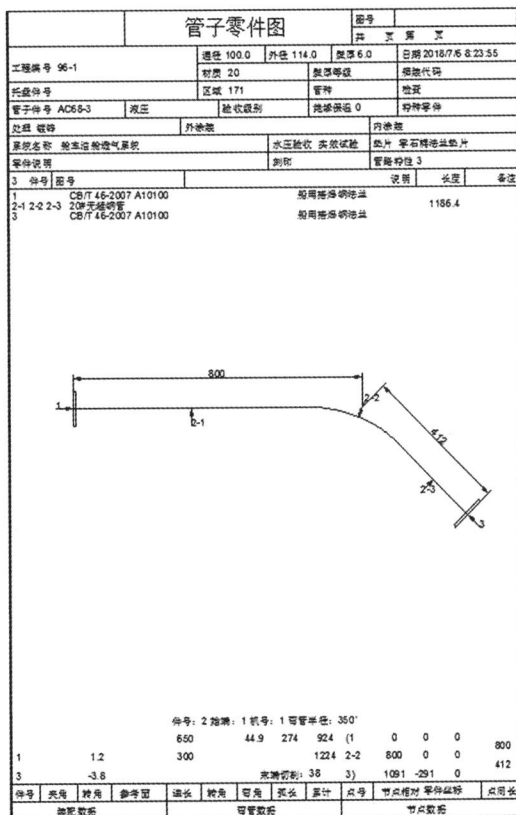

图 2 – 120　合拢管加工图

按管子加工图提供的数据信息制作的合拢管与原模型架实际安装后,两连接法兰的螺孔安装偏差小于0.2°,两连接法兰面贴合平行度偏差小于0.5 mm,如图2-121所示,合拢管均达到一次安装成功。经实际检验,合拢管与两端连接管法兰连接符合《船舶管系布置和安装技术要求》(CB/Z 345—2008),满足船舶建造的行业工艺标准要求。

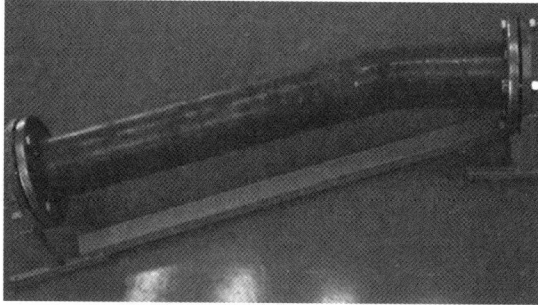

图2-121　合拢管安装效果

2.7.3.3　船舶合拢管法兰相对位姿柔性测量

(1)系统测量原理方案

船舶合拢管法兰相对位姿柔性测量系统如图2-122所示,由跟踪装置、手持式测量仪以及内置相应软件平台的数据处理装置组成。跟踪装置包括单目跟踪相机及配套环形光源,可在大场景内获取特征明显的辅助靶标标志点图像;手持式测量仪由线激光测量仪和辅助靶标组成,二者固接,线激光测量仪可以获取激光投射在待测物体表面的激光图像;数据处理装置通过网线和交换机与跟踪装置中的跟踪相机以及手持式测量仪中的线激光相机连接,实时处理图像,获取相关信息。

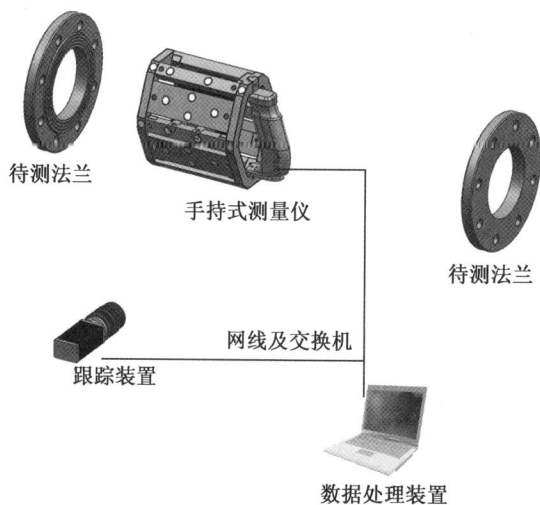

图2-122　测量系统结构图

系统准备阶段,测量人员在船装现场选取合适地点架设跟踪相机并调整相机高度,保证跟踪相机到两端法兰距离相近且处于跟踪相机工作范围内,同时确保跟踪相机在整个测量过程中姿态稳定,位置不变;连接好各装置的电源及网线准备测量。系统测量阶段,测量人员将手持式测量仪移动至测量位置并按下手持式测量仪上的测量按钮,同步触发跟踪相机及线激光相机拍照,数据处理装置实时处理图像保存被测特征三维数据信息,重复上述步骤完成合拢管两端法兰的测量。根据两端法兰的三维数据信息即可获得合拢管设计所需的法兰相对位姿信息。

(2)测量系统软件平台设计

①软件模块设计

测量系统软件平台主要包括四个模块:用户交互、硬件通信、图像处理以及数据处理(图2-123)。其中,用户交互模块主要实现引导测量人员进行系统标定和相对位姿测量,并将图像处理的结果实时显示反馈给测量人员,从而调整测量姿态以获取准确的测量数据;硬件通信模块主要负责确定单目跟踪相机以及线激光传感器中线激光相机的硬件参数,确保两相机能响应手持式测量仪上的触发按钮传输的信号,将图像传输至数据处理系统;图像处理模块为软件后台调用的图像算法模块,其中间数据在软件平台上不予显示;数据处理模块则包括相应测量人员在用户交互模块上选定的相应功能,如处理手眼标定数据并显示、处理测量数据显示法兰相对位姿数据等。

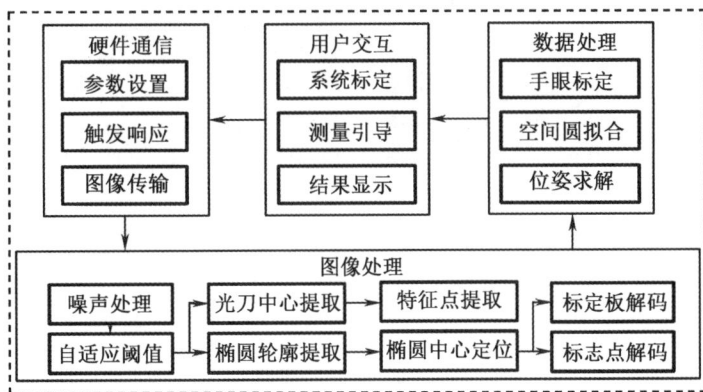

图2-123　软件模块划分

②软件界面

图2-124为系统主界面,图2-125(a)为手眼标定界面,图2-125(b)则为位姿测量界面。

(3)测量系统搭建与测试验证

①测量系统搭建

图2-126为Creaform公司的CREAFORM HANDYPROBE NEXT™ | ELITE便携式坐标测量系统,由C-Track双目跟踪相机,HANDYPROBE NEXT便携式三坐标测量笔组成,并另行配置了METRASCAN 3D手持扫描仪,在跟踪情况下,测量笔测量精度为0.064 mm,扫描仪测量0.086 mm。

图2-127为提出的船舶合拢管法兰相对位姿柔性测量系统。

图 2 – 124　系统主界面

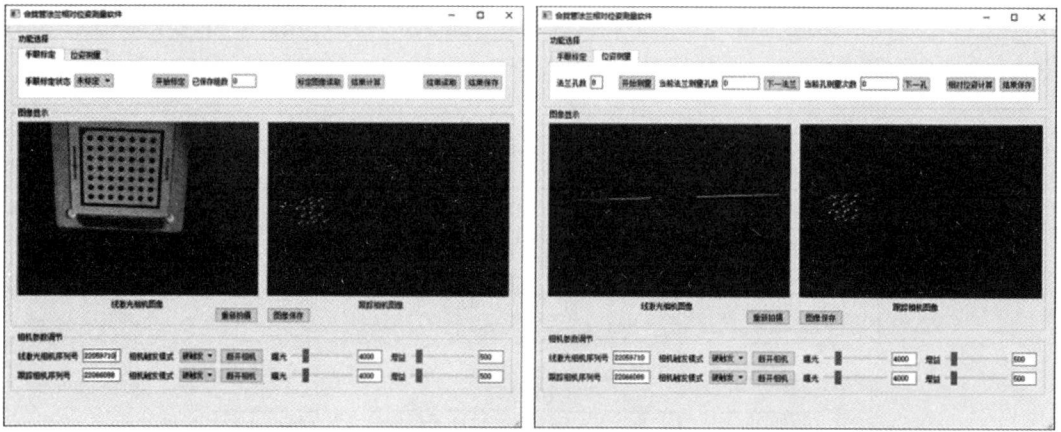

(a)手眼标定界面

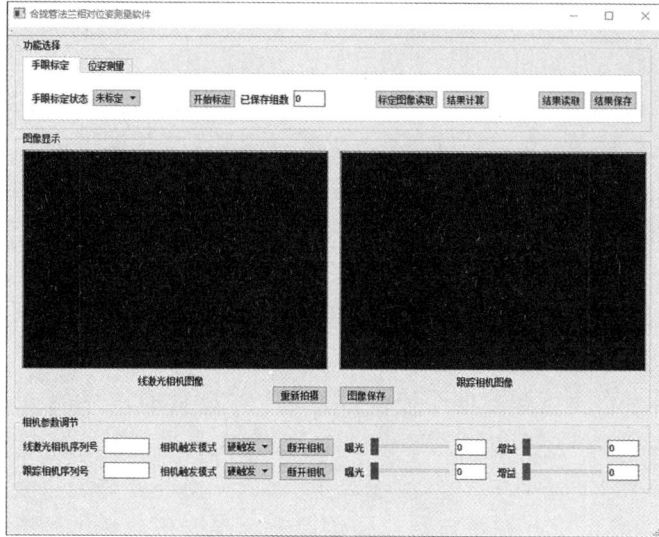

(b)相对位姿测量界面

图 2 – 125　功能界面

图 2 – 126　CREAFORM HANDYPROBE NEXT™ | ELITE 便携式坐标测量系统

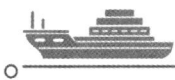

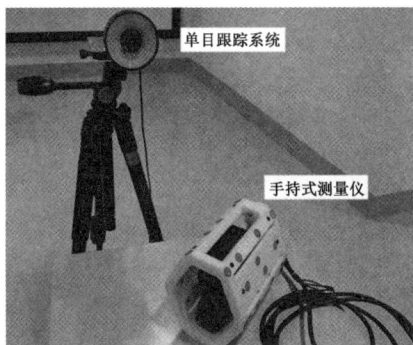

图 2 - 127 船舶合拢管法兰相对位姿柔性测量系统

②法兰相对位姿测量

如图 2 - 128 所示,采用 < 船用搭焊钢法兰 > (GB/T 2506—2005)标准下公称压力 1.0 MPa,公称通径 100 mm 的标准法兰与定制弯头焊接的部件模拟船装现场待测的合拢管法兰,分别采用本系统和 HANDYPROBE NEXT 进行相对位姿测量。使用本系统测量时,对单一法兰孔测量 4 次获取该法兰孔孔心,对同一法兰测量 8 个法兰孔,根据法兰孔孔心拟合法兰中心,根据法兰平面特征点拟合法兰平面。HANDYPROBE NEXT 直接测量法兰内壁点及法兰平面点,通过自带软件分别拟合法兰孔圆柱面以及法兰平面,二者求交,交集为一空间圆,该空间圆圆心即为所测法兰孔孔心,该孔心位于法兰平面上。再通过 8 个孔心拟合圆,拟合圆圆心即为所测法兰中心。本书对常见的三种不同法兰相对位姿情况,即两端法兰轴线共面、异面平行以及垂直情况进行了实验,每种情况进行三次实验。实验结果见表 2 - 10。

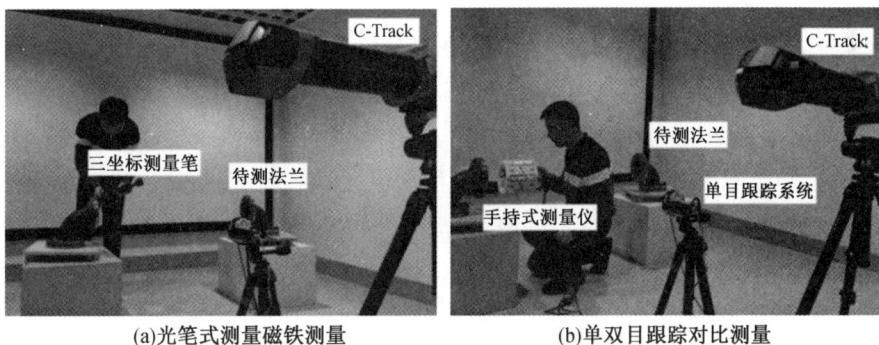

(a)光笔式测量磁铁测量 (b)单双目跟踪对比测量

图 2 - 128 法兰相对位姿测量

从表 2 - 10 可以看出,提出的测量系统法兰中心距测量误差均值为 0.93 mm,法兰平面法向量夹角测量误差均值为 0.20°,满足合拢管设计所需中心距测量误差不高于 2 mm,法兰平面法向量夹角测量误差不高于 1°的精度需求。而在不同相对位姿、不同间距的情况下,本系统测量稳定性较好。综上所述,提出的船舶合拢管法兰相对位姿柔性测量系统能在不同法兰相对位姿情况下,完成合拢管设计所需精度的相对位姿数据测量,实现合拢管法兰相对位姿的快速、精密、在位测量。

表 2 – 10　法兰相对位姿测量结果

相对位姿情况	实验序号	法兰中心距/mm			法兰平面法向量夹角/(°)		
		本系统	HANDYPROBE NEXT	测量误差	本系统	HANDYPROBE NEXT	测量误差
共面	1	885.85	886.61	0.84	177.25	177.42	0.17
	2	935.67	936.55	0.88	120.72	120.94	0.22
	3	1 163.97	1 164.92	0.95	158.6	158.83	0.23
异面平行	1	558.91	559.82	0.91	181.18	181.37	0.19
	2	850.69	851.64	0.95	183.76	183.91	0.15
	3	1 300.54	1 301.56	1.02	178.79	179	0.21
异面垂直	1	821.73	822.54	0.81	89.31	89.57	0.26
	2	1 003.02	1 003.95	0.93	92.45	92.66	0.21
	3	1 465.15	1 466.23	1.08	90.99	91.21	0.22
均值		—	—	0.93	—	—	0.20

为进一步分析采用单目跟踪相机对系统测量精度的影响,在上述法兰相对位姿测量实验中,增加一组使用 C – Track 跟踪手持式测量仪测量的实验。实验中,测量数据有两组,一组为本系统单独测量,另一组将本系统中单目跟踪相机替换为 C – Track 双目跟踪相机,标准值仍为 HANDYPROBE NEXT 的测量结果。实验结果如表 2 – 11 所示,表格中单目跟踪即本系统,C – Track 跟踪即增加的对比实验。

由表 2 – 11 可见,跟踪相机替换为 C – Track 双目跟踪后,测量精度显著提高,法兰中心距测量误差均值为 0.60 mm,法兰平面法向量夹角测量误差均值为 0.10°。虽然采用双目跟踪能提高系统测量精度,但测量精度与单目跟踪仍处于同一数量级,同时双目相机长达 1 031 mm 的极线距离使其需要一定的空间放置才能完成测量,难以适应船装现场的复杂测量环境,而且将其携带并在现场安装也需要额外的工作量。而采取单目跟踪,虽然测量精度有所降低,但测量精度比需求精度仍高出一定水平,并且能更好适应测量环境,因此,提出的基于单目相机跟踪辅助靶标的测量方法是可行的。

表 2 – 11　法兰相对位姿测量结果

相对位姿情况	实验序号	法兰中心距测量误差/mm		法兰平面法向量夹角测量误差/(°)	
		单目跟踪	C – Track 跟踪	单目跟踪	C – Track 跟踪
共面	1	0.84	0.56	0.17	0.08
	2	0.88	0.59	0.22	0.10
	3	0.95	0.63	0.23	0.11

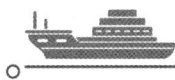

表 2-10（续）

相对位姿情况	实验序号	法兰中心距测量误差/mm		法兰平面法向量夹角测量误差/(°)	
		单目跟踪	C-Track 跟踪	单目跟踪	C-Track 跟踪
异面平行	1	0.91	0.53	0.19	0.07
	2	0.95	0.58	0.15	0.10
	3	1.02	0.66	0.21	0.12
异面垂直	1	0.81	0.51	0.26	0.09
	2	0.93	0.68	0.21	0.11
	3	1.08	0.73	0.22	0.12
均值		0.93	0.60	0.20	0.10

从表 2-11 同样可以看出，HANDYPROBE NEXT 系统测量精度高于本系统，在此情况下，船舶合拢管法兰相对位姿测量不采用该商用产品，主要原因如下。

a. 仪器成本高。商用产品单纯仪器费用高达百万元每套，外加相关软件及培训费用，对船厂是一笔不小的开支。

b. 仪器便携性、环境适应性差。商用产品中，若采用双目跟踪则因双目相机体积过大导致难以在现场搭设仪器；采用单目跟踪则因没有特殊设计的靶标，需要拍摄全部标志点才能跟踪靶标导致在极易发生部分遮挡的复杂现场环境下，测量难以展开。并且现场可能存在的油污锈蚀不利于采用接触式测量笔测量，而非接触的扫描式测量仪又普遍体积较大，因此不适合船装现场测量。

c. 仪器准备周期长。商用产品更适宜的测量场景是在室内进行诸如白车身等大型复杂构建的点云扫描或特征坐标测量，在此场景下，0.5 h 的激光预热时间相对于数小时的测量时间来说周期较短。而在法兰相对位姿测量中，一组法兰测量时间一般少于 10 min，在此情形下，仪器准备周期就很长，时间成本高。

d. 不利于提高我国船企核心竞争力。国外由于相关产品开发较早，已形成成熟且完整的产业链，配套的测量软件接口密封，若想直接用于合拢管模型设计，则需购买配套设计软件，甚至后续加工仪器型号也有限制，采用国外产品会步步受制于人，提出有自主产权的测量系统至关重要。

2.7.4 船舶复杂曲板数字化测量

为了保证较高的航速和稳定性，船舶线型都比较复杂，很多外板都具有双向曲度。目前，国内船厂在检测这些复杂曲度板的成型精度时，仍采用样箱和样板的手工对样方式，检测精度和效率低，已经成为船舶建造的瓶颈环节。

数字化检测技术是将工业技术和计算机技术有机结合的新兴学科，是船舶建造数字化技术的重要方向。基于光学测量原理的立体视觉或计算机视觉检测是数字化测量技术的重要分支，已成功应用于汽车装配、飞机制造等领域。该技术可以提供一种新型的非接触式测量方法,通过快速获取目标物体上的图像和影像特征数据,经过三维重建计算与目标对象的偏差来指导后续加工。由于船舶制造的特殊工况,光学测量技术在曲板检测过程的应用进步缓慢,但该技术具有非接触、高效率、低成本、高安全性等特点,必将成为船舶数字化检测的重要途径。

2.7.4.1 曲板检测装备的设计

(1)曲板检测工作模式和流程设计

装备是在线在位使用,可以根据加工位置的变化移动,设备本身及连接的计算机需要有电源供电。图 2 - 129 为系统工作流程。

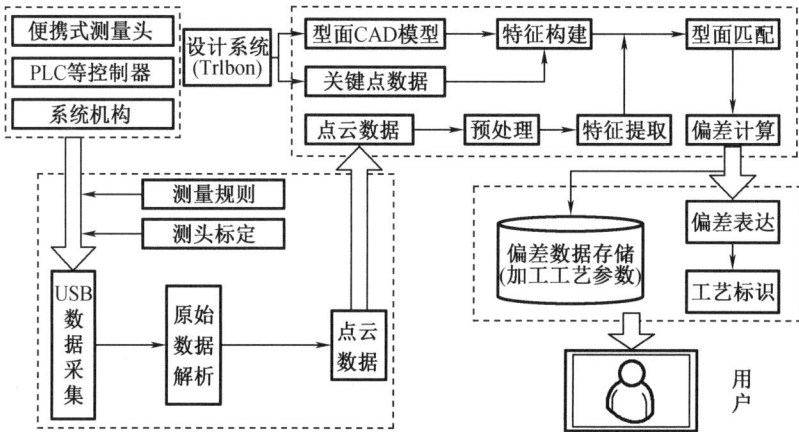

图 2 - 129 系统工作流程

从船舶设计系统中导出待测船板的型面 CAD 模型和关键点数据,根据关键点构建点、线等特征;启动测量初始化,标定测量头,根据理论型面及其特征进行对扫描过程规划;扫描,获得原始数据,通过初步解析,生成点云数据;理论型面与实测曲面匹配,计算偏差;根据用户要求显示全局或局部偏差,标识需要加工的位置或区域。

(2)单测头装备检测应用场景

单测头在线测量系统组成结构如图 2 - 130 所示。系统主要包括计算机系统、PLC 等控制器、可移动底座、可调节测头支架、便携式测量头、电源及网络连接线等部分。其中计算机系统运行系统软件支撑测量规划、标定到加工工艺标识整个测量过程;PLC 等控制器连接计算机系统、伺服电机,接受计算机的输入参数,并传输到执行机构控制硬件的运动;可移动底座用于固定测头支架,充分利用工作台的多孔结构(孔的尺寸为 35 ~ 45 mm)及其他简单夹具固定;可调节测头支架插入底座,并用限位螺钉固定其方向,测头可以直接固定到支架上。底座及支架均为筒结构,连接线可以从中穿过,不影响曲板加工实施。

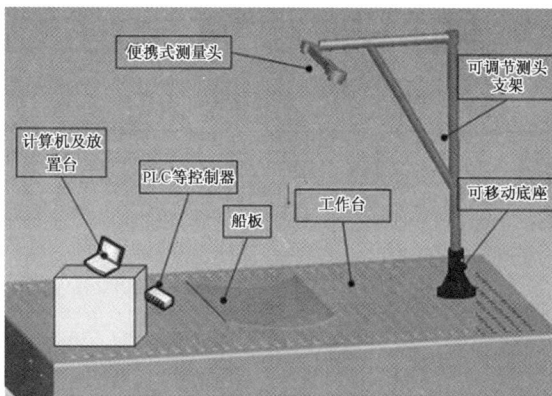

图 2 – 130　船舶曲板成型在位检测系统应用场景(单测头)

(3)导轨模式装备检测应用布局

导轨模式是将检测装备放置在悬臂或龙门架上,由控制和执行机构带动完成平台内曲板的检测,检测部分组成同上述单测头结构。该设备可以对大尺寸曲板进行检测。图 2 – 131 为导轨模式检测布局。

图 2 – 131　导轨模式检测布局

此外,设备可以集成到已有导轨的冷弯或冷压设备上,通过其自身导轨带动完成检测,还可以固定于大型设备,对固定加工场景的曲板进行检测。

2.7.4.2　曲板检测装备软件系统开发

(1)曲板检测工作模式和流程设计

装备是在线在位使用,可以根据加工位置的变化移动,设备本身及连接的计算机需要有电源供电。

(2)软件系统功能设计

软件部分分为 6 个独立的子系统:外部数据接口模块、扫描及重构模块、匹配与偏差计算模块、工艺标识模块、场景管理模块和用户操作界面模块,任务描述如表2－12所示。

表2－12　船板曲面成形测量软件模块任务描述

模块名	编号	任务	任务描述
外部数据接口模块	M1	获取曲面理论型面和肋位线等特征	从设计软件 Tribon 中获取曲板理论模型的几何数据和肋位线等特征的几何信息,通过算法重构理论曲面和肋位线等特征
扫描及重构模块	M2	执行船板扫描,获取并处理扫描数据	硬件驱动接口,测量规划及测头参数配置,执行扫描任务,获取原始数据,经过预处理生成点云数据
匹配偏差计算模块	M3	型面匹配及计算偏差	提供型面匹配功能,完成初级及精确匹配,计算并输出型面偏差
工艺标识模块	M4	将计算机的船板位置反馈到船板	支持将虚拟环境中,实测船板模型的指定区域或位置反馈到实测船板上
场景管理模块	M5	场景管理及渲染	场景漫游、路径管理、模型场景管理,渲染并输出图形
用户操作界面模块	M6	用户使用系统的入口	文件及数据读取、扫描及重构、匹配及偏差计算、工艺标识

①外部数据接口模块:从设计软件 Tribon 中获取曲板理论模型的几何数据和肋位线等特征的几何信息,通过算法重构理论曲面和肋位线等特征。

船板 CAD 模型导入:系统读入船板模型,可以包括对应肋板模型并显示。

型值点数据导入:支持读入型值点文件,构造点并显示。

特征构建或提取:支持通过坐标值或在指定点构建坐标系;通过多个型值点构建肋位线或者通过计算肋板与船板的交线,重构肋位线。

②扫描及重构模块:主要包括测头的标定、扫描前测头参数的配置(扫描点距/线距)、扫描硬件的驱动(扫描指令发送)、扫描数据的处理、曲面重构等。

测量规划:根据船板的尺寸、颜色,设置使用的测头数目。

测量头标定:主要用于多个测头时候统一坐标系自动计算。

扫描参数配置及扫描:设置扫描点间距、线间距等参数,测量头控制指令。

点云预处理:点云数据简化及显示。

型面重构:为了方便匹配和偏差计算,将点云数据构建三维曲面。

重构型面特征提取:从扫描数据中提取肋位线等特征信息。

型面匹配:通过选择点或者坐标系匹配。

③曲面匹配与偏差模块:主要包括通过特征/坐标系进行粗匹配,通过算法进行精确匹配,计算并输出偏差值。默认方式(－,0,＋)色斑图显示偏差值。

支持对偏差值的整体运算后显示(整体放大、缩小,四则运算)。

支持对船板曲面指定区域(框选区域、肋位线周围区域等)的偏差显示;支持显示偏差时,对模型及视点的操作,从各个角度观察偏差。

偏差数据存储:先采用文本形式存储偏差值;存储时,允许添加相应加工工艺信息,如加热嘴口径、加热速度、水火距。

偏差显示参数配置:支持偏差值按范围显示。

偏差值色斑图:支持偏差值范围对应的显示颜色,默认全部显示色斑图,根据显示参数确定色斑图显示范围。

肋位线偏差值表达:仅显示肋位区域色斑图。

④工艺标识模块:能够通过测头实时检测船板上激光光斑的位置;支持通过虚拟测量确定待加工船板位置。

⑤场景管理模块:场景漫游、路径管理、模型场景管理,渲染并输出图形。

⑥用户界面模块:系统界面(模型导入及管理;型面扫描与重构;曲面匹配与偏差计算;偏差显示配置及可视化)。

模型旋转与平移:支持使用鼠标平移、旋转模型,支持 XYZ、HPR 六自由度数值输入驱动模型。

模型显示状态控制:能够控制模型显示/隐藏/透明处理等状态控制。

距离测量及显示:提供点对点、点对面之间距离的交互式测量和显示。

(2)软件系统操作界面

软件系统操作界面如图 2-132 所示,包含了系统数据接口转换界面以及检测操作功能界面,该系统目前可以直接连接船舶工程项目,直接读取船板信息。

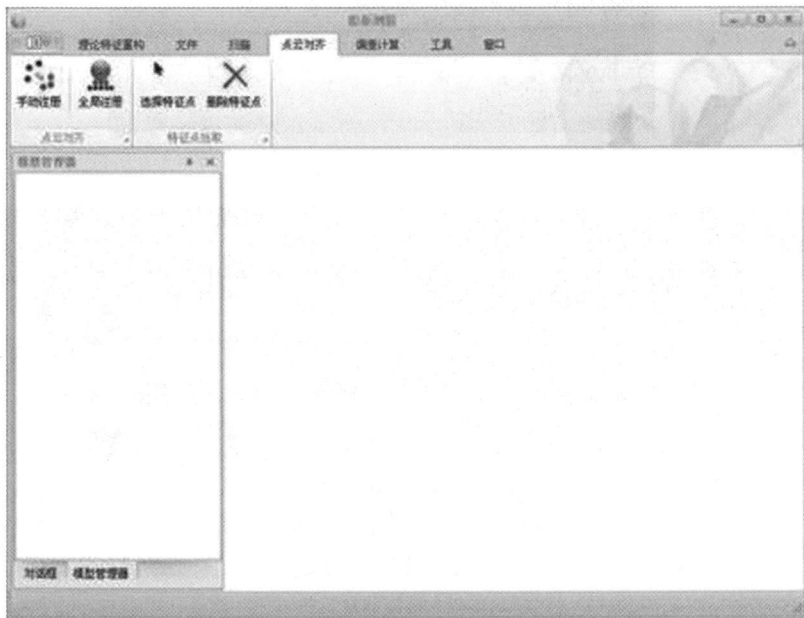

图 2-132 曲板测量系统操作软件界面

2.7.4.3 曲板检测样机研制和主要技术指标

(1)基于激光测量的检测设备

设备名称:曲板成型检测系统 SPScan - 1500(图 2 - 133)。

完成数量:3 台。

主要技术参数:(单幅参数)

①图像分辨率:130 万像素;

②测量范围:1.5 m × 1.2 m;

③测量精度:0.5 mm;

④测量时间约:20 s;

⑤设备质量:5 kg

⑥设备几何尺寸:510 mm × 150 mm × 150 mm;

⑦电源:220 V 交流;

⑧网络环境:千兆网。

(a)单幅小范围测量装备

(b)单幅大范围测量装备

图 2 - 133 基于激光线扫描的测量原型样机

（2）基于主动影像的测量原型样机

设备名称:曲板成型检测系统 SPScan – 2600(图 2 – 134)。

完成数量:1 台

主要技术参数(单幅):

①工作距离:2.5 ~ 3 m;

②测量范围:2.7 m × 3 m;

③测量时间:约 10 s;

④设计测量精度:0.2 ~ 0.3 mm;

⑤设备质量:约 20 kg;

⑥电脑接口:串口、千兆网卡 ;

⑦电源:220 V 交流;

⑧几何尺寸:1 510 mm × 550 mm × 300 mm。

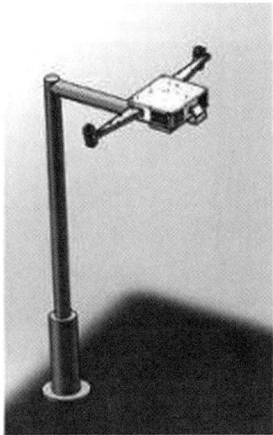
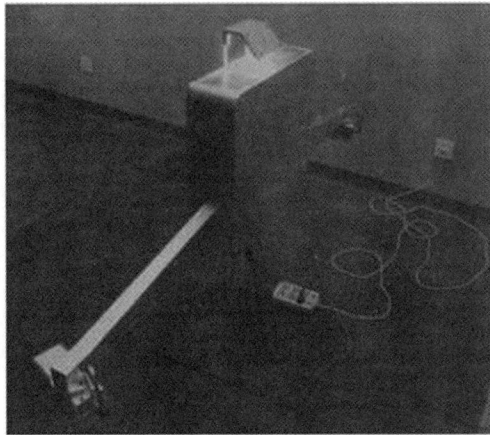

(a)　　　　　　　　　　　(b)

图 2 – 134　基于主动影像的测量原型样机

设备说明:上述两种设备均完成了技术和检测原理验证,第一型设备在钢板数控冷弯机上进行了应用测试;第二型设备在船厂水火工作平台进行了应用测试。

2.7.4.4　曲板检测装备在不同类型双曲板的检测应用验证

（1）鞍形板

①检测过程数据

测试曲板 1:0508n41_810_P1006,曲形如图 2 – 135 所示。该板曲率较大,理论尺寸约 1.2 m × 1.0 m,由于曲形复杂,余量较大,图 2 – 135 所示边界外皆为余量。图 2 – 136 所示为理论曲面与测量曲面匹配过程。图 2 – 137 所示为理论曲面与测量曲面匹配效果。图 2 – 138 所示为偏差色斑图。

图 2 – 135　测试曲板 1:鞍形板

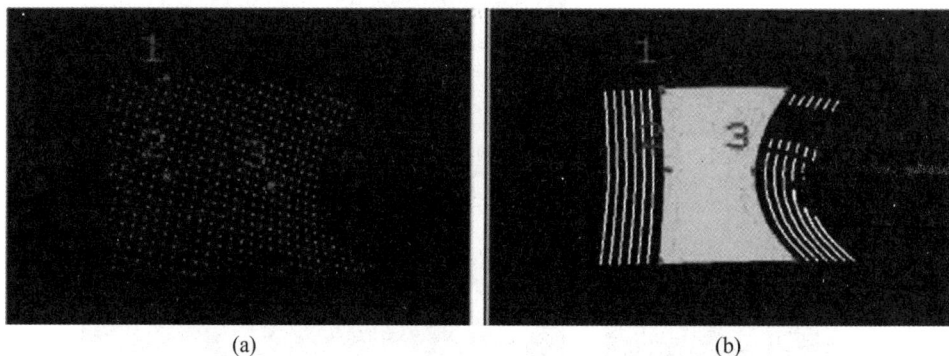

(a)　　　　　　　　　　　　　　　(b)

图 2 – 136　理论曲面与测量曲面匹配过程

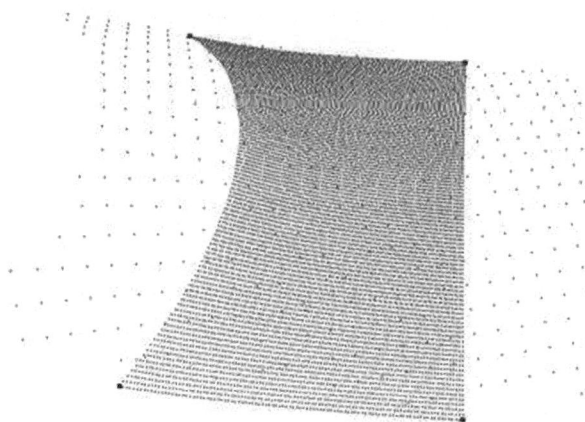

图 2 – 137　理论曲面与测量曲面匹配效果

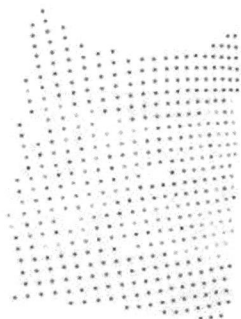

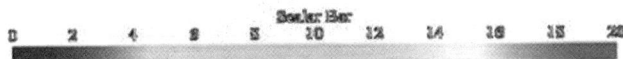

图 2 - 138 偏差色斑图

图中可以看出两个面基本完全贴合,偏差为 2 ~ 3 mm,满足制造精度要求。

②与样板数据的对比

鞍形板样板线实测数据和理论数据的对比,见表 2 - 13。

表 2 - 13 鞍形板样板线实测数据和理论数据对比

样板位置		型值点和实测数据对比/mm						标准差	样箱效果
		50	150	250	350	450	550		
样板 1	理论	318.67	345.01	357.85	357.85	345.01	318.67	0.468	
	实测	317.01	344.91	357.06	356.69	346.00	318.58		
	样板	基本贴合状态,目测偏差小于 1 mm							
样板 2	理论	329.20	368.77	387.48	387.48	368.77	329.20	0.587	
	实测	328.14	368.07	387.01	386.89	367.98	329.29		
	样板	基本贴合状态,目测偏差小于 1.5 mm							
样板 3	理论	359.46	427.28	456.40	456.40	427.28	359.46	0.07	
	实测	358.76	426.58	455.96	456.89	428.06	359.56		
	样板	基本贴合状态,目测偏差小于 0.5 mm							

(2)帆形三角板

测试曲板 2:0508n_2013_2,如图 2 - 139 所示,帆形板尺寸约为 1.5 m × 1.2 m,边界余量复杂,理论曲板为特殊四边形。图 2 - 140 所示为帆形三角板理论曲面与测量曲面匹配过程。图 2 - 141 所示为帆形三角板理论曲面与测量曲面匹配效果。图 2 - 142 所示为帆形三角板偏差色斑图。

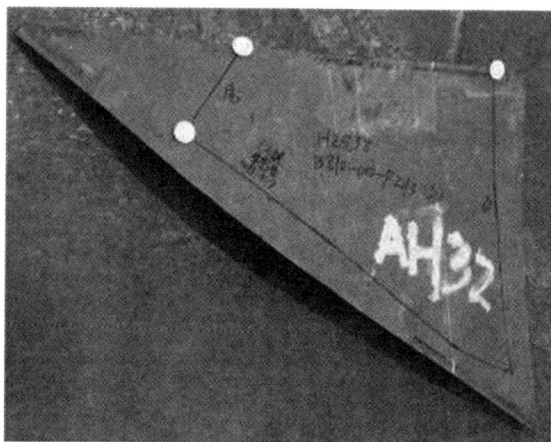

图 2 – 139　测试曲板 2:帆形三角板

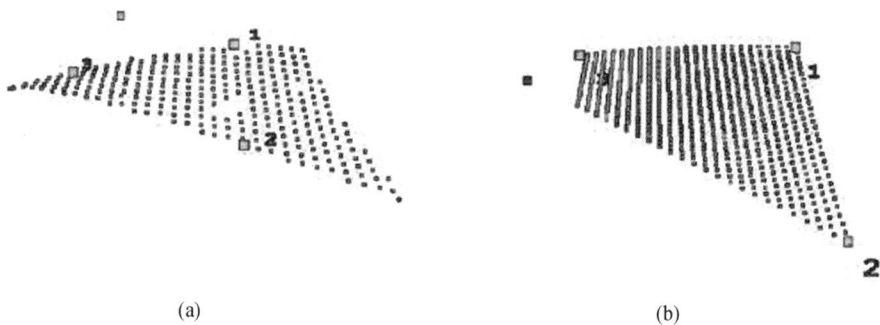

(a)　　　　　　　　　　　　　　　(b)

图 2 – 140　帆形三角板理论曲面与测量曲面匹配过程

(a)　　　　　　　　　　　　　　　(b)

图 2 – 141　帆形三角板理论曲面与测量曲面匹配效果

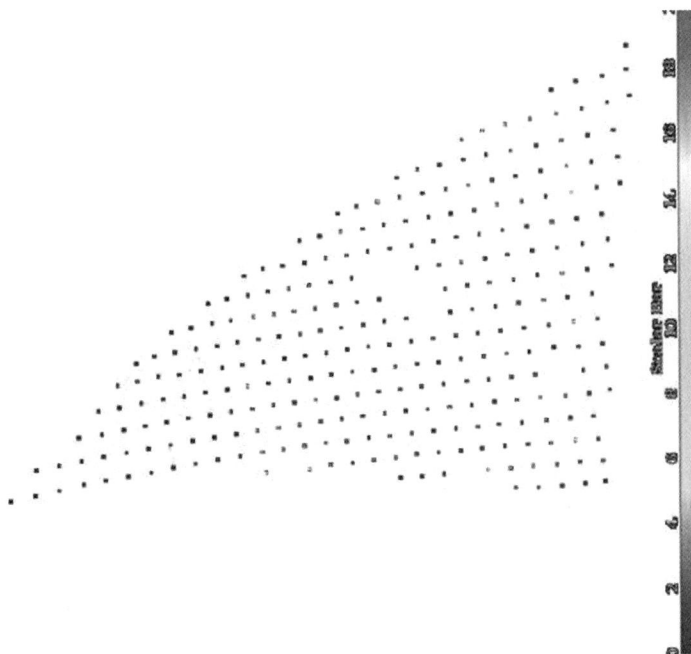

图 2 - 142　帆形三角板偏差色斑图

测量结果与样板数据基本一致,帆形板已经加工到位,见表 2 - 14。

表 2 - 14　帆形板样板线实测数据和理论数据对比

样板位置		型值点和实测数据对比/mm						标准差	样箱效果
		50	100	200	300	400	450		
样板 1	理论	268.01	260.74	—	—	—	—	0.476	—
	实测	267.98	259.86	—	—	—	—		
	样板	基本贴合状态,目测偏差小于 1 mm							
样板 2	理论	226.48	236.34	253.18	266.15	275.23	278.30	0.729	
	实测	227.70	236.40	253.26	267.01	276.16	279.23		
	样板	基本贴合状态,目测偏差小于 1.5 mm							

(3)大板拼接

测试曲板 3:0509n_1025,本测量板尺寸约为 3.6 m×1.2 m,采用 2 次测量,标记点拼接方式。图 2 - 143 所示为大板拼接过程。图 2 - 144 所示为拼接效果和理论数据。图 2 - 145 所示为偏差色斑图。表 2 - 15 为拼接板样板线实测数据和理论数据对比。

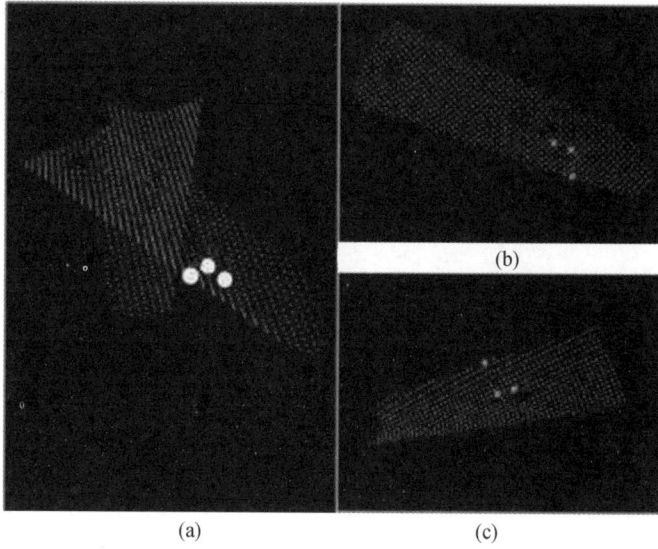

图 2 - 143　大板拼接过程

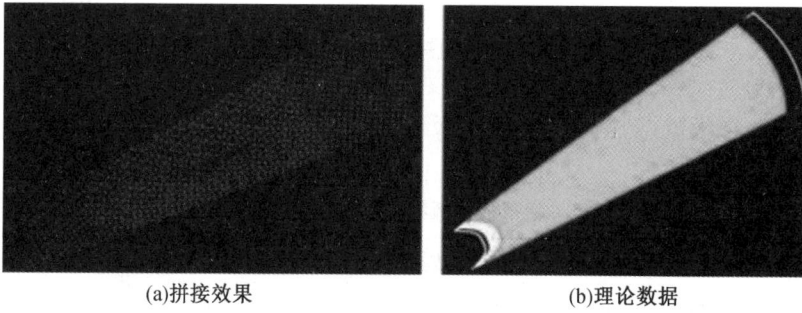

(a)拼接效果　　　　　　　　　(b)理论数据

图 2 - 144　拼接效果和理论数据

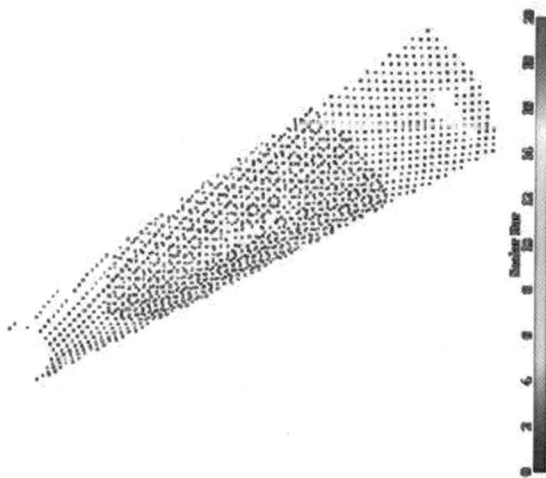

图 2 - 145　偏差色斑图

表 2 - 15 拼接板样板线实测数据和理论数据对比

序号		型值点和实测数据对比/mm						标准差	样箱效果
样板 H2538 尾3#-1	理论	518.98	538.6	555.17	556.51	552.07	553.06	0.7	
	实测	520.14	538.05	554.36	555.39	552.42	553.29		
	样板	基本贴合状态,目测偏差小于 1.5 mm							
样板 H2538 尾3#-2	理论	533.39	552.68	560.17	557.59	546.3	527.35	0.36	
	实测	532.5	552.14	559.85	557.47	546.53	527.41		
	样板	基本贴合状态,目测偏差小于 1 mm							
样板 H2538 尾3#-3	理论	522.24	534.46	538.61	536.1	527.95	514.95	0.49	—
	实测	521.54	533.78	538.16	535.74	527.83	515.60		
	样板	基本贴合状态,目测偏差小于 1 mm							
样板 H2538 尾3#-4	理论	517.31	523.16	534.82	533.27	525.79	512.95	0.72	—
	实测	516.25	522.46	534.35	532.68	526.14	514.07		
	样板	基本贴合状态,目测偏差小于 1.5 mm							
样板 H2538 尾3#-5	理论	513.39	520.81	524.93	524.88	521.06	513.82	0.86	
	实测	511.73	520.71	524.14	524.1	521.38	515.35		
	样板	基本贴合状态,目测偏差小于 2 mm							

2.8 本章小结

结合分段制造、总段组装、船舶合拢等造船工艺过程,如何对船舶制造中间产品尺寸、形状、位置、姿态等实际几何参数进行现场、高效、高精感知,是船舶制造精度评价和制造质量管控的前提与关键。

本章在充分分析曲板成形、平直切割、组立焊接、管段合拢等典型船舶制造过程对面形、尺寸、位姿等几何信息测试需求的基础上,对立体视觉、线激光、结构光三维测量技术进行深入阐述,并分析了船舶制造过程适用性。介绍了可提高系统测量精度的船舶制造过程小型标定靶在位精度标定方法,物体分割、边界特征提取、角点检测、几何特征测量等海量数据关键特征分析识别与尺寸计算方法,船舶制造过程视觉传感优化布局与全息匹配技术,iGPS 大尺寸精密定位技术等。详细描述了面向船舶制造测量应用的嵌入式线激光传感器以及结构光测量模块的研制过程。最后,讲述了平直分段流水线门切、小组立机器人焊接、合拢管法兰姿态测量、曲板成形等船舶典型应用场景研制相对定制化在位、在线测量系统的应用验证。

船舶制造中间产品几何信息感知技术满足了船舶制造行业各工艺环节现场对几何信息测试需求,为促进几何信息感知技术进一步在船舶制造行业应用提供了测量原理、传感器、解决方案的软硬件支撑。

第3章 车间资源状态信息采集技术

3.1 概　　述

3.1.1 背景

由于船舶制造企业车间各项资源布局的差异性和作业的相似性,导致相关资源状态信息呈离散型动态分布,给状态信息数据的采集带来极大的不便,为使车间各项资源的全部状态能够及时采集和跟踪,需要在所有的资源库中定义完整的工艺信息和动态信息,并利用互联互通的船舶基础平台,建立车间网格化的传感器网络、定位系统、红外感应系统和语音视频系统等,对车间资源的物理自然状态和设备的运转状态进行实时跟踪和管理,解决船舶制造车间资源状态信息采集、跟踪及管理等技术问题,保证实时数据能够快速、准确地进入车间资源信息库,实现对车间资源的实时监控跟踪。

3.1.2 主要内容及技术路线

要将物联技术应用于车间制造过程数据的采集,必须先对车间的数据来源进行分析,并对不同类型的数据进行分类,从中筛选出能指导车间生产以及支持管理层决策的数据。然后,结合当今物联技术在生产中的应用,选择合适的物联技术用于车间数据采集和管理,以提高车间数据采集的准确性和实时性。

3.1.2.1 动态调整场地布局

通过动态调整场地布局,实现场地在各种使用状态下的自动跟踪与信息的实时采集,并利用数据库技术实现场地状态信息的存储与管理,最终实现场地资源动态平衡,从而降低场地资源的闲置率,提升生产场地单位面积产能。

3.1.2.2 动态调整设备状态信息

通过动态调整设备状态信息,实现设备在各种使用状态下的自动跟踪与信息的实时采集,并利用数据库技术实现设备状态信息的存储与管理,最终实现设备资源动态平衡,从而降低设备的冗余度,提升设备单位时间加工能力。

3.1.2.3 动态调整工装状态信息

通过动态调整工装状态信息,实现工装在各种使用状态下的自动跟踪与信息的实时采集,并利用数据库技术实现工装状态信息的存储与管理,最终实现工装资源动态平衡,从而降低工装资源的报废率,提高工装资源的复用性。

图3-1为车间资源状态信息采集技术路线。

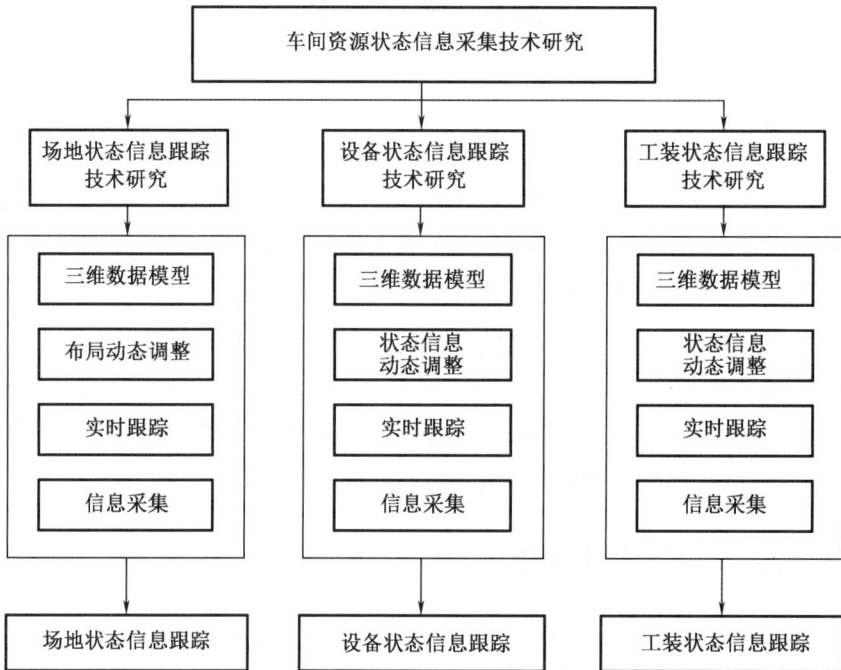

图3-1 车间资源状态信息采集技术路线

3.2 车间资源状态数据分析

制造执行系统(Manufacturing Execution Stystem,MES)作为企业管理模型中承上启下的中间层,是上下层所有信息传递的桥梁。MES功能的实现都直接或间接地依赖于上下层数据。事实上,车间数据直接反映了企业的生产活动,是企业制定生产经营决策、确定生产计划的现实依据。它为系统提供了物料生产过程数据、物流状态、人员的工作效率、工作质量等信息,这些都是企业资源计划(Enterprise Resource Planning,ERP)无法直接快速获取到的关键信息。通过生产现场加工状态信息的实时采集,有利于生产计划的动态调度和优化调度。因此,数据采集在整个系统中占据核心地位。

3.2.1 车间制造过程数据类型分析

车间制造过程产生的数据分为三类:静态数据、动态数据及中间数据。

3.2.1.1 静态数据

静态数据是指一般来说不会发生变化的数据,例如物料的编码、加工者的内部编号、加工设备编号、库房编号等。尽管这类数据对在制品的状态没有直接影响,但作为物料制造过程的附属信息,对于 MES 的数据追溯模块来说,它们是不可或缺的。在采集数据的时候,如何将这些附属信息与物料绑定,以确保信息追溯功能的准确,是本项技术的重点。

2.3.1.2 动态数据

动态数据是指在制造过程中,随着零件状态的变化,其他发生变化的一类数据。这类数据包括零件的加工工序、尺寸、物流信息、开工完工时间等。这些信息直接反映了零件的质量和状态,为企业了解零件实时动态、任务当前进度提供保障,并为上层数据处理、质量控制、任务调度和供应链管理提供基础数据。因此,这类数据比静态数据更为重要,并且要求其具有很高的实时性。如何将这些数据集成并供系统使用,是动态数据采集的重点。

3.2.1.3 中间数据

中间数据是指由于企业管理的需要,把采集的静态数据和动态数据进行整理、处理,由此得到的数据或指标就是中间数据。如管理系统有时需要对数据进行批量处理,从而对数据进行清洗,以满足处理或模块之间的通信需要,或者对生产信息生成报表功能等,这些都是中间数据。中间数据虽然不是直接获取到的数据,但它对整个管理系统的运作起着重要作用。

3.2.2 车间资源状态数据类型分析

3.2.2.1 场地状态信息

场地状态信息中需要采集的制作工位、材料堆放工位、安全通道的规格、尺寸、用途、起重能力、转运能力等基本信息属于静态信息;使用状态、生产进度、设备资源、管理人员属于动态信息;单位面积产能、转换率、利用率等技术指标属于中间数据。

3.2.2.2 设备状态信息

设备状态信息中需要采集的设备名称、规格型号、自重、复杂系数、电机数量、类级、生产厂家、出厂日期、出厂编号、验收日期等属性信息和使用年限、隶属、设备功率、设备原值、设备净值、设备残值率、折旧率、用途等各项技术参数属于静态信息;使用部门号、使用部门名称、存放地点、设备操作负责人等,设备状态(开机、停机、等待、运行、故障等)信息、零件加工状态信息、设备状态信息、设备异常信息、设备维护信息等,运行参数信息、加工程序号、主轴转速、主轴负载、温度等运行信息等属于动态信息;各设备的单位时间加工能力、利用率、返修率等技术指标属于中间数据。

3.2.2.3　工装状态信息

工装状态信息中需要采集的工装模型、设计编码等属于静态信息;使用信息、维护信息、保养信息、检修信息、报废信息及管理人员信息属于动态信息;使用率、返修率、报废率等技术指标属于中间数据。

3.3　车间资源对象数据采集共性技术

3.3.1　数据采集技术概述

数据采集系统已经被人们广泛地应用到各个生产性工业、互联网公司等。数据采集系统主要从传感器和其他待测试设备等模拟和数字被测单元中自动采集数据,然后送入数据库进行分析。车间设备数据采集系统结构如图 3－2 所示。

在生产现场,需要采集的信息类型主要包括人、机、料、法、环等几种信息,如图 3－3 所示,采集方式主要有条码识别、RFID 射频识别、人工输入、传感器识别等。在生产现场有各种各样的生产及辅助设备,如各类加工设备(车床、铣床)、各类检验检测设备、下料设备、冲压设备、运输设备、焊接设备、存储设备等,所有这些设备通信接口形态、通信协议类型等各不相同,为了满足这些设备信息采集,就需要根据具体形态开放对应通信协议。

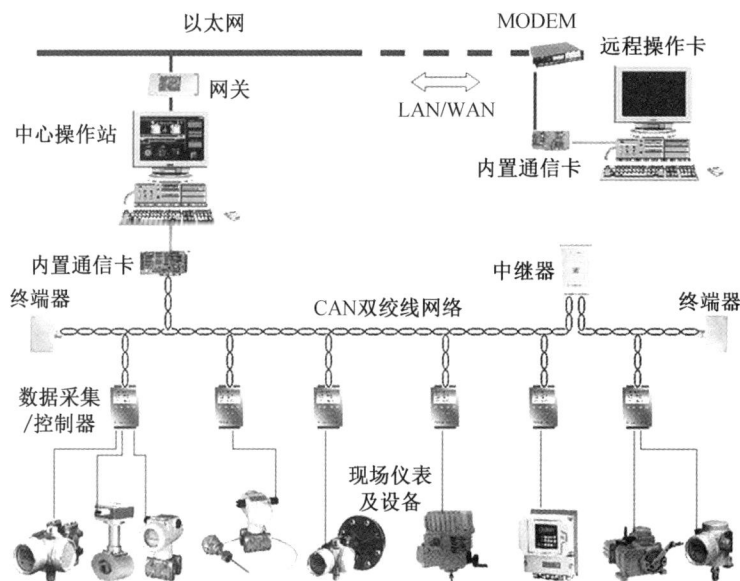

图 3－2　车间设备数据采集系统硬件结构

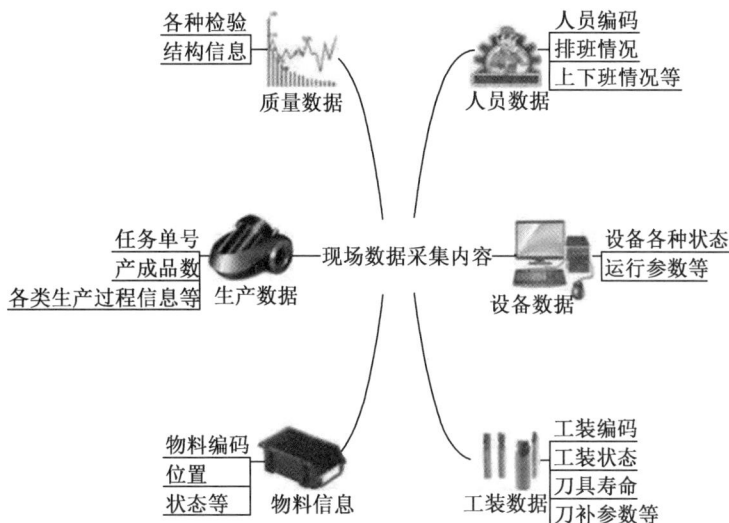

图 3-3　现场数据采集内容

3.3.2　条码技术

条码是由一组规则排列的条、空或与其相对应的字符组成的标记,用以表示一定的信息。这种用条、空组成的数据编码可以供机器识读,而且很容易译成二进制数和十进制数。这些条和空可以有各种不同的组合方法,从而构成不同的图形符号,即各种符号体系,也称码制,适用于不同的场合。

3.3.2.1　条码分类

目前条码可分为一维码和二维码。

一维码是在一个方向(一般是水平方向)由一组按照一定编码规则排列,宽度不等的条(Bar)和空(Space)及其对应的字符组成的标识,用以表示一定信息。常用的一维码编码规则有 EAN 码、UPC 码、128 码、39 码、库德巴码等。

二维码是在一维码的基础上发展而来的,可在水平和垂直方向的平面二维空间存储信息。相比一维码,二维码信息容量大,在一个二维码中可以存储 1 000 个字节以上;信息密度高,同样面积大小的二维码可以是一维码信息密度的 100 倍以上;识别率极高,由于二维码有极强的数据纠错技术,即便存在部分破损、污损的面积也能被正确读出全部信息;编码范围广,凡是可以数字化的信息均可编码。常见的二维码编码规则有 PDF417、QR Code、Data Matrix、Aztec Code 等。

3.3.2.2　常用条码

(1)一维码

EAN 码是当今世界上广为使用的商品条码,已成为电子数据交换(EDI)的基础;UPC

码主要为美国和加拿大使用;Code39 码因其可采用数字与字母共同组成的方式而在各行业内部管理上被广泛使用;ITF25 码在物流管理中应用较多。

（2）二维码

PDF417 具有信息容量大、修错能力强、保密和防伪性能好等优点,可将照片、指纹、签字、声音、文字等可数字化的信息进行编码,主要应用于证件中;QR Code 具有超高速识读、有效表达汉字等特点,能够广泛应用于工业自动化生产线管理等领域,但很难实现全方位识读;Data Matrix 可直接读取其资料内容,无须符号对应表,只需读取资料的 20% 即可精确辨读,很适合应用在条码容易受损的场所,如高热、化学清洁剂、机械剥蚀等零件上;Aztec Code 码适合在有限的空间上标识,无静区要求,能够克服手持终端屏幕的边缘存在反光导致条码静区无法识别的问题,适合手持终端使用,如手机。

3.3.2.3　应用领域

条码技术自诞生以来,因其在信息采集上灵活、高效、可靠、成本低廉的特点,逐渐成为现代社会最常见的信息管理手段之一。而条码识读设备作为信息采集的前端设备,是条码技术应用的前提和基础,并且伴随条码技术的不断发展,目前已成为商品零售、物流仓储、产品溯源、工业制造、医疗健康、电子商务和交通系统等信息化系统建设中必不可少的基础设备。

目前,一维码识读设备在全球发达国家和地区已经较为普及。而随着二维码技术的不断发展和应用领域的拓展,影像扫描技术开始逐步实现对激光扫描技术的替代,释放出相应的识读设备市场需求。同时,以亚太地区为代表的新兴市场仍处于快速发展阶段,对条码设备的市场需求与日俱增。这些因素均为市场注入了新的活力,推动了条码识别产业的稳步增长。

3.3.2.4　应用特点及优势

工业智能生产模式的基础是生产设备的自动化和智能化,而条码识别技术及在其基础之上的机器视觉是现代工业设备实现检测、感知、通信和响应的主要路径之一,自动化生产中的物料调配管理、零件识别及分拣、动态生产控制,产品检测和追踪均需运用到条码识别技术,而机器视觉系统更是减少人为误差、提升生产流水线的柔性和自动化程度的重要途径。在工业自动化生产领域,条码识读设备具有如下优势。

（1）可靠准确

条码输入平均每 15 000 个字符一个错误;如果加上校验则出错率是千万分之一。

（2）数据输入速度快

速度比手工输入提高了 5 倍。

（3）经济便宜

与其他自动化识别技术相比较,推广应用条码技术,所需费用较低。

（4）灵活、实用

在没有自动识别设备时,也可实现手工键盘输入。

（5）设备简单

操作容易，无须专门训练。

（6）易于制作

条码标签易于制作，对印刷技术设备和材料无特殊要求。

3.3.2.5　企业应用

应用现代化管理理念，采用条码识别技术，可以解决企业管理中存在的收发、仓储、统计等问题，能够解决的问题如表3-1所示。

表3-1　企业管理难点

序号	管理难点	问题	后果
1	物料收发	物料的错发、漏发频繁	物流成本提高； 客户满意度降低； 库存信息准确率被破坏
2	仓库盘点	实物数据采集困难，经常不准确	清点登记工作繁重； 录入数据量大，容易出错； 管理漏洞多，容易作假
3	质量追溯	客户投诉质量问题，不能够确定批次信息	单据查找工作量大； 信息不完整，无法追查到具体的批次或序列号
4	车间统计	车间执行数据的统计实时性差	手工统计工作量大且延时； 无法实时掌握生产进度； 无法及时发现生产过程中可能出现的问题

3.3.2.6　扫描方式

条码自动识别技术是信息数据自动识读、自动输入计算机的重要方法和手段，它将计算机、光电、通信和网络技术融为一体，与互联网、移动通信等技术相互结合。通过自动识别技术，现代社会可以实现全球范围内物品的跟踪与信息的共享，实现人与物体以及物体与物体之间的沟通和对话。常用条码扫描技术有以下三种。

（1）无线扫描

无线扫描是指利用无线网络及通信技术，为条码设备提供管理系统的数据接口，无线手持终端通过Web Service服务访问数据库，完成数据的双向传输。实现条码设备上数据的实时查询和现场数据采集的实时校验、传递。

优点：不受有线设备线路的限制，数据处理及时，不需离线档案下载，采集的数据实时校验，简单易用。

缺点：设备价格较高，无线网络信号可能不稳定，造成数据传输中断。

（2）离线扫描

离线扫描是使用条码采集器，在仓库现场进行数据采集。在做业务数据采集前，先把任务数据从业务系统下载下来，在任务范围内做收集和识别，可以做一些简单的任务范围的判定和提示。处理完毕后，通过通信接口（一般通过串口通信）把采集的数据传入系统，管理系统生成相应的业务单证。

优点：扫描速度较快，不受场地距离限制，相对于无线方式来讲，操作简单，功能稳定。

（3）在线扫描

在线扫描需要在线扫描设备与 PC 机直接相连，数据通过有线线路实时传递到系统，代替人工输入。

优点：设备价格低，适用于被扫描的存货体积较小，扫描工作点较固定的场合。扫描器扫描过程相当于键盘的串行输入过程。

缺点：有线设备连接线的长度有限，扫描员的活动范围受限制。

3.3.3 RFID 射频识别技术

3.3.3.1 射频识别概念

RFID（Radio Frequency Identification），即射频识别，常称为感应式电子晶片或近接卡、感应卡、非接触卡、电子标签、电子条码等。RFID 射频识别是一种非接触式的自动识别技术，它通过射频信号自动识别目标对象并获取相关数据，识别工作无须人工干预，可工作于各种恶劣环境。RFID 技术可识别高速运动物体并可同时识别多个标签，操作快捷方便。

短距离射频产品不怕油渍、灰尘污染等恶劣的环境，可在这样的环境中替代条码，例如用在工厂的流水线上跟踪物体。长距射频产品多用于交通上，识别距离可达几十米，如自动收费或识别车辆身份等。

3.3.3.2 射频识别系统构成

最基本的 RFID 系统由三部分组成：标签、阅读器和天线。

（1）标签（Tag）

由耦合元件及芯片组成，每个标签具有唯一的电子编码，附着在物体上标识目标对象。电子标签是射频识别系统的数据载体，电子标签由标签天线和标签专用芯片组成。依据电子标签供电方式的不同，电子标签可以分为有源电子标签（Active tag）、无源电子标签（Passive tag）和半无源电子标签（Semi - passive tag）。有源电子标签内装有电池，无源射频标签没有内装电池，半无源电子标签（Semi - passive tag）部分依靠电池工作。电子标签依据频率的不同可分为低频电子标签、高频电子标签、超高频电子标签和微波电子标签。依据封装形式的不同可分为信用卡标签、线形标签、纸状标签、玻璃管标签、圆形标签及特殊用途的异形标签等。

（2）阅读器（Reader）

读取（有时还可以写入）标签信息的设备，可设计为手持式或固定式；RFID 阅读器（读写器）通过天线与 RFID 电子标签进行无线通信，可以实现对标签识别码和内存数据的读出或写入操作。典型的阅读器包含有高频模块（发送器和接收器）、控制单元以及阅读器天线。

（3）天线（Antenna）

在标签和读取器间传递射频信号，一般安装在阅读器中。

3.3.3.3 RFID 的工作原理

射频识别系统的基本模型如图 3 - 4 所示。其中，电子标签又称为射频标签、应答器、数据载体；阅读器又称为读出装置，扫描器、通信器、读写器（取决于电子标签是否可以无线改写数据）。电子标签与阅读器之间通过耦合元件实现射频信号的空间（无接触）耦合，在耦合通道内，根据时序关系，实现能量的传递、数据的交换。

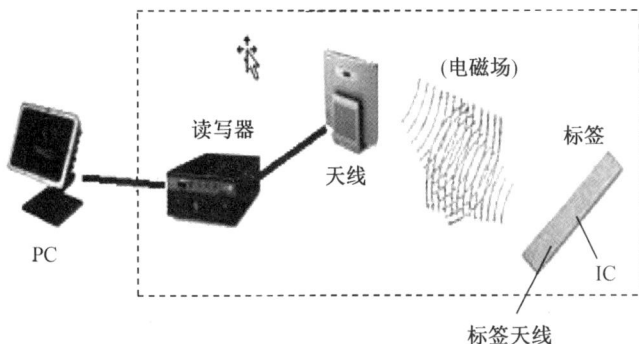

图 3 - 4　射频识别系统的基本模型

发生在阅读器和电子标签之间的射频信号的耦合类型有以下两种。

①电感耦合。变压器模型，通过空间高频交变磁场实现耦合，依据的是电磁感应定律。电感耦合方式一般适合于中、低频工作的近距离射频识别系统。典型的工作频率有：125 kHz、225 kHz、13.56 MHz。识别作用距离小于 1 m，典型作用距离为 10 ~ 20 m。

②电磁反向散射耦合。雷达原理模型，发射出去的电磁波，碰到目标后反射，同时携带回目标信息，依据的是电磁波的空间传播规律。电磁反向散射耦合方式一般适合于高频、微波工作的远距离射频识别系统。典型的工作频率有：433 MHz、915 MHz、2.45 GHz、5.8 GHz。识别作用距离大于 1 m，典型作用距离为 3 ~ 10 m。

RFID 读写器技术原理如图 3 - 5 所示。

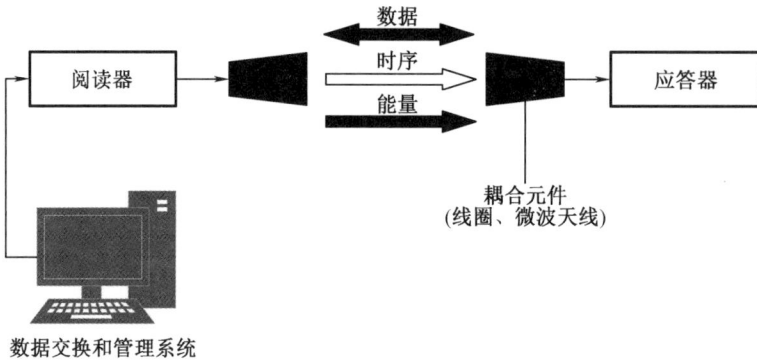

图 3 – 5　RFID 读写器技术原理图

3.3.3.4　应用过程

RFID 技术可应用于多个领域,比如仓库资产管理、产品跟踪、生产线自动化、物料管理、供应链自动管理、防伪识别、医疗,等等。

电子标签具有读写与方向无关、不易损坏、远距离读取、多物品同时一起读取等特点,其在仓储库存、资产管理领域可以大大提高对出入库产品信息的记录采集速度和准确性,减少库存盘点时的人为失误,提高存盘点的速度和准确性。

在产品跟踪领域因为电子标签能够无接触地快速识别,在网络的支持下可以实现对附有 RFID 标签物品的跟踪,并可清楚了解到物品的移动位置。

在供应链自动管理领域,电子标签可用于货架、出入库管理、自动结算等各个方面。沃尔玛公司是全球 RFID 电子标签最大的倡导者,沃尔玛的两个大的供货商 HP 和 P&G 已经在其产品的包装上使用电子标签。

3.3.3.5　条形码、二维码与 RFID 技术的对比

纵览传统二维条形码与无线射频识别技术,为了提高计算机识别的效率,增强其灵活性和准确性,使人们摆脱繁杂的统计识别工作,传统条形码、二维条形码、无线射频识别技术先后问世。虽然它们各有千秋,但无论是哪一项技术都是为了及时获取物品的各种信息,并且进行快速、准确的处理,其对比如表 3 – 2 所示。

表 3 – 2　条形码、二维码与 RFID 技术的对比

识别方式及性能	条形码	二维码	RFID
信息识别	读取效率低,只能逐一读取	读取效率低,只能逐一读取	读取效率高,能多个同时读取,但存在信息干扰(屏蔽)
信息存储	存储量有限	存储量较条形码较大	存储量很大
适应环境	易损、易脏	易损、易脏	抗摔、抗油、抗污、可穿透
运营成本	成本低廉	成本低廉	成本较高
环保方面	一次性	一次性	可重复使用

3.3.4　UWB 定位技术

3.3.4.1　UWB 定位算法

目前无线定位技术是指即定位算法,目前最常用的用来判定移动用户位置的测量方法和计算方法主要有:时差定位技术、信号到达角度测量(AON)技术、到达时间定位(TOA)和到达时间差定位(TDON)等。其中,TDO – 1 技术是目前最为流行的一种方案,除了用于 CSM 系统,在其他诸如 AMPS 和 CDMA 系统中也广泛应用,UWB 定位采用的也是这种技术。目前 UWB 定位系统也可以提供 3D 定位功能,此定位系统采用 TDOA 和 NOA 两种定位算法,已达到 3D 定位的效果。

3.3.4.2　系统构成

下面以 UWB 精确定位系统为例进行介绍。

UWB 精确定位系统包含三个组成部分:传感器 sensor、有源定位标签 tag 和定位平台 iTocateTRM,在该系统中,定位标签 tag 利用 UWB 脉冲信号发射出位置信息给传感器 sensor,传感器接收到信号后采用 TDOA 和 NOA 定位算法对标签位置进行分析,最终通过有线以太网传输到 iTocate 服务器。iTocateT – MJWB 定位单元可以实现无缝蜂窝连接,将定位空间无限扩展,定位标签可以在各个单元自由行走,通过定位平台软件分析,将定位目标真实地以虚拟动态三维效果显示出来。该系统在传统的应用环境中稳定达到 15 cm 的 3D 定位精度(图 3 – 6)。

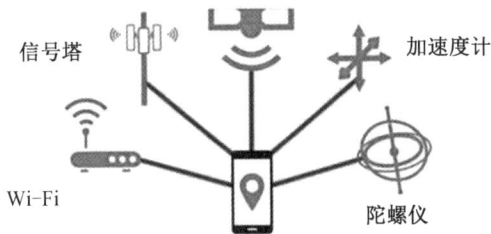

图 3 – 6　UWB 精确定位系统

3.3.4.3　UWB 定位技术的优势

(1)传输速率高

理论上,一个宽度趋于 0 的脉冲具有无限的带宽,因此,UWB 即使把发送信号功率谱密度控制得很低,仍可实现高达 100～500 Mbit/s 的传输速率。在民用方面,UWB 脉冲宽度一般为纳秒级。如果一个脉冲代表一个数位,那么,理论上 UWB 可达 1 Gbit/s 的速率,这样在实际中实现 100 Mbit/s 以上的速率是完全可能的。

(2)范围覆盖广

UWB 属于中短距离范围内的通信技术,非常适合构建室内环境的实时定位系统。根据最近的发展,目前的单个传感器定位单元的覆盖面积达到 400 m^2,传感器网络的信号发射节点与信号接收节点之间的最大距离达到 60 m。可以实现多个定位单元(CelD)联合工作,按需扩大覆盖面积。

(3)实时性好

相对于其他定位技术,UWB 定位技术的一个很大的优势就是它具有较好的实时性。

(4)穿透力强

UWB 信号具有非常强的穿透力。UWB 信号能穿透树叶、土地、混凝土、水体等介质,因此军事上 UWB 雷达可用来探测地雷,民用上可以查找地下金属管道探测高速公路地基等。

(5)传输能力强

民用商品中,一般要求 UWB3 信号的传输范围为 10 m 以内,再根据经过修改的信道容量公式,其传输速率可达 500 Mbit/s,是实现个人通信和无线局域网的一种理想调制技术,UWB 以非常宽的频率带宽来换取高速的数据传输,并且不单独占用现在已经拥挤不堪的频率资源,而是共享其他无线技术使用的频带,在军事应用中,可以利用巨大的扩频增益来实现远距离低截获率、低检测率、高安全性和高速的数据传输。

(6)发射功率小

UWB 系统使用间歇的脉冲来发送数据,脉冲持续时间很短,一般在 0.20 ms ~ 1.5 ns,有很低的占空因数,系统耗电可以做到很低,在高速通信时系统的耗电量仅为几百 uW 至几十 mW,民用的 UWB 设备功率一般是传统移动电话所需功率的 1/100 左右,是蓝牙设备所需功率的 1/20 左右,军用的 UWB 电台耗电也很低,因此 UWB 设备在电池寿命和电磁辐射上,相对于传统无线设备有着很大的优越性。

劣势:UWB 通信也存在不足,主要问题是 UWB 系统占用的带宽很高,UWB 系统可能会干扰现有其他无线通信系统。因此,UWB 系统的频率许可问题一直在争论之中。另外,还有学者认为,尽管 UWB 系统发射的平均功率很低,但是,由于其脉冲持续时间很短,瞬时功率峰值可能会很大,这甚至会影响到民航等许多系统的正常工作。尽管如此,学术界的种种争论并不影响 UWB 的开发和应用。

3.4　场地状态信息采集技术

智能车间场地状态信息与生产工艺流程的紧密联系,为了实时反映车间各场地的生产作业情况,需要对场地的使用状态、生产进度、设备资源、管理人员等动态信息进行跟踪分析并分类汇总,测算各场地的单位面积产能、转换率、利用率等技术指标。为了优化调整上述技术指标,对场地布局进行动态调整,实现场地在各种使用状态下的自动跟踪与信息的实时采集,并利用数据库技术实现场地状态信息的存储与管理,最终实现场地资源动态平衡,从而降低场地资源的闲置率,提升生产场地单位面积产能。

3.4.1　车间场地分类及网格化技术

车间场地类型主要分为三类,制作工位、材料堆放工位、安全通道,如图 3 - 7 所示。

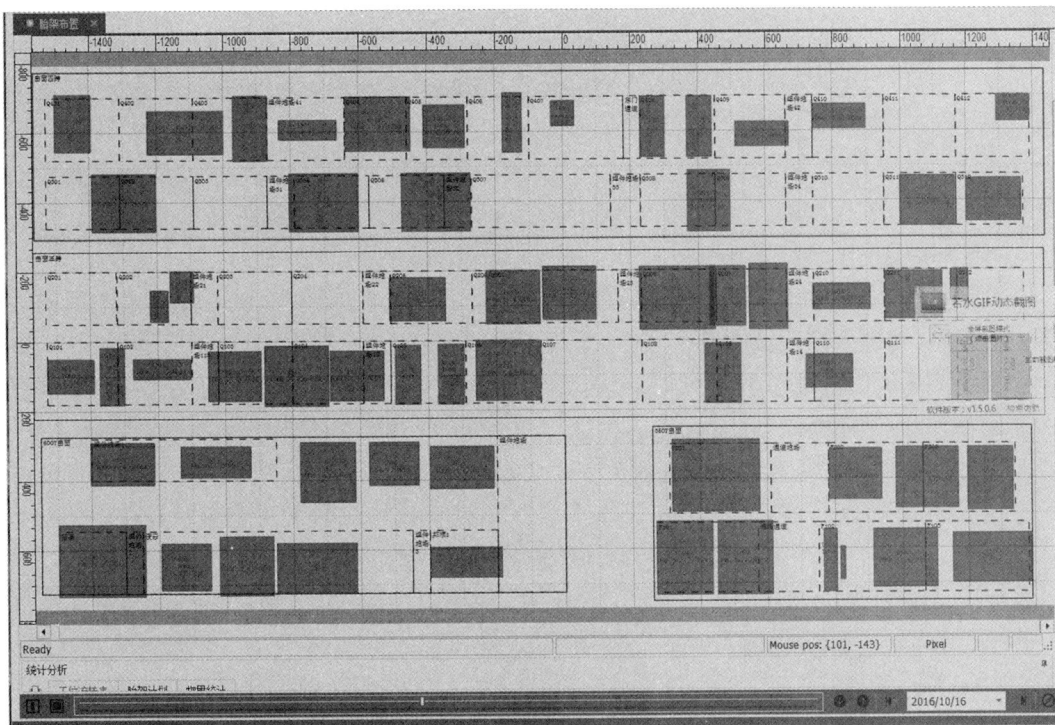

图 3 - 7　车间场地网格化划分

3.4.1.1　制作工位

车间的制作工位是场地状态中最重要的部分,按生产流程和制作形式划分为板材切割生产线工位、型材切割生产线工位、小组立生产线工位、小组立制作胎架工位、FCB 生产线工位、中组立生产线工位、中组立制作胎架工位、分段制作胎架工位等。

3.4.1.2　材料堆放工位

车间的材料堆放工位一般有切割钢材堆放区、切割零件下胎堆放区、小组立上胎零件堆放区、小组立下胎堆放区。按船厂对钢板整体规格的需求,对切割钢材堆放区进行网格划分,确保所有钢板都能堆放至其中至少一个钢材堆放区中。在切割生产线旁边,对切割零件下胎堆放区进行网格划分,预留零件托盘堆放位置;对于大型板材零件采用切割钢材堆放区的方式,在切割生产线下胎处预留位置堆放。在小组立生产线前或小组立胎架上料附近,为小组立上胎零件堆放区预留位置,进行网格划分。在小组立生产线或小组立胎架下胎处,对小组立下胎堆放区进行网格划分,为小组立托盘预留堆放位置。

3.4.1.3　安全通道

安全通道一般用于车间运输设备和工人的通行,属于非生产区域,对车间内各安全通道进行网格划分。

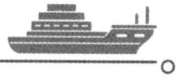

3.4.2 车间场地信息采集技术

制作工位、材料堆放工位、安全通道这些场地的三维模型通过 3DsMax、AutoCAD、Visual Components 等三维建模/仿真软件,把模型信息模块化采集集成至 MES 系统中,对需进行厂区调整的区域,进行动态布局。车间场地信息采集将作为车间资源状态信息的背景和载体,为进一步实现车间资源状态信息采集可视化做准备。

使用 RFID 技术对车间出入口、工位与工位间、工位与堆位间、工位与安全通道间的边界进行识别,对进入该区域的设备、中间产品、人员等信息结合制作工位、材料堆放工位、安全通道这些场地的三维模型进行记录。制作工位上主要对钢板、小组立占胎面积、中组立占胎面积、分段占胎面积,以及人员信息进行测算记录;材料堆放工位上主要对零件托盘、小组立托盘、门架等进行记录;安全通道上主要对运输设备、人员等进行记录(表 3-3)。

表 3-3 场地状态信息采集方式汇总

场地类型	工位名称	采集方式	采集信息	指标测算
制作工位	板材切割生产线工位	三维模型通过 3DsMax、AutoCAD、Visual Components 等软件采集集成;工位状态通过划分边界,加装无线传感装置	使用状态 生产进度 占地面积	单位面积产能 转换率 利用率
	型材切割生产线工位			
	小组立生产线工位			
	小组立制作胎架工位			
	FCB 生产线工位			
	中组立生产线工位			
	中组立制作胎架工位			
	分段制作胎架工位			
材料堆放工位	切割钢材堆放区		使用状态 占地面积	转换率 利用率
	切割零件下胎堆放区			
	小组立上胎零件堆放区			
	小组立下胎堆放区			
安全通道	安全通道		使用状态	无

3.4.3 车间场地状态信息跟踪与优化

3.4.3.1 车间场地状态信息跟踪

按比例建立厂区分段制造车间与堆场平面模型,生成分段实际俯视平面轮廓模型,通过可视化看板实时显示分段车间内外场地的布置情况。根据分段车间场地和堆场的规格、尺寸、用途、起重能力、转运能力的基本信息,建立分段车间场地和分段堆场三维数据模型,对场地状态、生产进度、设备资源、作业人员等动态信息进行跟踪分析,测算各场地的单位面积产能、转换率、利用率等技术指标。

将物流信息技术全面引入到整个生产流程当中,通过对中间产品的物流情况分析,为管理者的生产运行决策提供相应的数据支撑。应用物流管理的基本原理和方法,对中间产品物流活动进行计划、组织、指挥、协调、控制和监督,使各项物流活动实现最佳的协调与配合,以降低物流成本,提高物流效率和经济效益。使场内中间产品的物流运输情况精细化,现场情况看板化、透明化、系统集成化,实现数字化造船的目标。

通过场地模型、中间产品物流模型的建立,对中间产品进行管理,对运输车辆和人员进行调度,可以导入、编排物流运输计划,在系统平台实时看到车间内物流运输和场地占用的实际情况,及时有效地进行信息反馈,便于控制整个物流运输的运作,更有利于进行派工、物流线路的指定,为管理决策人员提供准确数据信息、支持信息,提高管理决策的效率和准确性。

3.4.3.2 车间场地状态信息优化

场地智能优化计算,即车间网格化场地的优化计算问题,该问题可描述为:在有效的车间场地中,为每个在场地的分段分配工位,使该分段在其周期内不与其他分段及场地内不可用区域相干涉;且要满足分段计划中所有分段从场地上胎到下胎所消耗的能耗总和最低。

对于该场地布局问题,每个分段均需要求解 X、Y 两个方向的位置,即每个分段包含 2 个维度,若某批次包含 N 个分段,则该问题的求解维度为 $2 \times N$。对于该问题无法通过简单的数值求解进行计算,所以将采用基于粒子群优化算法的场地智能优化计算。为将粒子群算法与场地调度实际相结合,减少初始化的随机性和盲目性,引入正态分布赋值,以使各分段初始化位置更接近其在船坞中的搭载位置。为得到更符合实际的最优结果,加入位置优化算法策略:Y 轴坐标移正优化算法、Y 轴坐标临位移动优化算法、X 轴坐标移正优化算法、X 轴坐标临位移动优化算法、X 轴坐标正位搜索移动优化算法。根据大量计算结果可得出该算法具有两点优势:一是,越优的结果,分段排列越紧密;二是,考虑全局最优,先放置分段会为后放置分段让位置。

粒子群优化(Particle Swarm Optimization,PSO)算法,是一种集群优化算法,1995 年由 Eberhart 博士和 Kennedy 博士提出。PSO 算法起源于对鸟群飞行觅食行为的研究,作为一种基于群体迭代的进化计算技术,与遗传算法不同的是,PSO 算法没有交叉、变异和复制等操作算子,而是粒子在解空间内追随最优的粒子进行搜索。

(1)标准 PSO 算法的数学描述

假设在 N 维搜索空间内,第 i 个粒子的位置和速度分别是 $X^i = (x_{i,1}, x_{i,2}, \cdots, x_{i,N})$ 和 $V^i = (v_{i,1}, v_{i,2}, \cdots, v_{1,N})$,每个粒子目前自己找到的最优解 pbest 为 $p^i = (p_{i,1}, p_{i,2}, \cdots, p_{i,N})$,全局最优解 gbest 为 P_g。粒子在找到这两个最优解时,按照以下公式得到自己新的位置和速度:

$$v_{i,d}(t+1) = \omega v_{i,d}(t) + c_1 r_1 [p_{i,d} - x_{i,d}(t)] + c_2 r_2 [p_{g,d} - x_{i,d}(t)] \qquad (3-1)$$

$$x_{i,d}(t+1) = x_{i,d}(t) + v_{i,d}(t+1) \quad j = 1, 2, \cdots, N \qquad (3-2)$$

其中,w 为惯性权重;r_1 和 r_2 是 $0 \sim 1$ 均匀分布的随机数,增加种群多样性;c_1 和 c_2 是学习因子,用来调控算法的局部收敛性。

PSO 算法的性能很大程度上取决于粒子数、学习因子、惯性权重等参数的选取和控制,

其中,部分参数的选取原则如下:

①粒子数:粒子数的多少取决于实际问题的复杂程度。

②粒子维度:由问题解的维度决定。

③学习因子:该参数是粒子具备自我经验总结和学习能力的体现,通常取 c_1 等于 c_2,且在 $0 \sim 4$。

④惯性权重:这体现了粒子的继承性能,合适的选取可以保证粒子具有均衡的开发和探索能力。

（2）初始化

为减少粒子群算法初始化的随机性和盲目性,引入正态分布赋值,以使各分段初始化位置更接近其在船坞中的搭载位置。同时,为了保证初始化种群的分布性,以较大概率覆盖整个解空间,仍需保留随机方法生成初始化种群。

本书采用随机初始化和正态分布赋值初始化相结合的策略对种群进行初始化。若计划中分段过多,即分段占场地可用面积较大的情况下,随机初始化会导致场地浪费空间较多,进而导致粒子易陷入初始化。正态分布赋值初始化种群占种群比例为:每天分段占用面积和/每天场地可用面积和。采用该粒子初始化策略,既保证了场地利用率较高情况下的求解效率,同时也保证了初始种群的分布性。

（3）参数设置

①惯性权重 ω 的取值

文章采用线性递减公式取权值,即

$$\omega = \omega_{max} - \frac{(\omega_{max} - \omega_{min}) \cdot run}{run_{max}} \qquad (3-3)$$

式中,ω_{max} 为最大惯性权重,取 1.2;ω_{min} 为最小惯性权重,取 0.4;run 是当前迭代次数;run_{max} 为算法迭代的总次数。

这种迭代方法在初期时局部搜索能力较弱,后期全局搜索能力变弱。

②学习因子 c_1 和 c_2 的取值

c_1 和 c_2 通常为相等的常数,取值在 $0 \sim 4$ 时,可搜索到较优的解。经过多次试验,c_1 和 c_2 值均取为 2.0。

（4）位置优化算法

由场地普遍布局形式可知,较优的布局方案会紧贴场地的一边,场地的上边、场地的左边;且朝向分段在场地中位置紧密靠拢。因此,为将布局结果与场地布局形式相结合,得到更符合实际的最优结果,加入位置优化算法策略:

① Y 轴坐标临位移动优化算法:将分段沿 Y 轴方向紧贴场地下边移动;

② X 轴坐标临位移动优化算法:将分段沿 X 轴方向紧贴该分段在场地中位置移动;

③ X 轴坐标正位搜索移动优化算法:尝试将分段沿 X 轴方向搜寻该分段在场地中 X 位置移动,若与其他分段或场地不可用区域存在干涉关系,则不移动。

为将粒子群算法与场地调度实际相结合,在初始化种群及更新粒子时确定在不同情况下的位置优化算法组合优化策略。

（5）适应度函数

场地布局优化要求布局方案中所有分段吊运能耗最小，适应度函数如下。

$$F = \sum_{i=1}^{n} \left[G_i \cdot \left(\omega_X \cdot L_{X_i} + \omega_Y \cdot L_{Y_i} \right) \right] \qquad (3-4)$$

式中，ω_X 为吊运 X 方向能耗权重；ω_Y 为吊运 Y 方向能耗权重；G_i 为第 i 个分段质量，t；L_{X_i} 为吊运第 i 个分段 X 方向距离，m；L_{Y_i} 为吊运第 i 个分段 Y 方向距离，m。

（6）算法实现过程

基于 PSO 的车间场地布局优化算法流程图如图 3-8 所示。

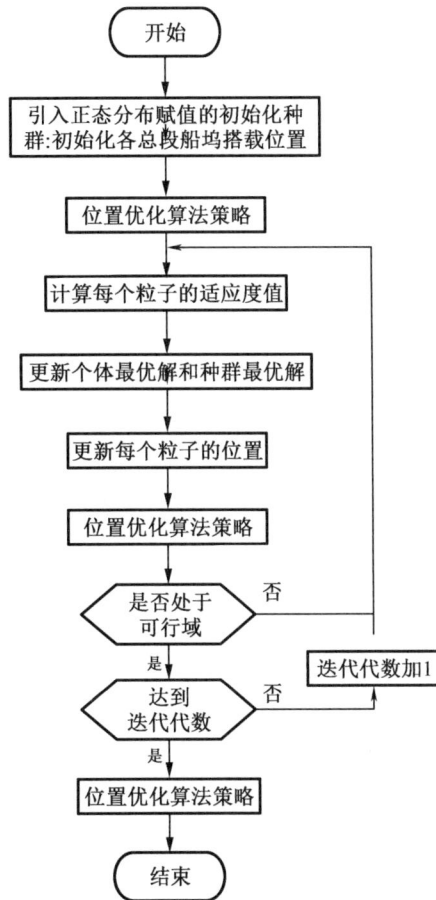

图 3-8　基于 PSO 的车间场地布局优化算法流程图

场地面积产能量化及场地利用率统计如图 3-9 和图 3-10 所示。

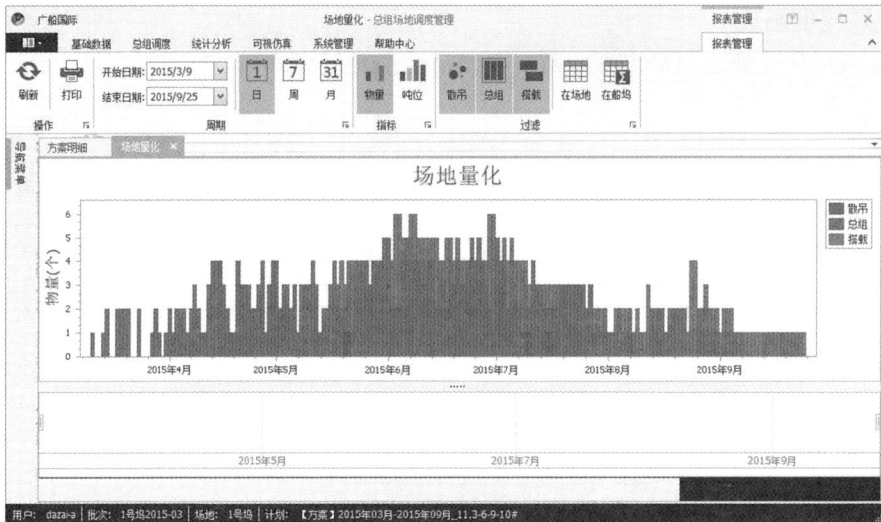

图3-9 场地面积产能量化

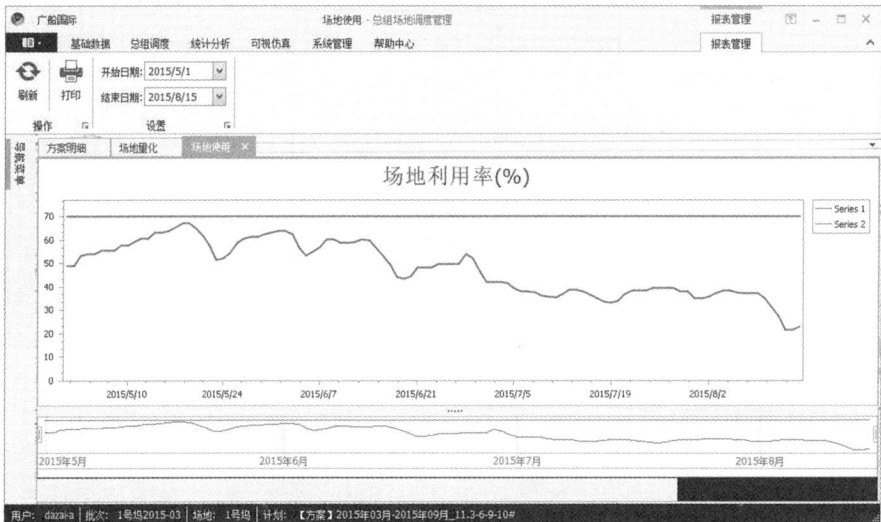

图3-10 场地利用率统计

3.5 设备状态信息采集技术

智能车间设备状态信息具有多样性和复杂度,为了合理调配设备资源,充分发挥设备的生产能力,降低设备的冗余度,提升设备的使用效率,需要对设备的运行状态信息、维护使用信息、设备检修信息及管理人员信息等动态信息进行跟踪分析并分类汇总,测算各设备的单位时间加工能力、利用率、返修率等技术指标。为了优化调整上述技术指标,对设备状态信息进行动态调整,实现设备在各种使用状态下的自动跟踪与信息的实时采集,并利用数据库技术实现设备状态信息的存储与管理,最终实现设备资源动态平衡,从而降低设备的冗余度,提升设备单位时间加工能力。

3.5.1　车间设备信息采集规范

以船舶数字化车间生产设备为对象,实现零件材料预处理、切割、加工、中小组装焊、平面/曲面分段制造、检测等环节的设备信息采集与管控,为车间节拍生产、均衡负荷、流向管控等提供必要依据。

3.5.1.1　采集的设备信息

采集的设备信息主要分为五类:属性信息、能力信息、管理信息、状态信息、控制信息等。

(1)属性信息

设备名称、规格型号、自重、复杂系数、电机数量、类级、生产厂家、出厂日期、出厂编号、验收日期等属性信息。

(2)能力信息

使用年限、隶属、设备功率、设备原值、设备净值、设备残值率、折旧率、用途等各项技术参数。

(3)管理信息

使用部门号、使用部门名称、存放地点、设备操作负责人等。

(4)状态信息

设备状态(开机、停机、等待、运行、故障等)信息、零件加工状态信息、设备状态信息、设备异常信息、设备维护信息等。

(5)控制信息

运行参数信息、加工程序号、主轴转速、主轴负载、温度等运行信息等。

在对数字化车间运行设备进行信息采集之后,对于采集到的设备信息进行分析与处理。主要是对制造现场采集的设备开停机状态信息、设备运行参数信息、设备报警信息等进行分析与处理,系统从设备状态分析、设备指标统计两方面进行,提供现场在线的设备状态展示,以友好的图形化报表的形式可视化,使制造现场相关人员能够实时了解车间生产设备的动态状况,并提供生产设备统计分析供管理人员进行决策参考,从而使生产车间设备能力利用最大化。

3.5.1.2　设备编码

设备编码是对设备的唯一标识,是设备信息上传至系统的基本手段,也是关键所在,采集到的信息与设备编码一一对应。根据产品数据管理(PDM)中有关的产品信息编码管理的思想,信息编码是产品信息收集、加工,进行数据分析、确立数据模型的过程,它有几个基本的原则。

(1)唯一性原则

一个编码只能表示一个事物或概念,无论编码对象有何种名称或描述,它只能有一个唯一赋予它的编码。

（2）关联性原则

编码要能反映数据的类别和特性。

（3）标准化原则

编码应尽可能采用国际、国内有关标准，统一编码形式。

（4）稳定性原则

信息编码方案在该系统生命周期内具有相对稳定性。

（5）可扩展性原则

编码要留有余地，保留适当数量的备用码。

（6）可识别性原则

在正确反映编码对象内容的条件下尽量采用易于识别、有助于记忆的代码，提高可识别性。

（7）一致性原则

在一个系统内部各相关数据文件或程序文件中，对统一编码对象使用相同的代码格式，并且前后一致。

就设备信息管理系统而言，管理的基本对象是设备，而设备的维修计划、维修作业、状态监测、设备润滑、备品配件以及设备的档案资料等管理过程所派生出来的信息也是依附于设备管理的基本对象。设备使用过程的管理是设备综合管理的主要内容，以上的从属信息也主要是和设备使用过程相关联的。因此，企业设备管理信息系统的编码设计应以设备使用过程的管理为基础，同时设备编码既应表明设备的从属关系等信息，又可用于区别其他设备及其相关信息。

由于数字化车间设备种类繁多，作用也各不相同，不可能也没必要同样对待，我们根据设备的重要程度对其进行分类（A、B、C类），采取不同的对策进行管理。我们首先根据定性分类法将主要经济指标受设备影响的有关因素，逐行逐点罗列，对照每台设备的影响程度，进行全面的综合分析和评价来划分设备的类别。以下便是 A、B、C 三类设备的标准。

A 类："重点设备"，它包括车间单一关键设备，发生故障时影响全车间的设备；维修复杂，备件供应和制造困难，维修费用大的设备；容易发生人身安全事故或污染环境的设备；购置价格高昂的设备；

B 类："主要设备"，除 A 类和 C 类以外设备均属于 B 类。

C 类："一般设备"，它包括主要图纸技术资料不齐全的自制专用设备；结构陈旧，先大不足的设备；使用 20 年以上和经过三次大维修以上的设备。

造船企业的设备种类繁多，为了便于统一管理，设备管理部门首先要对验收后的设备按统一规定进行分类、编号和登记，并定期检查，保持账、卡、物相符。

设备编码的方法应力求科学、直观、简便、有利于统一管理，减少文件说明，提高工作效率。设备在分类、编号后，将逐台录入设备台账并建立设备卡片。

由于船厂数字化车间的设备编号不能改动，为了各类统计报表的真实性，可为每台设备增加设备类型编码。设备编码由船厂设备保障部门对这些固定资产进行统一编号，编码为八位数，第一位代表设备等级，第二位至第三位代表某一类设备所属的大类，第四位至第五位代表某一类设备所属的小类，最后三位用于同类设备的不同型号分类。

第一位数对设备的等级进行分类,有 A、B、C 三类可选。

第二位至第三位按照设备的小类进行较粗地分类,如"00"表示预处理加工设备、"01"表示加工设备、"02"表示焊接设备、"03"表示检测设备、"04"表示吊车、"05"表示起重机、"06"为平板车。

第四位至第五位对设备进行较细的分类,如"00"表示"抛丸机"、如"01"表示"自动喷漆系统"、"02"表示"烘干设备"、如"03"表示"控制台"、如"04"表示"除尘器"等。

后三位数代表同类设备的不同台设备。按照"001""002""003""004""005"依次顺序排列……

图 3 – 11 所示便是某抛丸机设备的设备编码。

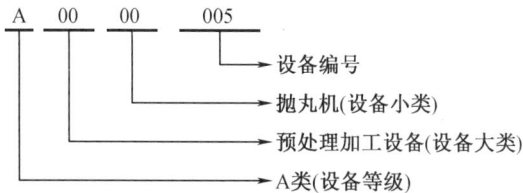

图 3 – 11 某抛丸机设备编码示例

3.5.2 车间设备信息采集分类

3.5.2.1 预处理设备

(1)抛丸机

钢板预处理生产线由抛丸机、自动喷漆系统、烘干设备、除尘器和控制台等部分组成。

抛丸机由前、后输送辊道,抛丸室,"RS"钢丸分配器,8 只抛头,钢丸循环系统,除尘器和通风管道及地坑组成。

(2)自动喷漆系统

自动喷漆系统主要是用于钢板或型钢两面同时进行自动喷漆的设备。工作时,钢板或型钢在输送滚道上向前送进,当它经过安装在滚道上的探测器时,探测器就能检测出工件的送进速度、工件的长度,计算出工件到达喷漆区域时,安装在喷漆房内上、下两把喷枪即同时开始自动喷漆,当工件离开喷漆区域时就能自动停止喷漆。

(3)烘干设备

工件经自动喷漆后被输送到烘房烘干,由于刚喷完漆的工件是湿的,因此在喷完漆之后工件改由链条传动平台输送,钢板与传动平台保持相对静止,避免了因相对滚动或滑动将油漆损坏。

(4)除尘器

钢板在抛丸过程中,会产生大量的尘埃。为了不使尘埃扩散出来,污染环境,在清理舱的侧面设置三个吸风窗,吸风窗有倒置的百叶窗,它只吸走灰尘,却能挡住钢丸。

（5）控制台

钢板在预处理时的一些加工数据有加工速度、运转率、工作时间、加工速度等。举例如下。

①钢板预处理

加工速度:4 m/min;

运转率:60%;

工作时间:8 h×0.85;

日处理能力:4 m/min×60 min×0.6×8 h×0.85＝979 m/日;

平均加工速度:979 m÷8 h＝122 m/h;

处理张数:979 m÷10 m＝97.9 张/日;

工作量:69.1 张;

平均运转时间:69.1 张×10 m/张÷122 m/h＝5.66 h/日。

②型钢预处理

加工速度:3.5 m/min,同时处理5 根;

运转率:50%;

工作时间:8 h×0.85;

处理能力:3.5 m/min×60 min×0.5×8 h×0.85＝714 m/日;

平均加工速度:714 m÷8 h＝89 m/h;

处理根数:714 m÷9 m×5＝396 根;

工作量:87.5 根;

平均运转时间:87.5÷5＝17.5 次,18×9 m÷89＝1.82 h/日。

③钢板预处理＋型钢预处理

平均运转时间:5.66 h/日＋1.82 h/日＝7.48 h/日,大约8 h/日。

预处理加工设备的运行数据都需要即时采集,并上传至数字化车间综合管理系统,由系统做出分析,方便车间管理人员第一时间掌握设备运行状态,监控各项生产数据,保证安全生产。

3.5.2.2　加工设备

光切开条机,负责加工船舶子材,利用的部分原材料来自火焰切割机加工后的边角料。火焰切割机切割厚度17 mm以上的钢板,等离子数控切割机切割厚度16 mm以下的钢板。其他加工设备还有油压机(300T、400T、600T)、打磨机、三芯轧辊机、火工平台、刨边机等。

加工设备的运行状态信息有:加工速度、运转率、工作时间、处理能力、平均加工速度、处理张数、工作量、平均运转时间等。加工设备的运行数据都需要即时采集,并上传至数字化车间综合管理系统,由系统做出分析,方便车间管理人员第一时间掌握设备运行状态,监控各项生产数据,保证安全生产。

3.5.2.3　焊接设备

船厂超过90%的钢材通过焊接实现连接,而且焊接时间约占整船作业时间的40%,电能消耗占船厂整体生产能耗的30%~40%。焊接过程的成本和质量是衡量船舶建造质量、

建造周期、人工和材料消耗的重要指标。因此对于焊接设备的信息采集尤为重要。

目前在焊接设备的选型和更新方面政府明确提出了淘汰旋转式电弧焊接、代之以节能型的高效焊接设备。随着十多年来的不断推广,我国船厂的焊接设备更新和构成逐渐趋向合理。

3.5.2.4 检测设备

超声探伤仪、磁粉探伤仪、工业 X 射线机等都是用于检测船体分段及各种中间产品的重要检测设备,检测的数据根据检测设备的不同而不同。

检测设备的运行状态信息有:检测方式、检测操作人员、检测速度、检测时间、处理能力、平均检测速度、工作量、检测结果等。检测设备的运行数据都需要即时采集,并上传至数字化车间综合管理系统,由系统做出分析,方便车间管理人员第一时间掌握设备运行状态,监控各项生产数据,保证安全生产。

3.5.2.5 起运设备

吊车、平板车等都是数字化车间中加工作业会用到的起重运输设备,它们的载荷以及能力各不相同。

起运设备的运行状态信息有起运方式、操作人员、行驶速度、负荷等。起运设备的运行数据需要即时采集,并上传至数字化车间综合管理系统,由系统做出分析,方便车间管理人员第一时间掌握设备运行状态,监控各项生产数据,保证安全生产。

3.5.3 自动化装置接口集成

车间资源状态还需要对场地状态信息、设备状态信息、工装状态信息中的自动化装置进行数据采集。

3.5.3.1 利用自动化设备进行采集

利用条码读写器、RFID 读写器及其嵌入式采集终端,通过光、电磁、温度等技术,对信息载体进行自动识别,然后通过内部硬件和软件的解析,将获取的信息显示给用户。

(1)条码读写器

条码读写器主要用于最终成品的管理,因为条码一旦确定,它内部包含的信息就确定了,因此它一般不会用于存储动态的制造过程数据,而是用于贴在最终产品的包装箱上,以自动识别托盘物料。

(2)RFID 读写器

RFID 标签的存储容量大,存储的数字信息内容不固定,因此 RFID 读写器可以用来读写动态数据和静态数据。并且其具有读写速度快、可批量读写等特性,它在各行各业中的应用也越来越广泛。

(3)嵌入式采集终端

嵌入式采集终端一般用来对特定需求的数据进行采集,具有稳定性高、成本低等特点,但功能比较单一,应用的场合固定。

3.5.3.2 利用生产设备获取

随着数控伺服系统的不断发展,管理人员可以利用设备终端提供的接口来直接获取需要的数据。常见的设备终端有切割生产线、小组立生产线、中组立生产线等。用于过程控制的 OLE(OLE for Process Control,OPC)是一个工业标准,它基于 Microsoft 的对象链接与嵌入(Object Linking and Embedding,OLE)、组件对象模型(Component Object Model,COM)以及分布式组件对象模型(Distributed Component Object Model,DCOM)技术,并包含一整套属性、方法和接口的标准集,用于过程控制和工业自动化系统。通过 DCOM 技术和 OPC 标准,完全可以创建一个开放的、可互操作的控制系统软件。OPC 采用客户/服务器模式,把开发访问接口的任务放在硬件生产厂家或第三方厂家,以 OPC 服务器的形式提供给用户,解决了软、硬件厂商的矛盾,完成了系统的集成,提高了系统的开放性和交互操作性。因此,可以采用 OPC 接口和一些必要的软件配置,利用上位机直接对设备数据进行采集。

3.5.4 车间设备信息采集装置设计

数控设备的运行数据采集与设备运行状态监控采用感知、网络、应用三层架构,感知层采集焊机的工作电压、电流等物理量,并将其转化为数字信息;网络层主要实现信息的传送、通信以及数据的存储,通信方式采用网口通信或者基于 ZigBee 的无线通信,采集到的数据存储到服务器的数据库中;应用层实现数据处理、管理和人机交互功能。系统主要由设备数据采集模块、通信模块(网口通信或 ZigBee 无线通信)、数控设备监控管理软件(服务端/客户端)、服务器/客户端和监视屏等模块组成。如图 3 – 12 所示。

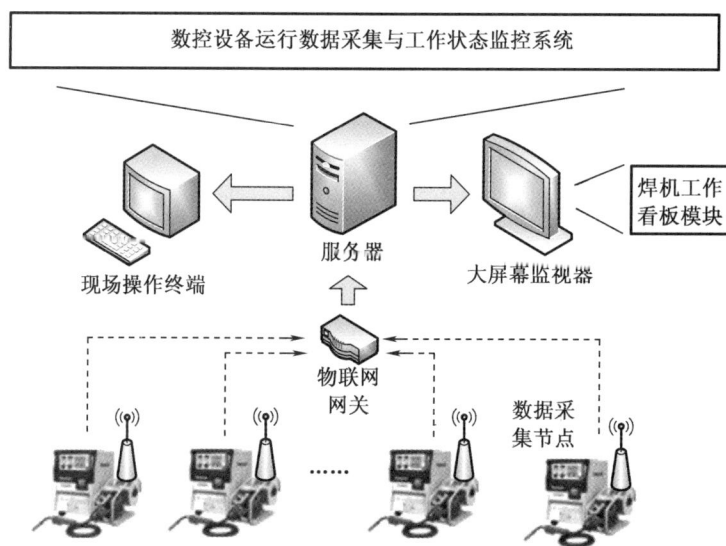

图 3 – 12　数控设备运行数据采集与工作状态监控系统组成

3.5.4.1　设备信息接口

船舶数字化车间设备信息主要涉及产品的制造信息和监控信息,制造信息是指与产品设计、生产和管理密切相关的信息,主要包括产品结构信息、工艺资源信息、图文档信息和生产管理信息;监控信息是指产品工序状态信息、设备运行状态信息、物料工艺状态信息等。这些信息的存在形式与其所在的系统物理结构、功能及组织形式紧密相关。

为了适应基于工业以太网的车间数字设备集成控制环境,便于信息的获取、描述与处理,将车间数字设备集成控制系统中的信息分为车间设备质量信息、车间设备状态信息和车间设备控制信息三大类。

质量信息是指在企业的生产经营活动和产品寿命循环中产生的与质量有关的各种信息。把与车间生产活动相关联的质量信息称为车间质量信息,这些信息存在于各种资料、图表、数据、报告、指令和情报中,集中反映了质量管理活动。车间质量信息具有分散性、相关性、随机性、复杂多样性和继承性等特征。

（1）状态信息

根据信息的来源,将车间状态信息归纳为以下八大类:操作者、设备(表3-4)、原料、工件、环境、加工过程、检测过程及其他。

表3-4　设备状态信息分类

设备分类	状态信息
生产设备	设备加工时间、空闲时间、换刀时间、加工件数、设备利用率等; 调试操作的开始、结束;定期维修的开始、结束; 计划内、外设备停工期的开始、结束; 准备时间、循环周期、空闲时间、停工期、设备生产率等
检测设备	设备的检测时间、空闲时间、检测件数、设备利用率; 调试操作的开始、结束;定期维修的开始、结束; 计划内、外设备停工期的开始、结束;准备时间、循环周期、空闲时间、停工期、设备检测率等
工艺设备	定位信息、刀具磨损与破损信息、量具、模具的精确性信息等
其他设备	系统中信息的转换、传输、实时状态信息,流量、滞后、碰撞等信息;物流相关设备的状态信息

（2）能力信息

质量能力信息是指产品制造加工过程必需资源的信息,包含与必需资源状态有关的信息,包括对工件的检测、对设备的检测、对工装的检测等。

（3）控制信息

设备作为车间控制对象的一种,按照S95标准,可将车间设备控制信息归纳,如表3-5所示。

表 3-5　控制信息分类

设备分类	设备信息
生产设备	设备的选取及使用规范信息,设备的调试、维修信息,自动补偿、调整信息,故障诊断信息,上传下载信息等
检测设备	设备的选取及使用规范信息,设备的调试、维修信息,自动补偿、调整信息,故障诊断信息,上传下载信息等;数据采集信息、检测数据传输信息等
工艺设备	刀具、量具、夹具、模具的选取信息,更换时间、使用周期、调整及定期检测信息
其他设备	系统中信息的转换、传输、实时控制信息

3.5.4.2　典型设备采集数据

基于上节船体分段车间的数据采集信息,综合分段建造各阶段的建造关键要点,梳理了主要生产加工设备及需要采集的数据参数,如表 3-6 所示。

表 3-6　主要生产加工设备及采集参数

序号	设备	采集参数
1	运输辊道	工作状态、运输速度、电压、电流
2	电磁起重机	工作状态、实时位置、电压、电流
3	自动喷码机	工作状态、当前位置、喷涂字符
4	数控切割机	工作状态、划线位置、切割位置
5	托盘	装载状态、实时位置、托盘编码
6	数控冷弯机	工作状态、最大行程、加工规格
7	自动打磨机	工作状态、加工状态、电压、电流
8	自动开孔机	工作状态、实时位置、电压、电流
9	开坡口机	工作状态、加工状态、电压、电流
10	焊接机器人	工作状态、当前位置、最大行程、当前焊缝

3.5.4.3　设备状态信息互联互通装置

(1)设备互联互通技术

分析不同设备接口和数据开放程度,开发生产线/设备互联互通组件,如果无法直接获取电流电压等信息,可加装传感器和采集卡,为实时状态信息采集提供基础条件(图 3-13)。

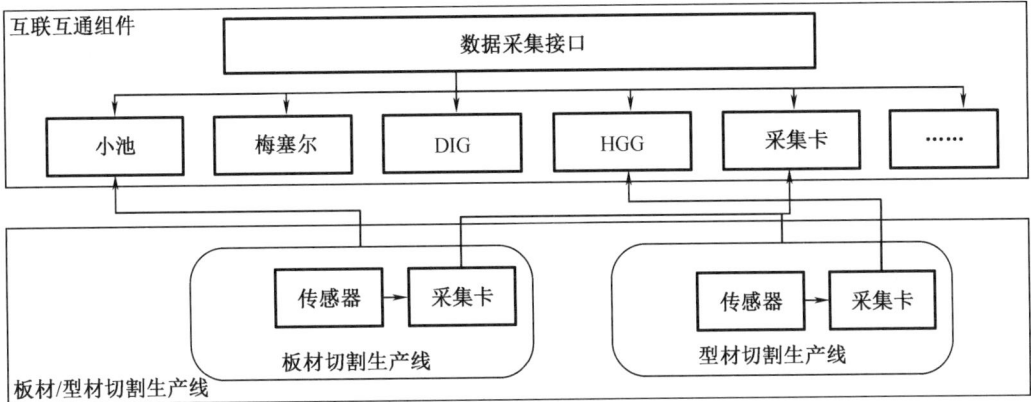

图 3 – 13 设备互联互通技术

①分析生产线/设备接口和数据开放程度。

②针对开放接口的设备,基于二次开发接口开发相关工具类。

③针对未开放接口,开发数据库访问的开发相关工具类。

④针对未开放接口和数据库,可尝试通过临时文件读取相关信息。

⑤针对以上均未开放的,可加装采集卡和传感器,采集设备电流/电压。

(2)实时状态信息采集技术

基于生产线/设备互联互通组件,开发实时状态信息采集模块,可通过简单配置即可实现不同生产线/设备实时状态信息采集,为实时状态信息监控提供数据基础。

(3)实时状态信息监控技术

针对采集的生产线/设备实时状态信息进行整理,并开发实时状态信息监控模块,实时信息包括:作业对象、生产线/设备的电流/电压、作业效率等。可监控实时状态信息,也可查看历史状态信息;可多台设备轮播监控,也可单台设备监控。

(4)生产线/设备信息采集装置设计(图 3 – 14)

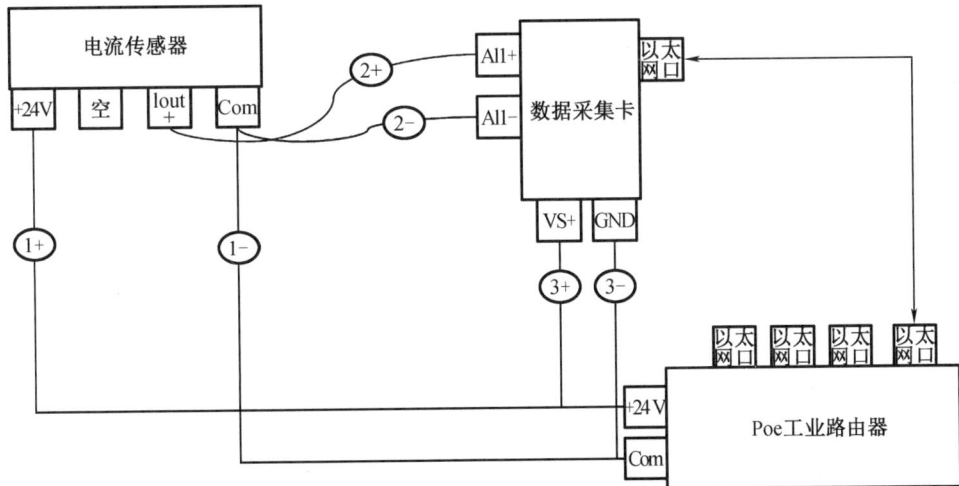

图 3 – 14 设备传感电路设计图

一共 3 组电源线,1 根以太网线。红正黑负。1 号线为电流传感器的电源线,接 24 V 直流电源,为传感器提供电源;2 号线用作采集信号的传输,电流传感器将感应到的电流信息通过 2 号线传输给数据采集卡,数据采集卡再将得到的电流信息通过以太网线传给服务器,3 号线为数据采集卡的电源线,接 24 V 直流电源,为数据采集卡提供电源。

3.5.5 车间设备信息数据采集与传输

3.5.5.1 船厂车间设备情况

目前而言,船厂车间在生产制造方面主要设备包括数控切割机、半自动切割机、油压机、肋骨冷弯机、弯板机、卷板机、焊机、焊接小车、桥式起重机(行车)、半门式起重机、辊道运输机、AGV、平板车、叉车、托盘以及门架等。

其中,基于这些设备的能源驱动方式以及数据采集方式,分为传统非数字智能设备与数字智能设备两大类。

传统非数字智能设备包括桥式起重机(行车)、半门式起重机、半自动切割机、油压机、肋骨冷弯机、弯板机、卷板机、焊机、焊接小车、辊道运输机、托盘、门架、平板车、叉车等。

数字智能设备包括板材切割生产线、型材切割生产线、小组立生产线、中组立生产线、涂装生产线、AGV 小车等。

3.5.5.2 数据感知

(1)车间信息感知架构

根据对生产过程及需求的分析,设计系统总体方案。如图 3 - 15 所示,该系统分为三个层次,感知层对车间数据进行采集跟踪,处理层对感知层上传的数据进行分析处理,应用服务层则是具体的管理应用系统。

其中感知层分为数据采集与数据传输两部分,利用 RFID、传感器等对制造信息进行采集,并将采集到的信息发送到信息处理层;信息处理层包括数据刻画、数据整合、数据集成等,用于对感知设备的管理、数据整合处理、分类存储等;应用服务层调用数据集成层的感知信息,对生产过程进行动态管理。

(2)非数字智能设备的数据采集

①采集方式与验证

经过梳理,船厂的非数字智能设备包括桥式起重机(行车)、半门式起重机、半自动切割机、油压机、冷弯机、卷板机、焊机、焊接小车、辊道运输机、托盘、门架、平板车以及叉车等。

a.方式

由于非数字智能设备本身不具有接口和协议,因此对于这部分设备的数据采集可以通过电气电路的模拟信号、开关信号进行采集,并且通过加装传感器的方式获取设备的电流、电压、脉冲信号、称重、温度、速度、振动、液位等数据,最后经由以 MSP430F5437 单片机为核心的数据采集板进行数据的汇总融合。工作原理如图 3 - 16 所示。

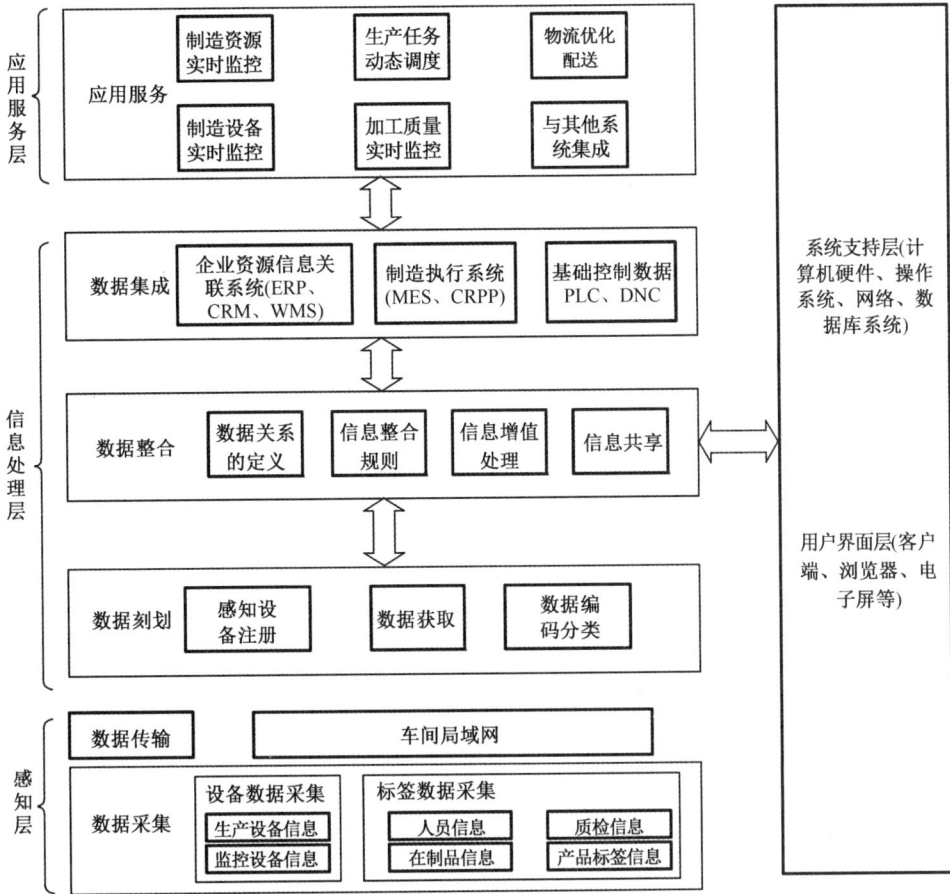

图 3 – 15　车间信息感知架构图

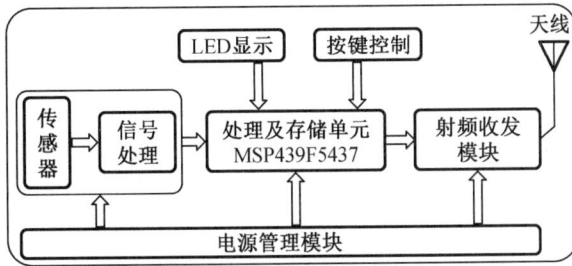

图 3 – 16　传感器的信号采集工作原理

b. 验证

通过采购西门子 7NG 系列、ABB TTF300、TTH200、欧姆龙 E52 – P6F 温度传感器;西门子 7ML 系列;ABB TSP121 液位传感器;北京中科航仪的 CKY – 112 轴销式测力传感器;霍尔 CHCS – KY25 电流传感器、CHVS – AS5 电压传感器对车间设备进行物联网改造,通过采集板汇总。

②采集方案

a. 起重类

桥式、门式起重机(行车)。通过对起重机加装轴销式测力传感器,电流、电压传感器,对起重机工作状态下的电流、电压数据以及所载物料的质量进行采集。

b. 切割及加工类

半自动切割机、冷弯机、弯板机。通过对设备加装电流、电压、温度传感器对切割机、冷弯机、弯板机的工作电流、工作电压以及设备温度进行采集。

液压机(包括油压机)通过对液压机加装电流、电压、液位传感器对液压机工作电流、工作电压以及设备的液体容量进行采集。

c. 焊接类

焊机通过对焊机车加装温度、电流、电压传感器,对焊接小车工作状态下的电流、电压数据以及焊机温度进行采集。

焊接小车通过对焊接小车加装速度、温度、电流、电压传感器,对焊接小车工作状态下的电流、电压数据以及运行速度和焊接机温度进行采集。

d. 运输类

通过对辊道运输机加装速度传感器、电流、电压传感器,对辊道运输机工作状态下的电流、电压数据以及传输速度进行采集。

(3)数字智能设备的数据采集

①采集方式与验证

经过梳理,船厂车间的数字智能设备包括板材切割生产线、型材切割生产线、小组立生产线、中组立生产线、涂装生产线、AGV小车。

a. 方式

针对这些设备的采集,从原始模拟信号、开关信号,智能通信接口如串口,智能控制器PLC的网络或者通信接口,集成控制系统带API非标通信接口,嵌入式控制系统的网络通信口如OPC等多重方式来进行设备集中采集,并进行数据汇总。

其中PLC采集可利用NC_Var Selector工具,如图3-17所示,对运行信息进行采集,数据主要分为输入继电器、输出继电器、辅助继电器、局部变量存储器、数据块寄存器、定时器、计数器等。

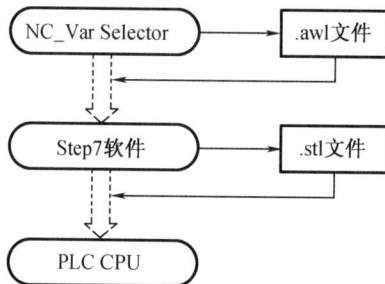

图3-17 利用NC_Var Selector对PLC进行变量读取的过程

此外,对于集成有 OPC 服务器的设备,可以通过自带的服务器进行采集。通过创建 OPC 服务器支持的 OPC 数据访问对象,如图 3－18 所示,然后按照 OPC 数据对象支持的方法对数据进行相应的读写操作。

b. 验证

通过采购西门子 S7－1200、S7－200、S7－300,日本三菱 FX3U、FX3GA、FX5U、FX1S,施耐德电气 TM218、TM241 等主流 PLC 设备,在实验室环境中,利用 VB、C、C＋＋等编程语言,根据接口协议,编写调用程序实现对这些 PLC 设备的数据采集。

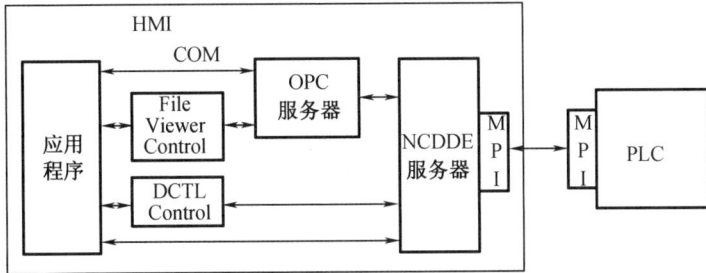

图 3－18　调用 OPC 采集的结构图

②采集方案

a. 板材切割生产线

板材切割生产线的主要设备为日本小池的 VG－6000DX、MX－6000DD、MYNUC－11500DX、MY－11500,梅塞尔的 OMNIMATLK 以及法力公司的多台数控切割机构成。

采集对象:OPC 或 PLC,采集信息如表 3－7 所示。

表 3－7　板材切割生产线采集信息

序号	采集信息
1	开机时间
2	关机时间
3	异常代码
4	耗材更换记录
5	切割对象编码
6	切割时间
7	切割电流、电压
8	切割消耗空气
9	切割烟尘

b. 型材切割生产线

型材切割生产线的主要设备为 HGG 公司的 PCL6002、DIG 公司的 ABB3 以及上海船舶工艺研究所的 Staubli 构成。

采集对象:OPC 或 PLC,采集信息如表 3－8 所示。

表 3－8　型材切割生产线采集信息

序号	采集信息
1	运行模式
2	开机时间
3	关机时间
4	异常代码
5	机器人末端位置
6	机器人进料轴位置
7	机器人喷码轴位置
8	机器人出料轴位置
9	通信状态
10	切割对象编码
11	切割对象数据测量

c. 小组立生产线

小组立生产线的主要设备为新松公司的机器手新松以及林肯公司的焊接电源。

采集对象:OPC 或 PLC,采集信息如表 3－9 所示。

表 3－9　小组立生产线采集信息

序号	采集信息
1	开机时间
2	关机时间
3	异常代码及类型
4	焊接对象编码
5	焊接对象平均电流、平均电压
6	焊接对象平均速度
7	焊接对象送丝速度
8	焊枪摆动频率
9	送丝软管更换时间、寿命
10	冷却水温、压力报警信息

d. 中组立生产线

中组立生产线的主要设备为新松公司的机器手新松、DIG 公司的机器手 ABB 以及林肯公司的焊接电源、乐驰公司的焊接电源。

采集对象:OPC 或 PLC,采集信息如表3-10所示。

表3-10 中组立生产线采集信息

序号	采集信息
1	开机时间
2	关机时间
3	异常代码及类型
4	焊接对象编码
5	焊接对象平均电流、平均电压
6	焊接对象平均速度
7	焊接对象送丝速度
8	焊枪摆动频率
9	送丝软管更换时间、寿命
10	冷却水温、压力报警信息

e. 涂装生产线

涂装生产线的主要设备为上海建冶和中矿大正的喷涂设备。

采集对象:OPC 或 PLC,采集信息如表3-11所示。

表3-11 涂装生产线采集信息

序号	采集信息
1	开机时间
2	关机时间
3	异常代码及类型
4	喷涂对象编码
5	喷涂对象时间
6	设备电流电压
7	运行状态
8	压缩空气管道
9	工作间环境温湿度

f. AGV 小车

AGV 小车的主要设备为新松公司的产品。

采集对象:OPC 或 PLC,采集信息如表3-12所示。

表 3 – 12　AGV 小车采集信息

序号	采集信息
1	运行状态
2	位置信息
3	剩余电量
4	剩余可运行时间
5	充电时长
6	搬运对象编码

3.5.5.3　通信模块

目前市场上针对工业级的通信方式有 2G/3G/4G 的蜂窝网络、5G、Wi-Fi 网络、NB – IOT 窄带物联网以及 LoRa 通信等。其中 Wi-Fi 网络在现场应用的干扰性较强,NB – IOT 适合小数据量的通信,LoRa 通信的设备市场上较少,5G 通信设备尚处在概念阶段。

综上所述,对于船厂车间的物联网改造中所用到的通信层面的设备,可采用 5G 蜂窝网络模块 + 少量 Wi-Fi 网络模块的组合方案。

3.5.6　车间设备状态信息跟踪与优化

3.5.6.1　切割机监控模块

图 3 – 19 所示为切割机监控模块界面。

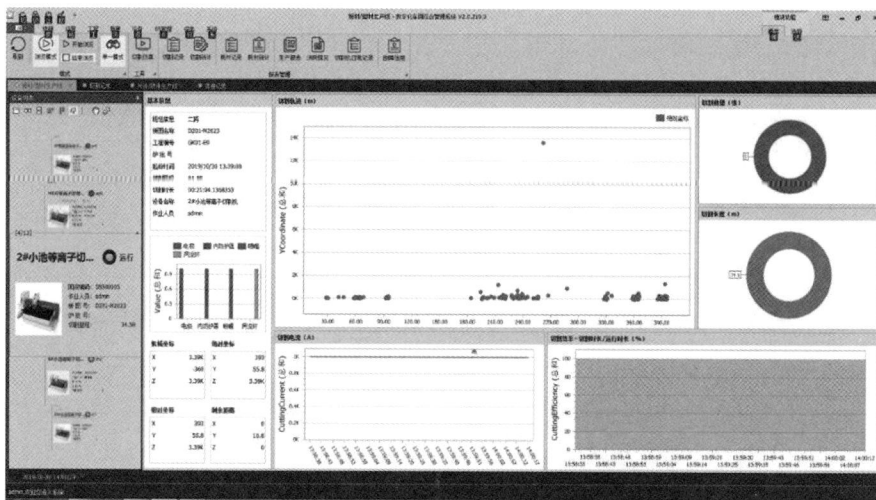

图 3 – 19　切割机监控模块界面

监控界面说明：

①板材生产线设备列表，包含了共 8 台设备。

②基本信息，包括班组信息、板图名称、工程编号、炉批号、起始时间、切割里程、切割时长、设备名称、作业人员。

③易耗品情况，包括电极、内防护罩、喷嘴、涡流环。

④切割枪头实时坐标信息，包括机械坐标、绝对坐标、相对坐标、剩余坐标。

⑤切割轨迹信息，包括机械坐标、绝对坐标、相对坐标、剩余坐标。

⑥切割实时电流，单位：A。

⑦当日切割张数，单位：张。

⑧当日切割米数，单位：m。

⑨切割效率统计，表示为切割时长/运行时长。

3.5.6.2 切割仿真界面

图 3 - 20 所示为切割仿真界面。

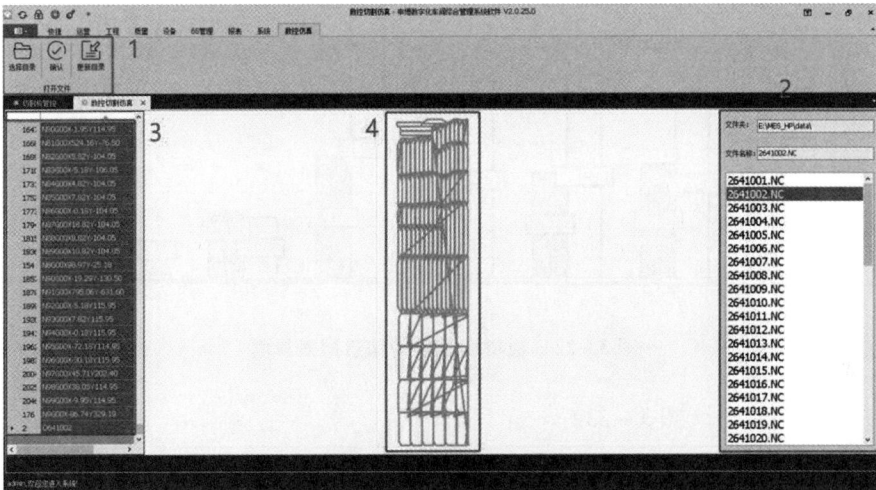

图 3 - 20 切割仿真界面

①选择 NC 文件目录。

②选择 NC 文件。

③NC 文件切割指令。

④动态显示 NC 图。

3.5.6.3 切割机作业记录

图 3 - 21 所示为切割机作业记录界面。

①选择统计的起始时间和统计类型（按设备名称或作业人员）。

②按设备名称统计（图 3 - 22）。

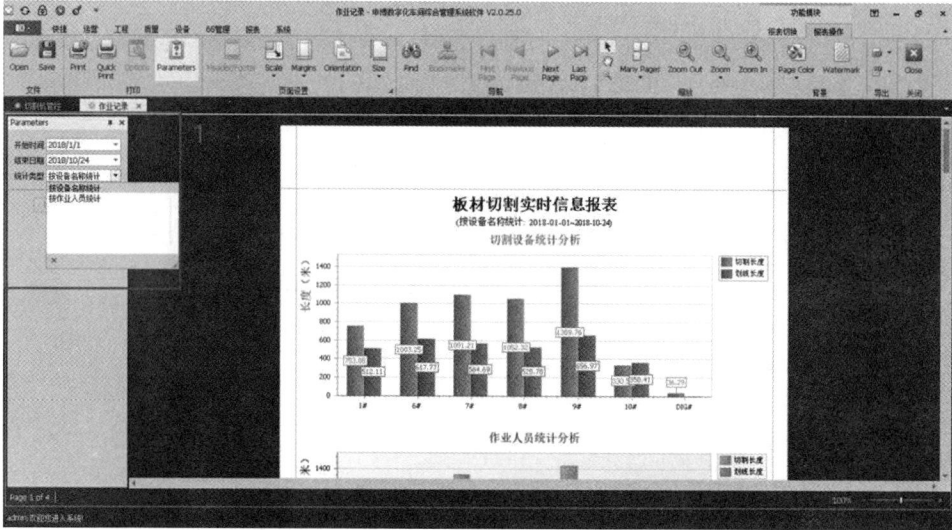

图 3 - 21　切割机作业记录界面

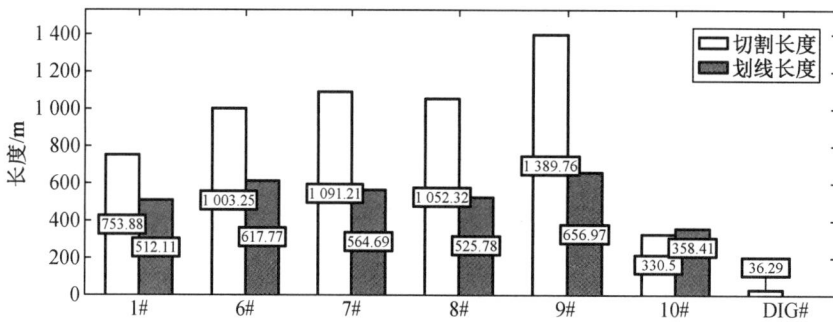

图 3 - 22　板材切割实时信息报表界面

③按作业人员统计(图 3 - 23)。

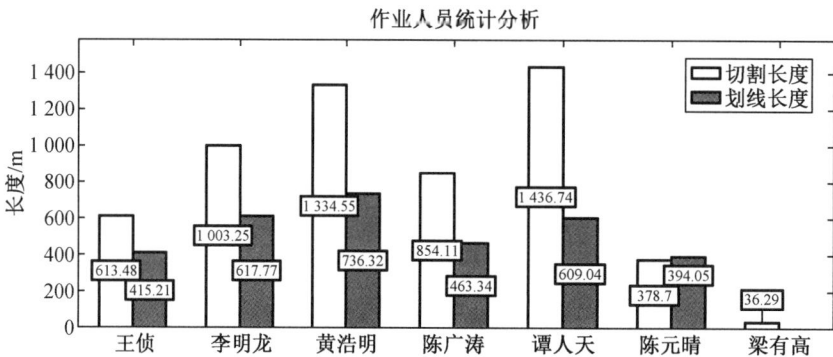

图 3 - 23　作业人员统计分析界面

④作业记录明细数据(图3－24)。

设备名称	作业人员	板图/工件号	切割长度(m)	划线长度(m)	起始时间	结束时间
1#数控等离子切割机	王侦	21J221022	25.74	41.78	2018-08-30 11:17	2018-08-30 11:17
	王侦	21J221023	51.91	47.27	2018-09-12 11:17	2018-09-12 11:17
	王侦	03K803026	19.51	0.00	2018-09-15 11:14	2018-09-15 11:14
	黄浩明	22J221001	140.40	96.90	2018-09-15 14:55	2018-09-15 15:39
	王侦	21J221016	213.62	93.87	2018-09-18 09:29	2018-09-18 09:29
小计			753.88	512.11		
10#数控等离子切割机	陈元晴	21J221021	33.96	57.85	2018-09-12 15:00	2018-09-12 15:01
	陈元晴	21J221022	21.75	48.41	2018-09-13 14:05	2018-09-13 14:05
	陈元晴	21J221023	20.74	41.78	2018-08-30 11:17	2018-08-30 11:17
	陈元晴	21J221024	51.91	47.27	2018-09-13 14:05	2018-09-13 14:05
	陈元晴	21J221025	48.29	40.64	2018-09-12 15:00	2018-09-12 15:01
	陈元晴	03K803803	24.20	0.00	2018-09-15 11:16	2018-09-15 11:16
	陈元晴	22J221001	109.50	57.41	2018-09-18 08:11	2018-09-18 11:24
	陈元晴	21J221056	20.15	65.05	2018-09-18 09:46	2018-09-18 09:46
小计			330.50	358.41		

图3－24 作业记录明细数据界面

3.5.6.4 切割机耗材记录

图3－25所示为切割机耗材记录。

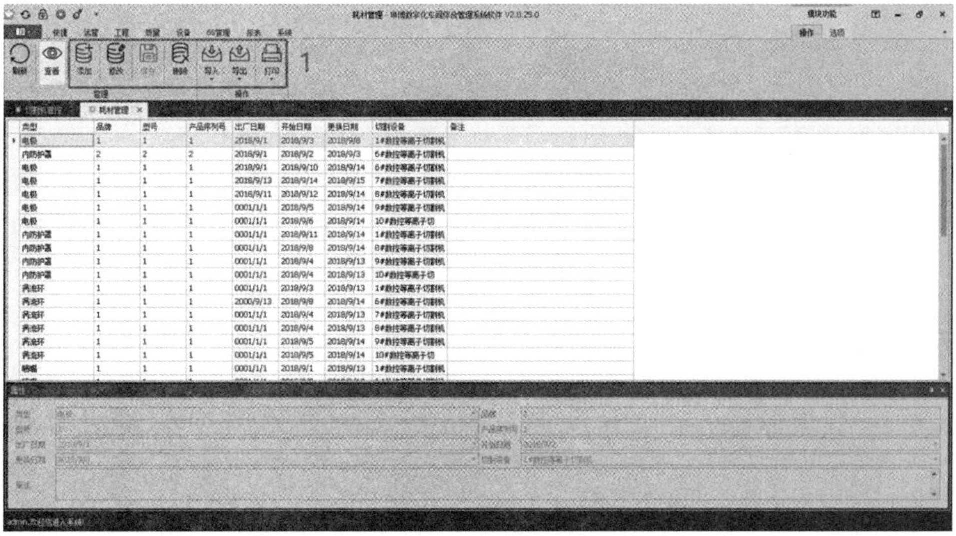

图3－25 切割机耗材记录

3.5.6.5 切割机耗材统计

图 3 - 26 所示为切割机耗材统计界面。

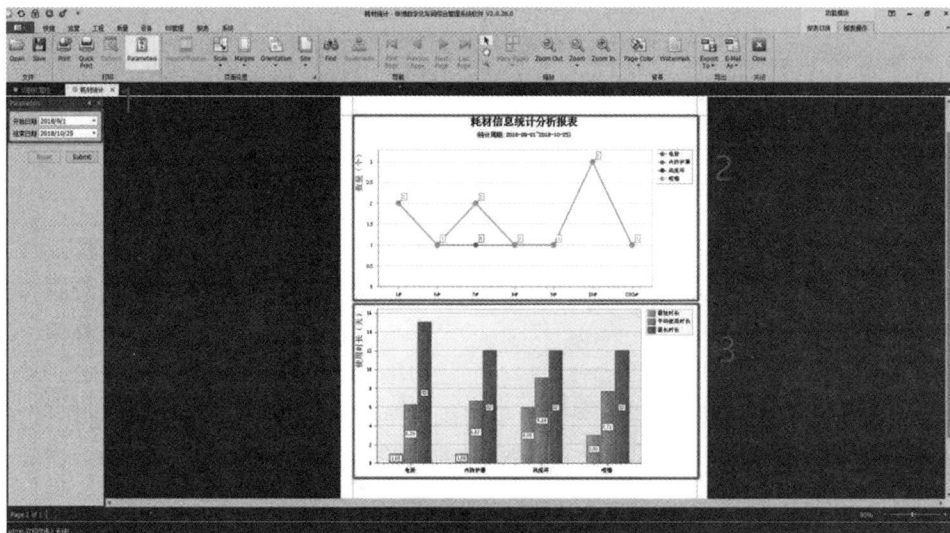

图 3 - 26 切割机耗材统计界面

①选择统计的起始时间。
②耗材更换数量统计图。
③耗材使用时长情况统计图。

3.6 工装状态信息采集技术

智能车间工装状态信息通常呈离散型分布的特点,为了合理使用工装资源,降低工装资源的报废率,提高工装资源的复用性,需要对工装的使用信息、维护信息、保养信息、检修信息、报废信息及管理人员信息等动态信息进行跟踪分析并分类汇总,测算各工装的使用率、返修率、报废率等技术指标。为了优化调整上述技术指标,对工装状态信息进行动态调整,实现工装在各种使用状态下的自动跟踪与信息的实时采集,并利用数据库技术实现工装状态信息的存储与管理,最终实现工装资源动态平衡,从而降低工装资源的报废率,提高工装资源的复用性。

3.6.1 工装状态信息模型

船体车间内工装种类繁多、数量大,分为专用工装和通信工装,对车间内一些重要工位的工装进行状态信息采集。主要包括材料托盘、焊接小车、分段胎架、分段门架等。这些工装的三维模型通过 3DsMax、AutoCAD、SolidWorks 等三维建模软件,把模型信息模块化采集集成至 MES 系统中进行维护。

工装管理实际是对工装所涉及的信息流的管理。包括车间工艺室工装消耗定额及需求的提出、生产管理部的审批备案、工装设计所的设计、工具厂的制造、工装入库、工装车间工具室领用以及工装借用等所有过程中信息的基本的流向。

3.6.2 工装编码与动态调整

当前船厂有关工装资源的应用标准不同,尤其是公共数据项各自编码,造成系统之间互不兼容,增加了工装资源信息交换的难度,无法实现工装资源信息的集成与共享。车间工艺室和生产准备处使用请制单号来对工装进行管理,工装设计所使用工装图号来进行管理,而车间工具室则使用工具号来进行管理。这样的管理方式造成了诸多不便。首先,同一个工装在不同的部门使用不同的标识,这样统一查询起来很不方便;其次,由于工装管理的标识太多容易造成混乱;再次,这个多标识管理不易与其他应用系统进行有效的信息集成与共享。

统一工装编码,贯穿工装设计、生产、使用、报废的全生命周期,在车间工装状态信息动态调整中降低信息沟通成本、提高产品生产效率。

3.6.2.1 信息编码概述

信息编码包括:无含义代码和有含义代码,前者包括顺序码和无序码,后者包括缩写码、层次码、矩阵码、并置码和组合码。

（1）顺序码

顺序码是从一个有序的字符集合中依次取出字符分配给各个编码对象,它以标识或参照为目的的独立代码来使用,或者作为复合代码的一部分。顺序码包括递增顺序码、分组顺序码和约定顺序码三种。

（2）无序码

无序码无任何编写规律,是通过随机程序将无序的自然数或字母赋予编码对象。无序码可作为编码对象的自身标识和复合代码的组成部分。

（3）缩写码

缩写码将编码对象的名称缩写赋值成对象的编码表示,主要应用于编码对象相当稳定且对象的名称为用户所熟知的情况。

（4）层次码

层次码以层级分类为基础,将编码对象编码成为连续且递增的类。层次码通常用于分类的目的,较少用于标识和参照的目的。

（5）矩阵码

矩阵码通过矩阵表行、列的值构成相应坐标上的编码对象的代码,它常用于标识具有良好结构和稳定特性的编码对象。

（6）并置码

并置码是由代码段组成的复合代码,每个代码段提供了编码对象的相互独立的不同特性。并置码通常用于具有若干共同特性的商品的分类。

（7）组合码

组合码与并置码类似,不同的是组合码的编码特性相互依赖并且通常具有层次关联。组合码常用于标识的目的。

3.6.2.2 信息编码方法

目前大多数船厂所采用的信息编码方法,主要有下列几种。

（1）阿拉伯数字法

是以阿拉伯数字作为信息编码的工具,采用以一个或数个阿拉伯数字代表一个物体。其中包括以下几种编码方法。

①连续数字编码法是先将所有物体依某种方式大致排列,然后自1号起依顺序编排流水号。这种信息编码方法可做到一物一号,只是顺序编码除显示编码时间的先后,往往与所代表项目的属性并无关联。

②分级式数字编码法是先将物体主要属性分为大类并编定其号码。其次再将各大类根据次要属性细分为较次级的类别并编定其号码,如此继续进行下去。在分级式数字编码法中,任意一个物体只有一个信息编码。这种方法的优点一方面显示编码的规律性,一方面达到一个物体仅有一编码的目标,其缺点是无用空号太多,一方面显得浪费累赘,另一方面常导致信息编码位数不够用。

③区段数字编码法介于连续数字编码法与分级式数字编码法之间。

④国际十进分类是将所有物体分类为十大类,分别以0至9代表,然后每大类物体再划分为十个中类,再以0至9为代表,如此进行下去按金字塔形态展开。国际十进分类法可无限展开,任何新物体产生时均可插入原有信息编码之系统而不混淆原有的信息编码系统,国际十进分类法所能运用的符号只有十一个(0~9),故使编码趋长而又无暗示作用,实在美中不足。

（2）英文字母法

英文字母法是以英文字母作为信息编码工具的信息编码法。英文字母中 I、O、Q、Z 等字与阿拉伯数字1、0、9、2等容易混淆,故多废弃不用,除此之外,尚有23个字母可利用。英文字母在我国已经相当普遍,是可用的信息编码方法。

（3）暗示编码法

暗示编码法是指信息编码代表物体的意义,可自编码本身联想出来。暗示编码法又可分为英文字母暗示法和数字暗示法。

①英文字母暗示法

从物体的英文字母当中,择取重要且有代表性的一个或数个英文字母作为编码的号码,使阅读信息编码者可以从中想象到英文文字,进而从暗示中得知该物体为何物。

②数字暗示法

直接以物体的数字为信息编码的号码,或将物体的数字依照一个固定规则而转换成信息编码的号码,信息编码的阅读者可从信息编码数字的暗示中得悉该物体为何物。

（4）混合编码法

混合编码法联合使用英文字母与阿拉伯数字来做信息编码,多以英文字母代表物体的类别或名称,其后再用十进制元或其他方式编阿拉伯数字号码。这种信息编码方法较十进制元采用符号较多,故有不少企业采用此种方法。

3.6.3　工装信息采集

通过对船厂车间内主要的工装,包括材料托盘、焊接小车、分段胎架、分段门架等进行编码后,再对其安装 RFID 标签,记录这些工装使用信息、维护信息、保养信息、检修信息、报废信息及人员使用信息等。结合场地状态信息划定的位置,记录下工装的使用地点及使用人员,工装使用实名制。

对焊接小车这类手提式的工装工具,不仅在工装上加装 RFID 标签,还需在工装摆放处安装无线传感装置,记录下工装领用时间和归还时间,以及申请保修等信息。

对于材料托盘、分段门架这类需要叉车和平板车配合才能使用的工装,在工装上加装的 RFID 标签需要配合运输车辆一同使用,同时记录下所在区域和产生位移时所用车辆,以及申请保修等信息。

对于传统的分段胎架,因为位置固定、占地面积较大,可采用分块采集的方式,记录胎架使用状态,以及申请保修等信息;对于曲面分段的活络胎架,位置也固定,可为每一个"梅花桩"安装压力传感装置,有压力时传回正在使用的信号,无压力时传回闲置信号,以及申请保修等信息。

3.6.4　工装状态信息跟踪与优化

为了实现对工装设备(专用工装、通信工装)资源状态的信息跟踪,首先应向生产部门提供准确的设备实时状态信息、设备保养和检修时间表、设备引进和报废计划以及现有设备的使用能力,以便于生产的调度和安排。因此需要分析车间制造设备的各项技术参数、性能参数、基础参数等基本信息,实时记录设备的功能信息、使用信息、维护信息、保养信息、检修信息、报废信息及管理人员信息等动态信息,并进行分类汇总,利用大数据分析各设备利用率、返修率等技术指标。

焊接小车是中小组立焊接阶段的重要工装,目前船厂对于焊接小车的领用、使用和维修都是按批次进行,甚至都未形成台账记录,而这类数量大、体积较小的工装,需采用物联设备记录下它的使用信息、维护信息、保养信息、检修信息、报废信息等,并测算焊接小车的使用率、返修率、报废率等指标信息。

材料托盘、分段门架是车间物流过程中重要的工装,目前船厂仅有每一类托盘、门架的数量信息,并未对其进行跟踪统计,现采用 RFID 采集的方式,记录下它所放材料/分段的信息、损坏维修记录、报废信息等,测算材料托盘、分段门架的使用率、返修率、报废率等指标信息。

分段胎架是船体分段制造车间的重要资源,目前船厂小组立并没有实现胎架预先布置,而是按实际来料情况及现场工人经验随机地进行胎位布置;中组、分段等大型结构通过胎位布置计划进行粗略的胎位分配布置。需要通过软件对小组、部件、中组、分段制作前对胎架进行模拟布置,实现及时、快速、准确、直观调整胎位布置计划的目的,提高胎架利用率;根据胎架布置图的形式实时跟踪零部件的完成情况及胎架的使用情况;管理胎架的维护记录和使用寿命。

3.7 本章小结

结合传统离散制造——船舶分段车间的生产模式,针对车间存在的生产底层与管理层信息交换不及时、数据采集效率低下、管理层对生产过程掌控性差等问题,应用 MES 管理理念和 RFID 射频识别、二维码、UMB 等技术,将传统车间的某些人工管理方式转化为由计算机系统管理的自动管理方式。通过对车间内数控设备的状态信息、生产信息数据采集,实现了设备与管控系统间的互联互通,为智能车间信息感知奠定了基础。

场地、设备、工装等种类对象的采集技术/方式汇总如表 3 - 13 所示。

表 3 - 13　车间资源状态信息采集技术/方式汇总

采集技术/方式	对象	所属种类	用途
一维码	图纸/文件	文件	1. 跟踪图纸文件
二维码	钢板	中间产品	1. 生产过程跟踪; 2. 质量追溯
	型材	中间产品	
	零件	中间产品	
	小组立	中间产品	
	中组立	中间产品	
3DsMax、AutoCAD、Visual Components、SolidWorks 的软件集成,并加装 RFID 等传感装置	材料托盘	工装	1. 模型获取; 2. 可视化界面展示; 3. 采集状态信息; 4. 测算场地单位面积产能、转换率、利用率; 5. 测算工装使用率、返修率、报废率
	焊接小车	工装	
	分段门架	工装	
	分段胎架	工装	
	板材切割生产线工位	场地	
	型材切割生产线工位	场地	
	小组立生产线工位	场地	
	小组立制作胎架工位	场地	
	FCB 生产线工位	场地	
	中组立生产线工位	场地	
	中组立制作胎架工位	场地	
	分段制作胎架工位	场地	
	切割钢材堆放区	场地	
	切割零件下胎堆放区	场地	
	小组立上胎零件堆放区	场地	
	小组立下胎堆放区	场地	
	安全通道	场地	

表 3 - 13(续)

采集技术/方式	对象	所属种类	用途
UWB	运输车辆	设备	1. 设备人员实时定位
	人员	人员	
PLC 模块/OPC 服务	板材切割生产线	设备	1. 中间产品生产信息反馈; 2. 测算设备单位时间加工能力、利用率、返修率; 3. 采集设备状态信息
	型材切割生产线	设备	
	小组立生产线	设备	
	FCB 生产线	设备	
	中组立生产线	设备	

第4章 船舶焊接与涂装车间环境感知应用技术

4.1 概 述

4.1.1 背景

在船体制造车间埋弧焊、气保焊及手工电弧焊等焊接过程中,会产生大量的焊接烟尘(氧化铁、氧化锰、硅酸盐等)和有害有毒气体(臭氧、一氧化碳、氮氧化物等);切割车间存在乙炔、甲烷和丙烷等可燃气体;船舶涂装、加工过程中,涂装车间内的环境温度、湿度和粉尘等直接影响产品的涂装效率与涂层质量,表面处理会产生大量的铁粉、SiO_2 等污染性粉尘,涂装施工时会产生二甲苯、甲苯、醋酸丁酯、丁醇、环己酮、有机胺等多种挥发性有机物,以及重金属填料、树脂等固液废弃物,危害人体健康、破坏生态环境。这些危险品与污染源如果不能及时被感知并加以解决,将会严重制约我国智能船舶制造的创新发展。

通过环境感知应用技术来实现车间内各区域、各工位环境因素的智能化识别与感知,有效、快速地掌控车间及船厂的生产环境状况,识别并预防安全隐患,提高焊接切割质量及涂装效率和质量,可为我国船舶制造行业健康卫生、生命安全和车间安全保驾护航。

4.1.2 主要内容

本章结合国内船舶小组立、中组立车间焊接、切割、涂装生产环境问题,阐述焊接与涂装工艺过程中有害气体、易燃易爆气体、粉尘等感知灵敏度选取技术,并介绍了系统优化布局、分布控制及集成感知应用。

4.1.2.1 焊接车间粉尘、气体等环境感知技术

针对小组立、中组立车间焊接与切割车间悬浮颗粒物、$PM_{2.5}$、PM_{10}[①]、有毒有害气体浓度等环境数据,采用红外、激光、电化学、半导体等传感技术,分析船舶焊接车间有害气体浓度、烟尘成分/粒径等分布情况,优化感知系统设计,分析解决感知信号干扰、重复感知区域数据干扰和多种传感器之间相互的探测干扰等问题,提高感知数据的真实可靠性。

---

① $PM_{2.5}$ 为细颗物;PM_{10} 为可吸入颗粒物;PM_{100} 为总悬浮颗粒物;VOCs 为挥发性有机物。

4.1.2.2　涂装车间环境感知技术

根据涂装车间废水、有害气体、污染性粉尘等环境因素,分析感知适应性,采用分光光度传感器、光离子化传感器、复合式气体传感器和激光粉尘传感器等,实时获取涂装车间环境因素数据;完成安全生产与职业健康的 STEL(15 min 短期暴露水平)和 TWA(8 h 统计权重平均值)智能感知与实时监控。

4.1.2.3　焊接与涂装车间环境感知应用技术

分析焊接车间悬浮颗粒物、$PM_{2.5}$、PM_{10}、有毒有害气体浓度等气体,介绍适用于船舶涂装有害气体、污染性粉尘等污染物的携带式检测仪、固定式报警器系统,并阐释如何优化空间位置布局,获取真实感知作业区内环境参数数据,完成焊接与切割车间、涂装车间安全生产与职业健康的智能感知与实时监控。

4.1.3　技术路线

根据船舶焊接与涂装车间分别可能出现的悬浮颗粒物、$PM_{2.5}$、PM_{10}、有毒有害气体、废水等环境特点,可在以下几方面进行改进。

4.1.3.1　获取焊接与切割、涂装车间主要环境参数

调研船舶焊接与切割、涂装车间生产情况,实验室分析船舶焊接车间有害气体浓度、烟尘成分/粒径等分布情况。

4.1.3.2　现场环境参数测量

分别利用分光光度传感器、光离子化传感器、复合式气体传感器和激光散射粉尘传感器等对船舶焊接与切割、涂装车间的焊接烟尘、悬浮颗粒物、乙炔、二甲苯等有毒有害和易燃等气体浓度进行现场测量,整理感知数据,获得船舶焊接与切割、涂装车间环境参数变化规律。

4.1.3.3　传感器感知系统优化

对比实验室测量分析结果,对传感器的一些干扰感知信号、重复感知区域数据、多种传感器之间相互的探测干扰进行整理和消除,保证感知数据真实可靠性。

4.1.3.4　传感器感知系统空间位置优化

分别针对船舶焊接与切割、涂装车间结构布局特征,分析焊接与切割、涂装工位和工艺中产生烟尘、有害气体废水、废漆等情况,探究整个车间空间和产生源重点区域,优化、设计传感器布置布局方式、分布距离间隔、空间位置、感知时间间距等。

4.1.3.5 集成感知技术

针对选定的多种传感器灵敏度、布局位置的差异,对感知信号进行整理、过滤和集成,实现感知技术集成应用于焊接与切割、涂装生产车间。

4.1.3.6 感知系统现场应用验证

通过计算机软件设计友好的人机交互界面,实现对焊接与切割、涂装生产车间环境的在线监测、数据积累,分析船舶焊接与切割、涂装车间有害气体浓度、烟尘成分/粒径等分布情况,建立携带式检测仪、固定式报警器及不同规模的网络监测系统,监测作业区内环境参数,最终实现感知系统现场应用验证。

4.2 船舶焊接与切割车间环境感知技术

4.2.1 焊接与切割车间环境条件

随着近年来船舶制造业在我国的蓬勃发展,船舶焊接与切割制造车间作业环境问题受到了越来越多的关注。在船舶焊接与切割制造过程中,产生的污染按照形式可分为化学污染与物理污染。化学污染主要包括焊接与切割产生的烟尘、有害气体以及工业气体、液体的泄漏;物理污染主要包括噪声、高频电磁辐射和光辐射。

目前已经得知,在船舶小组立、中组立车间中的埋弧焊、气保焊和手工电弧焊、火焰切割、等离子切割等焊接与切割过程中,会产生大量的焊接烟尘(氧化铁、氧化锰、硅酸盐等)和有害有毒气体(一氧化碳、硫化氢等);而切割车间中等离子切割会产生乙醛、氢氧化物、碳氢化合物等有害气体。这些气体和烟尘浓度过大将会对从业者的健康造成严重的损害,船舶车间的焊工每年都会进行例行体检,特别是对尘肺病(主要由焊接烟尘引起)的检查,焊工也逐渐注意保护自己的健康。除了焊接烟尘和有毒气体外,船舶制造车间里的危险气体主要还有切割气(多为乙炔,一般带有刺激性气味),在常年的使用中,或多或少都会存在泄漏,切割燃气的泄漏也会给船舶制造车间带来巨大的安全隐患。船舶焊接车间的环境感知技术能有效改善和消除以上所说的船舶焊接车间的环境作业危害和安全隐患问题。

近年来,由于船舶焊接与切割车间环境缺少有效数据的感知和探测导致的安全事故屡见不鲜,我国船舶焊接与切割车间的环境感知技术的研究和应用刻不容缓,该技术的应用能为我国船舶制造行业工人身体健康、生命安全和车间安全保驾护航。

船舶焊接与切割车间环境感知技术在国外发达国家船舶制造车间的发展应用已具备较高水平,尤其是温湿度、氧气浓度、焊接烟尘量、一氧化碳等气体在船舶焊接与切割车间的感知技术已经相当成熟,如英国森戈公司所研发的 Ambirak 技术,可全面感知船舶焊接制造车间和密闭舱室内部的声、辐射、有毒气体等环境指标;德国、美国、澳大利亚等国家在粉尘感知技术上的应用可感知按粒径焊接粉尘分布情况,通过焊接烟尘大数据排放浓度曲线以确定船舶焊接工艺和空气净化系统的适用性和车间环境排放状况等信息;美国、日本等国家船级社的验船师会在进入待检舱室之前通过舱室环境感知技术来确定舱室内部的氧气浓度和有害气体含量等。

我国的船舶焊接与切割车间环境感知技术起步较晚,技术水平和重视程度跟西方发达国家相比有相当大的差距,传感器的技术差距和相关环境卫生标准、规范的滞后严重影响了我国船舶焊接与切割车间感知技术的发展和应用。

目前国内船舶制造车间,主要是通过强制排风或通风(安装强力排风扇或者自然通风)来排放焊接烟尘。新建的焊接与切割车间,在车间里安装工位抽烟机或除尘机,带柔性头,可将吸尘口拉伸到焊接工位附近。

目前国内的船舶焊接与切割制造车间应用环境感知技术的主要有两种:一是针对船上的密闭舱室,主要用来测定氧气浓度。在人员进入舱室之前,把带有线缆的探头伸入舱室,检测合格后人员进入;二是便携式气体探测仪,是被动式的,人员佩戴其进入舱室,如果气体浓度超标便会报警闪烁,人员须立即撤离。

根据国内船舶焊接与切割车间的环境问题,通过气体和粉尘传感器的灵敏度选取、布置布局优化及集成方式的技术,可实现船舶焊接车间焊接烟尘、有害气体等的感知技术应用于船舶焊接车间实际。

4.2.2　焊接与切割烟尘

目前车间最常用的焊接方法为电弧焊,切割方法为火焰和等离子切割,此种焊接与切割工艺在施焊、切割过程中产生的烟尘及气体,对焊接与切割作业环境和操作者会带来多种危害。烟尘成分主要来源于焊接材料、填充材料和焊剂,切割产生的铁及其合金的燃烧氧化物和金属颗粒等。

4.2.2.1　焊接烟尘的发生机理

一般认为焊接烟尘是焊接区蒸发出来的金属及其冶金反应物蒸气远离焊接区后凝结而成,以气溶胶的形态存在。蒸气在焊接区附近先结成一次粒子,一次粒子随着温度降低再凝结成二次粒子,然后按一定的方式扩散出去。而且在这些粒子的形成过程中又有着复杂的中间过程。

(1)形核机制

目前认为焊接烟尘的形核机制主要有两种:均质形核与非均质形核。相关研究人员对焊接烟尘粒子的形貌、成分以及结构进行了系统的分析,探讨了焊接气溶胶粒子的均质形核机制,试验证实焊接气溶胶的 $0.01~\mu m$ 尺度粒子主要是 Fe_3O_4 晶体,它以蒸气-粒子转变的均质成核方式产生,认为其控制反应是 $Fe(G)-Fe(L)$。研究人员对市售常用焊条态下烟尘的较大粒子的分布、形貌、成分及结构等进行实验研究发现了烟尘存在非均质核机制,试验证实 $0.1~\mu m$ 量级粒子主要分为尖晶石型和氟化物型两类,均以蒸气-粒子转变的异质凝结机制所形成;$1~\mu m$ 及更大一些的粒子主要以气泡-粒子转变机制所形成。

国内外研究人员在探讨气溶胶的形核机制过程中,对焊接烟尘粒谱进行分析得到了相同的结果。国内发现了单峰分布的分布模型。形成后的烟尘(以气溶胶态存在)粒子分布还遵循一定的分布规律,同时认为不同的分布类型主要与焊接气溶胶发生源——焊接材料的组分、化学性质密切相关,国内外的文献都认为多峰分布预示有多种的形核机制,后来的试验也证实了这一结果。

(2)粒子的长大与扩散

焊后烟尘粒子的长大以凝并为主,凝并主要有两种方式:聚集型和融合型。焊接烟尘由电弧区产生以后,在分散于空气的过程中发生了不同程度的凝并和聚集。对焊接烟尘粒子的直接采样电镜观察,烟尘粒子主要有两种形式的长大过程:一种是熔合过程,它是由几个焊接烟尘的一次粒子(原生粒子)熔合成单个大粒子的过程,一次粒子之间无明显边界,这种熔合的主要特征是熔合后的单个大粒子的总表面积小于一次粒子的表面积之和;另一种是聚集过程,它是由几十个甚至几百个一次粒子,聚集在一起的过程,就像是一串葡萄,一次粒子靠表面粘连在一起,并有明显边界。当小粒子熔合时,较小的粒子消失,留下的只是新的更大粒子;而小粒子聚集在一起时小粒子保持其个体身份,但失去动力性质上的独立性,亦即它们作为一个整体以单独的单位而运动。无论是发生粒子熔合还是聚集,都会引起烟尘中粒子大小、形状以及数量浓度的变化。

焊接过程中烟尘的扩散是一个复杂的运动过程,焊接烟尘在电弧高温下产生的同时,使电弧周围的气体膨胀而载着烟尘粒子上升。在上升过程中由于周围气体的不断卷入以及电弧的冲击作用形成各种涡旋运动即湍流运动,烟尘由连续孤立的烟团组成,扩散速度较快。施雨湘等用建立数学模型的方法得出了以下结论:焊态下焊接烟尘的扩散是湍流扩散,其湍流扩散系数与焊条药皮种类及电弧特性有关,药皮中的气体物质以及采用交流焊接都会使湍流扩散系数增加。焊态下焊接烟尘的扩散浓度分布是一双正态分布函数,其分布特征数 σ 随湍流扩散系数 K 以及电弧发尘点源正上方的距离 z 的增大而增大,随烟尘气流上升的平均速度 v 的增大而减小,烟尘在上升过程中逐渐呈发散状态的喇叭口形。

4.2.2.2 烟尘的性质

早期的研究表明,焊接烟尘主要是粒径 $0.1~\mu m$ 左右的球状粒子凝集成的二次粒子,低氢型焊条烟尘形貌呈碎片状,粒径 $1~\mu m$ 左右。酸性焊条和二氧化碳保护、自保护焊的烟尘形貌呈絮状,粒径比低氢型稍大一些。

有文献报道酸性焊条烟尘中,无论其涂料组成如何,氧化铁含量几乎占烟尘总量的 50%。J422 焊条烟尘中的主要成分为氧化铁,占 50% 左右。我们在对结构钢药芯丝的烟尘进行分析时也得到了几乎同样的结果,即其烟尘的主要成分也是铁的氧化物,而且占烟尘总量的 50% 左右。烟尘中的结晶相为 Fe_3O_4 和 $MnFe_2O_4$ 及少量 MgO。施雨湘等对结构与形貌关系进行研究指出:酸性焊条焊接烟尘中,随着烟尘粒子粒径的增大,粒子中的 Mn 含量逐渐增多,$0.01~\mu m$ 左右的烟尘粒子的晶体结构为 Fe_3O_4,而 $0.03\sim0.2~\mu m$ 和 $0.3\sim0.5~\mu m$ 的烟尘粒子的晶体结构为混合相,较大粒径的粒子中含 Mn 的量要多一些。对于碱性焊条,J507 焊条的主要物相是 NaF、CaF_2 等氟化物以及 Fe_3O_4 等尖晶石相和含 SiO_2 的非晶态物质。尖晶石型粒子一般呈链、网状,非 Fe 元素含量随粒径增大而增多;氟化物型粒子较大,可以孤立存现。非晶物质多包裹在晶态粒子表面上或以层片状出现。施雨湘等在进行单组分焊条气溶胶粒子中存在非晶态物质的研究中,证实单组分焊条气溶胶粒子中存在非晶态物质,并获得了它们的非晶型漫射环,晶态物质主要由 SiO_2 及它与其他氧化物、氟化物的熔体在焊接急冷条件下形成,主要呈蜻蜓翅膀状或呈壳层状包裹在晶态粒子周围。

在国内有研究人员对烟尘粒子谱的分布方面做了相关的研究,国外 Anthony T. Zimmer 等研究了熔滴过渡方式、保护气体的组分和飞溅对人体可吸入亚米级的焊接烟尘的分布问题。

4.2.2.3　影响发尘率的因素

焊接烟尘的影响因素在国内外的研究中都很活跃,主要集中在两个方面:一个是焊接材料,关键是材料的配方;一个是焊接工艺,如焊接参数和不同的焊接方法等。

(1)焊接材料因素

焊条的发尘量主要取决于药皮成分,药皮由多种物质组成,各成分含量及相互匹配对发尘量都有影响,因此影响因素较为复杂。国内早期的研究结果大致如下:低氢焊条(J507)药皮中起发尘作用的主要成分是萤石和水玻璃,其反应物产生的烟尘占总烟尘量的 50% 以上,正好相当于低氢焊条比非低氢焊条多出来的单位质量焊接材料的发尘量;一切含 K 和 Na 成分的物质,如云母长石和苏打等均增大发尘量;硅钙合金和镁粉有降尘作用。以菱苦土为药皮主要成分的 J507 焊条,氟硅酸钠和冰晶石发尘量较大;氟化镁和萤石发尘量较小。大理石药皮的 J507 中,氟硅酸钠发尘量最小。在焊条中各种氟化物对尘量的影响顺序如下。

$LiF > NaF > REF_3$(金属间络合物)$> MgF_2 > CaF_2 > Na_2SiF_6$。对于 J507 中萤石的加入量说法不一,陈剑虹认为是 14% 较好;严水祥等认为 9% 较好;徐天福等认为低氢焊条药皮中只要含有少量的萤石(2%)就会使发尘量增加。在对金属芯药芯焊丝的研究中也发现当加入氟化物后,即使是量很少,发尘量也会显著增加。

日本小林实等研究了结构焊条药皮中各成分含量同烟尘中各相应含量的对应关系,得出药皮中相应各成分含量的对应关系,造渣物质的发尘倾向如下。

①SiO_2:烟尘中的二氧化硅与药皮中的数量统计对应关系基本是 1:1 的比例。即如果药皮中含有 10% 的 SiO_2,则烟尘中也含有 10% 的 SiO_2,烟尘中硅元素是以复杂化合物形态存在,不存在结晶游离态的二氧化硅。

②TiO_2:烟尘与药皮大致的对应关系是 1:10,说明其发尘倾向较小。

③CaO:烟尘中与药皮中的 CaO 的对应关系大致是 3:10。

④MgO:烟尘中与药皮中的 MgO 的对应关系大致是 4:10。

⑤MnO:主要是药皮中锰铁在冶金反应中产生。由于各类焊条熔渣的氧化性不同,所以加入的铁合金种类、数量不同,所以对应的比例关系较复杂。一般酸性焊条烟尘中 MnO(6%~12%),碱性焊条烟尘中 MnO(6%~8%),而焊条中 MnO 含量可高达 20% 以上,烟尘中 MnO 含量也可超过 20%。

⑥F:低氢焊条药皮中 F 含量与烟尘中的含量有对应关系,如当药皮 F 含量约是 2.4%(换算 CaF_2 为 5% 左右),规律还待研究。

⑦氧化钠和氧化钾比例为 10:1,说明其发尘倾向极大。需注意,烟尘中钾与钠元素实际上都是以氟化物形式存在,烟尘中钾和钠以氧化钾和氧化钠形式给出,由于分析技术上的困难,仅给出一个相对概念。

有的专利文献提出,对低氢焊条如控制药皮成分中的氧化钾和氧化钠小于 1%,可以使发尘速度小于 250 mg/min。

有研究人员通过试验认为二氧化碳保护焊丝的发尘量同焊丝所用的钢带的含碳量成正比,如将钢带含碳量从通常的 0.08% 降到 0.045% 以下(最好 0.02%)可以使发尘量减少 30% 左右,基本上与实心焊丝发尘量相同。相同材料的发尘率还受到工艺的影响,随着焊接电流和电压的升高,发尘率增加,反之,则焊丝一伸出长度增加。对于药芯焊丝如果降低 Mn、Si 或者 Al 的含量会使发尘率增加,对于药芯焊丝如果降低钢皮和润滑剂里的含碳量可以大幅度地降低发尘率。在对药芯焊丝的发尘率影响因素的研究中也得出了和上面相似或相同的结果。

有资料还把药皮物质按其产生烟尘的情况分为三类:物质本身产生烟尘低的其组成焊条的烟尘也低,如金红石;物质本身产生烟尘高的其组成焊条的烟尘不一定高,如菱苦土。还有资料说明在配方中大胆引进新材料,如碱性焊条中引有硅灰石,一种天然偏硅酸钙矿物 $CaSiO_3$,其中的 CaO 和 SiO_2 接近 1:1,具有直线膨胀系数小和结晶相变温度窄等物理性质。同时尽量把熔渣调到中性,可以降低焊条烟尘和降低毒性。

国际上在降低烟尘和毒性方面的研究进行得也比较活跃。在对含有 10% 铬的金属芯药芯焊丝加入活泼金属的研究中,发现加入 1% 的锌比对比组中加入 1% 的镁和加入 1% 铝,六价铬含量要低,尤其是在加入 1% 的锌时,电压为 18 V 可以大幅度地减少六价铬和烟尘总量。国外的研究总体上集中在降低焊接材料的发尘率和烟尘的毒性两个方面。

(2)工艺因素

工艺因素对焊条发尘率的影响,主要是焊接参数:焊接使用的极性不同发尘率也不同;热输入增加发尘率也有不同程度的增大。目前研究最多的还是工艺因素对焊丝(实心、药芯和金属芯)发尘率的影响。

影响气体保护焊时焊丝发尘率的因素有:熔滴过渡方式是弧形态、保护气体组分及焊接飞溅等。在气体保护焊中,通常认为有两种滴过渡方式:颗粒过渡和喷射过渡。颗粒过渡通常是在较小的电流下进行,电弧根部比较分散地覆盖在熔滴表面,电阻力比较高,电弧温度也比较高,平均计算温度在 27 500℃,增加了金属蒸气,导致高的发尘率。喷射过渡需要较高的电流,电弧呈锥形包围着不规则的柱状金属熔滴,电阻比较高,计算的平均温度为 27 500 ℃,增加过渡金属蒸气,从而提高发尘率。气体组分对 GMAWV 发尘率的影响是这样的:氧化性气体,如加入二氧化碳或氧气常可以用来提高电弧的稳定性,但随着含氧成分的增加,FFR 增加;增加保护气体的氧化性会增加飞溅。飞溅对烟尘的组分和发尘率有明显的影响:飞溅和电弧的不稳定与熔池的搅动有关,在 GMAW 中电流通过焊丝,焊丝端部在熔滴分离时发生颈缩,同时电流密度增加而使热量集中,最终在熔滴发生分离时发生爆炸,在还没有过渡的末端发生瞬间的蒸发和进出的高温金属熔滴(飞溅),飞溅同时在电弧力的作用下,再加上飞溅有较大的表面积因而增加了金属的蒸发,从而提高了发尘率。在

GMAW 中至少有 25% 的烟尘在电弧区外产生,而且增加保护气体的氧化性将增加飞溅率,然而还有说法是飞溅颗粒太大而不能保持气态,所以并不能对产生烟尘起直接作用,这种说法目前来看不准确。在药芯焊丝的焊接烟尘中,收集到的烟尘中的细微飞溅约占烟尘总量的 30%,且属于可吸入物范围内。

能量的输入不但影响发尘率,而且还影响烟尘和发出气体的成分和结构,它们之间的关系十分复杂。JOHN H. DENNIS、PETER J. HEWTTT 等曾经以焊接电流、送丝速度、焊丝成分等因素为基础建立了预测烟尘的检验公式。

4.2.2.4　常见焊接工艺发尘量

焊接烟尘是由金属及非金属物质在过热条件下产生的蒸气经氧化和冷凝而形成的。因此电焊烟尘的化学成分,取决于焊接材料(焊丝、焊条、焊剂等)和被焊接材料成分及其蒸发的难易。不同成分的焊接材料和被焊接材料,在施焊时将产生不同成分的焊接烟尘见表 4-1。

表 4-1　常用结构钢焊条烟尘的化学成分　　单位:mg/m^3

烟尘成分	J421	J422	J507
Fe_2O_3	45.31	48.12	24.93
SiO_3	21.12	17.93	5.62
MnO	6.97	7.18	6.30
TiO_2	5.18	2.61	1.22
CaO	0.31	0.95	10.34
MgO	0.25	0.27	—
Na_2O	5.81	6.03	6.39
K_2O	7.01	6.81	—
CaF_2	—	—	18.92
KF	—	—	7.95
NaF	—	—	13.71

焊接烟尘的特点有:
①焊接烟尘粒子小,烟尘呈碎片状,粒径为 1 μm 左右。
②焊接烟尘的黏性大。
③焊接烟尘的温度较高。在排风管道和滤芯内,空气温度为 60~80 ℃。
④焊接过程的发尘量较大。一般来说,1 个焊工操作 1 d 所产生的烟尘量为 60~150 g。
几种焊接(切割)方法施焊时(切割时)每分钟的发尘量和熔化每千克焊接材料的发尘量见表 4-2。

表 4 – 2　几种焊接(切割)方法的发尘量

焊接方法焊接材料		施焊时发尘量 /(mg·min⁻¹)	焊接材料的发尘量 /(g·kg⁻¹)
手工电弧焊	低氢型焊条(J507,直径 4 mm)	350 ~ 450	11 ~ 16
	钛钙型焊条(J422,直径 4 mm)	200 ~ 280	6 ~ 8
自保护焊	药芯焊丝(直径 3.2 mm)	2 000 ~ 3 500	20 ~ 25
二氧化碳焊	实芯焊丝(直径 1.6 mm)	450 ~ 650	5 ~ 8
	药芯焊丝(直径 1.6 mm)	700 ~ 900	7 ~ 10
氩弧焊	实芯焊丝(直径 1.6 mm)	100 ~ 200	2 ~ 5
埋弧焊	实芯焊丝(φ5)	10 ~ 40	0.1 ~ 0.3
氧 – 乙炔切割		40 ~ 80	

4.2.3　焊接与切割过程中烟尘气体的测试

4.2.3.1　发尘量测试实验方法

抽取一定体积的含尘空气,将粉尘阻留在已知质量的滤膜上,由采样后滤膜的增量,求出单位体积空气中粉尘的质量(mg/m^3)。

4.2.3.2　测试试验仪器

(1)滤膜

采用直径为 75 mm 过氯乙烯纤维滤膜或其他测尘滤膜。当过氯乙烯纤维滤膜不适用时,改用玻璃纤维滤膜或其他测尘滤膜。

(2)采样夹

应满足总粉尘采样效率的要求,以及气密性要求。其中粉尘采样夹可安装直径 75 mm 的滤膜,用于定点采样。

(3)采样器

当用直径 0.3 μm 的油雾进行检测时,滤膜的阻留率应不小于 99%;当用 20 L/min 的流量采样,过滤面积为 8 cm² 时,滤膜的阻力应不大于 1 000 Pa;因大气中湿度变化而造成滤膜的质量变化,要求滤膜质量的稳定性应不大于 0.1%。需要防爆的工作场所应使用防爆型粉尘采样器。流量范围为 1 ~ 200 L/min。连续运转时间应 ≥5 h。

(4)分析天平

精度为 0.000 1 g;秒表或其他计时器;干燥器,内装变色硅胶;镊子;除静电器。

4.2.3.3　烟尘测定

（1）滤膜的准备

干燥称量前，将滤膜置于干燥器内 2 h 以上。

称量用镊子取下滤膜的衬纸，将滤膜通过除静电器，除去滤膜的静电，在分析天平上准确称量。在衬纸上和记录表上记录滤膜的质量和编号。将滤膜和衬纸放入相应容器中备用，或将滤膜直接安装在采样头上。

安装滤膜毛面应朝进气方向，滤膜放置应平整，不能有裂隙或褶皱。用直径 75 mm 的滤膜做成漏斗状装入采样夹。

（2）采样

确定焊接车间测尘点和采样位置，将装好滤膜的粉尘采样夹，在呼吸带高度以 20 L/min 流量采集 5 ~ 8 h 空气样品（由采样现场的粉尘浓度和采样器的性能等确定）。

（3）采样位置

一个焊接车间内有多台同类焊接设备工作时，3 台以下者选一个测尘点，4 ~ 10 台者选两个测尘点，10 台以上者，至少选 3 个测尘点；同类焊接设备焊接不同焊接材料时，按焊接材料种类分别设测尘点；单台焊接设备设 1 个测尘点。

采样位置选择在焊工或机器人经常活动的范围内，且烟尘分布较均匀处的呼吸带。有风流影响时，应选择在作业地点的下风侧或回风侧。移动式焊接的产尘点的采样位置，应位于生产活动中有代表性的地方，或将采样器架设于移动设备上。

（4）环境要求

①温度：0 ~ 40 ℃。

②相对湿度：≤85%。

采样时，要通过调节使用的采样流量和采样时间，防止滤膜上粉尘增量超过上述要求（即过载）。采样过程中，若有过载可能，应及时更换采样夹。

采样后，取出滤膜，将滤膜的接尘面朝里对折两次，置于清洁容器内。将滤膜或滤膜夹取下，放入原来的滤膜盒中。室温下运输和保存。携带运输过程中应防止粉尘脱落或二次污染。

（5）样品的称量

称量前，将采样后的滤膜置于干燥器内 2 h 以上，除静电后，在分析天平上准确称量。滤膜增量（Δm）用精度为 0.001 g 的分析天平称量。

（6）浓度的计算

$$C = \frac{m_2 - m_1}{Q \times t} \times 1\ 000$$

式中　C——空气中总粉尘的浓度，$\mathrm{mg/m^3}$；

m_2——采样后的滤膜质量，mg；

m_1——采样前的滤膜质量，mg；

Q——采样流量，L/min；

t——采样时间,min。

某焊接与切割实验室选 5 个采样点,测定 5 个采样点的粉尘浓度及工人在该处的接尘时间,结果如表 4 - 3 所示。

表 4 - 3   车间采样点粉尘浓度及工人接尘时间测定结果

作业区域	工作点平均浓度/$(mg \cdot m^{-3})$	接尘时间/h^{-1}
1 号采样点	0.34	2.0
2 号采样点	4.02	0.8
3 号采样点	0.69	4.5
4 号采样点	2.65	0.4
5 号采样点	7.74	0.4

计算 8 h TWA 浓度 CTWA 为

$$CTWA = (0.34 \times 2.0 + 4.02 \times 0.8 + 0.69 \times 4.5 + 2.65 \times 0.4 + 7.74 \times 0.4)/8$$
$$= 0.840\ 5\ mg/m^3$$

4.2.3.4   实验方法及测试试验

焊接材料发尘量采用抽气捕集法进行测定。试验装置为一个直径约 500 mm,高约 600 mm,体积约 0.12 m^3 的半封闭容器,其示意图如图 4 - 1 所示。

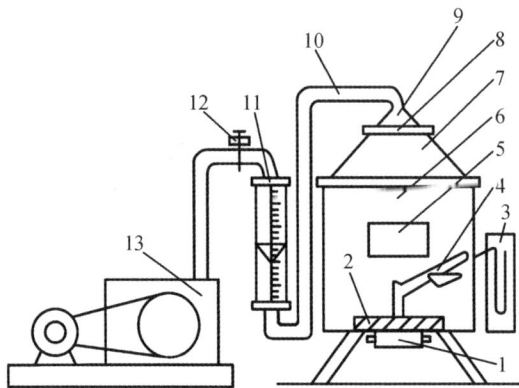

1—冷却水;2—试板;3—焊枪;4—U 形水压计;5—观察孔;6—筒体;7—大锥体;
8—滤纸和铜网;9—小锥体;10—胶管;11—流量计;12—二通活塞;13—真空泵。

图 4 - 1   焊接材料发尘量试验装置示意图

①试板尺寸为 300 mm × 200 mm × (12 ~ 20) mm。试验前称量焊接材料的质量,精确到 0.1 g。将三张慢性定量滤纸及装有 5 g 脱脂棉的纸袋同时放入干燥皿中干燥 2 h 以上,然后分别迅速用分析天平称量质量。试验前擦净测尘装置的筒体和大小锥体的内壁,然后用

吹风机吹干。

②将试板放在筒体内,然后将一张滤纸放在小锥体开口处的铜网下面并紧固大小锥体。接通冷却水,开动真空泵,打开二通活塞,抽气量调节到 5 m³/h,观察 U 形水压计的水压差是否正常,筒体内应为负压,然后进行施焊。焊接时,焊条或焊丝应尽量垂直不摆动,两个焊道相距 10 mm 以上,若为焊条,焊接剩余焊条长度约 50 mm 后停止;若为焊丝,焊接 200 mm ± 10 mm 后停止。停焊后继续抽气 5 min,关闭二通活塞,打开小锥体取下集尘滤纸折叠后单独放在小纸袋中保存。用称过质量的少量脱脂棉擦净小锥体内壁的烟尘,将带烟尘的脱脂棉放回原处。

③重复上述操作三次后,打开大小锥体帽,用剩余的脱脂棉擦净大筒体和大小锥体内壁上的烟尘,将带烟尘的脱脂棉放回原处。为避免混入飞溅颗粒,大筒体下部 180 mm 处以下不擦(图 4 - 2)。

(a)　　　　　　　　　　　　　(b)

图 4 - 2　烟尘测试实验装置

④将带烟尘的脱脂棉和滤纸一同放入干燥皿中,干燥时间与称量原始质量前的干燥时间相同,然后进行第二次称重,并称量三根焊条头或剪掉的焊丝头的总质量。按照式(4 -2)计算焊接材料发尘量(图 4 -3、图 4 -4)。

$$F = \frac{\Delta g_1 + \Delta g_2}{\Delta g_3} \times 1\ 000 \tag{4 - 1}$$

式中　F——焊接材料发尘量;

　　　Δg_1——三张滤纸集尘前后质量差,g;

　　　Δg_2—— 脱脂棉集尘前后质量差,g;

　　　Δg_3——三次试验所用焊接材料前后质量差,g。

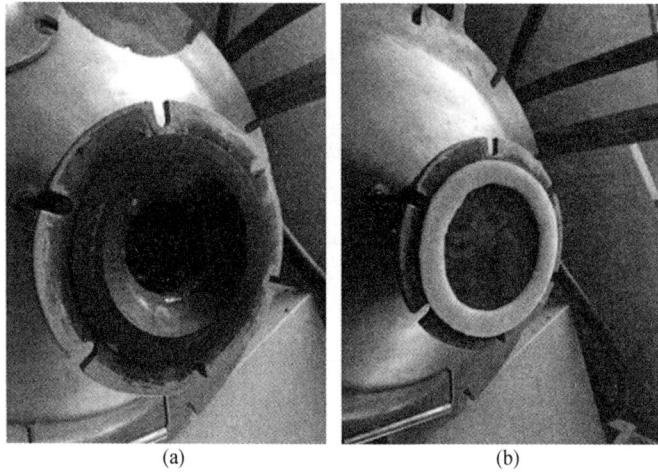

图 4 – 3　滤纸铜网

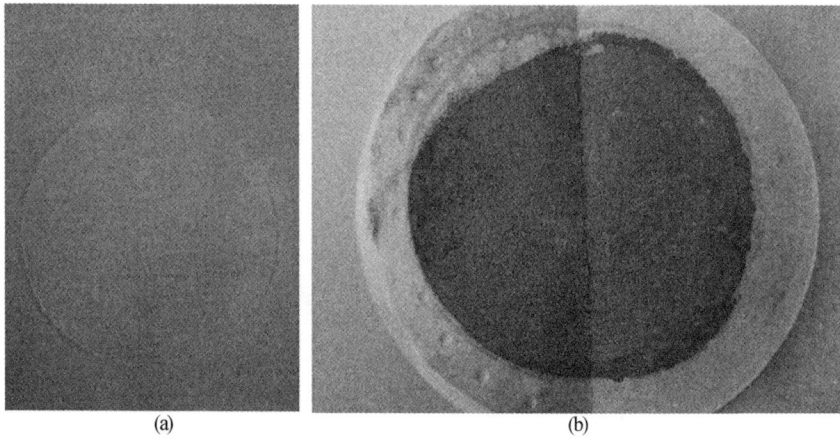

图 4 – 4　测试前后滤纸状态

通过上述方法,测试多种焊接材料的发尘量,焊丝烟尘量及其工艺参数如表 4 – 4 所示。

表 4 – 4　焊丝烟尘量及其工艺参数

产品名称	ER50 – 6 焊丝		型号	ER50 – 6	规格	$\phi 1.2$ mm
焊接发尘量 $F/(\mathrm{g \cdot kg^{-1}})$	8.41					
焊接发尘量 $F/(\mathrm{g \cdot kg^{-1}})$	8.41					
焊接条件	电流类型	直流反接		母材		Q345B
	焊接电流/A	260		电弧电压/V		28
	保护气体组成	100% CO_2		气体流量 $/(\mathrm{L \cdot min^{-1}})$		20
焊接发尘量 $F/(\mathrm{g \cdot kg^{-1}})$	4.0					

表4-4(续)

产品名称	ER50-6焊丝		型号	ER50-6	规格	$\phi 1.2$ mm
焊接条件	电流类型	直流反接		烘干规范/($^\circ$C·h^{-1})		—
	焊接电流/A	200		电弧电压/V		28
	保护气体组成	100% CO_2		保护气体流量/(L·min^{-1})		20

产品名称	焊丝		型号	ER70S-6	规格	$\phi 1.2$ mm
焊接发尘量 F/(g·kg^{-1})	6.4					
焊接条件	电流类型	直流反接		烘干规范/($^\circ$C·h^{-1})		—
	焊接电流/A	230		电弧电压/V		29
	保护气体组成	100% CO_2		保护气体流量/(L·min^{-1})		20

产品名称	CHW-80C焊丝		型号	ER76-G	规格	$\phi 1.0$ mm
焊接发尘量 F/(g·kg^{-1})	6.4					
焊接条件	电流类型	直流反接		烘干规范/($^\circ$C·h^{-1})		—
	焊接电流/A	200		电弧电压/V		28
	保护气体组成	100% CO_2		保护气体流量/(L·min^{-1})		20

产品名称	A312焊条		型号	E309Mo-16	规格	$\phi 4.0$ mm
焊接发尘量 F/(g·kg^{-1})	7.0					
焊接条件	电流类型	直流反接		烘干规范/($^\circ$C·h^{-1})		350×1
	焊接电流/A	145		电弧电压/V		24
	保护气体组成	—		保护气体流量/(L·min^{-1})		—

产品名称	CHW-80CF焊丝		型号	ER76-G	规格	$\phi 1.0$ mm
分析元素	C	Si	Mn	S	P	Cu
分析结果质量分数%	0.095	0.38	1.75	0.003 7	0.004 3	0.098
焊接发尘量 F/(g·kg^{-1})	5.0					
焊接条件	电流类型	直流反接	烘干规范/($^\circ$C·h^{-1})		—	
	焊接电流/A	190	电弧电压/V		28	
	保护气体组成	100% CO_2	保护气体流量/(L·min^{-1})		20	

4.2.4 焊接与切割车间烟尘浓度分布感知测试

测试焊接与切割车间烟尘在空间上的分布规律,以及不同通风方式下的排出烟尘效果,测定分析不同工况条件下焊接烟尘浓度分布规律。

4.2.4.1 试验设备及方法

试验采用具备集成功能的智能型颗粒物传感器,参数指标如表4-5所示。

表4-5 焊接烟尘及颗粒物传感器指标参数

监测项目	测量范围	测量精度	重复性误差	爆炸极限
焊接烟尘				
焊接烟尘	$PM_{2.5} \sim PM_{10}$ 1 999.9 μg/m³		±10 μg/m³	
TSP 总悬浮颗粒物 (PM_{100})	0.01~20 mg/m³		±15%	

车间环境条件采用上吸式和侧吸式排风罩,其他设备有电焊机、火焰切割机、等离子切割机、风速测定仪等。本实验采用焊接与切割烟尘产生率较高的手工电弧焊、火焰切割进行,施焊焊条为常用 J422 和 J502 焊条。

使用智能型粉尘及颗粒物传感器来测定 J422 和 J502 焊条在试验设置的焊接场所的焊接烟尘浓度的分布情况。

试验排风罩有上吸式和侧吸式两种,通过排风罩手机焊接收集焊接产生的烟尘,并通过滤筒排除。

风速仪用以测定排风罩内风速,从而测定其局部通风风量。

4.2.4.2 试验条件

包括自然通风条件下和局部通风条件下两大类。其中局部通风又包含侧吸式和上吸式两大类,每类均有3种风量共组成14种工况条件。

拟采用排风罩来模拟局部通风,风量可调节并测定,从而测定不同局部通风强度下的焊接烟尘浓度在空间上的分布。

4.2.4.3 测试点布局

(1)大空间自然通风焊接烟尘浓度测定

在认为理想的状态条件下,即焊接烟尘在没有通风的自然状态下是向四周自由扩散的,故可以取与地面垂直的任意平面进行分析,用两根标有刻度的直管做成直角三角形的斜边和一直角边,将与斜边相邻的一个角置于焊接作业点附近,在斜边上取四个点作为测量点,通过改变直角边和斜边的长度来改变斜边与水平面的夹角,设四组角度,每组实验测点个数为16,测点如图4-5所示。

对于自然通风条件,由于焊接烟尘浓度基本呈对称分布,所以只布置一个测量面,分别对应距离焊接点的不同距离,即每个面有14个测量点,共计28个测量点。

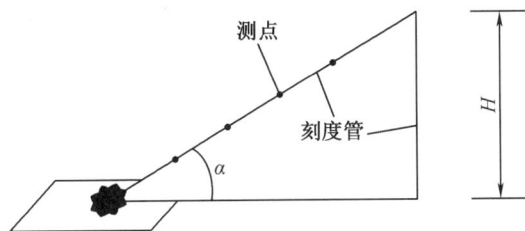

图4-5　测试点分布

（2）大空间局部通风焊接烟尘浓度测定

对于侧吸式局部排风包括2种焊条，3种风量，包括垂直（垂直风流）、轴向（平行风流）2个测量面，由于2个测量面中有4个为重复的，共计 $2 \times 3 \times 2 \times 14 = 168$ 个测量点。

对于上吸式局部排风包括2种焊条，3种风量，1个测量面，共计 $2 \times 3 \times 16 = 96$ 个测量点。

4.2.4.4　试验步骤

（1）开始实验之前打开粉尘颗粒物测试传感器装置，设定一次测量时间为2 min。准备就绪后到各个监测点开始检测。

（2）测量点焊接浓度之前，施焊5 min。待焊接区域周围焊接烟尘浓度基本达到稳定状态，开始测量各个测量点的焊接烟尘浓度，在每一种角度下的测量点测量完毕之后，测定环境的烟尘浓度。直到所有测量点测量结束，并记录测量数值。

4.2.4.5　大空间自然通风条件下焊接烟尘分布

对大空间自然对流状况下J422和J502焊条的焊接烟尘浓度分布进行了测定，不同时刻两种焊条所产生的焊接烟尘浓度在空间上分布如图4-6所示。

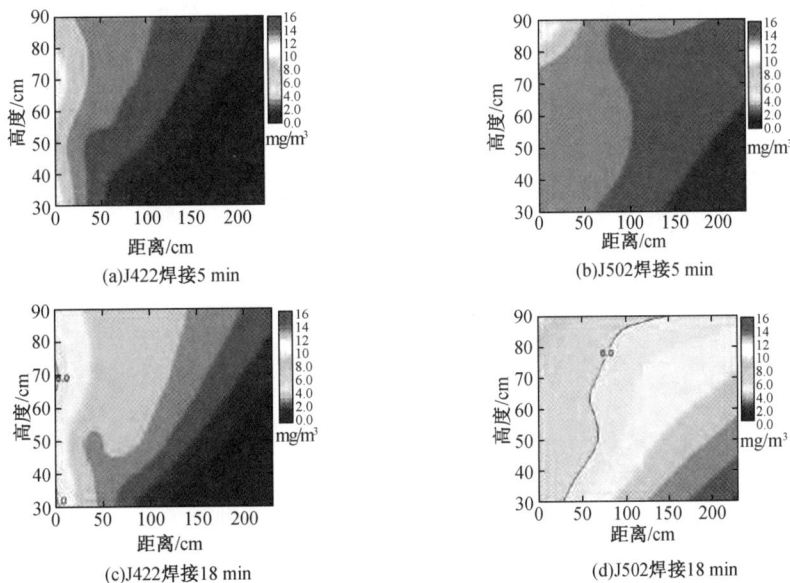

(a)J422焊接5 min

(b)J502焊接5 min

(c)J422焊接18 min

(d)J502焊接18 min

图4-6　大空间自然对流不同时刻焊接烟尘浓度分布

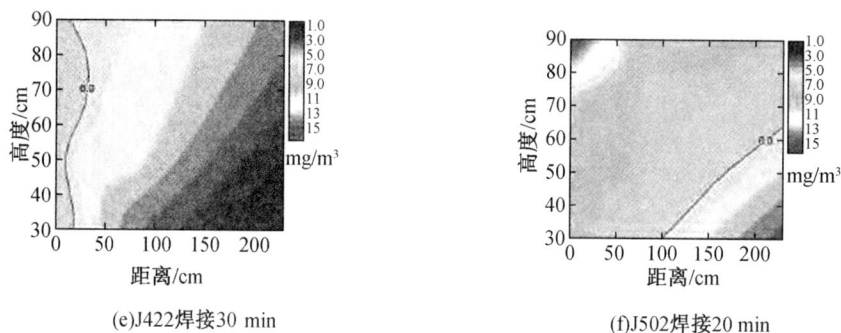

(e)J422焊接30 min

(f)J502焊接20 min

图 4 - 6（续）

由图 4 - 6 可知：

（1）由于焊接过程中释放出大量的热量，在加热焊接烟气和周围空气后形成自然对流，携带焊接烟尘上升，所以焊接烟尘分布总体呈现倒壶分布，焊接烟尘主要在焊接点的上部聚集。

（2）从同一时刻对比来看，采用 J502 焊条进行焊接时，焊接点周围区域的焊接烟尘浓度显著高于 J422 焊条。

（3）我国规定焊接烟尘允许浓度为 6 mg/m³，随着焊接过程的持续进行，焊接点周边区域焊接烟尘浓度呈增长态势，但对于采用 J422 焊条施焊，在较长时间进行焊接后，其高于 6 mg/m³ 区域仅出现在焊接点附近 20 cm 范围内，而在焊接 17 min 后采用 J502 焊条进行施焊，其高于 6 mg 区域就已经出现在焊接点附近 70 cm 范围内，已经可以对作业人员身体健康形成危害。

环境焊接烟尘浓度随时间变化如图 4 - 7 所示，随着焊接过程的不断进行，工作区焊接烟尘浓度不断上升，采用 J502 焊条进行施焊在 20 min 后就已经超过 6 mg/m³，即超过允许浓度。而即使采用 J422 焊条进行施焊，虽然在较长时间内其焊接烟尘浓度不会超过允许浓度，但由于其焊接烟尘浓度持续增大，在长时间施焊后仍然会超过 6 mg/m³，所以对于大空间自然通风条件下进行焊接作业时难以满足职业卫生要求，且 J502 高于 J422 的焊接烟尘浓度。

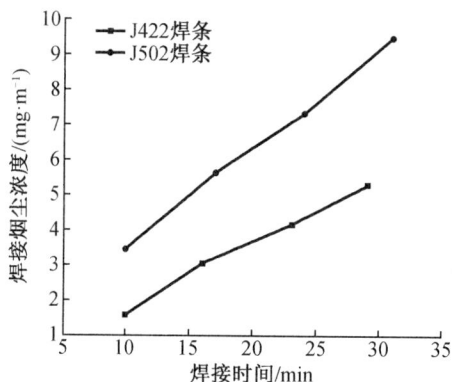

图 4 - 7 两种焊条环境焊接烟尘浓度随时间的变化

4.2.4.6　局部通风方式对焊接烟尘浓度分布的影响

由自然通风条件下焊烟浓度分布状况可知,在自然通风条件下难以满足焊接作业过程中的职业卫生要求,在焊接过程中常采用全面通风和局部通风两种方式来降低焊接空间中的焊烟浓度。

试验主要是针对上吸式通风和侧吸式通风两种通风方式对降低作业空间内焊烟浓度效果展开,不同局部通风量工况条件下,J502 焊条焊烟浓度分布如图 4-8 所示。

由图 4-8 可知,相对于自然通风条件下焊烟浓度分布,加设局部通风后由于焊烟分布主要受局部通风气流影响,其浓度聚集区域主要在焊接区域附近沿着风流方向。

(1)上吸式局部通风焊烟呈现倒锥形分布,即在焊接点上部聚集,在距焊接点附近 0.5 m 以内区域其焊烟浓度大于允许浓度($6\ mg/m^3$),这恰为人员作业区域,但区域范围明显小于自然通风条件时,说明采用上吸式通风能有效降低作业空间内的焊烟浓度,此时基本能排除焊接所产生的焊烟,但仍有一定的毒害性。

(2)侧吸式局部通风则主要聚集在作业点附近,其超限浓度区域明显要小于上吸式局部通风,侧吸式通风对于控制焊烟效果要好于上吸式通风。

(3)无论是哪种通风方式,其作业空间范围内焊烟浓度随着风量的增大而降低,但就降低效果而言,由于受到地面局限的影响,采用上吸式局部通风通过增大风量来降低焊烟浓度效果要差,这进一步说明了侧吸式局部通风的优势。

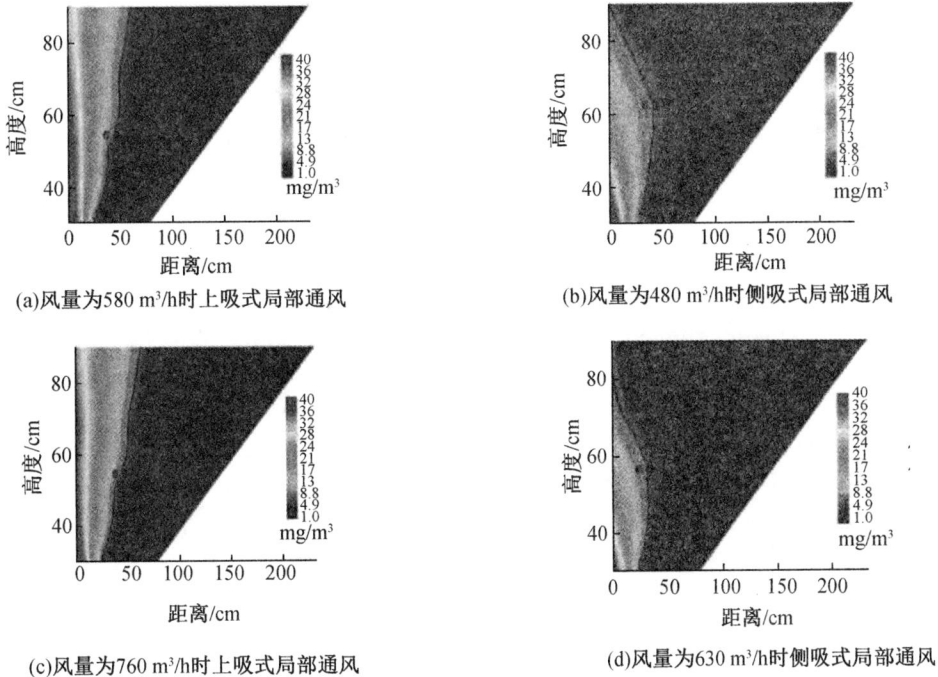

(a)风量为580 m³/h时上吸式局部通风　　(b)风量为480 m³/h时侧吸式局部通风

(c)风量为760 m³/h时上吸式局部通风　　(d)风量为630 m³/h时侧吸式局部通风

图 4-8　局部通风时焊接烟尘浓度分布

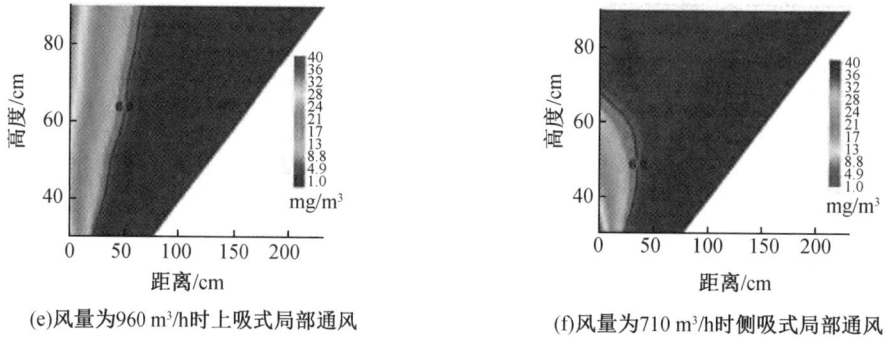

(e)风量为960 m³/h时上吸式局部通风

(f)风量为710 m³/h时侧吸式局部通风

图 4-8(续)

大空间自然通风、上吸式局部通风(风量为 760 m³/h)和侧吸式通风(风量为 710 m³/h)三种工况条件下,采用 J502 焊条焊接烟尘浓度随焊接时间变化曲线如图 4-9 所示。

对比三种工况条件焊烟浓度可知:

(1)三种工况中自然通风条件工况下焊烟浓度远大于采用局部通风后浓度,说明采用局部通风对于降低作业空间内焊烟浓度具有明显效果。

(2)随着焊接时间的推移,三种工况条件下焊烟浓度均随之增大,但采用局部通风后焊烟浓度增长幅度越来越小,说明焊烟浓度在长时间施焊后较为稳定。

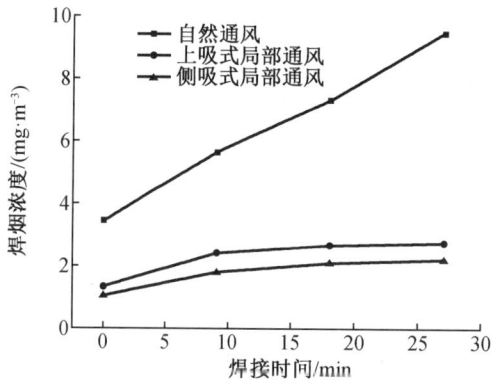

图 4-9 J502 焊条焊烟浓度随焊接时间变化曲线

(3)采用局部通风后其焊烟浓度小于 6 mg/m³,说明在现有工况条件下两种通风方式均可以使作业空间内焊烟浓度达到职业卫生要求,且侧吸式效果更好,但由于在施焊人员作业范围(施焊点 0.5 m)内上吸式局部通风焊接浓度要略高于 6 mg/m³,仍具有一定的毒害性。

4.2.5 焊接与切割车间中有毒有害气体感知测试

焊接与切割有害气体主要有臭氧、氮氧化物、一氧化碳、氟化物及氯化物等。焊接与切割区内的臭氧是经高温光化学反应而产生的。电弧与等离子辐射出的短紫外线使空气中的氧分子分解成氧原子,这些氧原子或氧分子在高温下达到一定浓度后,互相撞击即可生成臭氧。臭氧吸入人体内,主要是刺激呼吸系统和神经系统,引起胸闷、咳嗽、头晕、全身无力和不想吃饭等症状,严重时可发生肺水肿与支气管炎等。

在电弧的高温下,空气中的氮分子可被直接氧化成氮氧化物。氧化物的种类很多,主要有 N_2O、NO、NO_2 和 N_2O_5 等,为红褐色气体,比空气重,其毒性为 NO 的 4~5 倍。遇水可变成硝酸或亚硝酸,产生强烈的刺激作用。吸入高浓度的氮氧化物可引起急性哮喘病或产生肺气肿。长期慢性作用可引起神经衰弱症状及慢性呼吸道炎症。

焊接与切割中的一氧化碳主要来自二氧化碳的分解,因此在二氧化碳保护焊中将产生大量的一氧化碳气体,其他的电弧焊中只产生微量的一氧化碳气体。

含氟的焊接材料参与焊接时,可产生微量的 HF 气体,HF 有很强的刺激作用,能迅速由呼吸道收缩而对全身产生中毒作用。

有害气体是焊接时高温电弧下产生的,主要有臭氧、氮氧化物、一氧化碳、氟化物及氯化物等。

焊接与切割产生的有毒有害气体及危害详见表 4 - 6。

表 4 - 6　焊接与切割产生的有毒有害气体及危害

有毒有害气体	产生原因	主要危害	职业暴露限值/$(mg \cdot m^{-3})$
臭氧(O_3)	氧分子在强紫外线和高温作业下形成	呼吸道刺激及炎症、肺水肿等	0.3(MAC)
氮氧化物(NO_x)	高温条件下化合形成	呼吸道、黏膜刺激,呼吸道炎症、肺损伤	NO:15(PC - TW) NO_x:(PC - TW)
一氧化碳(CO)	焊剂分解,不完全燃烧,被还原	CO 中毒	20(PC - TW)
光气($COCl_2$)	含氟溶剂、表面涂层分解产生	刺激性反应,可致肺水肿	0.5(MAC)
氟化氢(HF)	来自焊条或药皮	刺激性反应,肺充血,影响骨骼	2(MAC)
氩、氮	保护气体	窒息	—
二氧化碳	保护气体	窒息	9000(PC - TW)

注:MAC——最大允许浓度。PC - TW——8 h 时间加权平均浓度。

CO_2、Ar 和 He 等无毒但有害的气体应予以关注。CO_2 气体保护焊引发的职业危害与防护问题必须予以关注。CO_2 气体保护焊作业时,大量逸出的 CO_2、Ar 和 He 等无毒但有害的气体会弥漫在作业者周围,降低周围环境的氧气相对浓度,影响作业者的呼吸环境。

由于焊接过程中涉及的有毒有害气体种类多组分复杂,故试制了多组分气体感知样机(图 4 - 10、图 4 - 11),通过数据采集程序测试焊接环境中多种气体成分的感知。感知样机技术参数见表 4 - 7。

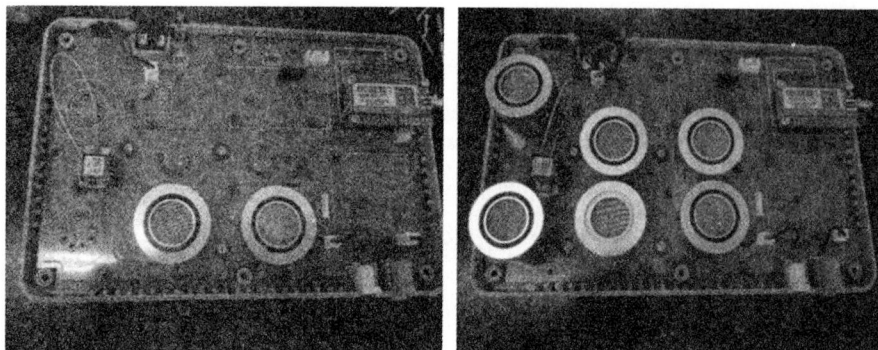

图 4 - 10　智能型多组分气体感知样机

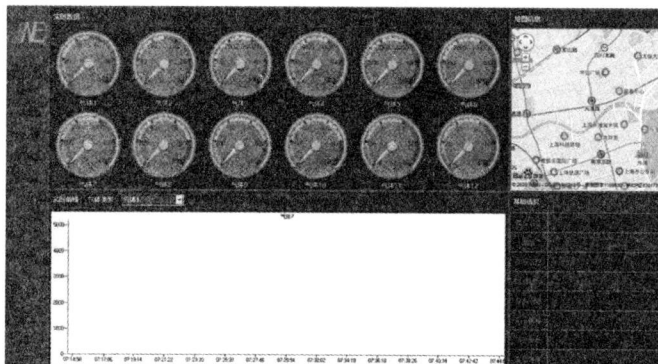

图 4 - 11　多组分感知数据读取系统界面

表 4 - 7　有毒有害气体多组分感知样机技术参数

监测项目	测量范围	测量精度	重复性误差	爆炸极限
可燃危险气体				
一氧化碳(CO)	0 ~ 500 ppm	1 ppm	± 4 ppm	12.5% ~ 80%
可燃气体:	0 ~ 100 ppm	0.01 ppm	≤ ± 1%	2.3% ~ 72.3%
乙炔(C_2H_4)/甲烷	0 ~ 4vol%	0.1vol%	± 10%	5% ~ 15%
(CH_4)/丙烷(C_3H_6)	0 ~ 100 ppm	0.1 ppm	≤ ± 1%	2.1% ~ 9.5%
危险气体				
二氧化硫(SO_2)	0 ~ 100 ppm	0.1 ppm	≤ ± 3% F.S	
甲醛(CH_2O)	0 ~ 10 ppm	0.1 ppm	≤ ± 5% F.S	
氨气(NH_3)	0 ~ 100 ppm	0.5 ppm	≤ ± 5% F.S	
氧气(O_2)	0 ~ 25vol%	0.1vol%	≤ ± 0.7%	
NOx	0 ~ 100 ppm	0.1 ppm		
O_3	0 ~ 20 ppm	0.01 ppm		
HF				

注:ppm 表示百万分之一;vol% 表示体积百分比浓度。

（1）在大空间自然对流条件下，由于焊接热量的作用携带焊烟上升，所以焊烟分布总体呈现倒壶分布，焊烟主要在焊接点上部聚集。

（2）焊接点附近焊接烟尘浓度随焊接时间的增加而增大，但采用局部通风后焊烟浓度增幅越来越小，说明焊烟浓度在长时间施焊后较为稳定。

（3）采用自然通风难以满足焊接过程中的职业卫生要求，加设侧吸式局部通风对焊接烟尘的控制效果要好于上吸式局部通风。

4.2.6 大环境车间条件焊接与切割环境感知系统方案

在船舶小组立、中组立车间中埋弧焊、气体保护焊及手工电弧焊等焊接制造过程中，会产生大量的焊接烟尘（氧化铁、氧化锰、硅酸盐等）和有害有毒气体（臭氧、一氧化碳、氮氧化物等）；切割车间存在乙炔、甲烷和丙烷等可燃气体（图4-12至图4-15）。

由于车间空间大，加工对象种类多，焊接工艺、切割涉及的有毒有害危险气体复杂，故此根据不同工位需求，设计可调整式的多组分气体感知设备。

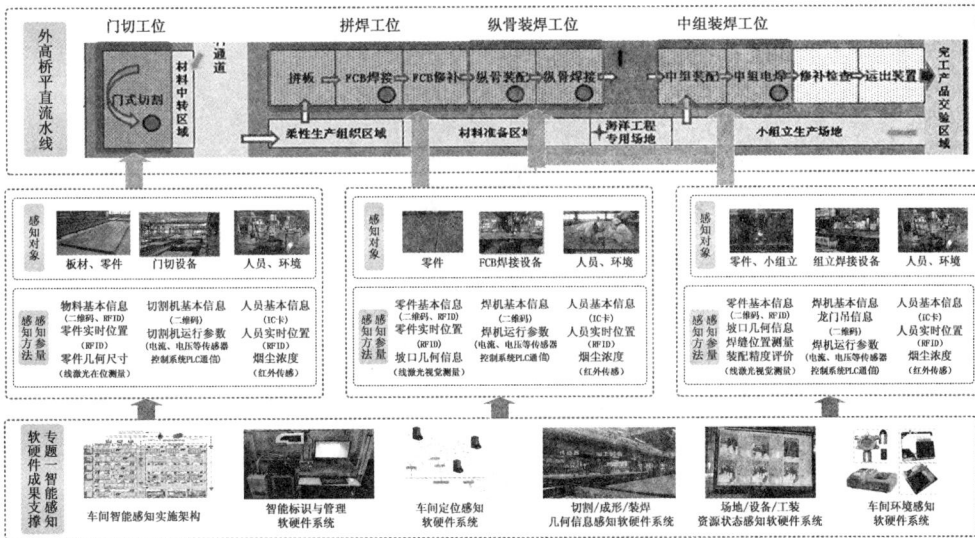

图4-12 国内某骨干船厂平直流水线车间流程示意

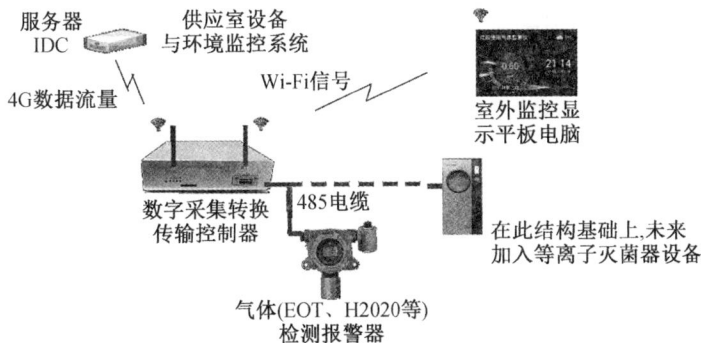

图4-13 感知系统组成示意

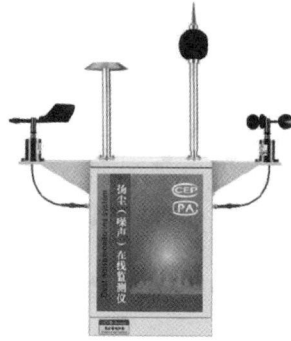

图 4 - 14　多组分样机下位机示意

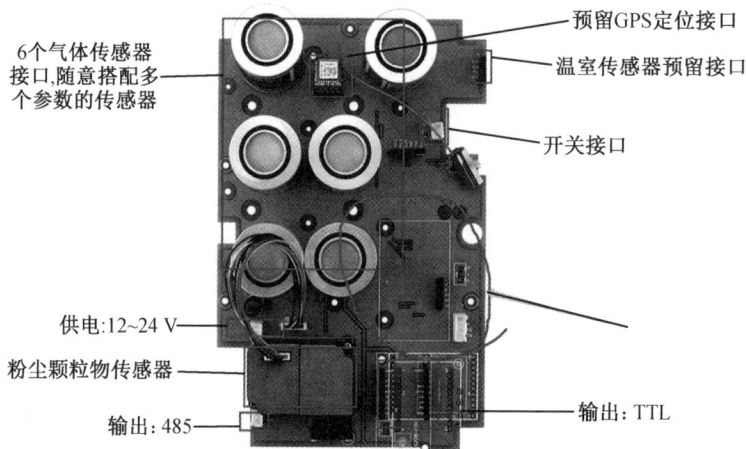

图 4 - 15　多组分感知样机设计功能

检测对象包括:检测设备能检测到可燃气、一氧化碳、硫化氢、氧气、氮氧化物、二氧化硫、臭氧、氨气、颗粒物以及噪声。

4.3　船舶涂装车间环境感知技术

4.3.1　实验室涂装感知系统搭建

4.3.1.1　试验方法

喷涂时,将传感器放置在距离喷嘴一定距离处,在喷涂时采集空气中 $PM_{2.5}$、PM_{100}、VOCs 等喷涂污染物浓度数据,传感器将测得数据传输至计算机,进行数据处理并显示,试验时将污染物浓度增量作为喷涂造成的污染。测试方法如图 4 - 16 所示。

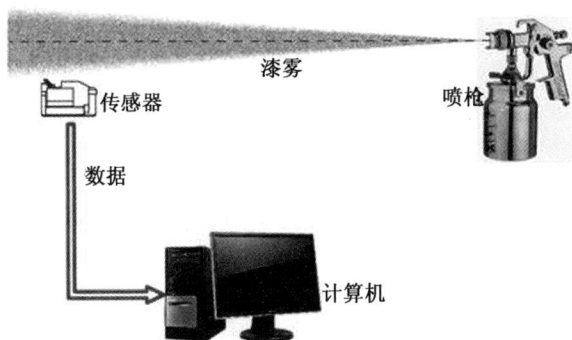

图 4 - 16　测量方法示意图

实验时对不同位置的颗粒物和挥发性有机物浓度进行了测量。在测定过程中,喷嘴沿水平方向喷射,以喷口为原点,测量了在沿漆雾轴向(x 轴方向)不同距离处的颗粒物和挥发性有机物浓度分布,距离漆雾中心不同水平距离(y 轴方向)和竖直距离(z 轴方向)处颗粒物和挥发性有机物浓度分布、喷涂时间和空气流通对颗粒物和挥发性有机物浓度的影响。如图 4 - 17 所示。

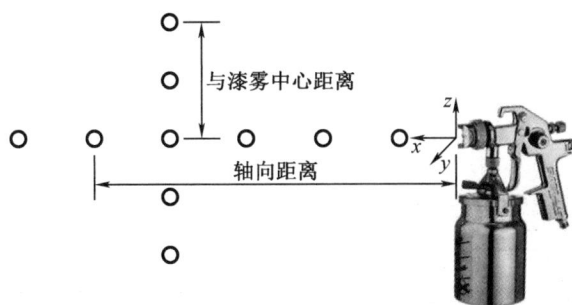

图 4 - 17　传感器测点示意图

注:○为传感器测点。

4.3.1.2　涂料与喷涂设备

实验用涂料为环氧树脂漆,由树脂、体质颜料、防锈颜料、助剂、催干剂、有机溶剂等组成,具有附着力强、漆膜坚韧、防锈防腐的特点,广泛用于金属底漆、电气绝缘漆、室外设备防腐漆等用途。油漆密度分别为 1.51 g/m^3,湿膜厚度约 100 μm,干膜厚度约 35 μm,理论用量约 110 g/m^2。

使用 NDJ - 8S 数字黏度计测量涂料黏度,选用 3 号转子,转速为 12 r/min,测得涂料黏度为 $5\ 079 \text{ MPa · s}$(图 4 - 18)。

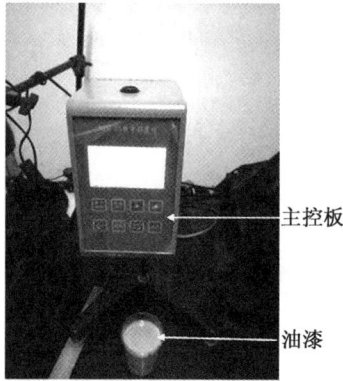

图 4 – 18　NDJ – 8S 数字黏度计

取 2 g 涂料样品均匀地分散在玻璃培养皿中,在烘箱中 105 ℃烘 2 h,冷却至室温后测量样品质量,涂料挥发性有机物含量为 29.7%。

试验所用喷枪为虹吸式喷枪,如图 4 – 19 所示。喷枪工作时压缩空气从空气帽中心孔喷出,喷出的高速气流使喷嘴处产生局部真空,因而产生负压把涂料从涂料罐中吸到喷嘴处,涂料在高速气流的冲击下雾化成细小的涂料微粒。这种喷枪可用于局部修补或工件的大面积喷涂,其优点在于涂料的雾化效果比较好,可以满足对漆膜厚度和光泽度的要求。空气压缩机为藤原 FUJ750A,如图 4 – 20 所示。压缩机的流量为 120 L/min,储气容量 24 L,压力 0.8 MPa。

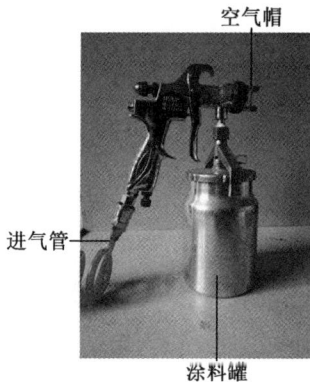

图 4 – 19　喷枪

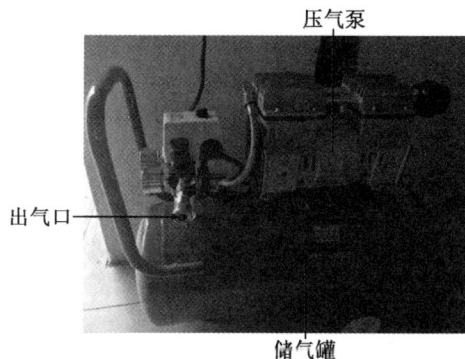

图 4 – 20　空气压缩机

4.3.1.3　传感器与测试方法

当激光照射到含有颗粒物的气体时,会产生微弱的光散射,激光粉尘传感器通过光电传感器将散射光的强度转换为电信号,将此电信号经过放大器和滤波器后进行信号处理,实时得到颗粒物的数量浓度。实验时将传感器(SDS011 和 SDS198)放置在距离喷嘴一定距离处,采集空气 $PM_{2.5}$ 和 PM_{100} 浓度数据,传感器将数据传输至计算机,进行数据处理,如图 4 – 21 所示。

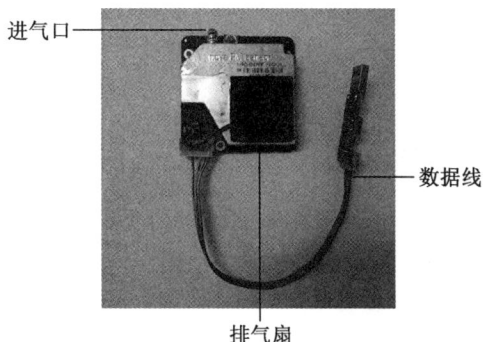

图 4 - 21　激光粉尘传感器及其测量原理图

试验用激光 $PM_{2.5}$ 传感器量程 $0.0 \sim 999.9 \ \mu g/m^3$,可测量当量直径 $0.3 \sim 2.5 \mu m$ 的颗粒物。PM_{100} 传感器量程 $0 \sim 20\ 000 \ \mu g/m^3$,灵敏度 $1 \ \mu g/m^3$,可测量当量直径 $1 \sim 100 \ \mu m$ 的颗粒物。测试时利用 Labview 采集记录数据,每次测试前传感器先工作 10 s,记录环境 $PM_{2.5}$值,测试时减去环境 $PM_{2.5}$ 值,作为喷涂造成的 $PM_{2.5}$ 值。

喷涂时涂料在喷出后迅速雾化,形成大量颗粒物,涂料中的挥发性有机物进入空气中。挥发性有机物的监测使用深圳市东日瀛能科技有限公司的 PID 气体检测仪 SK - 600 - C7H8 和 SK - 600 - C8H10,如图 4 - 22 所示,所用传感器为深圳市东日瀛能公司 PID 甲苯、二甲苯气体检测仪,量程为 1 000 ppm,精度 1 ppm。实验时将传感器放置在距离喷嘴一定距离处,采集空气挥发性有机物浓度数据,传感器将数据传输至计算机,进行数据处理。

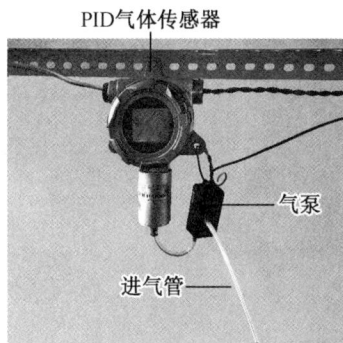

图 4 - 22　PID 二甲苯传感器

COD 测定使用连华科技 5B - 3C 型化学需氧量快速测定仪。该测定仪具有独立双光路无干涉系统,精度高,寿命长,更稳定,可快速、准确测定地表水、中水、城市污水及工业废水中的 COD。测定时取 2.5 mL 蒸馏水,加入反应管中作为空白溶液,其余各反应管中分别量取 2.5 mL 水样。依次向各反应管加入 0.7 mL 的 D 试剂和 4.8 mL 的 E 试剂,混匀后放入消解仪,165 ℃消解 10 min。消解结束后取出反应管,冷却 2 min,之后依次向各反应管加入蒸馏水 2.5 mL,混匀后将反应管置入水冷槽中冷却。水冷却完成后,将各反应管中的溶液倒入对应的比色皿中,取装有空白溶液的比色皿放入 COD 测定仪,待读数稳定后按"空白"键置空白,之后依次放入待测试样测定水样 COD(图 4 - 23、图 4 - 24)。

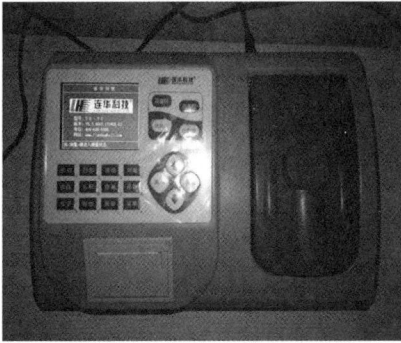

图 4 – 23　COD 测定仪

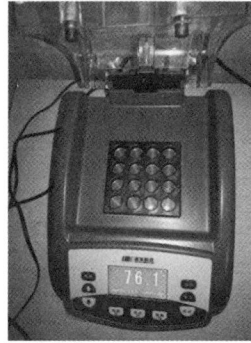

图 4 – 24　消解仪

D 试剂(氧化剂):将 12 g 重铬酸钾和 18 g 硫酸汞粉末倒入准备好的烧杯中,之后将 348 mL 蒸馏水倒入烧杯中。不断搅拌溶液,加入 22 mL 分析纯硫酸,直至粉末全部溶解(图 4 – 25)。

E 试剂(催化剂):备好 35 g 粉末状硫酸银和 2 500 mL 分析纯硫酸,将前者倒入后者中,不断搅拌,直至硫酸银全部溶解(图 4 – 26)。

图 4 – 25　D 试剂

图 4 – 26　E 试剂

试验时采用的颗粒物传感器、气体检测仪和 COD 测定仪等设备的性能参数见表 4 – 8。

表 4 – 8　设备性能参数表

污染物检测设备	量程	灵敏度	误差
SDS011 PM$_{2.5}$ 传感器	$0 \sim 1\ 000\ \mu g/m^3$	$0.1\ \mu g/m^3$	$\pm 10\%$
SDS198 PM$_{100}$ 传感器	$0 \sim 20\ mg/m^3$	$1\ \mu g/m^3$	$\pm 20\%$ 或 $\pm 30\ \mu g/m^3$
SK – 600 – C7H8 气体检测仪	$0 \sim 1\ 000\ ppm$	$1\ ppm$	$\pm 10\%$
SK – 600 – C8H10 气体检测仪	$0 \sim 1\ 000\ ppm$	$1\ ppm$	$\pm 10\%$
5B – 3C 型 COD 快速测定仪	$2 \sim 10\ 000\ mg/L$	$0.1\ mg/L$	$\pm 10\%$

由于 PID 气体传感器对多种挥发性气体均有响应,不能分辨气体的组分,使用气质联

用(GC – MS)对喷涂后空气中的 VOCs 组分进行分析。GC – MS 是分析挥发性有机物最常用、准确的方法,利用不同气体在沸点、极性和吸附性等方面的差异,使不同组分分离,经过FID 后测量离子质荷比使用美国 Agilent 7890GC – 5975MS 气质联用仪,色谱柱为 HP – FFAP,柱流量 1.0 ml/min,进样口温度 250°,分流模式 10∶1,色谱柱升温程序为起始温度40 ℃,以 8 ℃/min 升到 240 ℃,保持 15 min。扫描模式为全扫描,质赫比 60~450(图 4 – 27)。

4.3.2　喷涂过程中污染物的分布

4.3.2.1　喷涂过程中的颗粒物分布

工业涂装会产生过喷漆雾,并且涂装产生的 VOCs 是形成颗粒物的重要前置污染物,是导致颗粒物形成的来源之一。近年来的环境监测数据表明,颗粒物已经成为中国主要城市群地区空气污染的首要污染物。空气中颗粒物浓度的提高可能直接导致人群发病率和死亡率的升高,其中细颗粒物由于粒径小、可被吸入肺泡中、沉降时间长、易吸附有毒有害物质,对人体健康和大气环境的危害更大。研究数据表明,$PM_{2.5}$ 导致人们的平均寿命减少8.6个月。目前许多企业采用手动空气喷枪进行作业,涂料利用率通常只有 40% 左右,效率较低,而静电喷涂的涂料利用率可提高至 90%。这意味着在喷涂作业中有 10%~60% 的涂料无法得到有效利用,其中大部分会以高度分散漆雾的形式飞到空气中。不同涂料的过喷漆雾组成不同,但主要可以分为两部分:固体分和挥发分。过喷漆雾中的挥发分可以随空气带出,但固体分则会附着在喷漆室下面的结构上,特别是连续生产的大型涂装生产线。针对喷涂时颗粒物的分布问题,使用激光粉尘传感器在线测量喷涂时 $PM_{2.5}$ 和 PM_{100} 浓度,并对喷涂过程中颗粒物在不同空间位置的分布规律进行分析,分析不同喷涂时间以及不同空气流通速度对空气 $PM_{2.5}$ 和 PM_{100} 浓度的影响,为涂装车间颗粒物监测提供重要的基础数据与技术支持。

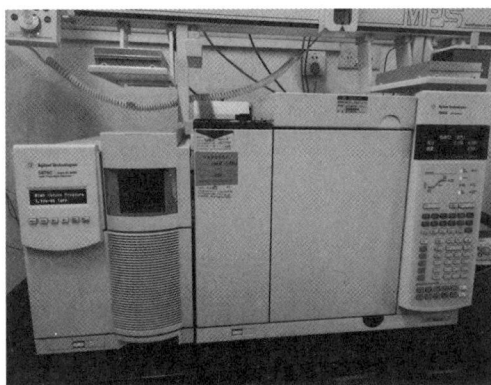

图 4 – 27　7890GC – 5975MS 气质联用仪

（1）距喷嘴不同轴向距离处颗粒物分布

图 4-28、图 4-29 是喷漆时间为 3 s 的不同水平距离的 PM_{100}、$PM_{2.5}$ 值，传感器与喷嘴距离为 0.25~2 m，随着与喷嘴距离的增大，颗粒物浓度不断降低。这是由于涂料喷出后近似锥形，随着与喷嘴距离的增大，颗粒物不断飞散，喷涂区域增大，单位体积内的颗粒物减少，浓度降低。

喷涂时涂料的雾化过程受喷嘴结构、涂料性质、喷涂条件、环境条件等诸多因素影响。目前大多数研究都是在实验数据的基础上，将其拟合成符合试验条件的经验公式。本章采用单指数 ExpDec1 模型拟合颗粒物在漆雾轴线上的分布。

在喷涂时间为 3 s 时，0.25~2 m 内 PM_{100} 颗粒物浓度与距喷嘴距离的关系模型为 $y = 9\ 205.69 \times e^{-x/0.479\ 5} + 2\ 968.02$，其中 x 为距喷嘴距离，y 为 PM_{100} 颗粒物浓度。0.25~2 m 内 $PM_{2.5}$ 颗粒物浓度与距喷嘴距离的关系模型为 $y = 218.54 \times e^{-x/0.751\ 0} + 19.69$，其中 x 为喷漆时间，y 为 $PM_{2.5}$ 浓度。对 PM_{100} 和 $PM_{2.5}$ 颗粒物浓度与距喷嘴距离的关系建立非线性模型，模型的 R^2 分别为 0.986 9 和 0.995 2，符合试验结果。由结果可知在距离喷嘴较近的位置，颗粒物浓度较高，距离喷嘴越远，颗粒物浓度越低，在距离喷嘴较远（1.75 m 以上）的位置，颗粒物浓度变化较小，达到稳定值。

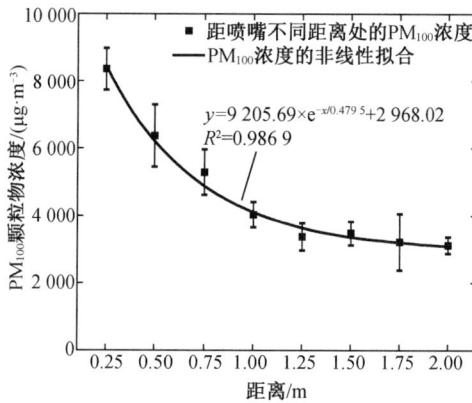

图 4-28　距喷嘴不同距离处的 PM_{100} 颗粒物浓度

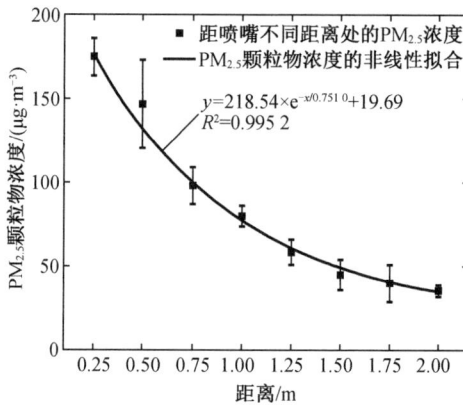

图 4-29　距喷嘴不同距离处的 $PM_{2.5}$ 颗粒物浓度

（2）距漆雾中心不同距离处的颗粒物浓度分布

图 4-30、图 4-31 为距喷嘴 1 m,喷漆时间为 3 s 时,距漆雾中心不同竖直距离处的 PM_{100} 和 $PM_{2.5}$ 颗粒物浓度。

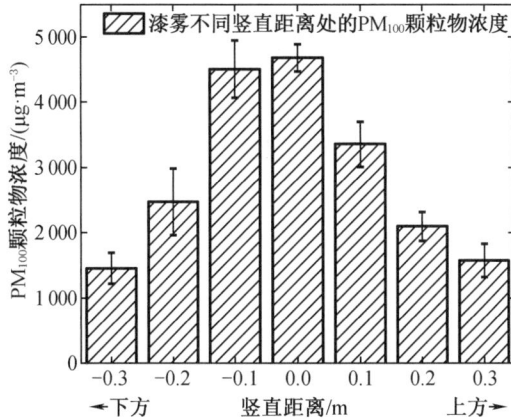

图 4-30　不同竖直距离处的 PM_{100} 颗粒物浓度

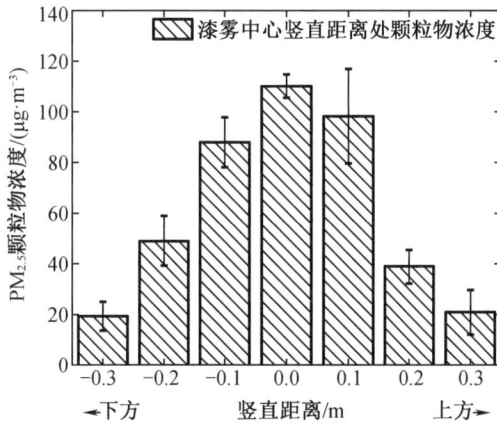

图 4-31　不同竖直距离处的 $PM_{2.5}$ 颗粒物浓度

从图 4-30、图 4-31 中可看出,漆雾中心处的颗粒物浓度最高,随着距漆雾中心竖直距离的增大,颗粒物浓度不断减小。在距离漆雾中心竖直距离 0.3 m 处,PM_{100} 颗粒物浓度降低至漆雾中心处 31%~34%,$PM_{2.5}$ 颗粒物浓度降低至漆雾中心处 17%~24%。

图 4-32、图 4-33 为距离喷嘴 1 m,喷漆时间为 3 s 时,与漆雾中心不同水平距离处的 PM_{100}、$PM_{2.5}$ 浓度。从图中可以看出,漆雾中心处的颗粒物浓度最高,随着距漆雾中心水平距离的增大,颗粒物浓度不断减小,水平距离为 0.4 m 时,PM_{100}、$PM_{2.5}$ 颗粒物浓度分别降低至漆雾中心处的 33.0%、24.5%。

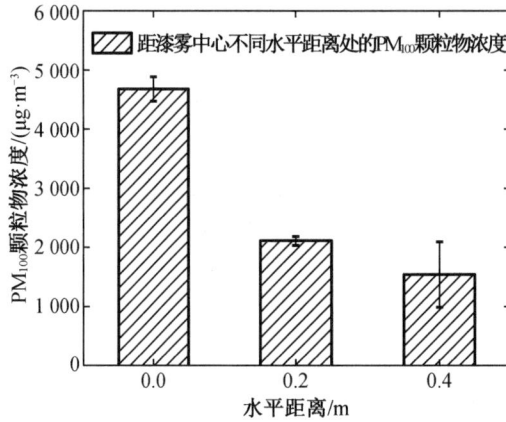

图 4 – 32　距漆雾中心不同水平距离处的 PM_{100} 颗粒物浓度

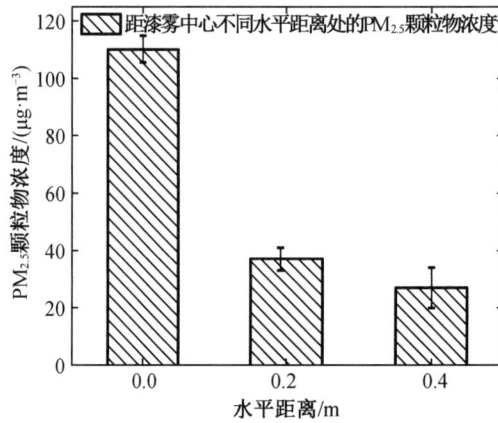

图 4 – 33　距漆雾中心不同水平距离处的 $PM_{2.5}$ 颗粒物浓度

根据图 4 – 30 至图 4 – 33 实验数据，做出喷涂时间为 3 s 时，PM_{100}、$PM_{2.5}$ 颗粒物在距离喷嘴 1 m 处的垂直于射流方向的平面浓度分布图，如图 4 – 34、图 4 – 35 所示。

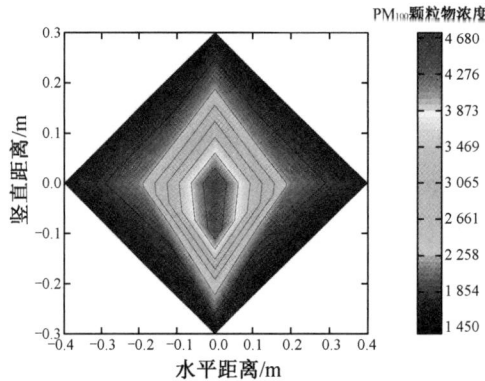

图 4 – 34　PM_{100} 颗粒物浓度分布

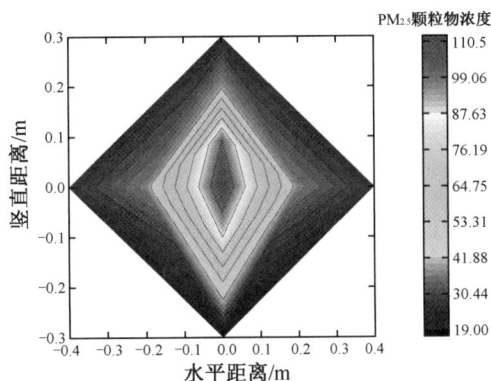

图4-35　PM$_{2.5}$颗粒物浓度分布

从图中可看出,在选定的试验条件下,PM$_{100}$、PM$_{2.5}$颗粒物均表现为喷涂中心区域颗粒物浓度较高,与喷涂中心距离越大,颗粒物浓度不断降低。这是受喷嘴结构造成的。喷嘴中心处为涂料孔,周围为环形空气孔与辅助雾化孔。受空气孔喷出的空气影响,喷出的涂料轴向速度较大,而径向速度较小,因此喷涂时涂料颗粒主要集中于喷涂区域中心位置,与喷涂中心距离越大,颗粒物浓度不断降低。

(3)漆雾的雾化机理与模拟

实验所用喷枪为虹吸式喷枪,涂料罐位于喷枪的下方,压缩空气从中心雾化孔中喷出时形成高速气流,高速气流令喷嘴处形成真空,将涂料从喷嘴中吸出形成液膜。高速喷出的空气冲击涂料液膜,使其破碎成细小的涂料颗粒,从而使涂料雾化。这种雾化方式可以得到更加细小、均匀的颗粒,因此涂料的雾化效果较好,可以一定程度上满足对漆膜厚度和光泽度方面的要求。目前研究人员对空气提高雾化质量的作用机制仍没有一个可靠的定论,一般认为辅助空气的冲击使液膜更加不稳定,同时喷出的空气促使涂料液滴分散,减少液滴间发生的相互碰撞。空气雾化喷嘴是应用最为广泛的雾化方式,尤其是在对雾化粒径和效果要求较高的场合。

自喷漆所用喷嘴为压力式雾化喷嘴,又称机械雾化喷嘴,这种雾化方式的主要原理是在罐内充有高压气体,涂料喷出时在高压气体的作用下形成高速液体进入空气中。由于周围空气速度很低,涂料与周围空气之间的相对速度差产生了强烈的剪切作用力促使液体涂料扭曲变形,雾化成小颗粒。

喷涂的基本过程是将液态涂料高速气流雾化为微小的涂料颗粒,涂料颗粒随着气流运动并撞击喷涂工件表面,在撞击后变形扭曲,并附着在工件表面上,凝固后形成漆膜。涂料雾化后的颗粒尺寸大小和分布对于漆膜质量起着重要的作用,涂料颗粒的粒径分布均匀,可以提高漆膜的致密性和强度。涂料的雾化通常可分为初次雾化和二次雾化,初次雾化过程受喷嘴结构、涂料性质、气液浓度比、喷射压力等因素影响。二次雾化是涂料微粒在运动过程中受气流或其他涂料微粒的作用,发生一系列碰撞、扭曲、破碎等过程,使涂料颗粒最终的粒径分布发生变化,从而影响到喷涂的质量。

对于射流场的模拟,通常采用$k-\varepsilon$两方程模型,粒子运动轨迹的计算通常采用拉格朗日方法进行分析。本书建立了喷涂过程中粒子受力、碰撞、破碎模型,由此模拟喷涂射流的雾化过程。本书中假定喷涂载流气体为理想气体,气体流动为低马赫数、湍流。对于载流气体的传质、传热与流动规律分析如下。

连续性方程:

$$\frac{\partial \rho}{\partial t} + \frac{\partial}{\partial x_j}(\rho u_j) = 0$$

动量方程(以 i 方向为例):

$$\frac{\partial(\rho u_i)}{\partial t} + \frac{\partial}{\partial x_j}(\rho u_i u_j) = -\frac{\partial p}{\partial x_i} + \frac{\partial \tau_{ij}}{\partial x_i} + g_i - f_i$$

式中　u——速度;

　　　ρ——流体的平均密度;

　　　p——压力;

　　　τ——黏性应力;

　　　g——重力;

　　　f——其他阻力;

　　　i、j、k——坐标方向;

　　　τ_{ij}——黏性应力张量。

能量方程:

$$\frac{\partial(\rho h_0)}{\partial t} + \frac{\partial}{\partial x_j}(\rho u_j h_0) = \frac{\partial}{\partial x_i}\left(\Gamma_h \frac{\partial h_0}{\partial x_j}\right) + S_h$$

其中,

$$S_h = \frac{\partial p}{\partial t} + \frac{\partial}{\partial x_j}(\rho u_j h_0) + \rho q_R +$$

$$\frac{\partial}{\partial x_j}\left[\left(\lambda - \sum_l m_l C_{Pl}\Gamma_h\right)\frac{\partial T}{\partial x_j} + \sum_l (\Gamma_l - \Gamma_h)h_l \frac{\partial m_l}{\partial x_l} - \Gamma_h \frac{\partial}{\partial x_j}\left(\frac{u_i u_i}{2}\right)\right] \qquad (4-2)$$

式中　h_0——滞上焓即总焓,$h_0 = h + u_i u_i/2, h = \sum_l m_l h_l$;

　　　m_l、h_l——分别为组分 l 在混合物里的质量分数和比焓;

　　　Γ_l、Γ_h——分别为组分 l 和焓 h 的输送系数;

　　　q_R——辐射项。

组分方程为

$$\frac{\partial}{\partial t}(\rho m_l) + \frac{\partial}{\partial x_i}(\rho u_i m_l) = \frac{\partial}{\partial x_j}\left(\Gamma_l \frac{\partial m_l}{\partial x_j}\right) + R_l$$

式中　R_l——由化学反应引起的组分产生率。

该方程组主要是假定流体为层流状态推导出来的,而在实际喷涂过程中流体状态几乎都是湍流过程,对于喷涂模拟的影响是非常重要的。湍流流场计算中应用最为广泛的是 $k-\varepsilon$ 双方程模型。

k 方程:

$$\frac{\partial}{\partial t}(\rho k) + \frac{\partial}{\partial x_j}(\rho u_j k) = \frac{\partial}{\partial x_j}\left(\frac{u_{\text{eff}}}{\sigma_k}\frac{\partial k}{\partial x_j}\right) + G - C_D\rho k^{3/2}/l \qquad (4-3)$$

式中，$G = \mu_l \left(\dfrac{\partial u_i}{\partial x_j} + \dfrac{\partial u_j}{\partial x_i} \right) \dfrac{\partial u_i}{\partial x_j}, \mu_l = C_\mu \rho k^{1/2}/l, u_{\text{eff}} = \mu + \mu_l$。

经模拟后封闭的 ε 方程为

$$\frac{\partial}{\partial t}(\rho\varepsilon) + \frac{\partial}{\partial x_j}(\rho u_j \varepsilon) = \frac{\partial}{\partial x_j}\left(\frac{\mu_{\text{eff}}}{\sigma_e} \frac{\partial\varepsilon}{\partial x_j} \right) + \frac{\varepsilon}{k}(C_1 G - C_2 \rho\varepsilon)$$

Rayleigh 最早提出了射流不稳定理论，当液体射流上出现一个小的扰动后，如果扰动的振幅逐渐增长，当振幅增长达到未受扰动的液体射流直径的一半时，这个射流就不稳定并要破碎成液滴。Weber 在 Rayleigh 研究的基础上，更加深入地对液体的射流破碎进行了研究。他把液体的黏性、表面张力、密度等因素考虑在内，从而导出了形成黏性射流最大不稳定性的比值。通过分析喷嘴周围的空气对液体射流破碎的影响，他认为气体动力是促使液体破碎的主要因素，破碎后的液滴尺寸取决于气体动力与液体表面张力的比值，从而总结出了著名的 We 准数：

$$We = \frac{\rho_g U_r^2 d}{\sigma_l}$$

式中　We——韦伯准数；

U_r——气液相对速度，m/s；

ρ_g——气体密度，kg/m^3；

d——射流直径，m；

σ_l——液体表面张力，N/m。

奥内佐格研究了液束的稳定性与雷诺数的关系，发现在没有周围空气影响的情况下，射流破碎后的液滴尺寸主要取决于喷口直径、液体的密度、表面张力和黏性力，并提出了 Z 准数。

$$Z = \frac{We_l^{0.5}}{Re} = \frac{\mu_l}{\sqrt{\rho_l \sigma_l d_0}}$$

奥内佐格提出：在雷诺数 Re 较小的范围内，雾化主要是由液束表面出现的振动产生的；在中等 Re 的范围内，液体的雾化程度则和液束上出现的波的运动有关；当 Re 很大时，液束迅速分散，直接在雾化器的边缘上雾化。

涂料雾化后的液滴颗粒尺寸小、数量多，并且其粒径分布随时间和空间而不断变化。综合考虑喷涂过程中涂料液滴的雾化过程，可分为如下 3 个阶段。

①形成阶段

在此阶段空气推动力发挥主导作用，涂料的速度从开始时的极低而不断变大，在此阶段涂料主要以射流的形式喷出，涂料液滴处于加速阶段。

②扩散阶段

在此阶段空气推动力和气动阻力发生相互作用，涂料液滴的抛撒加速运动结束，与此同时发生气流对涂料液滴扰动和涂料液滴的扭曲、破碎及其中溶剂组分的挥发等过程。液滴的径向膨胀速度不断减小，减速过程中涂料液滴受惯性和空气阻力的影响，空气阻力的大小取决于液滴与空气之间的相对速度，因此液滴速度越大，所受空气阻力越大。

③稳定阶段

在此阶段气动阻力发挥主要作用，在气动阻力的作用下涂料液滴继续进行扩散运动，并与气流发生湍流因此分散得更加均匀。

空气喷枪的基本结构单元主要有:枪身、喷嘴、调节旋钮和其他附件等。喷嘴是决定雾化质量的主要结构,由空气喷嘴、涂料喷嘴和枪针组成。喷嘴结构如图 4 - 36 所示。

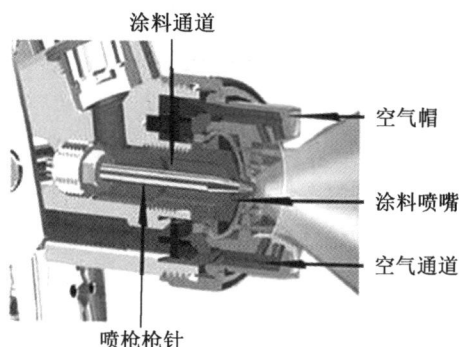

图 4 - 36　喷嘴结构图

喷枪在使用时通过喷嘴处的高速气流将涂料冲击成雾滴,并将涂料雾滴吹送到被喷涂表面上。通常使用的空气雾化喷枪多利用外部混合式进行雾化。喷枪在涂料喷嘴和空气帽之间存在间隙(即中心雾化孔),空气从中心雾化孔中喷出时形成高速气流,气流将涂料从喷嘴中吸出并将涂料冲击成雾滴,使涂料雾化,这也是喷涂时涂料雾化的主要过程,决定涂料雾化质量。辅助雾化孔处于空气帽上,主要有两个作用:一是调整喷雾区域的形状,并清洁喷嘴的风帽端面,如果没有辅助雾化孔或者孔被堵塞,容易发生涡流或回流;二是对涂料进行二次雾化,这一点对于高速涂料的雾化特别有效。

使用 Fluent 模拟时对喷枪喷嘴进行简化,保留喷嘴的主体结构,即涂料喷嘴和空气雾化孔,如图 4 - 37 所示。计算外部流场区域为 $\phi600$ mm × 1 000 mm 圆柱形区域,由于模型具有对称性,为减小计算量,取 1/12 进行计算。

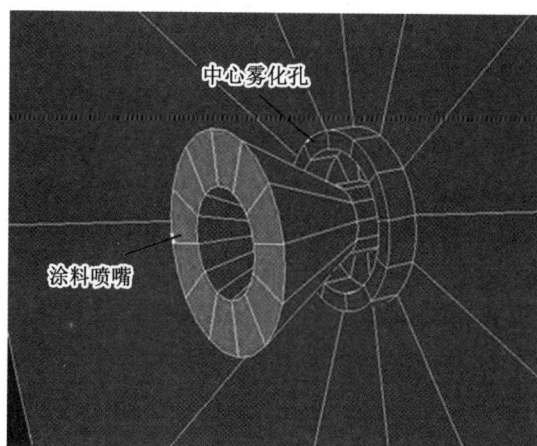

图 4 - 37　空气喷枪喷嘴模型

划分网格,设置边界条件后,将网格导入 Fluent。求解模型选择 $k-\varepsilon$ 模型,材料设置为空气和涂料,设置涂料流量 0.32 g/s,温度 300 K,气体速度 100 m/s。用空气入口处流速 100 m/s 初始化流场,分析空气流动状况。松弛因子选择默认值,迭代 220 次后,计算结果收敛。流场内空气流动如图 4-38 所示。

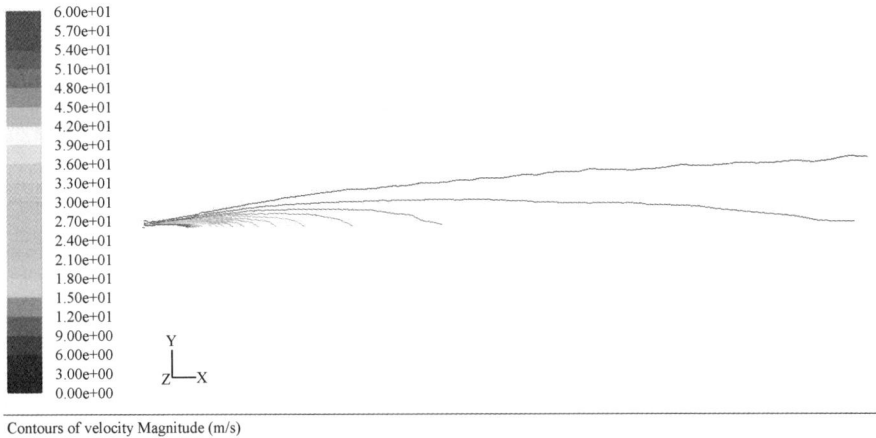

6.00e+01
5.70e+01
5.40e+01
5.10e+01
4.80e+01
4.50e+01
4.20e+01
3.90e+01
3.60e+01
3.30e+01
3.00e+01
2.70e+01
2.40e+01
2.10e+01
1.80e+01
1.50e+01
1.20e+01
9.00e+00
6.00e+00
3.00e+00
0.00e+00

Contours of velocity Magnitude (m/s)

图 4-38　流场内空气流动

由模拟结果可知,空气在离开空气孔之后,速度迅速降低。流场内在沿 x 轴上距离喷嘴 $0 \sim 1$ m 内各点的速度如表 4-9 所示。由模拟结果可知,Fluent 模拟速度与实测速度较接近。

表 4-9　流场内各点模拟速度与实测速度

与喷嘴距离/m	模拟速度/$(m \cdot s^{-1})$	实测速度/$(m \cdot s^{-1})$	误差/%
0.2	16.33	15.2	7.43
0.4	9.12	10.4	-12.31
0.6	7.12	7.42	-4.04
0.8	6.38	6.5	-1.85
1	5.99	5.5	8.91

将雾化模型导入流场,图 4-39 为初始时刻的颗粒直径。由图可知,初始时刻颗粒直径大多为 $0.1 \sim 0.2$ mm。这是因为喷嘴的直径 2 mm,喷出的液膜在外部气流作用下雾化,初始直径相对较大。

图 4-40 为 0.01 s 颗粒直径与轴向分布图。由图 4-40 可知,0.01 s 时刻颗粒直径大多小于 2.5 μm。在距离喷嘴较远的位置,流场速度减小,颗粒出现碰撞黏结,直径增大。

图 4-41 为 $x=1$ m 平面的颗粒物浓度分布。由图可知在喷涂时涂料颗粒主要集中于喷涂区域中心位置,与喷涂中心距离越大,颗粒物浓度不断降低,与试验结果相符。

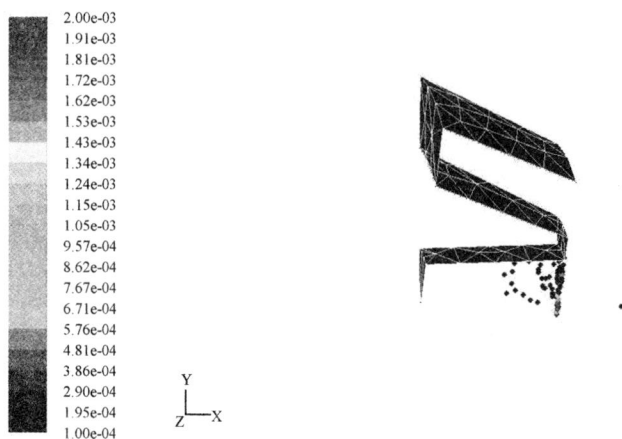

Particle Traces Colored by Particle Diameter (Time=1.0000e-04)

图 4 – 39 初始时刻的颗粒直径

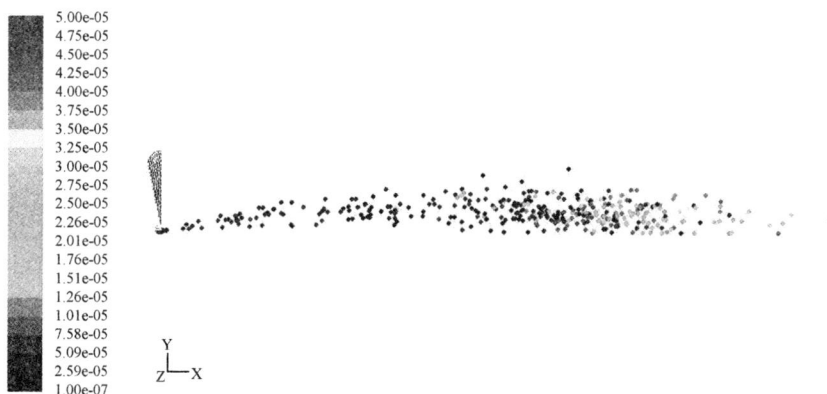

Particle Traces Colored by Particle Diameter (Time=1.0000e-02)   FLUENT 6.3 (3d, pbns, ske, unsteady)

图 4 – 40 0.01 s 颗粒直径与轴向分布

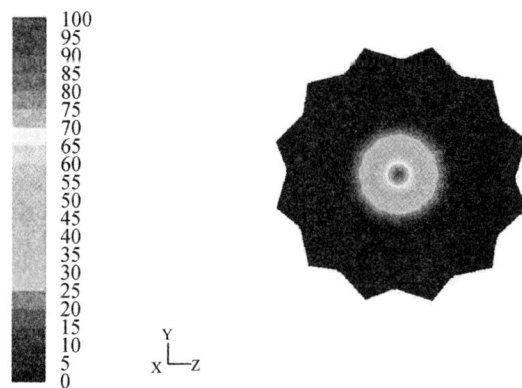

Contours of DPM Concentration(%)

图 4 – 41 在 $x = 1$ m 平面的颗粒物相对浓度分布

4.3.2.2　喷涂过程中的挥发性有机物的分布

挥发性有机物(VOCs)是空气中有机污染物的统称,普遍存在于空气中并且组成复杂,主要包括各种烃类以及各种低沸点多环芳烃等物质。在涂料及涂装行业中通常将产品常压下沸点低于250 ℃的有机化合物定义为VOCs。研究数据表明,在涂装现场和涂装车间共检测出VOCs组分63种。芳香烃是最主要的排放种类,占91.61%。图4-42为某涂料中VOCs各组分质量百分比超过0.5%的组分,其中主要芳香烃组分包括间/对-二甲苯、邻二甲苯、乙苯和三甲苯,这4种组分所占比例达76.53%。

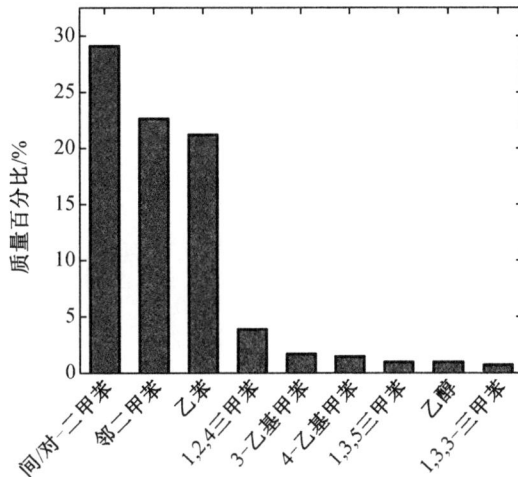

图4-42　某涂料排放VOCs主要组分

(1)涂料中的VOCs组分

PID气体检测仪的原理是利用紫外灯光源产生具有特定能量的紫外光,紫外光将电离能低于紫外光能量的有机物气体分子电离为离子,正负离子在外加电场的作用下偏移形成微弱的电流信号,微弱的电信号被内部电路放大并分析处理后传输到计算机或其他上位机,显示出待测气体浓度值。PID气体检测仪针对单一组分气体时可以比较灵敏地检测气体浓度,但并不是一种具有高度选择性的检测仪器,它区分不同有机物气体的能力比较差。为确定喷涂时空气中VOCs的具体组分,使用美国Agilent 7890GC-5975MS气质连用仪对环氧树脂漆挥发出的有机物进行分析,检测结果如图4-43所示。

各峰的质谱图如图4-44所示。

使用GC-MS分析喷涂后的空气,根据其质谱图分析各物质。检测到的物质分别为:(a)乙苯、(b)间二甲苯、(c)对二甲苯、(d)双环戊二烯、(e)至(g)二氯甲苯、(h)六氯丁二烯等组分。依据峰面积计算各物质的相对含量,结果如表4-10所示。

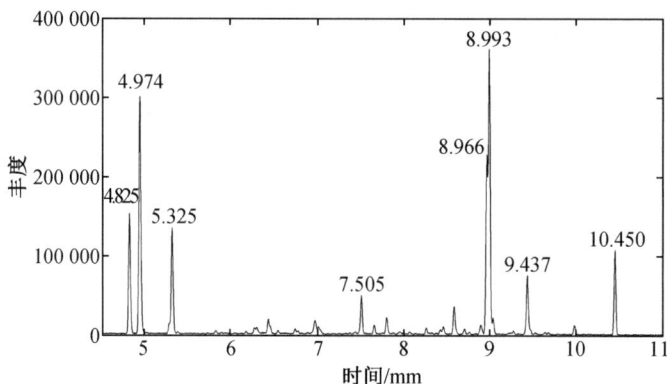

图 4 - 43 环氧树脂漆 VOCs 的 GC - MS 结果

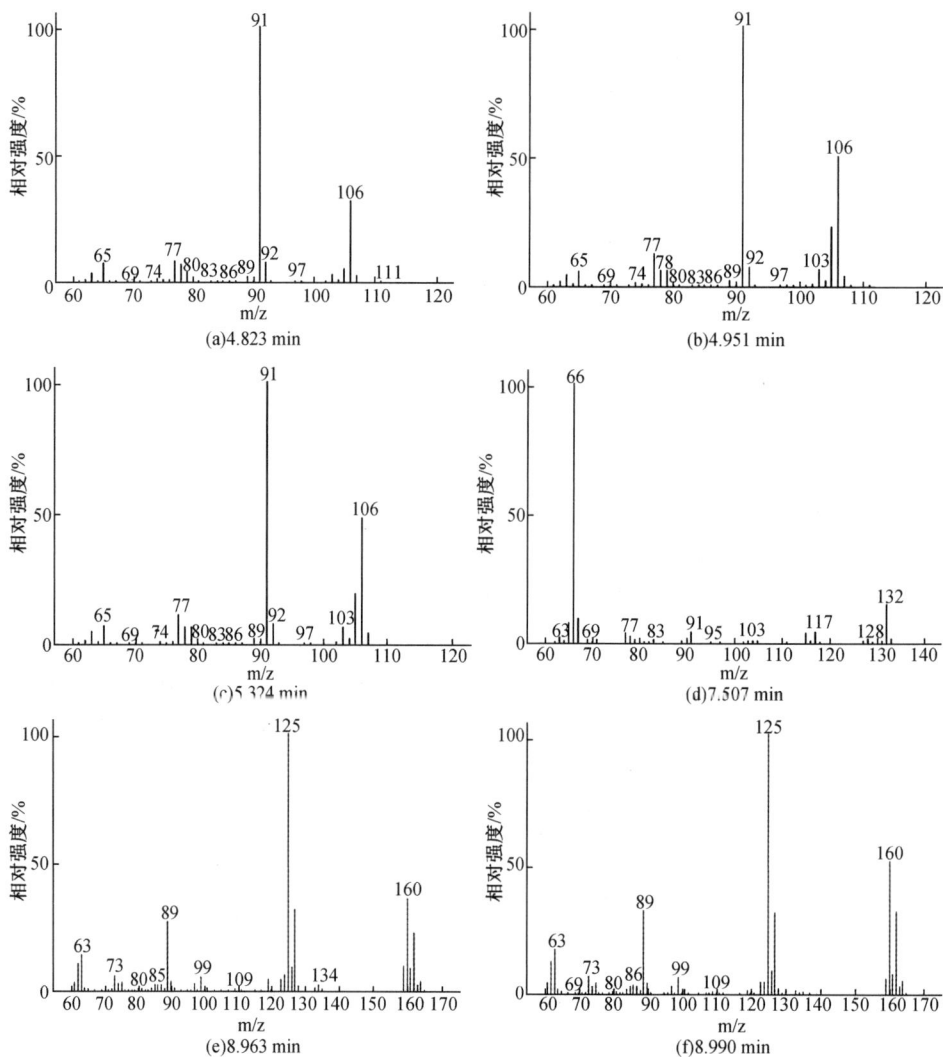

图 4 - 44 各峰质谱图

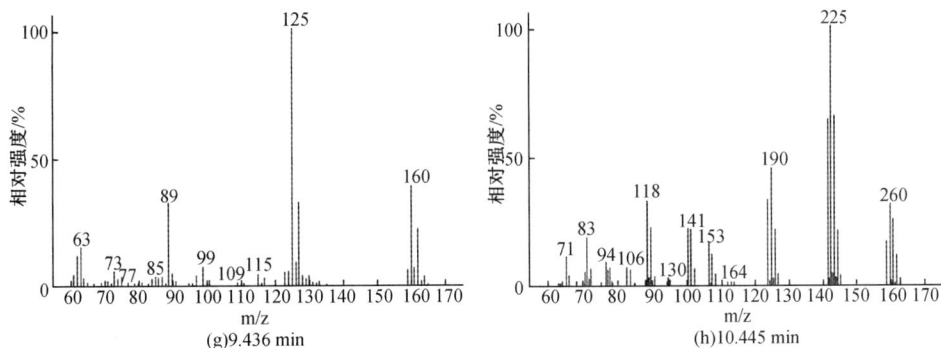

图 4-44(续)

表 4-10 环氧树脂漆的 VOCs

物质	峰面积	相对含量/%
乙苯	2403193	11.11
间二甲苯	5026126	23.23
对二甲苯	2237809	10.35
双环戊二烯	802519	3.71
二氯甲苯	9605810	44.41
六氯丁二烯	1554515	7.19

(2)距喷嘴不同轴向距离处的 VOCs 浓度

图 4-45 为使用甲苯传感器和二甲苯传感器测得距喷嘴不同距离处的 VOCs,喷漆时间为 3 s,无风。从图中可看出,随着距离增加,VOCs 降低。这是由于一方面涂料喷出后形成涂料微粒,这些微粒中的挥发性组分会快速地挥发出来。在距离喷嘴 0.2 m 处,漆雾覆盖区域极小,涂料微粒中的 VOCs 挥发到空气中,使 VOCs 浓度较高。另一方面随着与喷嘴距离的增加,喷涂区域增大,单位体积内的涂料微粒和 VOCs 减少,VOCs 浓度降低。

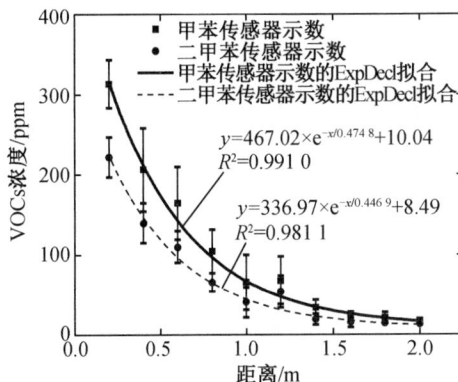

图 4-45 距喷嘴不同轴向距离处的 VOCs 浓度

使用 ExpDec1 模型对实验数据进行拟合,甲苯传感器测得的 VOCs 浓度与喷涂时间的关系模型为 $y = 467.02 \times e^{-x/0.4748} + 10.04$,其中 x 为与喷嘴之间的距离,y 为甲苯传感器测得的 VOCs 浓度。使用二甲苯传感器测得的 VOCs 浓度与喷涂时间的关系模型为

$$y = 336.97 \times e^{-x/0.4469} + 8.49$$

其中,x 为与喷嘴之间的距离,y 为二甲苯传感器测得的 VOCs 浓度。

两种传感器的关系模型 R^2 分别为 0.9910 和 0.9811。由结果可知在距离喷嘴较近的位置,VCOs 浓度较高,距离喷嘴越远,浓度越低,在距离喷嘴较远(1.6 m 以上)的位置,VOCs 浓度变化较小,达到稳定值。

(3)距漆雾中心不同距离处的 VOCs 浓度

图 4-46、图 4-47 为距漆雾中心不同距离 VOCs 浓度,距喷嘴 1 m,喷漆时间为 3 s。随着距离的增加,VOCs 浓度不断降低。在距离漆雾中心右侧 0.4 m 处,VOCs 浓度降低至较低水平,达到 4 ppm/3 ppm。图 4-47 为漆雾上方不同距离 VOCs 浓度,距喷嘴 1 m,喷漆时间为 3 s,无风。随着距离的增加,VOCs 浓度不断降低,在距离漆雾中心上方 0.3 m 处,VOCs 浓度降低 2 ppm/1 ppm。

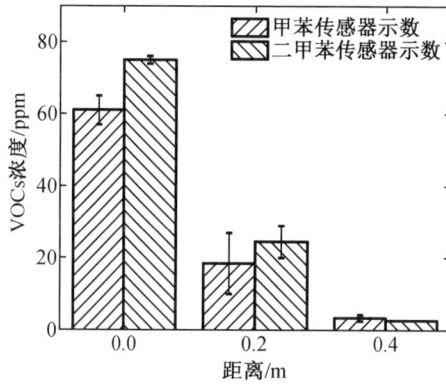

图 4-46　漆雾右侧不同距离处的 VOCs 浓度

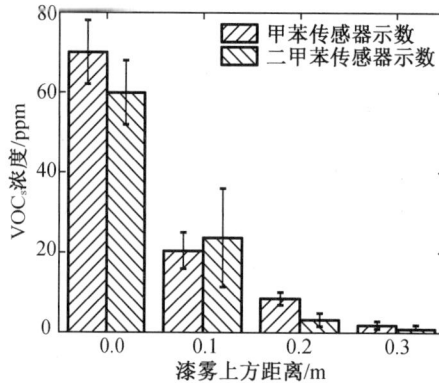

图 4-47　漆雾上方不同距离处的 VOCs

喷漆时的挥发性有机物主要集中在漆雾喷涂区域内,随着与漆雾中心之间距离的增加,空气中的VOCs浓度不断减小(图4-48)。从图4-46、图4-47中可以看出,在试验条件下,漆雾中心右侧0.4 m、上方0.3 m处VOCs浓度降低至4 ppm以下。这可能是由于漆雾射流在距离喷嘴1 m的位置仍然以一定速度沿漆雾轴线运动(约6 m/s),使周围空气产生回流,因此,VOCs主要沿射流方向扩散,在垂直于射流方向的扩散较弱,因此在距离漆雾中心0.3~0.4 m处,VOCs浓度较低。

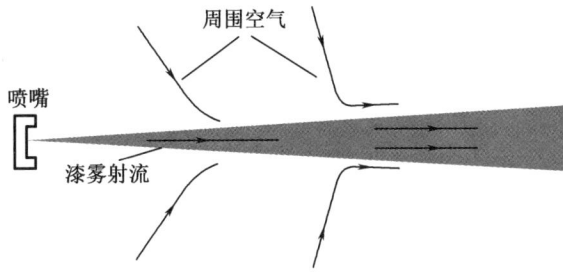

图4-48 喷漆时周围空气回流

根据图4-46、图4-47绘制喷漆时间为3 s,距离喷口1 m的位置VOCs分布图,如图4-49所示。由图中可看出,在距离喷口1 m的平面上,在中心处VOCs浓度最高,随着与中心的距离增大,VOCs浓度不断降低。相对而言,喷涂中心下方的VOCs浓度比上方高,这是由于受重力影响,喷涂时漆雾颗粒在沿轴向运动的同时整体向下运动,使颗粒物的分布呈现出中心下方的颗粒物浓度比上方高,VOCs浓度受颗粒物浓度影响,出现喷涂中心下方的VOCs浓度比上方高的现象。

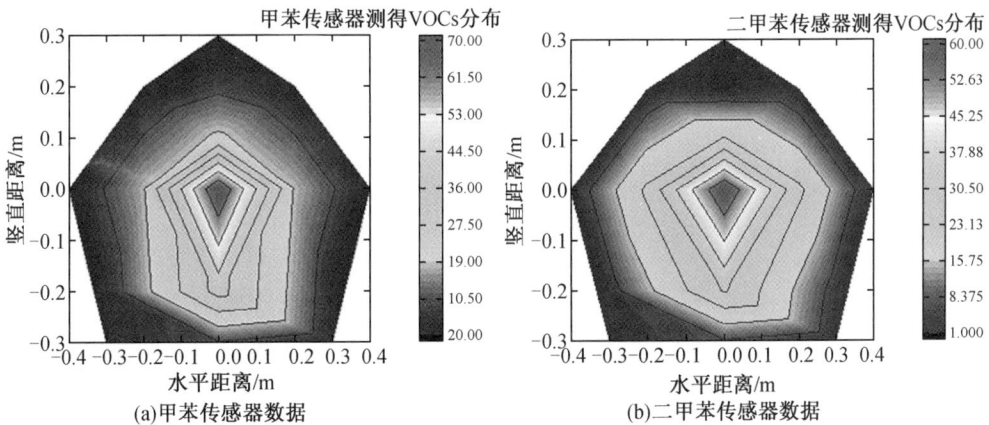

图4-49 距离喷口1 m处VOCs分布图

喷涂时有机物的挥发涂料中含有大量的有机物,喷漆时漆雾颗粒中有机物的挥发使空气中挥发性有机物含量增加。因此气体与漆雾颗粒两相间的传热传质模型是喷漆过程中挥发性有机物扩散的重点。描述气相和液相之间的物质传递过程主要是采用双膜理论。

双膜理论认为,气/液界面间存在两层薄膜,即液膜和气膜。在气液两相界面上物质的浓度总是平衡的,即气膜与液膜中的传质速率总是相等的,在界面上不存在传质阻力;当挥发性组分从液相中挥发时,有机物分子由抵达气/液界面、通过液膜、通过气膜、向气相主体的扩散四个阶段完成其传质过程。

影响气液相间挥发性组分传质的因素有很多,主要有以下4种。

①液相的流量和温度

通常而言,液相流量的增加,会使气相和液相之间接触面积随之增加,两相间进行物质交换的速率也增大,其挥发速率增加;温度升高,两相间的物质交换加快,挥发速率增加。

②挥发性组分的蒸气压

研究数据表明,化合物的蒸气压影响其挥发速度,蒸气压越高,越容易挥发。因此常用蒸气压作为判定某一化合物是否为挥发性有机物的依据。

③液相中挥发性组分的浓度

根据双膜理论,挥发速率 R_v 为

$$R_v = -\frac{\mathrm{d}[C_i]}{\mathrm{d}t} = K_v[C_i]$$

式中,K_v 为挥发速率常数,$[C_i]$ 为液相中有机物浓度。当液相涂料中 VOCs 的浓度增大时,其挥发速率也相应增大。

④气相与液相接触面积

气相与液相接触面积会影响 VOCs 挥发,对静止系统而言,VOCs 挥发量与气/液相接触面积成正比。

通过对喷涂时颗粒物分布与 VOCs 分布进行分析,发现二者分布规律相似。这是由于涂料从喷枪中喷出后,形成大量微米级的小液滴,涂料液滴与空气之间的接触面积非常大,使得涂料中的挥发性组分在短时间内挥发出来,形成空气中的 VOCs。对于同一种涂料,VOCs 组分的浓度及蒸气压不变,则在喷涂时空气中的涂料颗粒越多,涂料的流量和与气相接触面积越大,挥发出的 VOCs 也越多。因此在喷涂时颗粒物的分布极大地影响了 VOCs 的分布。

4.3.3　喷涂过程中污染物随环境参数变化规律

4.3.3.1　喷涂过程中颗粒物浓度随环境参数变化规律

(1)颗粒物浓度随喷涂时间变化规律

图 4 - 50、图 4 - 51 分别为距离涂料喷嘴 1 m 处不同喷涂时间的 PM_{100}、$PM_{2.5}$ 颗粒物浓度。从图中可以看出,随着喷漆时间增加,PM_{100}、$PM_{2.5}$ 颗粒物浓度增加。这是由于喷漆时间越长,使喷涂区域内颗粒物越多,颗粒物浓度增加。喷漆时间每增加 1 s,PM_{100} 浓度平均增加 1 186.75 $\mu g/m^3$,$PM_{2.5}$ 平均增加 24.53 $\mu g/m^3$。

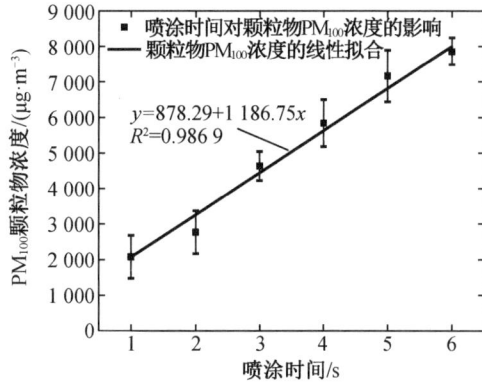

图 4 – 50　喷漆时间对 PM_{100} 颗粒物浓度的影响

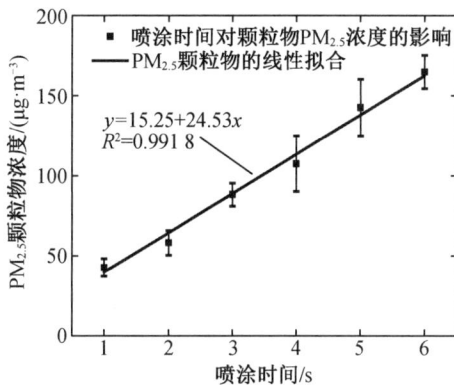

图 4 – 51　喷漆时间对 $PM_{2.5}$ 颗粒物浓度的影响

在距喷嘴水平距离为 1 m 的位置，1~6 s 内 PM_{100} 颗粒物浓度与喷涂时间的关系模型为 $y = 878.29 + 1\ 186.75x$，其中 x 为喷漆时间，y 为 PM_{100} 浓度。$PM_{2.5}$ 颗粒物浓度与喷涂时间的关系模型为 $y = 16.93 + 23.54x$，其中 x 为喷漆时间，y 为 $PM_{2.5}$ 浓度。对 PM_{100} 和 $PM_{2.5}$ 颗粒物浓度与喷涂时间的关系建立线性关系模型，模型的 R^2 均大于 0.98，模型拟合精度较高。可以看出，喷涂过程中 PM_{100}、$PM_{2.5}$ 颗粒物浓度随着喷涂时间而呈正比例增加关系，合理地控制喷涂时间对于抑制 PM_{100}、$PM_{2.5}$ 颗粒物浓度具有重要作用。

（2）颗粒物浓度随空气流速变化规律

图 4 – 52、图 4 – 53 为空气以一定速度流通时的 PM_{100}、$PM_{2.5}$ 浓度，空气流通方向与喷漆方向相同，测量位置距喷嘴 1 m，喷漆时间为 3 s。试验结果表明：空气流通速度为 1.5 m/s 时，PM_{100}、$PM_{2.5}$ 浓度分别为 0 m/s 时的 102%、86%。同方向的空气流通使 PM_{100} 略降低，对 $PM_{2.5}$ 影响较小，综合而言，空气流通速度对颗粒物浓度的影响较小。这可能是由于空气主要通过改变流场影响颗粒物浓度，由于喷涂流场速度较大（距离喷嘴 1 m 处约 6 m/s），空气流通对流场的改变较小，颗粒物浓度变化较小。

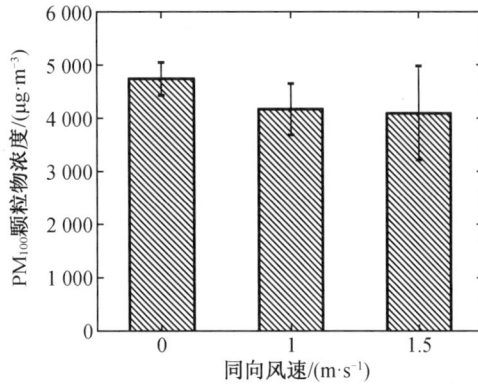

图 4 – 52 空气流通速度对 PM_{100} 颗粒物浓度的影响

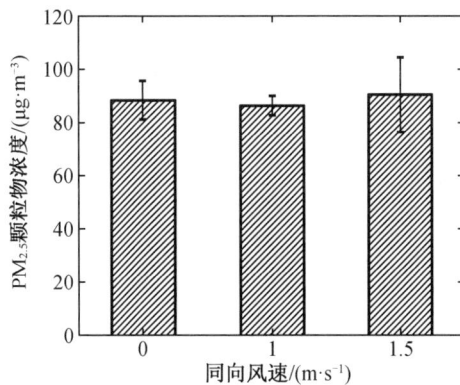

图 4 – 53 空气流通速度对 $PM_{2.5}$ 颗粒物浓度的影响

4.3.3.2 喷涂过程中挥发性有机物浓度随环境参数变化规律

(1)挥发性有机物浓度随喷涂时间变化规律

图 4 – 54 为喷漆时间对 VOCs 浓度的影响,传感器距喷嘴 1 m。对不同喷涂时间(1~6 s)的 VOCs 浓度进行分析,并建立关系模型。从图中可看出,随着喷漆时间增加,VOCs 增加。这是由于涂料中含有大量挥发性有机物,涂料被喷出后,形成大量颗粒物。这些颗粒物体积小,比表面积大,涂料中的 VOCs 组分迅速挥发进空气中,因此喷漆时间越长,喷出的涂料越多,产生的 VOCs 越多,VOCs 浓度升高。喷漆时间每增加 1 s,甲苯、二甲苯传感器测得 VOCs 浓度分别增加 27.09 ppm、18.59 ppm。

使用甲苯传感器测得的 VOCs 浓度与喷涂时间的线性关系模型为

$$y = 8.09 + 27.09x$$

其中,x 为喷漆时间,y 为甲苯传感器测得的 VOCs 浓度。

使用二甲苯传感器测得的 VOCs 浓度与喷涂时间的关系模型为

$$y = 28.38 + 18.59x$$

其中,x 为喷漆时间,y 为二甲苯传感器测得的 VOCs 浓度。

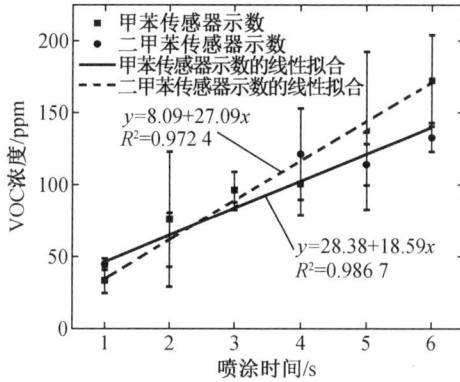

图 4 – 54　喷漆时间对 VOCs 浓度的影响

两种传感器的关系模型 R^2 均大于 0.97,模型拟合精度高。

两个线性模型的斜率有一定差别,这可能是由于传感器种类不同,对气体的响应不同。甲苯传感器的校正系数为 0.5,比二甲苯传感器更高(0.43 ~ 0.5),因此甲苯传感器测得的实验数据的斜率更大。

(2)挥发性有机物浓度随空气流速变化规律

图 4 – 55 为空气以一定速度流通时的 VOCs 浓度,空气流通方向与喷漆方向相同,测量位置距喷嘴 1 m,喷漆时间为 3 s。空气流通速度为 1.5 m/s 时,甲苯传感器和二甲苯传感器测得 VOCs 浓度分别为 0 m/s 时的 28.8% 和 19.2%。这是由于施加的风流向较紊乱,使得空气流动紊乱,加快了 VOCs 的扩散,因此 VOCs 浓度减小。

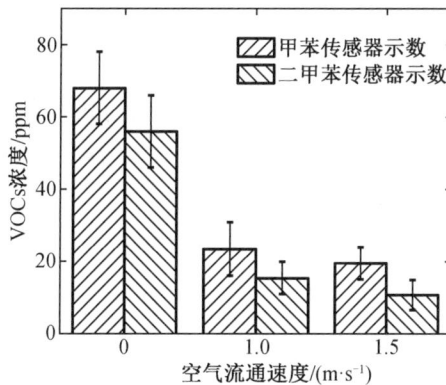

图 4 – 55　空气流速对 VOCs 浓度的影响

4.3.3.3　水中的有机物

涂装车间中的空气含有漆雾和有机溶剂,使用湿式漆雾净化装置时,漆雾和有机溶剂转移到水中形成含有涂料的涂装废水。另外涂装时在清洗、磷化等工序中也会产生许多含有有机物的废水,这些涂装废水中通常含有树脂、表面活性剂、金属离子、颜料等物质。未处理的涂装废水一旦排放到水体中,将会严重危害自然生态环境。

通常使用化学需氧量(COD)表征废水中的有机物含量。

图 4 – 56 为分别将一定质量的涂料加入水中,超声震荡分散后测量 COD。由于该涂料为溶剂型涂料,难以与水相溶,试样为白色不透明液体,并有部分涂料仍粘在杯壁和杯底上,如图 4 – 56 所示。图 4 – 57 为涂料与水混合后,浸泡 30 min 后测量水中 COD 值。

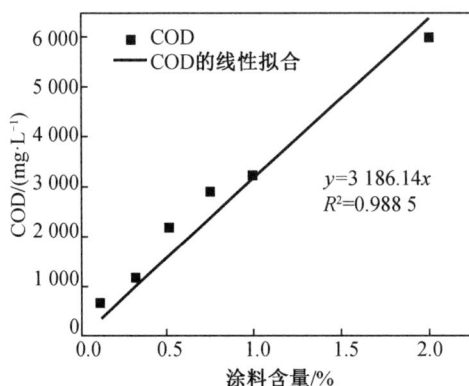

图 4 – 56　超声后的试样

由图 4 – 56、图 4 – 58 结果可知,涂料越多,水的化学需氧量越大。经超声分散后,水体 COD 与涂料量的线性拟合关系式为 $y = 3\,915.8x$,而没有超声分散的试样中,水体 COD 与涂料量的线性拟合关系式为 $y = 17.63x$,仅有同等条件下超声分散试样的 0.45%。这是由于涂料为溶剂型涂料,其中的有机溶剂在与水接触时,仅有极少部分溶入水中。而超声分散的试样中,涂料由于超声波的作用形成细小的微粒,这些涂料微粒在检测 COD 时发生氧化反应,使测得的 COD 值较大。

图 4 – 59、图 4 – 60 分别为温度对超声分散处理的试样和静置的试样水中 COD 的影响。从图中可看出,温度对超声分散的试样 COD 无明显影响,而温度升高,会使静置的试样水中 COD 增加。这是由于对于静置的试样,水中的有机物来源于涂料中有机组分的扩散,温度升高,使分子热运动加快,更多的有机物进入水中,水体 COD 增加。而对于超声分散的试样,超声处理后形成许多涂料微粒,这些涂料微粒会进入测试样品中,决定了试样的 COD 值,而温度升高也许会使更多的有机物由涂料微粒扩散到水中,但对 COD 检测无明显影响。

图 4 – 57　试样超声后水中的 COD

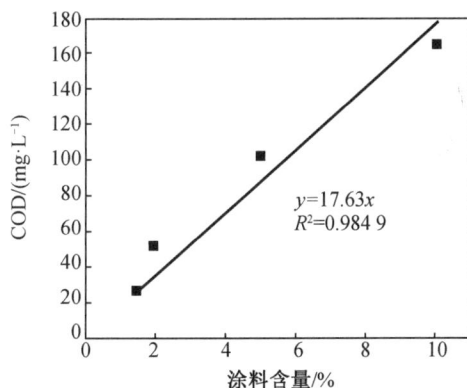

$$y=17.63x$$
$$R^2=0.984\ 9$$

图 4 – 58　浸泡 30 min 后水中 COD

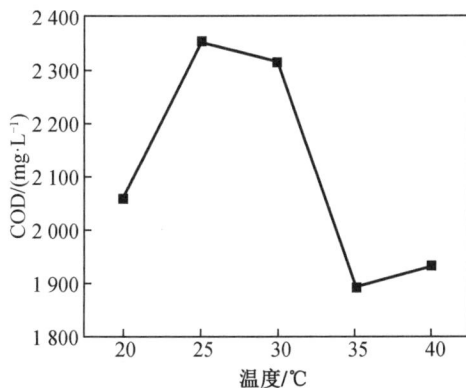

图 4 – 59　不同温度条件下涂料含量 0.5% 试样超声分散后水中 COD

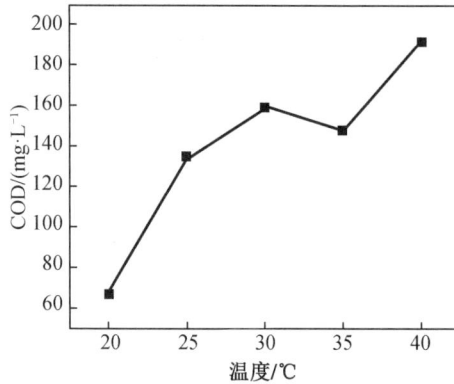

图 4-60 不同温度条件下涂料含量 5% 试样静置 30 min 后水中 COD

4.3.4 传感器感知系统空间位置优化

传感器的空间位置的选取关系到能否准确感知污染物浓度,主要依据污染物的性质、释放源的特性、生产场所布局进行布置,同时还应考虑到环境气候、人员活动区、安全隐患等条件,选择污染物浓度较高、便于检测、不妨碍生产的位置布置传感器。

4.3.4.1 喷涂车间结构布局特征

根据喷涂车间现场调研发现,单个船舶喷涂车间大小为长 48 m,宽 30 m,高 13 m,车间左右两侧为卷帘门,用于船舶工件进出,其余两侧为承重墙,墙壁上设有均匀分布的通风口,用于车间内外的气体流通,喷涂车间三维模型如图 4-61 所示。

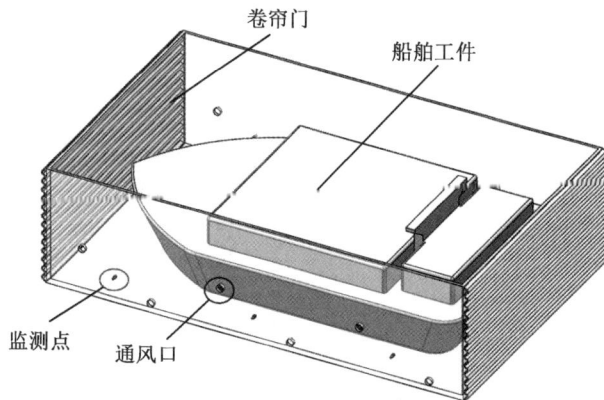

图 4-61 喷涂车间三维模型

进行喷涂作业时,工件由卷帘门进入,放置于车间中心区域,在工件外围搭建脚手架进行喷涂工作。因此工件外围为污染物产生源重点区域,同时也是人员活动密集区域,应将传感器布置于此区域进行数据感知。船舶工件普遍较大,需要较大的空间,且工件一般为非标准件,不同工件形状、大小相差较大,为便于工件在车间内移动和摆放,车间底部不允许设置任何固定装置。故本系统的传感器只能通过两侧墙壁或车间顶部进行固定。

4.3.4.2　传感器空间位置布局与优化

基于车间结构特征及喷涂工作情况,结合前期实验室对污染物分布的研究(喷涂时污染源下方污染物浓度高于污染源上方),选择将传感器通过两侧墙壁进行固定,在车间墙壁上设置支撑杆,通过支撑杆将传感器布置于污染物产生源重点区域,传感器距离地面高度3 m,距离墙壁 0.6 m。距离地面高度3 m 处位于墙壁上两排通风口中间,可尽量减少空气流通对监测效果的影响,且该高度低于一般船舶工件的高度,监测可靠性更高。船舶工件与墙壁距离一般在 2 ~ 3 m,则传感器距离污染源为 1.5 ~ 2 m,根据前期污染物分布研究,距离污染源 1.6 m 以上污染物浓度波动较小,达到稳定值。将传感器布置在此位置既能保证检测的准确性,又不影响喷涂作业,同时便于对传感器进行日常维护与保养。如果在车间顶部对传感器进行固定,由于不同工件高度相差较大(可达 3 m),可能出现传感器与喷涂区域距离较大导致感知数据不准确的情况,同时安装位置较高会增加设备操作及保养难度。

通常在进行喷涂作业时,为 6 ~ 8 人(也即 6 ~ 8 个污染源)同时作业,因此在车间内均匀布置 6 个监测点,两侧墙壁各布置 3 个,各监测点间隔 16 m,平均每个污染源周围设有1 ~ 2 个监测点,既能保证准确反映车间内污染物产生源重点区域的污染物浓度真实情况,又能最大限度地节约成本。车间内监测点布置如图 4 - 62 所示。

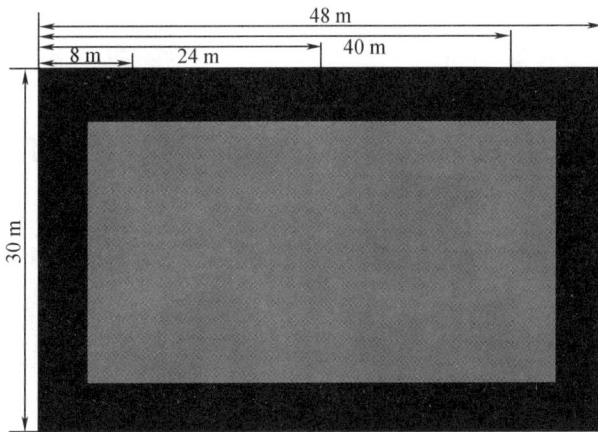

图 4 - 62　监测点布置平面图

4.3.5　船舶焊接与涂装车间感知技术集成与优化

传统的污染物监测方法是现场取样后进行实验室分析,这种方式需要较高的设备成本、高度专业化的培训和操作人员,并且难以快速对污染物变化做出反应。近年来,随着低成本、易用、便携传感器的出现,使用传感器装置测量大气污染物愈发普遍,传感器在环境监测领域拥有广泛的应用前景。

4.3.5.1　传感器原理与硬件选型

VOCs 气体传感器采用光离子(PID)传感器。该传感器由紫外灯光源和离子室等主要部分构成,在离子室由正负电极形成电场。有机挥发物分子在高能紫外线光源激发下,产生负电子和正离子,这些电离的微粒在电极间形成电流,经检测器放大和处理后输出电流信号,最终检测到 ppm 级的浓度(图 4-63)。喷涂时,涂料在喷出后迅速雾化,形成大量颗粒物,涂料中的挥发性有机物进入空气中,检测设备通过气泵将挥发性有机物通过粉尘采样杆抽入过滤系统,再进入检测模块气室进行数据采集,通过主板进行数据处理,将检测结果显示到平台界面中。

粉尘传感器采用激光粉尘传感器(图 4-64),当激光照射到含有颗粒物的气体时,会产生微弱的光散射,激光粉尘传感器通过光电传感器将散射光的强度转换为电信号,将此电信号经过放大器和滤波器后进行信号处理,实时得到颗粒物的浓度。实验时将传感器放置在距离喷嘴一定距离处,采集空气中的 $PM_{2.5}$ 和 PM_{100} 浓度数据,传感器将数据传输至主板进行数据处理,将检测结果显示到平台界面中。

图 4-63　VOCs 智能检测模块　　　　图 4-64　激光粉尘传感器实物图

各传感器的具体性能参数如表 4-11 所示。

表 4-11　设备性能参数表

传感器类别	标准量程	单位	灵敏度	误差
VOCs 传感器	0~1 500	ppm	0.1	< ±5%
$PM_{2.5}$ 传感器	0~1 000	μg/m³	0.1	< ±10%

表4-11(续)

传感器类别	标准量程	单位	灵敏度	误差
PM$_{100}$传感器	0~20 000	μg/m^3	0.1	<±20%
湿度传感器	0%~100%	RH	0.1	1%
温度传感器	-40~80	℃	0.1	±0.2

4.3.5.2　感知技术集成与优化

针对各检测点内多种传感器不同灵敏度及监测污染物特征不同,对传感器进行集成研究,对不同感知信号进行整理、过滤和集成。喷涂现场环境中污染物种类较多,不同污染物特征不同,为减少多种传感器之间相互的探测干扰,以及待检测气体中杂质对检测结果的影响,保证感知数据的真实可靠性,本系统中各监测点传感器采用集中布置,分级检测的方式。

喷涂车间内漆雾颗粒浓度较大,且含有较多黏附性颗粒,工况苛刻,传感器直接暴露在环境中受损严重,同时存在爆炸风险,因此为保证设备长时间安全稳定运行,将各监测点不同传感器集中布置在防爆箱内。箱体尺寸600 mm×480 mm×370 mm,防爆级别 ExdeIICT4 Gb,其实物图如图4-65所示。箱体一端设有通气口,气泵将待检测气体从通气口吸入,逐次通过各传感器模块,从通气口到各传感器设有多级过滤器,可有效过滤气体中部分杂质,对传感器起到很好的防护作用。箱体顶部设置声光报警器,当车间环境污染物浓度高于报警阈值时进行声光报警,提示相关人员,及时采取通风换气等措施降低车间内污染物浓度,避免损害工人健康。

图4-65　防爆箱实物图

各传感器分级检测流程如下:在气泵的作用下,被测气体首先经烧结过滤器滤除气体中直径大于 150 μm 的杂质,然后进入 PM_{100} 及 $PM_{2.5}$ 分析模块气体室,分析仪采用激光散射法对气体进行分析,得到 PM_{100} 及 $PM_{2.5}$ 浓度值;分析完成的样气经雾过滤器和膜式过滤器进一步滤除气体中直径大于 1 μm 的颗粒物,减少颗粒物对 VOCs 浓度检测的影响,过滤后的样气进入 PID 分析单元进行 VOCs 浓度检测,检测完毕将气体排空;温湿度传感器布置于箱体外部,直接测量车间环境的温湿度;各传感器将采集到的测量因子数据通过 RS485 方式传输至数据处理单元。系统分析流程图如图 4 - 66 所示。

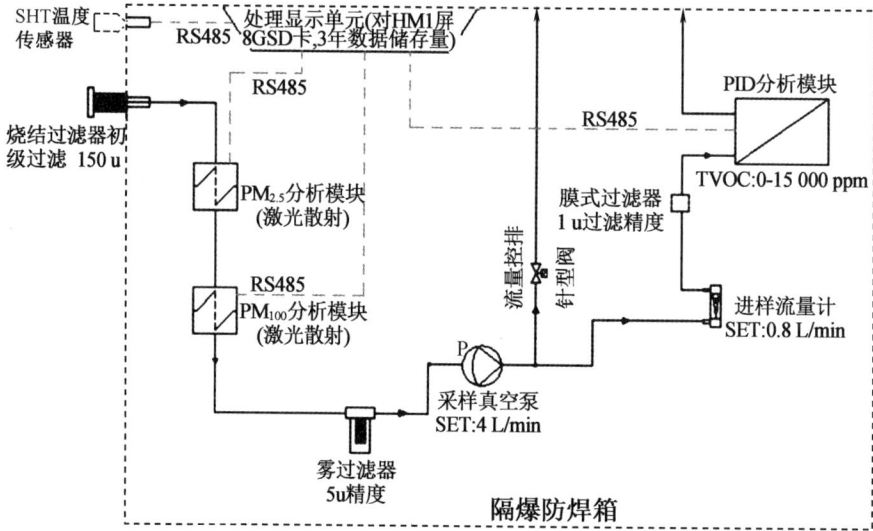

图 4 - 66　系统分析流程图

各监测点箱体中设置有处理显示单元,处理显示单元由微处理器和 8 寸 HMI 屏两部分组成,其中微处理器为本单元的控制中心(硬件部分整体控制),负责各传感器的管理控制、对传感器信号进行分析处理以及与上位机通信;8 寸 HMI 屏可实现污染物浓度直接显示和触摸屏操作等功能。本处理单元开始工作时,首先通过触摸屏对各传感器进行参数设置和数据校准等操作,然后传感器开始工作,将采集到的数据信号通过 RS485 方式传送到微处理器,微处理器对不同感知信号进行整理、过滤和集成,得到各污染物浓度值并在 8 寸 HMI 屏上实时显示(图 4 - 67),同时将污染物浓度数据发送至上位机中系统管理平台。本集成平台兼有原始数据储存以及污染物浓度超标预警功能,设备内置 8G SD 卡,可储存 3 年以上有效数据(分钟数据值),当污染物浓度超标时,可通过箱体顶部的声光报警器进行报警。

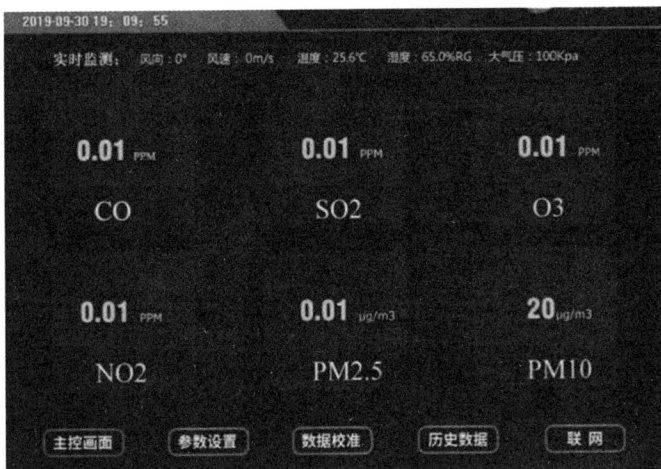

图 4-67 8 寸 HMI 屏显示界面(参考)

4.3.6 感知系统现场应用验证

针对喷涂车间内颗粒物、挥发性有机物等污染物感知的需求,使用气体传感器、颗粒物传感器等设备,在国内某骨干船厂的某一涂装车间搭建涂装感知系统进行试点应用,检测颗粒物、VOCs 等参数,对船舶涂装车间环境状况进行感知,实现车间环境污染物浓度信息的实时获取及污染状况评估,对于超标的作业环境进行报警。图 4-68 为涂装车间污染物监测流程。

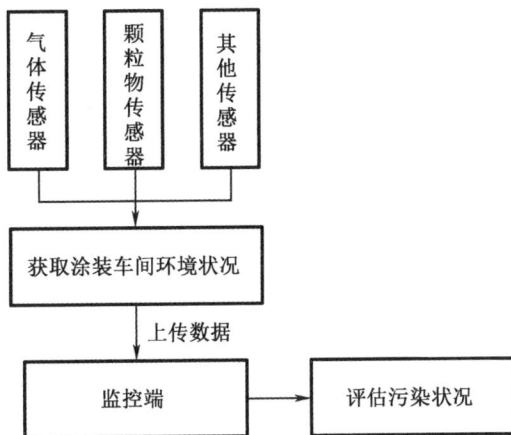

图 4-68 涂装车间污染物监测流程

4.3.6.1 系统管理平台

各监测点的处理显示单元采用线传输的 RS485 总线方式将数据传输至 PC 端,采用总线的方式既能降低数据传输的不稳定性,也在施工上带来便利性,RS485 总线方式拓扑图如图 4-69 所示。通过计算机软件在 PC 端搭建系统管理平台,设计友好的人机交互界面,实现各监测点 TVOC、$PM_{2.5}$、PM_{100}、温湿度等数据的在线显示及数据积累,并对各监测点数据进行大数据后期分析,生成各类分析图表、大数据分析报告,评估车间内污染情况,指导工作人员改进管理措施。

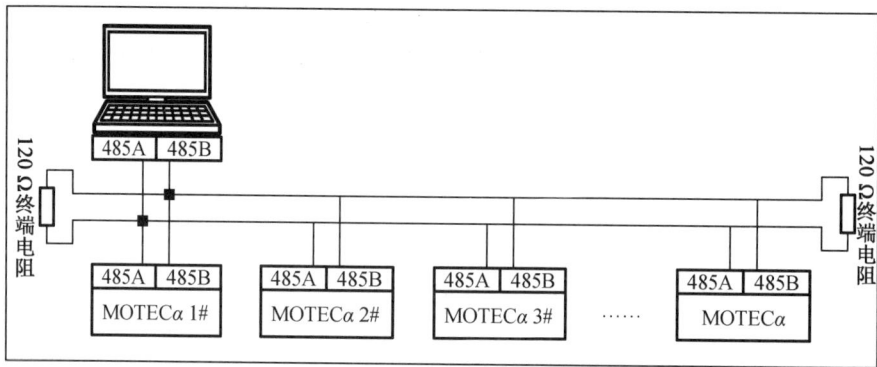

图 4-69 RS485 总线方式拓扑图

本平台具体实现功能如下。

(1)监测数据通过有线方式传输到该系统管理平台,平台对数据进行分析处理,并将数据保存至本地服务器(至少存储一年的数据)。

(2)各监测点污染物浓度实时数据在线显示。

(3)各监测点污染物浓度历史数据及历史曲线查看。

(4)安全生产与职业健康的 STEL(15 min 短期暴露水平)和 TWA(8 h 统计权重平均值)实时监控。

(5)车间内 6 个监测点之间污染物浓度的平均值、最大值显示。

(6)车间内报警监测点个数统计。

(7)用户可自行设置监测点污染物浓度报警阈值,各监测点超阈值进行报警。

(8)平台数据可与局域网内其他设备实现数据共享。

平台参考界面如图 4-70 所示。

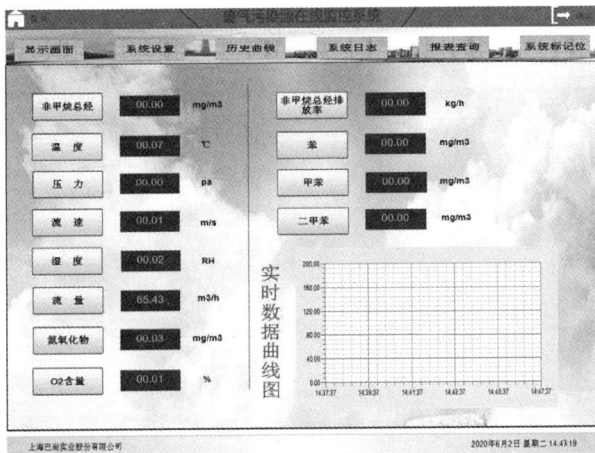

图4-70 平台运行界面

4.3.6.2 互联互通

本系统可通过无线组网接入船舶车间智能制造感知系统平台,作为环境感知模块(图4-71中红框部分)与平台进行数据互通,实现船舶制造过程车间环境状态信息的实时获取,为互联互通的船舶智能制造车间基础平台提供底层感知数据支撑。通过该平台,可实时查看涂装车间生产中各环境感知参量数据,也可使用现场查询终端、电子看板等设备展示相关数据。

4.3.6.3 系统实施方案

(1)参照图4-72将数据采集终端通过支撑杆固定在距离地面高度3 m,距离墙壁0.6 m处,并在集控室安装电子看板与PC端,通过总电源对其进行供电。系统现场施工图如图4-73所示,图中所有线路均做防爆处理,保证车间的安全性。

图4-71 船舶车间智能制造感知技术框架

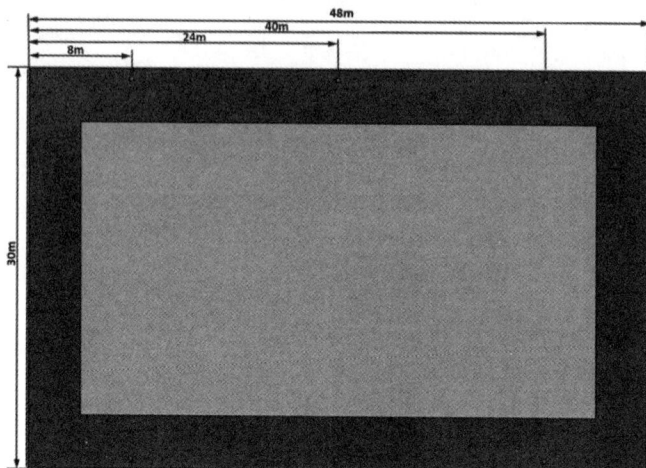

图4-72 监测点布置平面图

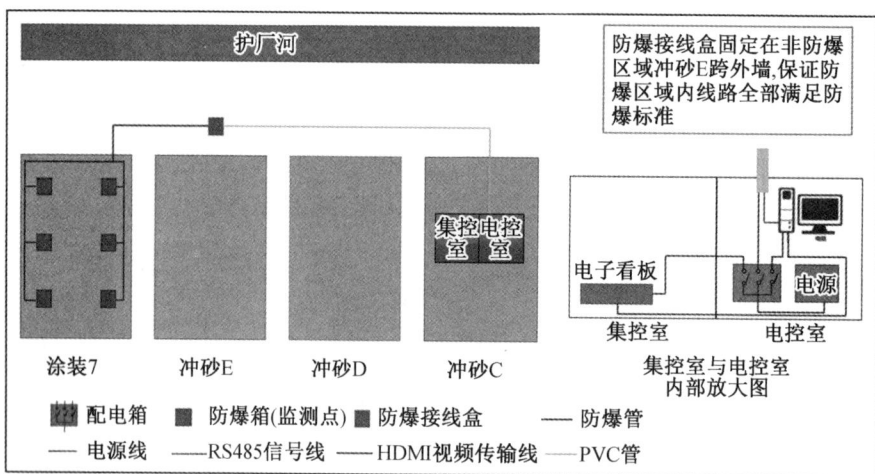

图4-73 现场施工线路图

(2)在各数据采集终端管理平台,通过触摸屏对各传感器进行参数设置和数据校准等操作;同时在 PC 端安装系统管理平台,设置预警限值,参考上海市发布《船舶工业大气污染物排放标准》(DB 31/934—2015)和《工作场所有害因素职业接触限值 第 1 部分:化学有害因素》(GBZ 2.1—2019)确定涂装车间污染物监测预警限值,VOC 接触浓度限值 150 mg/m³(37.5 ppm),颗粒物接触浓度限值 5 mg/m³(预警限值可根据车间实际情况进行调整)。设置完毕进行全平台功能调试。

(3)通过系统管理平台查看设备运行状况、车间污染物实时数据、历史数据和历史曲线,并在电子看板上实时显示当前车间内各监测点污染物浓度。

4.4　本章小结

经过船舶焊接、切割与涂装车间环境感知应用技术项目的落实,基本掌握了焊接、切割与涂装车间内烟尘颗粒物和有毒有害气体、VOCs 气体的分布规律,并依据该分布规律在国内某骨干船厂涂装车间完成焊接、切割和涂装感知系统布置,实现了焊接、切割与涂装车间环境的监测、监控、预警的一体化,能及时反馈焊接、切割与涂装作业现场污染物情况,协助焊接、切割与涂装生产线管理、提高生产效率,为我国船舶制造行业健康卫生、生命安全和车间安全保驾护航。

参 考 文 献

[1]裴凌,刘东辉,钱久超.室内定位技术与应用综述[J].导航定位与授时,2017,4(03):10.

[2]赵亚东,尉志青,冯志勇,等.卫星导航与5G移动通信融合架构与关键技术[J].电信工程技术与标准化. 2017,30(1):6.

[3]吴陈沐.基于群智感知的无线室内定位[D].北京:清华大学,2015.

[4]赵思雨.信息可视化中视觉语言的应用研究[J].工业设计,2020(04):129-130.

[5]夏连生,谢炜,王建军.数字化车间采集系统的设计和实现[J].电声技术,2019,43(2):62-64.

[6]贾烨维.离散制造企业MES中的生产数据采集实践研究[J].自动化应用,2018(08):17-18.

[7]齐建伟,段海涛,李健.粉尘传感器测量喷涂过程细颗粒物($PM_{2.5}$)分布规律的研究[J].涂料工业,2019,49(4):41-44.

[8]赵雪,顾清,曾强.电焊烟尘接触对肺脏影响的研究进展[J].中华劳动卫生职业病杂志,2020,38(10):790-794.

[9]高春雪,韦卜方,刘秋新,等.诱导通风系统控制焊接烟尘的研究[J].工业安全与环保,2019,45(11):77-81.

[10]刘红.基于物联网的图书馆智能感知系统构建研究[J].无线互联科技,2020,17(23):40-41.

[11]SINGH M. Electrochemical discharge machining: fumes generations, properties and biological effects[J]. The International Journal of Advanced Manufacturing Technology, 2020,106(1-2):357-370.

[12]XIE S,WU W,CHEN R,et al. Reduced-dimensional capture of high-dynamic range images with compressive sensing[J]. Discrete Dynamics in Nature and Society, 2020(1):1-13.